大数据与智慧物流系列丛书

"十二五"国家重点图书出版规划项目

U0113139

智慧物流与电子商务

胡 荣 主 编

曹 杰 陈 波 副主编

王喜富 主 审

电子工业出版社

Publishing House of Electronics Industry

北京 · BEIJING

内 容 简 介

在"大数据"时代背景下,物流和电子商务都步入了新的发展阶段。本书从电商基础理论入手,阐述了电子商务与智慧物流的关系,系统介绍了电子商务"云物流"、大数据技术领域的关键技术,并从电子商务环境下的智慧物流公共服务、电子商务智慧物流应用、电子商务物流配送管理及电子商务时代的跨境物流四个方向介绍了智慧物流的应用,使读者从基础理论、关键技术、产业应用等不同角度全面了解电子商务环境下的智慧物流,既有助于初学者涉足电子商务与物流管理之门,也可为从业者提供进一步的理论指导和实践参考。

本书可作为高等院校各专业本科生和研究生的供应链物流管理教材,也可供 MBA、EMBA 和物流管理等相关人员学习参考。

未经许可,不得以任何方式复制或抄袭本书之部分或全部内容。

版权所有,侵权必究。

图书在版编目(CIP)数据

智慧物流与电子商务 / 胡荣主编. —北京:电子工业出版社,2016.3
(大数据与智慧物流系列丛书)

ISBN 978-7-121-28228-7

Ⅰ . ①智… Ⅱ . ①胡… Ⅲ . ①电子商务-物流-研究 Ⅳ . ① F713.36 ② F252

中国版本图书馆 CIP 数据核字(2016)第 040311 号

策划编辑:徐蔷薇
责任编辑:徐蔷薇
特约编辑:赵海红　罗树利
印　　刷:北京京科印刷有限公司
装　　订:三河市华成印务有限公司
出版发行:电子工业出版社
　　　　　北京市海淀区万寿路173信箱　　　　　　　邮编:100036
开　　本:787×1092　　1/16　　　印张:19　　　字数:426千字
版　　次:2016年3月第1版
印　　次:2016年3月第1次印刷
定　　价:59.00元

凡所购买电子工业出版社图书有缺损问题,请向购买书店调换。若书店售缺,请与本社发行部联系,联系及邮购电话:(010) 88254888。

质量投诉请发邮件至zlts@phei.com.cn,盗版侵权举报请发邮件至dbqq@phei.com.cn。

服务热线:(010) 88258888。

编委会名单

编委会主任：徐 愈

编委会副主任（以下按姓氏音序排列）：

戴定一 洪晓枫 刘九如 聂林海 申金升

主　　编：刘韵洁 戴东昌

委　　员（以下按姓氏音序排列）：

高　翔 顾敬岩 郭剑彪 国建华 贺登才 何　辉 何明珂

胡　荣 胡祥培 刘立群 刘宪兰 马振南 苗前军 秦绪军

任　浩 唐　辉 滕东兴 王成林 王宏安 卫　勇 吴金中

邬　跃 伍振军 晏庆华 张　宇 赵　惟 朱道立 邹　力

秘　书　长：王喜富

编　辑　部：徐蔷薇 等

FOREWORD 序言

大数据技术也称为巨量信息技术，根据维基百科的定义，大数据是指无法在可承受的时间范围内用常规软件工具进行捕捉、管理和处理的数据集合。根据相关定义，可以认为大数据技术是指所涉及的信息量规模巨大到无法通过目前主流技术与软件工具进行分析处理，无法在合理时间内达到撷取、管理、处理并整理成为帮助企业实现经营决策目标的巨量信息技术。大数据技术使得人们认识世界的思想及方法发生了变革。大数据技术的战略意义不在于掌握庞大的数据信息，而在于对这些含有意义的数据进行专业化处理。换言之，如果把大数据比作一种产业，那么这种产业实现营利的关键，在于提高对数据的"加工能力"，通过"加工"实现数据的"增值"。

从技术上看，大数据与云计算的关系就像一枚硬币的正、反面一样密不可分。大数据必然无法用单台的计算机进行处理，必须采用分布式架构。它的特色在于对海量数据进行分布式数据挖掘，但它必须依托云计算的分布式处理、分布式数据库和云存储、虚拟化技术。

智慧物流是利用集成化、智能化、移动化技术，使物流系统具有智能性，具有思维、感知、学习、推理判断和自行解决物流过程中的某些问题的能力，它包含智能运输、自动仓储、动态配送及智能信息的获取、加工和处理等多项基本活动，为供方提供最大化的利润，为需方提供最佳的服务，同时也会消耗最少的自然资源和社会资源，从而形成完备的智慧物流综合管控体系。

继第三次工业革命之后，2013 年被称为大数据元年，2014 年被称为移动互联网元年。在此背景下，大数据与智慧物流系列丛书的核心思想是大数据技术与智慧物流行业的深度融合与综合集成，面向大数据技术在智慧物流领域的应用问题，着重研究大数据背景下智慧物流体系、理论、方法和技术应用，推动我国现代物流行业健康、有序、协调、绿色发展。

本系列丛书具有如下特点：

(1) 系统创新性。本系列丛书的编写借鉴国内外优秀丛书的写作思路，以"概念—原理—方法—应用"为主线，以多学科综合协同为理论基础，将信息技术、工程技术、物流管理等有机结合起来，使读者对智慧物流的原理、技术、方法和应用有一个系统、全面的认识。

（2）实践应用性。本系列丛书在基础技术论述及应用层面，以讲清概念、强化应用为重点，在此基础上适当介绍相关学科的新发展、新方法和新技术。同时，根据大数据与智慧物流的强应用性、强技术性特点，在本系列丛书中突出案例应用，使其具有更强的实践性。

（3）能力提升性。本系列丛书注重物流行业从业人员应用意识、兴趣和能力的提高，强调知识与技术的灵活运用，培养和提高智慧物流从业人员的实际应用能力和实践创新能力。着眼于物流从业人员所需的专业知识和创新技能，强化实际能力训练，让从业人员学而有用、学而能用，从而提升智慧物流行业从业人员能力及智慧物流行业效率。

为了探索有中国特色的智慧物流发展之路，推进物流产业的发展，在大数据、物联网与云计算技术快速发展的同时，及时给人们带来有效学习和掌握新思想、新技术的途径与平台，丛书编委会策划了这套大数据与智慧物流系列丛书，以为社会提供一整套体系完整、层次清晰、技术翔实、数据准确、通俗易懂的丛书，推动我国大数据技术应用与物流信息化建设向更高层面、更广领域纵深发展，为各级政府部门、广大用户及信息业界提供决策参考和工作指南。

为保证本系列丛书的编写质量，特别邀请本领域理论研究和工程实践的知名专家、学者担任丛书主审。在此，向为本系列丛书编写和出版提供帮助的所有人士表示衷心的感谢和由衷的敬意。

王喜富

大数据与智慧物流系列丛书编委会秘书长

2016 年 1 月于北京

电子商务是网络化的新型经济活动，是全新的生产力和生产方式及生产关系的组合，已广泛地渗透到生产、流通、消费、服务等各个领域，启动了新一轮产业革命。电子商务创新了交易方式和物流分拨配送体系，减少了流通环节，降低了交易成本，提高了商品与服务的流通效率，启动了流通业革命，对激发消费、促进产业升级、调整经济结构、节约资源、带动就业、提升国家竞争力有着重要的战略意义。

物流是电子商务发展的先决条件，电子商务是物流发展的推动力量，二者是密不可分的。在"大数据"的时代背景下，在移动互联、物联网、云计算等新兴技术的驱动下，物流与电子商务都步入了新的发展阶段。物流已进入智慧物流的发展阶段，即应用新一代信息技术实现物流的自动化、可视化、可控化、智能化、网络化，创新服务模式，提高资源利用率和生产力水平。电子商务呈现了应用融合化、平台虚拟化、支付网络化、金融移动化、终端移动化、服务专业化、营销精准化和物流智慧化的特征。智慧物流与电子商务必将相互促进，协同发展。

正是基于上述背景，大数据与智慧物流系列丛书编委会启动了《智慧物流与电子商务》的编写工作。本书共9章，包括电子商务概述、智慧物流概述、电子商务环境下的智慧物流、电子商务"云物流"、基于大数据技术的智慧物流、电子商务环境下的智慧物流公共服务、电子商务智慧物流应用、电子商务物流配送管理、电子商务时代的跨境物流，使读者从基础理论、关键技术、产业应用等不同角度全面了解电子商务环境下的智慧物流，既有助于初学者涉足电子商务与物流管理之门，也可为从业者提供进一步的理论指导和实践参考。本书可作为高等院校各专业本科生和研究生的供应链物流管理教材，也可供 MBA、EMBA 和物流管理等相关人员学习参考。

本书由胡荣担任主编，对本书的框架结构、各章节的结构进行总体策划，并对本书进行了编写、修改、统稿；曹杰、陈波担任副主编，王嵩、孙鸣、杜建芳、史建玲参与了本书的编著工作，北方交通大学王喜富教授负责了本书的审稿工作。

本书在编写过程中参考了大量国内外专家学者的最新著作、教材和案例，作者尽可能在参考文献中列出，在此对这些研究者表示真诚的感谢。本书还得到了大数据与智慧物流系列丛书编委会各位领导、专家的大力支持和帮助，在此表示衷心的感谢！由于水平有限，书中难免会出现疏漏和谬误之处，敬请社会各界专家学者和广大读者给予批评指正、不吝赐教。

CONTENTS 目录

第 1 章
电子商务概述

内容提要

电子商务是 20 世纪信息化、网络化的产物。电子商务作为在互联网上最大的应用领域，已引起了世界各国政府的广泛重视和支持、企业界和民众的普遍关注，并得到了快速的发展。本章介绍了电子商务的概念、发展历程，阐述了电子商务的主要模式，分析了电子商务国内外的发展现状与趋势。

1.1　电子商务的概念

电子商务是基于信息化的经济活动，自其产生之日起就没有一个统一的定义。随着电子商务的不断发展，其内涵与外延也在不断演变。各国政府、学者、企业界人士根据自己所处的地位和对电子商务参与程度的不同，在不同时期，从各自的角度提出了自己对电子商务的认识。本书将较有代表性的概念进行汇总，比较这些定义，有助于全面理解和认识电子商务。

1.1.1　学者观点

美国学者瑞维卡拉·科塔（Ravi Kalakota）和安德鲁·B·惠斯顿（Andrew B Whiston）在其专著《电子商务的前沿》中提出："广义地讲，电子商务是一种现代商业方法。这种方法通过改善产品和服务质量，提高服务传递速度，满足政府组织、厂商和消费者降低成本的需求。这一概念也用于通过计算机网络寻找信息以支持决策。一般地讲，今天的电子商务通过计算机网络将买方和卖方的信息、产品和服务联系起来，而未来的电子商务则通过构成信息高速公路的无数计算机网络中的一条将买方和卖方联系起来。"

美国 NIIT 负责人约翰·朗格内克（John Longenecker）从营销角度将电子商务定义为"电子化的购销市场，使用电子工具完成商品购买和服务"。

美国的埃姆海恩斯（Emmelainz）博士在她的专著《EDI 全面管理指南》中，从功能角度将电子商务（Electronic Commerce，又称为 E-Commerce）定义为"通过电子方式，并在网络基础上实现物资、人员过程的协调，以便商业交换活动。"

加拿大专家詹金斯（Jenkins）和兰开夏（Lancashire）在《电子商务手册》中从应用角度将电子商务定义为"数据（资料）电子装配线（Electronic Assembly Line of Data）的横向集成"。

中国科技促进发展研究中心王可研究员认为，从过程角度把电子商务定义为"在计算机与通信网络基础上，利用电子工具实现商业交换和行政作业的全过程"。

中国人民大学方美琪教授认为，从宏观上讲，电子商务是通过电子手段建立的一种新经济秩序，它不仅涉及电子技术和商业交易本身，而且涉及诸如金融、税务、教育等社会其他层面；从微观角度说，电子商务是指各种具有商业活动能力的实体（生产企业、商贸企业、金融机构、政府机构、个人消费者等）利用网络和先进的数字化传媒技术进行的各项商业贸易活动，这里特别强调两点，一是活动要有商业背景，二是网络化和数字化。

西安交通大学李琪教授认为，依据内在要素不同，电子商务的定义有广义和狭义之分。广义的电子商务，是指电子工具在商务活动中的应用。电子工具包括从初级的电报、电话到 NII（National Information Infrastructure）、GII（Global Information Infrastructure）

和 Internet 等工具。现代商务活动是从商品（包括实物与非实物、商品与商品化的生产要素等）的需求活动到商品的合理、合法的消费除去典型的生产过程后的所有活动；狭义的电子商务，是指在技术、经济高度发达的现代社会中，掌握信息技术和商务规则的人，系统化运用电子工具，高效率、低成本地从事以商品交换为中心的各种活动的全过程。电子商务是在商务活动的全过程中，通过人与电子工具的紧密结合，极大地提高商务活动的效率，降低人、财、物的消耗，提高商务活动的经济效益和社会效益的新型生产力。

1.1.2　企业定义

信息技术行业是电子商务的直接设计者和设备的直接制造者。许多公司根据自己的技术特点给出了电子商务的定义。

IBM 提出了一个电子商务的定义公式，即电子商务 =Web+IT。它所强调的是在网络计算环境下的商业化应用，是把买方、卖方、厂商及其合作伙伴在因特网、企业内部网（Intranet）和企业外部网（Extranet）结合起来的应用。它所强调的是在网络计算环境下的商业化应用，不仅仅是硬件和软件的结合，也不仅仅是我们通常意义下的强调交易的狭义的电子商务（E-Commerce），而是把买方、卖方、厂商及其合作伙伴在因特网（Internet）、内联网（Intranet）和外联网（Extranet）结合起来的应用。它同时强调这三部分是有层次的。只有先建立良好的 Intranet，建立好比较完善的标准和各种信息基础设施，才能顺利扩展到 Extranet，最后扩展到 E-Commerce。

HP 公司对电子商务的定义是：通过电子化的手段来完成商务贸易活动的一种方式，电子商务使我们能够以电子交易为手段完成产品与服务的交换，是商家与客户之间的联系纽带。它包括两种基本形式：商家之间的电子商务及商家与最终消费者之间的电子商务。HP 公司的电子商务解决方案，包括所有的贸易伙伴，用户、商品和服务的供应商、承运商、银行、保险公司及所有其他外部信息源的收益人。电子商务通过商家与其合作伙伴和用户建立不同的系统和数据库，使用客户授权和信息流授权方式，应用电子交易支付手段和机制，保证整个电子商务交易过程的安全性。

SUN 公司对电子商务的定义是：简单地讲，电子商务就是利用 Internet 网络进行的商务交易，在技术上可以给予如下三条定义。（1）在现有的 Web 信息发布基础上，加上Java 网上应用软件以完成网上公开交易。（2）在现有企业内部交互网（Intranet）的基础上，开发 Java 的网上企业应用，达到企业应用 Intranet 化，进而扩展到外部 Extranet，使外部客户可以使用该企业的应用软件进行商务交易。（3）商务客户将通过计算机、网络电视机机顶盒、电话、手机、PDA（个人数字助理）等 Java 设备进行交易。这三个方面的发展最终将殊途同归——Java 电子商务的企业和跨企业应用。

1.1.3　政府和国际性组织的定义

欧洲议会给出的关于"电子商务"的定义是：电子商务是通过电子方式进行的商务活动。它通过电子方式处理和传递数据，包括文本、声音和图像。它涉及许多方面的活动，包括货物电子贸易和服务、在线数据传递、电子资金划拨、电子证券交易、电子货运单证、商业拍卖、合作设计和工程、在线资料、公共产品获得。它包括产品（如消费品、专门设备）和服务（如信息服务、金融和法律服务）、传统活动（如健身、教育）和新型活动（如虚拟购物、虚拟训练）。

美国政府在其《全球电子商务纲要》中比较笼统地指出："电子商务是指通过Internet进行的各项商务活动，包括广告、交易、支付、服务等活动，全球电子商务将会涉及全球各国。"

联合国经济合作和发展组织（OECD）是较早对电子商务进行系统研究的机构，它将电子商务定义为：电子商务是利用电子化手段从事的商业活动，它基于电子数据处理和信息技术，如文本、声音和图像等数据传输。其主要是遵循 TCP/IP 协议、通信传输标准，遵循 Web 信息交换标准，提供安全保密技术。

世界贸易组织电子商务专题报告中定义，电子商务就是通过电信网络进行的生产、营销、销售和流通活动，它不仅指基于 Internet 上的交易，而且指所有利用电子信息技术来解决问题、降低成本、增加价值和创造商机的商务活动，包括通过网络实现从原材料查询、采购、产品展示、订购到出品、储运及电子支付等一系列的贸易活动。

全球信息基础设施委员会（GIIC）电子商务工作委员会报告草案：电子商务是运用电子通信作为手段的经济活动，通过这种方式人们可以对带有经济价值的产品和服务进行宣传、购买和结算。这种交易的方式不受地理位置、资金多少或零售渠道的所有权影响，公有私有企业、公司、政府组织、各种社会团体、一般公民、企业家都能自由地参加广泛的经济活动，其中包括农业、林业、渔业、工业、私营和政府的服务业。电子商务能使产品在世界范围内交易并向消费者提供多种多样的选择。

联合国国际贸易法委员会的看法：《联合国贸易法委员会电子商务示范法》虽然在标题中提到"电子商务"，在第 2 条中提供了"电子数据交换"的定义，但《电子商务示范法》并未具体说明"电子商务"系指何物。在拟订《电子商务示范法》时，联合国贸易法委员会决定，处理当前这一主题时须铭记电子数据交换的广泛涵义，即"电子商务"标题之下可能广泛涉及的电子数据交换在贸易方面的各种用途，虽然也可使用另一些说明性术语。"电子商务"概念所包括的通信手段有如下使用电子技术为基础的传递方式：以电子数据交换进行的通信，狭义界定为电子计算机之间以标准格式进行的数据传递；利用公开标准或专有标准进行的电文传递；通过电子手段，例如通过互联网络进行的自由格式的文本的传递。

世界电子商务会议关于电子商务的概念。1997 年 11 月 6 日至 7 日在法国首都巴黎，国际商会举行了世界电子商务会议（The World Business Agenda for Electronic Commerce）。全世界商业、信息技术、法律等领域的专家和政府部门的代表，共同讨论了电子商务的概念问题。这是目前电子商务较为权威的概念阐述。与会代表认为：电子商务，是指对整个贸易活动实现电子化。从涵盖范围方面可以定义为：交易各方以电子交易方式而不是通过当面交换或直接面谈方式进行的任何形式的商业交易；从技术方面可以定义为：电子商务是一种多技术的集合体，包括交换数据（如电子数据交换、电子邮件）、获得数据（共享数据库、电子公告牌）及自动捕获数据（条形码）等。电子商务涵盖的业务包括：信息交换、售前售后服务（提供产品和服务的细节、产品使用技术指南、回答顾客意见）、销售、电子支付（使用电子资金转账、信用卡、电子支票、电子现金）、组建虚拟企业（组建一个物理上不存在的企业，集中一批独立的中小公司的权限，提供比任何单独公司多得多的产品和服务）、公司和贸易伙伴可以共同拥有和运营共享的商业方式等。

国务院信息化工作办公室在 2007 年 12 月提交的《中国电子商务发展指标体系研究》中，将电子商务定义为：通过以互联网为主的各种计算机网络所进行的，以签订电子合同（订单）为前提的各种类型的商业交易。

商务部在 2009 年 4 月发布的《电子商务模式规范》中对电子商务的定义是：依托网络进行货物贸易和服务交易，并提供相关服务的商业形态。

1.1.4　本书的定义

本书认为，电子商务从概念上有狭义和广义之分：狭义电子商务也称为电子交易（E-Commerce），是指运用互联网开展的交易或与交易直接相关的活动；广义电子商务也称为电子商业（E-Business），是网络化的新型经济活动，即基于互联网、广播电视网、电信网络等电子信息网络的生产、流通和消费活动。

随着社会的不断进步和信息化的不断发展，电子商务的范畴也在不断扩展。从网络环境角度，电子商务已不仅仅是基于互联网，而是涵盖了广播电视网、电信网络，甚至物联网等网络。从参与者角度，电子商务已不仅仅限于交易双方，而是涵盖了电子商务活动的所有参与者，包括为实现电子商务提供直接或间接服务的线上、线下参与者。从电子商务的内容角度，已涵盖基于网络的生产、流通、消费的所有活动，交易对象既包括有形的实物，也包括无形的数字产品与服务。

1.2　电子商务的发展历程

1.2.1　电子商务发展背景

信息技术（Information Technology，IT）是指 20 世纪后半叶发展起来的两项电子技术，即集成电路技术和数据网络通信技术，为电子商务的发展奠定了技术基础。

20 世纪 40 年代，开始了信息技术革命的新时代，与工业革命相比发展速度更快，对社会生产力和人类工作、生活方式的影响也都更为深入和广泛。1946 年美国宾夕法尼亚大学研制成了世界上第一台可运行程序的电子计算机，使用了 18 800 多个电子管，5 000 个继电器，重达 30 余吨，占地 170 平方米，但每秒仅处理 5 000 条指令，制造成本则达到几百万美元。1971 年，英特尔（Intel）公司将相当于当年 12 台计算机的处理能力集成到了一片 12 毫米的芯片上，而价格却只需要 200 美元。

电子计算机诞生至今五十多年来，由于构成其基本部件的电子器件发生了重大的技术革命，使其得到了突飞猛进的发展，突出表现为计算机的体积越来越小，而速度越来越快，成本却越来越低。回顾电子器件的变化过程，计算机经历了电子管到晶体管作为逻辑元件，再从晶体管到小集成电路及至今天采用大集成电路或超大集成电路作为逻辑元件，半导体存储器集成度越来越高，内存容量越来越大，外存储器使用各种类型的软、硬盘和光盘，运算速度每秒可达几亿甚至上百亿次。

1981 年，美国 IBM 公司研制成功了 IBM-PC（Personal Computer，个人计算机），并迅速发展成为一个系列。微型计算机采用微处理器和半导体存储器，具有体积小、价格低、通用性和适应性方面的能力强、可靠性高等特点。随着微型计算机的出现，计算机开始走向千家万户。

20 世纪 60 年代，美国军方最早开发了作为保障战时通信的因特网（Internet）技术，把单个计算机连接起来应用，计算机开始了网络化的进程。进入 20 世纪 70 年代，当时的美国政府和军方出于冷战的需要，设想将分布在美国本土东海岸的四个城市的计算机联系起来，使它成为一个打不烂、拖不垮的网络系统。美国国防部构想的这个系统叫 ARPANET。但当时的计算机厂商生产的计算机，无论是硬件还是软件都是不一样的，要组成这样的网络，就必须把很多不同的计算机硬件和软件通过某种方式连接起来。于是在 20 世纪 70 年代初出现了一个关于计算机网络互联的共同协议——TCP/IP 协议，这个协议达成之后，ARPANET 取得了比较大的扩展：从美国本土联到了其在欧洲的军事基地。

20 世纪 80 年代初，美国科学基金会发现这种方式非常实用，于是把这几个地区的计算机连结起来，并接进了大学校园，参加因特网技术开发的科研和教育机构开始利用因特网，这便是今天 Internet 的雏形。20 世纪 90 年代，当因特网技术被发现可以有极其广泛的市场利用价值，而政府无法靠财政提供因特网服务时，美国政府的政策开始转向开放市场，由私人部门主导。1991 年，美国政府解除了禁止私人企业为了商业目的进入因特网的禁令，并确定了收费标准和体制。从此商业网成为美国发展最快的因特网络；个人、私人企业和创业投资基金成为美国因特网技术产业化、商业化和市场化的主导力量。

1991 年 9 月，美国田纳西州的民主党参议员戈尔在为参议院起草的一项法案中，首次把作为信息基础设施（National Information Infrastructure，NII）的全国性光导纤维网络称为"信息高速公路"。美国国家信息基础设施的建成，为人类打开了信息世界之门。美国国家信息基础设施主要由高速电信网络、数据库和先进计算机组成，包括 Internet、有线、无线与卫星通信网及各种公共与私营网络构成的完整网络通信系统。随着 NII 对公众的开放及各类网络的联网，个人、组织机构和政府系统都可以利用 NII 进行多媒体通信，各种形式的信息服务也得到了极大的发展。

克林顿 1992 年入住白宫后，为占领世界信息竞争制高点，重振美国经济，提高美国竞争力，维持美国在世界经济、政治、军事等领域中的霸主地位，适时发布了一系列框架性文件，表明了美国占领全球因特网经济制高点的行动纲领，并于 1993 年 9 月，制定并发布了《国家信息基础设施：行动纲领》的重大战略决策。"国家信息基础设施"是"信息高速公路"的正式名称，它的实质是以现代通信和计算机为基础，建设一个以光缆为主干线的覆盖全美国的宽带、高速、智能数据通信网，以此带动美国经济与社会的信息化进程，促进经济的发展。美国的目标是确保其在全球信息基础设施建设的领先地位。

1994 年 9 月，美国在建设本国信息高速公路的基础上，又提出了建立全球信息基础设施（Globe Information Infrastructure，GII）计划的倡议，呼吁各国把光纤通信网络和卫星通信网络连接起来，从而建立下一代通信网络。

1997 年 7 月，美国政府发布《全球电子商务框架》，明确美国将主导全球电子商务，并制定了九项行动原则。《全球电子商务框架》确立了五大原则：私人部门应作为主导；政府应该避免对电子商务不恰当的限制；当政府需要介入时，它的目标应该是为商务提供并实施一个可预见的、简洁的、前后一贯的法制环境；政府应当认清因特网的独特性质；应当立足于全球发展因特网上的电子商务。

继 NII、GII 之后，在 1999 年年初，美国政府又提出发展"数字地球"的战略构想。这是国际信息领域发展的最新课题，以信息基础设施和空间数据基础为依托的信息化发展的第三步战略。

1999 年 11 月 29 日，克林顿政府成立电子商务工作组，由商务部领导，主要负责两项事务：（1）识别出可能阻碍电子商务发展的联邦、州或政府法律与管制。（2）建议如何改进这些法律以利于电子商务的发展。美国政府的这一系列政策极大地促进了网络经济的发展。

2008 年 11 月 IBM 提出"智慧地球"概念，2009 年 1 月，美国奥巴马总统将"智慧地球"

上升为美国国家战略，作为美国全球战略的重要组成部分。他认为，"智慧地球"是刺激美国经济全面复苏、振兴美国经济、确立未来竞争优势的关键所在，将带动美国工业向智慧化飞跃，为美国高附加值产品向全球输出提供必要条件，进一步强化美国的技术优势及对全球经济和政治的掌控。与"智慧地球"密切相关的物联网、云计算等，更成为科技发达国家制定本国发展战略的重点。

2012 年 3 月 22 日，奥巴马政府宣布 2 亿美元投资大数据领域，将大数据技术从商业行为上升到国家科技战略，将数据定义为"未来的新石油"。大数据技术领域的竞争，事关国家安全和未来。我们断言，国家层面的竞争力将部分体现为一国拥有数据的规模、活性，以及解释、运用的能力；国家数字主权体现对数据的占有和控制。

1.2.2　我国电子商务发展进程

1．萌芽与酝酿期（1997—1999 年）

1997 年，中国化工信息网正式在互联网上提供服务，开拓了网络化工的先河，是全国第一个介入行业网站服务的国有机构。

1997 年 12 月，中国化工网（英文版）上线，成为国内第一家垂直 B2B 电子商务商业网站。

1998 年 10 月，美商网（又称为"相逢中国"）获多家美国知名 VC 千万美金投资，是最早进入中国 B2B 电子商务市场的海外网站，首开全球 B2B 电子商务先河。

1998 年 2 月，由焦点科技运营的中国制造网（英文版）在南京上线。

1998 年 12 月，阿里巴巴正式在开曼群岛注册成立，1999 年 3 月其子公司阿里巴巴中国在我国杭州创建，同年 6 月在开曼群岛注册阿里巴巴集团。

1999 年 5 月，"中国电子商务第一人"王峻涛创办"8848"涉水电子商务，并在当年融资 260 万美元，标志着国内第一家 B2C 电子商务网站诞生。

2．冰冻与调整期（2000—2002 年）

2000 年新年、春节前后的旺季，中国 B2C 电子商务迎来第一个节日网购销售高峰。

2000 年 4 月，于 1992 年成立的慧聪国际推出了慧聪商务网，即现在的慧聪网。

2000 年 5 月，卓越网成立，为我国早期 B2C 网站之一。

2000 年 12 月，阿里巴巴在前一年 10 月获高盛等 500 万美元天使投资的基础上，获日本软银等境外财团联合投资 2500 万美元，由此开始奠定阿里巴巴电子商务王国的基础。

2002 年 3 月，全球最大网络交易平台 eBay 以 3 000 万美元的价格，购入易趣网 33% 股份。

3．复苏与回暖期（2003—2005 年）

2003 年 5 月，阿里巴巴集团投资 1 亿元人民币成立淘宝网，进军 C2C；随后几年内，逐步改变国内 C2C 市场格局，而网购理念与网民网购消费习惯也进一步得到普及。

2003 年 6 月，eBay 以 1.5 亿美元收购易趣剩余 67% 股份，国内最大 C2C 企业由此被外资全盘并购。

2003 年 10 月，阿里巴巴推出"支付宝"，致力于为网络交易用户提供基于第三方担保的在线支付服务，正式进军电子支付领域。

2003 年 12 月，慧聪网（08292-HK）香港创业板上市，为国内 B2B 电子商务首家上市公司。

2004 年 8 月，亚马逊以 7 500 万美元协议收购卓越网，并更名为卓越亚马逊。

2004 年 8 月 28 日，十届全国人大常委会第十一次会议表决通过了《中华人民共和国电子签名法》，于 2005 年 4 月 1 日起施行。

2005 年 9 月 12 日，腾讯依托 QQ 逾 5.9 亿的庞大用户推出"拍拍网"，C2C 三足鼎立格局逐渐形成。

4. 崛起与高速发展期（2006—2007 年）

2006 年 5 月，环球资源入购慧聪国际 10% 已发行股本，结成"中国最大 B2B 战略联盟"，直至 2007 年 12 月撤资。

2006 年 11 月，创立于 1999 年的 B2B 电子商务商之一亚商在线，被世界 500 强公司之一的 Office Depot 收购，亚商在线是中国当时最大的办公用品与办公服务 B2B 电子商务公司，Office Depot 公司是世界最大的电子商务零售商之一，网上年销售额达 38 亿美元。

2006 年 12 月 15 日，电子商务领军企业网盛科技（002095,SZ）登录深圳中小企业板，标志着 A 股"中国互联网第一股"诞生，由此改变了十年来我国互联网产业与资本市场无一境内上市公司的尴尬历史。

2007 年 4 月，PPG 共获得 5 000 万美元的国际风险投资，这种无店铺、无渠道的 B2C 新型电子商务直销模式，表明传统产业与电子商务的进一步融合。

2007 年 6 月，我国行业网站首例并购案宣告完成。网盛科技斥资 1 000 多万元，通过旗下的"生意宝"收购中国服装网 51% 的股份，从而实现控股，揭开了我国行业网站整合大幕。

2007 年 8 月，今日资本向京东商城投资 1 000 万美元，开启国内家电 3C 网购新时代。

2007 年 11 月 6 日，开曼群岛注册成立的阿里巴巴网络有限公司（1688-HK）成功在香港主板上市，融资 16.9 亿美元，创全球互联网企业融资额第二大纪录。

5. 转型与升级期（2008—2009 年）

2008 年，服装 B2C 直销热兴起投资热，以 VANCL、BONO、衣服网、李宁为行业代表的各类服装网购平台兴起，其在线直销模式引发了传统服装销售渠道的变革。

2008 年 12 月 25 日，国内首款电子商务公共搜索平台"生意搜"（so.toocle.com）的问世，预示着"电子商务 + 搜索引擎"大融合的时代到来。

2008 年年底，受国际金融危机产业链的深度蔓延，部分严重依赖外贸中小企业生存的电子商务企业倒闭，其中包括：老牌电子商务企业万国商业网、上市公司九城关贸下属的沱沱网、慧聪网下属宁波慧聪网等知名外贸 B2B 电子商务服务企业。

2009 年 1 月，今日资本、雄牛资本等向京东商城联合注资 2 100 万美元，引发国内家电 B2C 领域投资热。

2009 年 5 月 3 日，当当网宣布率先实现盈利，平均毛利率达 20%，成为目前国内首家实现全面盈利的网上购物企业。

2009 年 5 月，继生意宝推出"生意人脉圈"涉水 SNS 后，淘宝、阿里巴巴也随之先后推出相应 SNS 产品，由此，标志着当前最热门的 SNS 在我国跨入"电子商务时代"。

2009 年 6 月，视频网站土豆网、优酷网先后启动将视频技术与淘宝的网购平台相结合，共同提升用户网络购物的真实体验，推出"视频电子商务"应用技术。

2009 年 9 月，卓越亚马逊再次推出全场免运费与当当网相持，这是两大行业竞争者十年来首次同时免运费，标志着"免运费"将开始成为 B2C 行业标准规则。

6．发展成熟期（2010 年以来）

2010 年 3 月 4 日国内第一家团购网站美团网上线，引发中国团购网站大爆发。腾讯、搜狐、网易和新浪四大门户都推出了各自的团购平台，国内最大宗团购发生在淘宝"聚划算"，仅仅耗时 3 小时 28 分钟，205 辆奔驰 SMART 汽车被抢购一空。

2010 年 12 月 8 日，当当网在美国成功上市，融资 2.72 亿美元。虽然当当网被美国投资者理解为中国的亚马逊，正牌的亚马逊网站在中国叫作卓越亚马逊，并未直接上市，但是目前在 B2C 电子商务市场份额的排名仍然在当当网之前。在两者之前，占据 B2C 市场份额老大宝座的是京东商城。

2011 年 5 月 26 日，央行公布了获得支付业务许可证的企业名单，首批共颁给 27 家单位，其中支付宝、银联商务、财付通、快钱等悉数获得许可证。

2011 年国内关闭的团购网站总数达到 1 483 家。多数团购网站都进行了裁员。

2012 年 1 月 11 日，阿里巴巴集团旗下淘宝商城正式更名为天猫，完全脱离淘宝品牌，并采用独立品牌拓展在线零售市场。

2012 年 3 月 23 日，B2C 折扣电商唯品会赴美成功上市。

2012 年 6 月 20 日，阿里巴巴在港交所发布公告称，私有化计划生效，在当日收市后正式退市。

2013 年北京时间 6 月 7 日，外贸 B2C 公司兰亭集势（NYSE：LITB）在美国纽交所挂牌上市。

2013 年 10 月 25 日，消费者权益保护法修正案通过，网购商品七日内无理由退货位列其中。

2013 年"双十一"，支付宝交易额突破 350 亿元，创下空前纪录。京东商城"双十一"单日订单量为 680 万单，整个"双十一"促销期间交易额超过 100 亿元。另据易迅披露数据，易迅网下单笔数达到 60 万单，单日销售额达到 5 亿元的历史最高值。

2013 年 12 月，中国网络零售额达 1.85 万亿元，首次超美国，成为世界电商第一大经济体。

2014 年，中国电子商务交易额达 13.37 万亿元，同比增长 28.6%；网络零售交易额突破 2.79 万亿元，同比增长 49.7%，占社会消费品零售总额的 10.6%。

1.3　电子商务的主要模式

1.3.1　商业模式的定义

何谓商业模式？对此理论界和实践界有不同的理解。

欧盟委员会信息社会局首席学者 Paul Timmers 对商业模式的定义：商业模式是由产品流、服务流、信息流所组成的体系结构。这个体系结构同时描述了各参与者及其角色、体系结构的收入来源及各参与者的潜在利益。

美国北卡罗莱纳州立大学教授 Michael Rappa 指出，商业模式是一个企业开展业务并以此获利从而能够使企业进一步生存的方法。同时，商业模式还应该明确指出企业如何通过在价值链中适当定位以获得利润。

具体到电子商务模式，哈佛大学商学院教授 Lynda M Applegate 认为，电子商务模式是一个从制造商到生产商到分销商最终到顾客的连续统一体，根据这个统一体上流动的产品类型的不同，可以进一步分为数字业务类型和基础设施提供者两种模式。

麻省理工学院信息系统研究中心主任 Peter Weill 和 M.R. Vitale 对电子商务商业模式的定义是：电子商务商业模式是关于一个企业的消费者、客户、协作者和供应商之间各自的角色和相互关系的描述。通过这个描述能够清楚指出产品、信息和资金的流动，以及各个参与者所能获得的主要利益。

本书认为，商业模式是指企业创造价值的基本逻辑，即企业为了实现客户价值最大化和持续盈利的目标，整合内外各要素，形成独特核心竞争力和自我可复制的价值链体系和生态系统。一个好的商业模式，必须围绕客户、产品（服务）、关键资源和核心能力四个要素进行。对于电子商务商业模式，本书认为目标市场（面对怎样的客户）、价值主张（提供怎样的产品或服务）、收入方式（怎样获得收入）和技术手段（应用怎样的 IT 技术实现方式）是必不可少的构成要素。

1.3.2　商业模式的分类

对电子商务商业模式分类的研究，主要是根据不同电子商务商业模式的特点，将电子商务商业模式分为相应的类别，有助于人们对电子商务模式的理解，为电子商务模式创新提供基础。

1. 学者分类

Paul Timmers 根据交互程度和价值链整合程度，将电子商务模式分为 11 类，具体如表 1.1 所示。

表 1.1　Timmers 电子商务模式分类

分　类	描　述
电子商店（e-Shop）	在网上销售产品
电子采购（e-Procurement）	在网上采购商品或服务
电子拍卖（e-Auction）	通过电子商务方式实现传统拍卖
电子商城（e-Mall）	众多电子商店集合在一个知名电子商城中
第三方市场（3rd Party Marketplace）	向买方提供卖方产品目录、类似交易所
虚拟社区（Virtual Communities）	网上虚拟社区，通过会员费或广告获取收益
价值链服务提供商（Value Chain Service Provider）	专注于完成价值链中特定功能，如支付或物流功能
价值链集成商（Value Chain Integrator）	集成价值链中的多项功能
协作平台（Collaboration Platform）	为企业间合作提供一系列工具和信息环境
信息经纪商（Information Broker）	提供信息增值服务
信任服务商（Trust Services）	提供认证、公证等信任服务

Linder 和 Cantrell 根据创造利润的核心活动和在价值链中的位置，将商务模式分为 8 类，具体如表 1.2 所示。

表 1.2　Linder 和 Cantrell 电子商务模式分类

分　类	描　述
价格模式（Price Model）	以低价格销售商品
便利模式（Convenience Model）	提供便利、综合的服务
商品增值模式（Commodity-Plus Model）	提供低价可靠的商品、大规模定制商品
体验模式（Experience Model）	提供商品或服务的体验促进销售
渠道模式（Channel Model）	渠道最大化、增值零售商
中介模式（Intermediary Model）	市场中介、市场整合
信任模式（Trust Model）	提供可信任的产品、服务和业务运作
创新模式（Innovation Model）	提供独特的产品或服务

Peter Weill 和 M.R. Vitale 根据原子模型，将商业模式分为 8 类，具体如表 1.3 所示。

表 1.3　Peter Weill 和 M.R. Vitale 电子商务模式分类

分　类	描　述
内容提供者（Content Provider）	通过中介向客户提供内容服务（信息、数字产品、服务）
直接面向顾客（Direct to Customer）	无须任何中介，直接面向顾客提供产品或服务
全程服务提供者（Full Service Provider）	在一个领域内直接或通过协作者为顾客提供全程服务
中介（Intermediary）	通过集中信息把"买家"和"卖家"集合起来进行交易
共享基础设施（Shared Infrastructure）	通过共享公共的 IT 基础设施，把多个竞争对手联合起来进行合作
价值网集成（Value Net Integrator）	通过收集、合成和分配信息，协调价值网上的活动
虚拟社区（Virtual Community）	用公共的兴趣来吸引顾客进行交互并为之提供服务，从而建立一个在网上的社区
整体企业（Whole of Enterprise）	把一个大企业提供的各种服务进行合并，为顾客提供一个企业级的单独网站

Rappa 根据企业在价值链中的位置和获利方式，将商业模式分为 9 类，具体如表 1.4 所示。

表 1.4　Rappa 电子商务模式分类

分　类	描　述
经纪模式（Brokerage Model）	集中买方和卖方，促成交易，通过收取费用或佣金获得收益
广告模式（Advertising Model）	内容提供商在提供内容的同时展示广告信息，广告收入是其主要或唯一收入来源
信息中介模式（Intermediary Model）	收集、处理并出售关于消费者、生产者和商品的信息
商业模式（Merchant Model）	产品或服务的批发商 / 零售商
生产商模式（Manufacturer Model）	生产商直接面向消费者
会员模式（Affiliate Model）	在会员网站建立链接，与会员网站进行分成
社区模式（Community Model）	社区成员提供相互交流的内容
订购模式（Subscription Model）	用户订购服务，并定期支付费用
公用事业模式（Utility Model）	根据用户实际的使用量向用户收费

2．业界主流分类

获得业内一致认同的分类方法是把企业和消费者作为划分标准，分别划分出企业对企业（B2B）、企业对消费者（B2C）、消费者对企业（C2B）和消费者对消费者（C2C）等模式，并随着电子商务细分发展，不断产生新的商业模式。

ABC

ABC 模式 =Agents to Business to Consumer

ABC 模式是新型电子商务模式的一种，是由代理商（Agents）、商家（Business）和消费者（Consumer）共同搭建的集生产、经营、消费为一体的电子商务平台。

B2B

B2B= Business to Business

B2B 模式是指商家（泛指企业）对商家的电子商务，即企业与企业之间通过互联网进行产品、服务及信息的交换。通俗的说法是指进行电子商务交易的供需双方都是商家（或企业、公司），使用了 Internet 的技术或各种商务网络平台，完成商务交易的过程。这些过程包括：发布供求信息，订货及确认订货，支付过程，票据的签发、传送和接收，确定配送方案并监控配送过程等。

B2C

B2C= Business to Customer

B2C 模式是中国最早产生的电子商务模式，是指企业与消费者之间的电子商务模式。一般以网络零售业为主，主要借助于 Internet 开展在线销售活动。

按照服务内容与交易对象，B2C 电子商务模式主要分为第三方 B2C 电子商务平台和自营 B2C 电子商务平台。第三方 B2C 电子商务平台是由平台服务商提供功能完善的平台建设与营销、运营服务，吸引企业加入平台；企业入驻第三方平台后面向消费者提供网络零售服务。自营 B2C 电子商务平台是企业建设电子商务交易平台并作为交易主体面向消费者开展网络零售服务。随着开放平台策略的实施，越来越多的自营 B2C 电子商务企业整合 IT 系统和供应链并对外开放收取佣金收益，外部商户甚至竞争对手都可以在自己的网站上销售商品。第三方 B2C 电子商务平台和自营 B2C 电子商务平台之间的界限越来越模糊。

C2C

C2C= Consumer to Consumer

C2C 同 B2B、B2C 一样，都是电子商务的几种模式之一。不同的是，C2C 是用户对用户的模式，C2C 商务平台就是通过为买卖双方提供一个在线交易平台，使卖方可以主动提供商品上网拍卖，而买方可以自行选择商品进行竞价。

B2M

B2M = Business to Manager

B2M 是相对于 B2B、B2C、C2C 的电子商务模式而言的，是一种全新的电子商务模式。而这种电子商务相对于上述三种模式有着本质的不同，其根本的区别在于目标客户群的性质不同，前三者的目标客户群都是作为一种消费者的身份出现的，而 B2M 所针对的客户群是该企业或者该产品的销售者或者为其工作者，而不是最终消费者。

B2G（B2A）

B2G=Business to Government

B2G 模式是企业与政府管理部门之间的电子商务，如政府采购，海关报税的平台，国税局和地税局报税的平台等。

M2C

M2C= Manager to Consumer

M2C 是针对 B2M 的电子商务模式而出现的延伸概念。B2M 环节中，企业通过网络平台发布该企业的产品或者服务，职业经理人通过网络获取该企业的产品或者服务信息，并且为该企业提供产品、销售或者服务，企业通过经理人的服务达到销售产品或者获得服务的目的。

O2O

O2O=Online to Offline

O2O 是新兴起的一种电子商务新商业模式，即将线下商务的机会与互联网结合在了一起，让互联网成为线下交易的前台。这样线下服务就可以用线上来揽客，消费者可以用线上来筛选服务，还有成交可以在线结算，很快达到规模。该模式最重要的特点是：推广效果可查，每笔交易可跟踪。

C2B

C2B=Customer to Business

C2B 是电子商务模式的一种，即消费者对企业（Customer to Business）。最先由美国流行起来的消费者对企业（C2B）模式也许是一个值得关注的尝试。C2B 模式的核心，是通过聚合分散分布但数量庞大的用户形成一个强大的采购集团，以此来改变 B2C 模式中用户一对一出价的弱势地位，使之享受到以大批发商的价格买单件商品的利益。

B2B2C

B2B2C=Business To Business To Customers

所谓 B2B2C 是一种新的网络通信销售方式。第一个 B 指广义的卖方（成品、半成品、材料提供商等），第二个 B 指交易平台，即提供卖方与买方的联系平台，同时提供优质的附加服务，C 指买方。卖方不仅仅是公司，可以包括个人，即一种逻辑上的买卖关系中的卖方。

团购

团购，Group-Buying，国际通称为 B2T（Business To Team），是继 B2B、B2C、C2C 后的又一电子商务模式，即为一个团队向商家采购。团购 B2T，本来是"团体采购"的定义，而今，网络的普及让团购成为很多消费者参与的消费革命。网络成为一种新的消费方式，所谓网络团购，就是互不认识的消费者，借助互联网的"网聚人的力量"来聚集资金，加大与商家的谈判能力，以求得最优的价格。

1.3.3 电子商务生态系统

"商务生态系统"这一概念首先是由 James F.Moore 在他的著作 *The death of Competition：Leadership and Strategy in the Age of Business Ecosystem* 中提出的。这个概念的灵感来自于自然界的生态系统。生态环境学认为，生物之间存在一种相互依存、相互制约、互为环境的关系，并且生物的多样性和共生性是生物界生存和发展的普遍要求和规律。众多的生物以自己的生存和发展，为其他生物提供共生的环境和条件，同存于一种共生体之中，共同进化和优化。James F.Moore 指出商务生态系统正是模拟了自然生态系统中的上述这些机制。众多的商家、企业作为有生命的经济实体，同时还作为经济细胞，组成和推动着整个国民经济乃至整个国际经济的发展，形成一种功能协调、优势互补、和谐增长的共生共荣的生态环境。

1. 电子商务生态系统的构成

电子商务生态系统（见图 1.1）是商务生态系统的一种，是由一系列关系密切的电子商务核心交易企业、金融服务企业、物流服务企业、政府等组织机构以联盟或虚拟合作等方式通过互联网平台分享资源，优势互补，结成了一个有机的生态系统。电子商务生态系统中各"物种"成员各司其职，相互交织形成完整的价值网络，信息、资金及物质等都通过这个价值网络在联合体内流动和循环，共同组成一个多要素、多侧面、多层次的错综复杂的商业生态系统。电子商务生态系统中的"物种"成员即电子商务的企业，是电子商务生态系统的构成要素，对企业的分类可以划分为如下几类：

（1）领导种群，即核心电子商务企业，是整个生态系统资源的领导者，通过提供平台及监管服务，如阿里巴巴的支付宝公司，就是为整个电子商务生态系统环境中大部分企业提供第三方支付担保的共享服务，是整个生态系统资源的领导者，通过提供平台及监管服务，扮演电子商务生态系统中资源整合和协调的角色。

（2）关键种群，即电子商务交易主体，包括消费者、零售商、生产商、专业供应商等，是电子商务生态系统其他物种所共同服务的"客户"。

（3）支持种群，即网络交易必须依附的组织，包括物流公司、金融机构、电信服务商及相关政府机构等，这些种群并非依赖电子商务生态系统而生存，但可以从优化的电子商务生态系统中获取远超过依靠自己竞争力可得的利益。

（4）寄生种群，即为网络交易提供增值服务的提供商，包括网络营销服务商、技术外包商、电子商务咨询服务商等。这些物种寄生于电子商务生态系统之上，与电子商务生态系统共存亡。

内生和外生的原因使得电子商务产业的"物种"不断丰富，循环也更加完善，最终实现电子商务各"物种"成员的生态共建、共生，以及在此基础上的价值创造、价值共享和共同进化。

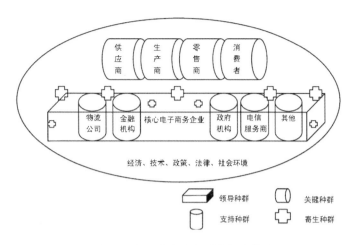

图 1.1　电子商务生态系统概念模型

2．电子商务生态系统的发展阶段

从商业生态系统均衡演化的层面，我们在传统商业生态系统的生命周期分析基础上，重新定义了电子商务生态系统的演化路径，将其分为开拓、拓展、协调、进化 4 个阶段（见图 1.2）。第一阶段，有特殊生存力的新商业生态系统逐渐诞生并初具规模；第二阶段，商业生态系统通过抓住可利用的元素及相关产品和服务，吸收新增加的顾客和风险承担者，扩充其范围和消费资源；第三阶段，随着商业共同体结构和协议变得稳定，共同体内部争夺领导权和利润日趋激烈，角色和资源在领导阶段会进行再定位和再分配；第四阶段，为了避免商业生态系统被新系统所替代，逐渐走向衰退和死亡，系统开始持续更新。

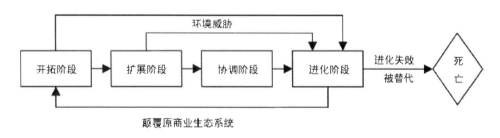

图 1.2　电子商务生态系统演化过程

（1）开拓阶段是指核心电子商务企业以某一特定群体为客户，通过创新的运营模式或高附加值的服务吸引必要的参与者，而共同创建形成新兴电子商务生态系统的过程。生命力强大的电子商务生态系统将在这一阶段生存下来并发展到一定的规模。例如，唯品会以品牌特卖为核心的电子商务生态系统正在经历这个最初的创始阶段。

（2）随着系统核心种群自身的不断成长，以及关键种群的繁殖与支持种群的强大，系统规模在扩展阶段不断增长，寄生种群的物种也逐渐涌现。同时，以不同领导种群为核心的同质生态系统之间的竞争开始升级，并将在这一阶段基本确定竞争格局。例如，以阿里巴巴为核心的快的打车和以腾讯为核心的滴滴打车为占有市场规模和培养用户消费习惯，通过补贴出租车司机和用户的方式开展激烈的竞争，彻底改变了传统叫车软件的竞争格局。

（3）扩展阶段物种的快速增长，使协调阶段各物种之间的利益关系越来越复杂，特别是关键物种之间及寄生物种之间争夺利益的竞争和冲突日益明显，领导种群为维持系统的健康发展，需要对系统规则进行一定的调整与完善。如阿里巴巴通过制定商家信用体系和交易规则，抑制系统内恶性竞争、完善系统规则。

（4）当生态系统受到新模式、政策规定等外界环境变化的致命威胁，系统将进入进化阶段，需要颠覆性地改变原有的模式，并进化为全新的电子商务生态系统。例如，以传统家电和3C销售起家的苏宁易购商业生态系统，受到京东、天猫等综合网络零售企业的挑战，不得不进化为O2O为核心的综合类电子商务生态系统。需要说明的是，由于电子商务产业不成熟造成的高环境威胁，使电子商务生态系统在开拓阶段、扩展阶段和协调阶段都可能由于外界环境的突发变化直接进入进化阶段。明确商业生态系统当前所处的阶段，可以帮助成员更好地预测潜在的变化而采取适当的行动，特别是对于领导种群，即核心电子商务企业而言，它在电子商务生态系统发展的每个阶段都有着不可替代的作用。

1.4 电子商务发展现状

1.4.1 国际电子商务发展形势

1. 交易主体快速增长

从20世纪90年代末开始，互联网高速发展，网民数量不断增加，对世界经济的影响越来越大。据市场调查机构 eMarketer 统计，全球互联网用户在 2015 年将会突破 30 亿人，占全球总人口数的一半。互联网用户普及率在 2014 年首次超过了 40%，全球总网民数达到了 28.9 亿人，较 2013 年增长 6.2%，占全球总人口数的 42.4%。预计到 2020 年，全球上网人数将达到 50 亿人，网络普及率将达到 66%。巨大的网民数量是电子商务潜在用户。

表 1.5 全球主要地区网民数（2012/6/30）

地　区	总人口 （2012 估算）	网民数 （2000/12/31）	网民数 （2012/6/30）	互联网 普及率	增长率 （2000—2012）	占全球网民 比率
非洲	1 073 380 925	4 514 400	167 335 676	15.60%	3 606.70%	7.00%

续表

地　区	总人口 （2012 估算）	网民数 （2000/12/31）	网民数 （2012/6/30）	互联网普及率	增长率 （2000—2012）	占全球网民比率
亚洲	3 922 066 987	114 304 000	1 076 681 059	27.50%	841.90%	44.80%
欧洲	820 918 446	105 096 093	518 512 109	63.20%	393.40%	21.50%
中东	223 608 203	3 284 800	90 000 455	40.20%	2 639.90%	3.70%
北美洲	348 280 154	108 096 800	273 785 413	78.60%	153.30%	11.40%
拉丁美洲	593 688 638	18 068 919	254 915 745	42.90%	1 310.80%	10.60%
大洋洲	35 903 569	7 620 480	24 287 919	67.60%	218.70%	1.00%
总计	7 017 846 922	360 985 492	2 405 518 376	34.30%	566.40%	100.00%

2．交易规模持续增长

近年来，世界经济持续波动，美国经济疲软、欧债危机范围不断扩大，中东地区政治动荡导致经济恶化，但与之相对的是电子商务仍保持了顽强的增长态势，不但欧美发达国家电子商务持续增长，亚洲和非洲拉美地区等新兴地区增幅尤为显著。全球电子商务市场规模的持续增长，有力延缓了全球经济的衰退。以网络零售为例，据美国市场研究机构 Forrester Research 最新报告显示，2011 年以来，全球 B2C 电子商务交易额年均增长率达 20.7%，2015 年预计达到 1.65 万亿美元（见图 1.3）。

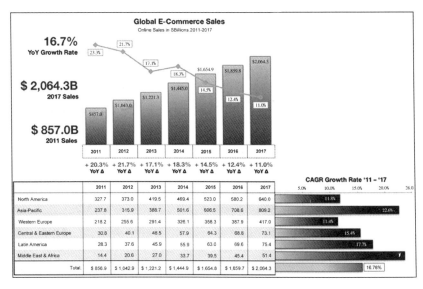

图 1.3　2011—2017 年全球网络零售额预测

3．电子商务细分行业迅速发展

电子商务催生了电子商务服务业，并伴随着信息网络技术的发展、社会分工的细化和消费结构的升级而不断细分，带动了创业型公司批量发展，主要包括以第三方交易平台、网络零售服务商为代表的电子商务交易企业；以提供电子认证、电子支付、物流配送、信用、数据等服务为代表的电子商务支撑服务企业和以提供代运营服务、电商咨询、IT外包服务、网络营销服务、客服外包等服务为代表的电子商务衍生服务企业。

4．跨境合作与全球扩张趋势更加明显

大型电商通过加快全球布局，抢占市场先机。电商巨头亚马逊投资收购了近80个科技或互联网公司，在北美洲、欧洲、亚洲的11个国家和地区建立了82个运营中心（其中，中国15个中心），已初步完成全球布局；沃尔玛迅速转型电子商务，在美洲、欧洲、亚洲等27个国家和地区建立110个配送中心，2013年全球在线销售额超过100亿美元；日本电子商务巨头乐天集团在全球13个国家和地区运营本地化电子商务网站。随着PayPal、国际银行卡服务商等跨境支付服务企业的加入和DHL、联邦快递等跨境物流服务的日益完善，完整的跨境网络零售商业价值链体系即将形成，跨境网络零售蓄势待发。

5．大数据驱动商业模式创新

随着支撑环境与服务的不断成熟，全球电子商务将迎来新一轮基于大数据的商业模式创新浪潮。满足用户个性化需求、创造商业价值将是电子商务企业构建自身竞争力的重要手段。美国电信运营商Verizon设立精准市场营销部，基于移动数据开展精确营销；英国O2通信公司推出"智慧足迹"商业服务，通过提供免费Wi-Fi接入服务收集用户数据，为商务提供O2O商务大数据支撑服务，创造了新的商业模式。

1.4.2　国内电子商务发展现状与趋势

1．用户规模全球第一

截至2014年12月，我国网民规模达6.49亿，全年共计新增网民3 117万人，网民规模居全球第一。互联网普及率为47.9%，较2013年年底提升了2.1个百分点（见图1.4）。我国互联网普及率高于全球34.3%的平均水平，但与北美地区78.6%和欧洲地区63.2%相比，有较大差距，还有进一步提升的空间。巨大的网民数量是我国电子商务发展坚实的用户基础和消费市场基础。

图 1.4 中国网民规模和互联网普及率

2. 模式创新与全球比肩

我国电子商务各类型交易模式与国际市场同步发展，并结合我国电子商务市场特征，不断创新，推出新产品、新服务。如腾讯、凡客推出的微信营销服务，支付宝推出的二维码支付服务，淘宝、天猫推出的 C2B 预售服务，阿里巴巴、京东推出的供应链融资服务，苏宁电器的线上线下同步服务，都是围绕用户需求，基于信息技术的模式创新，引领了行业发展。

3. 全球增长最快市场

近年来，我国电子商务进入规模化高速增长通道。2014 年，电子商务交易额超 13 万亿元，预计 2015 年，电子商务交易额将超 18 万亿元，年均增长率达 31%，保持强劲的增长势头（见图 1.5）。

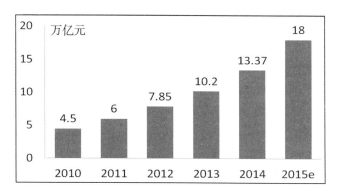

图 1.5 2010—2015 中国电子商务交易额统计

作为电子商务重要的业务形态，我国网络零售呈现井喷式增长态势。2014 年中国网络购物市场交易规模达到 2.79 万亿元，同比增长 49.7%，占社会消费品零售总额的比重达到 10.6%（见图 1.6）。中国已超越美国成为世界第一大网络零售国。

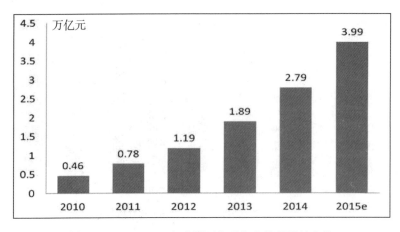

图 1.6   2010—2015 年中国网络零售交易额增长态势

预计 2020 年，我国的电子商务市场规模将达到 30 万亿元，基于网络的无形市场规模将接近有形市场规模，我国将成为全球第一大电子商务经济体。

4．本土企业掌握发展主动权

在电子商务引领的第三次流通产业革命大潮中，我国以电子商务交易服务为核心，物流配送、支付、安全和信用认证、软件开发等相配套的电子商务产业链已经形成规模。在与跨国电商巨头的竞争中，以阿里巴巴、腾讯、京东为代表的本土电商企业凭借对国内商务环境的深刻理解和本地化服务的优势，占据了市场的主导地位，并逐步向海外扩张。我国首次在产业革命中与发达国家同步并局部领先。

5．引领跨境电子商务发展

当前，我国跨境电子商务正处于快速发展时期，开展跨境电子商务外贸企业超过 20 万家，跨境电子商务平台企业达 5 000 家。2014 年我国跨境网络零售交易额达 4 492 亿元，同比增长 44%。其中，进口 1 290 亿元，同比增长 60%，出口 3 202 亿元，同比增长 40%。我国跨境电子商务的增速均高于线下传统外贸交易。敦煌网、易唐网、兰亭集势、京东商城开通了国外网站；支付宝、PAYPAL、西联汇款等支付机构提供了便利的支付手段；香港邮政、比利时邮政、DHL、递四方物流等也为跨境网上交易提供了良好的物流条件，跨境电子商务发展潜力巨大。

1.4.3   电子商务对我国经济的战略作用

1．提高国民经济运行质量

电子商务的特征是基于信息技术的商流、信息流、物流和资金流的"四流合一"，实现供需的高效匹配、零散订单的规模化生产、产业链上下游高效协同、物流科学配送和资金高效运转，在降低社会交易成本、促进社会分工协作、提高产业组织效率、提升社会创新机会、优化社会资源配置、促进节能减排及促进新商业文明发展等方面作用显著，提高国民经济整体运行质量。

2．促进经济转型发展

电子商务是网络化的新型经济活动，是全新的生产力和生产方式及生产关系的组合，广泛地渗透到生产、流通、消费、服务等各个领域，具有强大的生命力。凭借低廉的交易成本、简化的贸易流程、不受时空限制等经营优势，电子商务将全面改变传统产业生产、经营、销售与组织形态，促进信息经济与传统经济相融合，推动产业从传统规模经济升级到规模化定制和柔性制造的新模式，提升产业结构竞争力。随着传统产业的转型升级，电子商务本身也产生了新的服务业态。根据阿里研究中心统计，截至 2012 年年底，中国电子商务服务业收入达到 2 080.4 亿元，比 2011 年的 1 200 亿元增长 73.4%。电子商务服务业正在成为我国发展最快的战略性新兴产业。

3．拉动内需，促进消费

电子商务减少了流通环节，去除了销售终端高昂的门店租金、人员工资等成本，大幅降低了商品价格；新型的交易方式，降低了产品搜寻与比较成本和商品获取成本。电子商务同时突破了时间与空间对消费行为的限制，并通过其特有的长尾效应，丰富了消费品的供给。随着网络零售服务的不断发展和消费者消费习惯的养成，网络消费已成为重要的消费方式之一。从 2012 年开始，伴随互联网长大的 90 后新生消费群体步入社会，网络消费爆发式增长。国际著名研究机构麦肯锡的数据表明，每 100 元网络零售交易额中，有 61 元是对线下零售的替代，有 39 元完全是由电子商务拉动新增的消费。网络零售的发展同时加快了我国向消费型经济体的转型。

4．促进中小企业发展

中小企业是推动国民经济发展，构造市场经济主体，促进社会稳定的基础力量，促进中小企业发展具有重要的战略意义。电子商务改变了企业传统竞争发展的基础，为企业提供了更广阔的平台。中小企业可以摆脱空间限制，凭借其灵活、创新的优势，加入全球产业链，开展小批量、定制化的柔性生产，借助电子商务实现从"中国制造"向"中国创造"的转型。根据中国互联网络信息中心（CNNIC）调查，电子商务对中小企业经营状况的改善作用明显，已开展电子商务的中小企业中，有 70.4% 的企业认为电子商务缩短了交易时间，分别有 68.9% 和 67.7% 的企业认为电子商务帮助企业拓展了销售范围和区域、采购到更加丰富的产品。已开展电子商务企业的营业额、营业利润、利润率增加的比例明显高于没有开展电子商务的企业。

1.4.4　我国电子商务发展面临的问题

1. 法律法规相对滞后

我国电子商务行业管理仍然是"重制造业、轻服务业","重线下、轻线上","重控制、轻发展",有关电子商务的法律法规政出多门,碎片化、部门化特征明显,监管重叠和监管真空同时存在,缺乏全局性布局,具有明显的滞后性,还没有规范电商行为的综合性电商立法,有关电子交易、交易安全、电子支付、消费者权益保护等法律法规还未制定或完善;在行业垄断、保护隐私、保护网络安全、保护知识产权、治理行业垄断、打击假冒伪劣、防止恶意欺诈等方面监管滞后。如果不及时制定或修订完善,将影响人们对电子商务发展的信心,制约我国电商市场的健康发展,使我们在国际电商竞争中出现被动局面。

2. 基础支撑环境落后

与高速发展的电子商务需求相比,我国电子商务的基础支撑环境发展落后。在互联网接入方面,我国网络带宽和使用成本与韩、日等周边国家相比差距明显,与我国在国际上的经济、政治地位不匹配,特别是移动互联网接入和带宽瓶颈,已制约了我国移动电子商务的发展;在物流基础设施建设方面,为解决电商最后一公里配送难题,提高用户体验,京东商城、阿里巴巴等电商不得不"承担"起了一部分仓储物流基础设施建设任务;与电子商务相关的安全认证、支付、信用、标准体系等支撑服务能力有待进一步提高。

3. 行业经营秩序有待改善

当前,网上侵犯知识产权、制售假冒伪劣商品、恶意欺诈、违法犯罪等问题不断发生,在一定程度上影响了人们对电子商务发展的信心。电子商务商业模式不成熟,企业发展同质化,多采用低价恶性竞争,也导致市场经营秩序不断恶化。尽管电子商务市场进入的技术壁垒、资本壁垒及政策法规壁垒总体较低,但早期先入者已在短短几年间抢占了市场绝对占有率,少数寡头垄断竞争格局逐渐浮出水面,未来随着电子商务平台对其上下游产业链环节的控制能力越来越强,势必将对服务合理定价、商业模式创新、市场规则制定产生不利影响。

4. 政府管理与行业需求不匹配

电子商务的快速发展与持续创新,已经对我国条块分割的行政管理体制提出了更高的要求。电子商务本身业务复杂,涉及发改、财政、工信、商务、工商、科技等多个政府职能部门;其跨地域的特征又对行政区域划分和属地化管理提出了挑战。企业基于网络的生产经营行为也对政府的传统管理方式和手段提出了新的要求。

5. 多层次电子商务人才缺口

电子商务是一项复杂的系统工程，涉及计算机技术、网络管理、市场营销、法律等多领域技术和知识的融合。由于我国电子商务教育体系仍处于摸索过程中，且电子商务本身发展迅速等因素共同影响，我国电子商务人才缺口加大，已制约了我国电子商务的发展。目前电子商务行业紧缺三类人才：一是高级管理人员，即通晓电子商务战略、熟悉信息技术、商业流程、产品服务等的复合型人才；二是应用型人才，如支付、物流和信息流、网络营销和服务等部门的人才；三是信息技术人才。从目前情况看，快速膨胀的市场人才需求与人才供给的矛盾在短时间内还难以解决。

6. 电子商务存在系统性风险

随着电子商务交易规模不断扩大和电商平台社会化的发展趋势，电子商务对经济发展、民众生活的重要性不断提高，发生影响社会稳定的系统性风险的概率也不断增加。如浙江亿家电子商务有限公司及旗下的"万家购物"网站组织、领导传销活动，涉及金额高达 240.45 亿元，涉案人员近两百万人，遍布全国 31 个省（区、市）的 2 300 多个县（市），是目前已知全国最大的网络传销案件。又如截至 2012 年 12 月，支付宝注册账户数突破 8 亿人，入驻天猫的企业超过 6 万家，淘宝卖家超过 700 万家，淘宝网创造的直接就业岗位达到 392.1 万个，间接就业岗位则高达 1 109.6 万个。平台的用户账号安全、交易数据安全、平台运营企业的经营安全的影响已远远超出了传统商务的范畴。

第 2 章
智慧物流概述

内容提要

随着经济的发展，尤其是电子商务产业的发展，物流业呈现了空前繁荣。智慧物流既是技术发展的必然，也是现代物流发展的必然。本章介绍了物流概念的演变，并阐述了物流的构成和分类，现代物流及其特征，介绍了智慧物流产生的背景，分析了国内外智慧物流发展的现状，探讨了电子商务环境下智慧物流产业发展的趋势。

2.1 现代物流

在人类社会商品交易过程中，随着商品所有权的转移，商品实体转移的物流活动必然会发生。由于物流理论与实践的不断发展，物流的相关概念与内涵也在不断变化，世界许多国家的研究机构、管理机构及物流研究专家对物流概念给出了各种定义。

2.1.1 物流概念的演变

1. 物流的发展历程

物流的概念最早产生于美国，经历了由传统意义上的实物分销（Physical Distribution，PD）到目前的现代物流（Logistics）的转变过程。

1）PD 时代

1915 年，美国学者阿·奇萧（Arch W.Shaw）在《市场营销中的若干问题》中首次提出了 PD（Physical Distribution）的概念。20 世纪 20 年代，美国著名营销专家克拉克（Fred E.Clark）在研究市场营销问题时再次使用了这一概念，泛指一切与产品销售有关的实物配送活动（输出物流）。1935 年，美国销售协会对 PD 的概念进行阐述："PD 是包含于销售之中的物质资料和服务于从生产场所到消费场所的流动过程中所伴随的种种经济活动。"

随着物流在企业中的广泛应用，从企业内部领域扩展到外部经营管理的其他领域，物流管理开始注重外部（分销商、顾客、供应商及第三方构成的多维、复杂、立体）关系的研究，强调原材料采购、加工生产、产品销售、售后服务直到废旧回收等整个物资流通全过程的管理。1963 年，美国物流管理协会成立，当时的英文名称为：National Council Physical Distribution Management（NCPDM）。当时，美国物流管理协会认为："PD 是把完成品从生产线的终点有效地移动到消费者手里的一切活动，有时也包括从原材料的供给源到生产线的始点的移动。"

2）Logistics 时代

Logistics 是军队的后勤保障系统用语，其含义是对军需物资的采购、运输、仓储、分发进行统收安排和全面管理。

一般认为，现代物流 Logistics 的最初定义源于二战期间美国的军事后勤保障。当时的物流是作为军事科学的一个分支，即从事采办、保障和运输军事物资、人员及设备的活动，是指在准确的时间，将正确数量的人力、食品、武器、弹药，运送至精确的地点，在战斗中供应前线。

二战之后，军事上的"后勤"一词在商业活动中得到了广泛的应用，其内涵得到了进一步推广，涵盖了整个生产过程和流通过程，包括生产领域的原材料采购、生产过程中的物料搬运与厂内物流到商品流通过程中的物流。因此，在欧美国家中一般所指的 Logistics 比 PD 的内涵更为广泛，PD 一般仅指销售物流。

20 世纪 50、60 年代，日本从美国引入物流概念。1956 年，日本代表团到美国考察，首次接触到物流概念，1958 年撰写了"劳动生产率报告 33 号"，发表在《流通技术》杂志上，第一次提及 Physical Distribution，到 1964 年正式翻译为"物的流通"。日本著名学者、被称为物流之父的平原直采用"物流"代替"物的流通"。德国的 R·尤尼曼曾经对此作出比较完整的定义："物流学是研究对系统（企业 / 地区 / 国家 / 国际）的物料流及其有关的信息流进行规划与管理的科学理论。"

1985 年，美国物流管理协会更名为：The Council of Logistics Management（CLM），将学会名称中的"Physical Distribution（PD）"更换为"Logistics"，并重新对 Logistics 进行了定义："物流是为了满足顾客需求而对原材料、在制品及相关信息从产生地到消费地的有效率、有效益的流动和储存进行计划、协调和控制的过程。"从此，Logistics 逐渐取代 PD，成为现代物流和物流科学的代名词。这是物流学走向成熟的标志。

那么，Logistics 与 Physical Distribution 两者有着怎样的区别呢？其主要不同在于 Logistics 已突破了商品流通的范围，把物流活动扩大到生产领域。物流已不仅仅从产品出厂开始，而是包括从原材料采购、加工生产到产品销售、售后服务，直到废旧物品回收等整个物理性的流通过程。这是因为随着生产的发展，社会分工越来越细，大型的制造商往往把成品零部件的生产任务，包给其他专业性制造商，自己只是对这些零部件进行组装。在这种情况下，物流不但与流通系统维持密切的关系，同时与生产系统也产生了密切的关系。这样，物流、商流和生产三个方面连接在了一起，就能产生更高的效率。至此，Logistics 的外延更为广泛。

3）供应链时代

从 Physical Distribution 到 Logistics，物流概念逐步完善起来，Logistics 包含生产领域的原材料采购、生产过程中的物料搬运与厂内物流，以及流通过程中的物流或销售物流。随着经济的发展，社会对物资流通的要求越来越高。人们已不能满足于原先那种分割式的物资流通模式，逐步要求形成一体化的物流管理系统（Logistical Management System）。

1998 年，美国物流管理协会又在对 Logistics 的定义中增加了"物流是供应链的一部分"的内容，从而使物流管理上升到供应链管理的新高度。此时，美国对现代物流的定义是：物流是供应链过程的一部分，是以满足客户需求为目的，以高效和经济的手段来组织产品、服务及相关信息从供应到消费的运动和存储的计划、执行和控制的过程。这不仅把物流纳入了企业间互动协作关系的管理范畴，而且要求企业在更广阔的背景下来考虑自身的物流运作。即不仅要考虑自己的客户，还要考虑自己的供应商；不仅要考虑到客户的客户，还要考虑到供应商的供应商；不仅要致力于降低某项具体物流作业的成本，还要考虑使供应链运作的总成本最低。这一定义反映了随着供应链管理思想的出现，美国物流界对物流的认识更加深入，强调"物流是供应链的一部分"；并从"反向物流"角度进一步拓展了物流的内涵与外延。

2001 年，美国物流管理协会给物流（Logistics）的定义为：物流是为满足消费者需要而进行的原材料、中间过程库存、最终产品和相关信息从起点到终点之间有效流动和存储的计划、实施和控制管理过程。（Logistics is that part of the supply chain process that plans，implements, and controls the efficient，effective forward and reverse flow and storage of goods，services，and related information between the point of origin and the point of consumption in order to meet customers' requirements.）

2005 年，有 40 多年历史的美国物流管理协会（CLM）正式更名为：美国供应链管理专业协会（CSCMP），标志着全球物流进入供应链时代，共有 4 个分支——商业物流、军事物流、事件物流和服务物流。

关于物流定义的描述，如表 2.1 所示。

表 2.1　关于物流定义的描述

		年　份	给出定义的组织	定　义
美国	工程派	1974	美国物流工程学会（Society of Logistics Engineers）	物流是与需求、设计、资源供给与维护有关，以支持目标、计划及运作的科学、管理及技术活动的艺术
	军事派	1981	美国空军（U.S. Air Force）	物流是计划和执行军队的调动与维护的科学，它涉及与军事物资、人员、装备和服务相关的活动
	管理派	1985	美国物流管理协会（Council of Logistics Management）	物流是对货物、服务及相关信息从起源地到消费地的有效率的、有效益的流动和储存进行计划、执行和控制，以满足顾客要求的过程。该过程包括进向、去向、内部和外部的移动，以及以环境保护为目的的物料回收
	企业派	1997	美国 EXEL 物流公司	物流是与计划和执行供应链中商品及物料的搬运、储存及运输相关的所有活动，包括废弃物及旧品的回收复用
欧洲		1994	欧洲物流协会（European Logistics Association，ELA）	物流是一个在系统内对货物的运输、安排与此相关的支持活动的计划、执行与控制，以达到特定的目的
日本		1981	日本日通综合研究所	物流是物质资料从供给者向需求者的物理移动，是创造时间性、场所性价值的经济活动。从物流的范畴来看，包括包装、装卸、保管、库存管理、流通加工、运输、配送等诸多活动

		年　份	给出定义的组织	定　义
中国	大陆	2001	中国国家科委、国家技术监督局、中国物资流通协会，国家标准《物流术语》（GB/T 18354—2001）	物流是物品从供应地向接收地的实体流动过程，根据实际需要，实现运输、仓储、装卸、搬运、包装、流通加工、配送、信息处理等基本功能的有机结合
	台湾地区	1996	台湾物流管理协会	物流是一种物的实体流通活动的行为，在流通过程中，通过管理程序有效结合运输、仓储、装卸、包装、流通加工、资讯等相关机能性活动，以创造价值，满足顾客及社会性需求

2．物流概念引入中国

1980 年，中国从日本引进了物流概念，日文"物流"一词非常符合汉语的直观性描述习惯。一般认为，物流概念引入中国大体经历了如下三个阶段：

第一阶段，20 世纪 80 年代初至 90 年代初。从日本和欧美市场营销理论引入，开始接触物流（PD）的概念，尽管当时在中国还尚未形成"物流"的概念，但类似物流的行业是客观存在的。如同中国的"储运"业与国外的"物流"业很相似一样，只是限于这个时期中国的经济体制正处于转轨时期，真正意义上的现代物流尚未形成。

第二阶段，20 世纪 90 年代中期至 90 年代末。一方面由于对外开放力度加大，大量跨国公司进入中国，将现代物流（Logistics）的理念传播到中国；另一方面大量"三资"企业的生产和制造活动开始本地化，对现代物流（Logistics）产生了需求。于是，一批传统储运企业开始向开展综合物流业务的现代物流企业转型。

第三阶段，20 世纪末至今。世纪之交的中国经济，一方面由于世界经济一体化进程的推进，国际政治、经济、技术和管理对中国经济产生的深刻影响，促进了中国物流业的发展；另一方面由于中国社会主义市场经济体制建设的进程加快，现代物流发展的客观需求和市场环境基本具备，现代物流开始进入全面发展的新阶段。

2006 年，中国国家标准《物流术语》（GB/T 18354—2006）对物流的定义为：物流（Logistics）是指物品从供应地向接收地的实体流动过程，根据实际需要，将运输、储存、搬运、包装、流通加工、配送、信息处理等基本功能实施有机结合。由此可见，物流是一切物质资料的实体流动过程，在流通过程中创造价值，以满足顾客及社会性需求，物流的本质是服务。

要准确理解物流的定义，必须把握如下几点内容：

第一，物流是由"物"和"流"两个基本要素组成的。"物"是指一切可以进行物理性位置移动的物质资料；"流"是指"物"的物理性运动。物流既可用于流通领域，又可用于生产领域。

第二，物流并不是"物"和"流"的简单组合，而是特指将所需要的物品，在需要的时间内送到需要场所的运动。这种运动，主要目的是创造时间价值和场所价值。

第三，物流是物品由供应地流向接收地的流动，是一种满足社会需求的活动，是一种经济活动。它不属于经济活动的物质实体流动，也不属于物流的范畴。

第四，物流具有普遍性。社会经济中所有物品的物质实体，无论它处在运动状态（搬运、运输）、静止状态（存储、储存），还是处在静动状态（加工、装卸、包装、检验），都是处在物流状态。因为它们或者是使物品发生空间位置变动，或者是使物品发生时间位置变动，或者是使物品发生形状性质变动。可见，有物品，就必定会有物流。而物质是不灭的，因此物流也是普遍存在的。

2.1.2　物流活动的构成

物流活动由包装、装卸／搬运、运输、储存、流通加工、配送、物流信息等项工作构成。上述构成也常被称为物流活动的七要素，如图 2.1 所示。

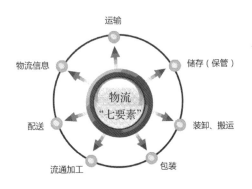

图 2.1　物流活动的七要素

1．包装

包装是"为在流通过程中保护产品、方便储运、促进销售，按一定技术方法而采用的容器、材料及辅助物等的总体名称，也是指为了达到上述目的而采用容器、材料和辅助物的过程中施加一定技术方法等的操作活动"（GB/T 18354—2006）。

包装包括产品的出厂包装，生产过程中制品、半成品的包装，以及在物流过程中换装、分装、再包装等活动。包装大体划分为两类：一类是工业包装，或称为运输包装、大包装；另一类是商业包装，或称为销售包装、小包装。工业包装属于物流的范围。它是为了便于物资的运输、储存，提高装卸效率、装载率而进行的。商业包装是把商品分装成方便顾客购买和易于消费的商品单位，其目的是向消费者显示出商品的内容。

2．装卸、搬运

装卸是指"物品在指定地点以人力或机械载入或卸出运输工具的作业过程"

（GB/T 18354—2006）。搬运是指"在同一场所内,对物品进行空间移动的作业过程"（GB/T 18354—2006）。

装卸、搬运是物流各个作业环节连接成一体的接口,是运输、储存、包装等物流作业得以顺利实现的根本保证。装卸活动包括物资在运输、储存、包装、流通加工等物流活动中进行衔接的各种机械或人工装卸活动。在全部物流活动中,只有装卸伴随物流活动的始终。运输和储存的两端作业是离不开装卸的,其内容包括物品的装上卸下、移送、拣选、分类等。尽管装卸和搬运本身不创造价值,但会影响商品的使用价值的实现。装卸搬运工具、设施、设备如何,将影响搬运装卸效率和商品流转时间,影响物流成本和整个物流过程的质量。

3. 运输

运输是指"用专业运输设备将物品从一地点向另一地点运送。其中包括集货、分配、搬运、中转、装入、卸下、分散等一系列操作"（GB/T 18354—2006）。

运输是物流各环节中最主要的部分,是物流的关键。运输将物品进行空间的移动,物流部门依靠运输克服生产地与需要地之间的空间距离,创造商品的空间效用。运输方式有公路运输、铁路运输、船舶运输、航空运输和管道运输等。生产出来的产品,如果不通过运输,送至消费者那里进行消费,等于该产品没有被利用,因而也就没有产生使用价值。没有运输连接生产和消费,生产就失去了意义。

4. 储存

储存是"保护、管理、储藏物品"（GB/T 18354—2006）。

储存也称为保管,是为了克服生产和消费在时间上的距离而形成的。产品离开生产线后到最终消费之前,一般都要有一个存放、保养、维护和管理的过程,也是克服季节性、时间性间隔,创造时间效益的活动。储存是物流系统中一个非常重要的因素,在物流系统中起着缓冲、调节和平衡的作用,是物流的另一个中心环节。储存和运输称为物流活动的"两大支柱"。

5. 流通加工

流通加工是"根据顾客的需要,在流通过程中对产品实施的简单加工作业活动（如包装、分割、计量、分拣、刷标志、拴标签、组装等）的总称"（GB/T 18354—2006）。

流通加工是产品从生产到消费之间的一种增值活动,属于一种产品的初加工,是社会化分工、专业化生产的一种形式,是使物品发生物理性变化（如大小、形状、数量等变化）的物流方式。流通加工与生产领域的制造活动的区别是:后者改变加工对象的基本形态和功能,是一种创造新的使用价值的活动;而流通加工不改变商品的基本形态和功能,只是完善商品的使用功能,提高商品的附加价值。流通加工可以促进物流的效率化和满足消费者日益多样化的需求。

6. 配送

配送是指"在经济合理区域范围内，根据客户要求，对物品进行拣选、加工、包装、分割、组配等作业，并按时送达指定地点的物流活动"（GB/T 18354—2006）。

配送是按用户的订货要求，在物流据点进行分货、配货工作，并将配好的货物送交收货人的物流活动。配送由配送中心为始点，而配送中心本身具备储存的功能。分货和配货工作是为满足用户要求而进行的，因而必要的情况下要对货物进行流通加工。配送的最终实现离不开运输，这也是人们把面向城市内和区域范围内的运输称为"配送"的原因。

7. 物流信息

物流信息是指"反映物流各种活动内容的知识、资料、图像、数据、文件的总称"（GB/T 18354—2006）。

物品从生产到消费过程中的运输数量和品种，库存数量和品种，装卸质量和速度，包装形态和破损率等信息都是物流活动质量和效率信息。物流信息是连接运输、储存、装卸、搬运、包装各环节的纽带，是物流活动顺畅进行的保障，是物流活动取得高效益的前提，是企业管理和经营决策的依据。

2.1.3 物流的分类

社会经济领域中的物流活动无处不在，对于各个领域的物流，虽然基本要素相同，但由于物流空间范围、物流作用、物流组织者、物流系统性质的不同，形成了不同的物流类型。

1. 按空间范围划分

（1）区域物流（Regional Logistics）。是指在一定的行政区域或地理位置发生的物流过程。如按行政区域可划分为东北地区、华北地区等；按所处地理位置可划分为珠江三角洲地区、长江三角洲地区等。此类物流活动，以单一的物流服务方式或几种服务方式相结合的形式为主。区域物流所形成的物流系统，如大型物流中心，对于提高该地区企业活动的效率、降低物流成本、保障当地居民生活福利、稳定物价等具有很大作用。

（2）国内物流（National Logistics）。是指在一个主权国家境内发生的物流活动，以单一的物流服务方式或几种服务方式相结合的形式为主。国内物流研究重点为：物流基础设施的规划（如铁路、公路、航空及大型物资集散基地等），制定有关政策法规，物流技术装备、器具的标准化，物流新技术的开发、引进等。

（3）国际物流（International Logistics）。是指国与国之间、洲际之间开展的物流活动，包括多国之间或多洲之间开展的物流活动，既有单一的物流服务又有综合的物流服务。它是国际贸易活动中一个重要的组成部分，负责货物从一国到另一国的空间转移。国际物流是伴随国际贸易和国际经济分工合作而产生的。由于跨国公司的发展使得企业经济活动范围遍布世界各国，经济全球化、市场国际化进程随之加快，国际物流的重要性更为突出。

2. 按作用划分

（1）供应物流（Supply Logistics）。是指为生产企业提供原材料、零部件或其他物品时，物品在提供者与需求者之间的实体流动，即物资生产者、持有者至使用者之间的物流活动。

（2）生产物流（Production Logistics）。是指在生产过程中，原材料、在制品、半成品、产成品等在企业内部的实体流动。它是制造产品的工厂、企业所特有的，与生产流程同步，从企业仓库或企业入口开始，进入生产线的始端，再进一步随生产加工过程的一个又一个环节流动，在物流的过程中，原材料本身被加工，同时产生一些余料、废料，直到生产加工终结。如果生产物流中断，生产过程也将随之停顿。

（3）销售物流（Distribution Logistics）。是指生产企业、流通企业在出售商品时，物品在供方与需方之间的实体流动。对生产企业而言，它是售出产品时的物流；对流通企业而言，它是从卖方角度出发的交易活动中的物流。销售物流活动带有很强的服务性，它是通过包装、送货、配送等一系列物流活动来实现销售的。

（4）回收物流（Returned Logistics）。是指不合格品的返修、退货及周转使用的包装容器，从需方返回到供方所形成的物品实体流动的过程。在生产、供应、销售的活动中，经常会产生因为质量、时间等原因形成的不合格产品，这部分商品往往造成返修和退货，在实际中还有一些要回收并加以利用的材料（如作为包装容器的纸箱、塑料筐、酒瓶，建筑行业的脚手架、钢模板等），这些都是形成回收物流的原因。

（5）废弃物流（Waste Material Logistics）。是指将经济活动中失去原有使用价值的物品，根据实际需求进行收集、分类、包装、搬运、储存等，并分送到专门处理场所时所形成的物品实体流动。

物流的分类如图 2.2 所示。

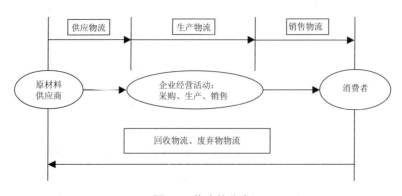

图 2.2　物流的分类

3．按组织者划分

（1）自营物流（Self-support Logistics）。是指生产企业或货主企业为满足自身的需要，自己提供人工、机械设备和场所，安排全部物流计划，亲自从事整个货物流程的物流活动。

（2）第三方物流（Third-party Logistics，3PL）。是指物流服务提供者在一定时期内按照一定的价格向物流需求者提供的，建立在现代电子信息技术基础上的一系列个性化的物流服务。

（3）第四方物流（Forth-party Logistics，4PL）。是指建立在第三方物流基础上的，对不同的第三方物流企业的管理、技术等物流资源作进一步整合，为用户提供全面意义上的供应链解决方案的一种更高级的物流模式。它通过特定物流集成商负责制定全面的供应链策划方案，统一组织和选择满足用户需求的合作团队（包括分包商），利用整个团队来控制和管理用户公司的点式供应链物流。

4．按系统性质划分

（1）企业物流（Enterprise Logistics）。又称为小物流或微观物流，是指企业内部的物品实体流动，它是从企业或消费者角度出发的物流，主要解决具体的物流问题，即主要解决制造商、流通业者、运输企业等在企业经营中的物流操作问题，也包括解决将不同的商品送到不同的消费者手中的问题。如一个制造企业要购进原材料，经过若干道工序的加工、装配，形成产品销售出去，物流企业要按照顾客要求将货物输送到指定地点。

（2）行业物流（Industrial Logistics）。是指在一个行业内发生的物流活动。包括行业物流的系统化，各种产品从生产到消费之间的物流路径及物流成本在其商品价格中所占比例等问题。同一行业中的企业是市场上的竞争对手，但是在物流大领域中他们常常相互合作，共同促进行业物流系统的合理化。行业内部可以合作：建设共同的零部件仓库，实行共同配送；建立新、旧物流设备及零部件共同流通中心；建立物流技术中心，共同培训物流操作人员和维修人员等。行业物流系统化能使参与的各物流企业都获得相应的经济利益，又为全社会节约人力、物力资源。

（3）社会物流（External Logistics）。又称为大物流或宏观物流，是指流通领域中所发生的物流。它从社会经济的角度、从全社会的整体角度讨论物流问题，这些问题包括运输结构、流通结构、物流政策、产业物流布局等。宏观物流是超越一家一户的，是以一个社会范畴、面向全社会为目的的物流。宏观物流的流通网络是国民经济的命脉，而流通网络分布是否合理、渠道是否畅通是关键。因此，必须进行科学管理和有效控制，采用先进的物流技术手段，保证高效、节约、低成本运行，这样可给物流企业和国家带来巨大的经济效益和社会效益。

2.1.4　现代物流及其特征

1. 现代物流与传统物流

随着高新技术的突飞猛进和计算机信息网络的日益普及，传统物流在不断向现代化意义上的物流转变，其主要内涵包括运输的合理化、仓储的自动化、包装的标准化、装卸的机械化、加工配送的一体化和信息管理的网络化等。

1）传统物流

传统物流的作用领域以商品的销售作为主要对象，具体完成将生产的商品送交消费者的过程中所发生的各种活动，包括公司内部原材料的接收和储存，产成品的接收和储存，工厂或物流中心的运输等。

2）现代物流

社会生产和科学技术的发展使物流进入了现代物流的发展阶段，其标志是物流活动领域中各环节的技术水平得到不断的提高。

现代物流是相对于传统物流而言的。它是在传统物流的基础上，引入高科技手段，即运用计算机进行信息联网，并对物流信息进行科学管理，从而使物流速度加快，准确率提高，库存减少，成本降低，以此延伸和放大传统物流的功能。它将运输、仓储、装卸、包装、加工、整理、配送、信息等方面有机结合，形成完整的供应链，为用户提供多功能、一体化的综合性服务。

现代物流与传统物流的区别主要有如下几点：

第一，服务功能和物流组织上的差异。一般传统物流服务功能是相对独立的单一环节的管理，因此不具备控制整个供应链的功能；而现代物流强调的是对供应链的全面管理和有效控制，强调物流功能的整合和系统优化。

第二，物流服务模式的差异。传统物流服务模式，只提供简单的位移，与客户的关系是建立短期合约，以价格竞争和标准服务赢得客户；而现代物流服务模式，提供增值服务，与客户通常是战略合作伙伴的关系，通常以降低成本、提供增值和定制物流服务满足客户的需求。

第三，信息系统建设的差异。传统物流实行人工控制，无外部整合系统，有限的或没有EDI 联系，更没有卫星跟踪系统；而现代物流实施信息系统，广泛运用 EDI 及卫星跟踪系统。

第四，物流企业管理差异。传统物流无统一服务标准，企业通常采用分散的、传统的、人工的管理，侧重点到点或线到线服务；而现代物流企业实施标准化服务，采用的是现代化、信息化、全面质量管理系统的管理，强调构建全球服务网络。

现代物流是一个全新的系统概念，包含了产品寿命周期的整个物理性位移的全过程，使传统物流向生产、流通及消费全过程延伸，并且添加了新的物流内涵。现代物流使社会物流与企业物流有机地结合起来，即从采购物流到生产物流到销售物流直至消费终端。现代物流与传统物流的区别如表 2.2 所示。

表 2.2　现代物流与传统物流的区别

区别项目	传统物流	现代物流
概念与理念	物品的储存与运输及其附属业务而形成的物流活动	以现代信息技术为基础，整合运输、包装、装卸、发货、仓储、流通加工、配送及物流信息处理等多种功能而形成的综合性的物流活动
职能系统	运输、储存、装卸搬运、包装单要素操作；各种物流功能相对孤立	运输、储存、装卸搬运、包装、流通加工、配送、信息处理综合物流活动；强调物流功能的整合和系统优化
物流组织	企业内部的分散组织，无物流中心，不能控制整个物流链	企业外部的专业组织，采用物流中心，实施供应链的全面管理
物流服务模式	一次性被动服务；限地区内物流服务；短期合约；自营物流为主	多功能主动服务和增值服务；跨区域、跨国物流；合同为导向形成长期战略伙伴关系；第三方物流普遍
物流技术	自动化、机械化程度低，手工操作为主；无外部整合系统，无 GPS、GIS、EDI、POS、EOS 等技术应用	硬件革命和软件革命，自动化立体仓库、搬运机器人、自动导引车，条形码、GPS、GIS、EDI、POS、EOS 等技术的应用
追求的目标	价格竞争策略，追求成本最低	以客户为中心，追求成本与服务的均衡

2. 现代物流的特征

1）现代化

现代物流使用先进的技术、设备与管理为销售提供服务，生产、流通、销售规模越大，范围越广，物流技术、设备及管理越现代化。计算机技术、通信技术、机电一体化技术、语音识别技术等得到普遍应用。世界上最先进的物流系统运用了 GPS（全球卫星定位系统）、卫星通信、射频识别装置（RFID）、机器人，实现了自动化、机械化、无纸化和智能化。

2）市场化

现代物流是市场化的产物，也是市场化高度发达的标志。现代物流的具体经营采用市场机制，无论是企业自己组织物流，还是委托社会化物流企业承担物流任务，都以"服务—成本"的最佳配合为总目标，谁能提供最佳的"服务—成本"组合，就找谁服务。国际上既有大量自营物流相当出色的"大而全"、"小而全"的例子，也有大量利用第三方物流企业提供物流服务的例子。比较而言，物流的社会化、专业化已经占到主流，即使是非社会化、非专业化的物流组织也都实行严格的经济核算。

3）专业化

社会分工导致了专业化，物流专业化本身至少包括两个方面的内容。在企业中，物流管理作为企业一个专业部门独立地存在着并承担专门的职能，随着企业的发展和企业内部物流需求的增加，企业内部的物流部门可能从企业中游离出去成为社会化和专业化的物流企业。在社会经济领域中，专业化的物流企业出现，提供着各种不同的物流服务，并进一步演变成为服务专业化的物流企业。专业化的物流实现了货物运输的社会化分工，缩短了供应链，可以为企业降低物流成本，减少资金占用和库存，提高物流效率，在宏观上可以更加优化地配置社会资源，充分地发挥社会资源的作用。

4）网络化

为了保证对产品促销提供快速、全方位的物流支持，现代物流需要有完善、健全的物流网络体系，网络上点与点之间的物流活动保持系统性、一致性。这样，才能保证整个物流网络有最优的库存总水平及库存分布，运输与配送快速、机动，既能铺开又能收拢。分散的物流单体只有形成网络才能满足现代生产与流通的需要。

5）系统化

现代物流从系统的角度统筹规划一个公司整体的各种物流活动，处理好物流活动与商流活动及公司目标之间、物流活动与物流活动之间的关系，不求单个活动的最优化，但求整体活动的最优化。

6）电子化

由于计算机信息技术的应用，现代物流过程的可视性明显增加，物流过程中库存积压、延期交货、送货不及时、库存与运输不可控等风险大大降低，从而可以加强供应商、物流商、批发商、零售商在组织物流过程中的协调和配合，以及对物流过程的控制。

2.2　认识智慧物流

智慧物流是在物联网的广泛应用基础上，利用先进的信息采集、信息处理、信息流通和信息管理技术，完成包括运输、仓储、配送、包装、装卸等多项基本活动的货物从供应者向需求者移动的整个过程。智慧物流系统为供方提供最大化利润，为需方提供最佳服务，同时消耗最少的自然资源和社会资源，最大限度地保护生态环境。

2.2.1　智慧物流产生的背景

近年来，中国电子商务产业成为消费增长的重要来源之一，由此产生的庞大包裹量推动物流领域逐步走向智慧化。但是，目前中国物流发展水平远远不能满足电子商务发展的需求。据统计，中国电子商务每年以 200%～300% 的速度快速发展，但物流增速只有 40%，尤其在节假日、电商促销时，快递物流公司频频出现"爆仓"现象，再加上物流水平不高，存在到货慢、货物丢失、商品损毁、送货不到位等问题，成为消费者主要的投诉对象之一。

电子商务现在已经渗透到人们日常生活的方方面面，电子商务物流迎来巨大发展空间的同时也面临着升级的挑战，比如更快的速度、更低廉的价格、更优质的服务等。这一过程，就是实现物流产业智慧化的前奏。

2009 年，奥巴马提出将"智慧的地球"作为美国国家战略，认为 IT 产业下一阶段的任务是把新一代 IT 技术充分运用在各行各业之中。具体地说，就是把感应器嵌入和装备到电网、铁路、桥梁、隧道、公路、建筑、供水系统、大坝、油气管道等各种物体中，并且被普遍连接，形成所谓的"物联网"，然后将"物联网"与现有的互联网整合起来，实现人类社会与物理系统的整合。在这个整合的网络当中，存在能力超级强大的中心计算机群，能够对整合网络内的人员、机器、设备和基础设施实施实时的管理和控制。在此基础上，人类可以以更加精细和动态的方式管理生产和生活，达到"智慧"状态，提高资源利用率和生产力水平，改善人与自然之间的关系。

同一年，IBM 提出，建立一个面向未来的具有先进、互联和智能三大特征的供应链，通过感应器、RFID 标签、制动器、GPS 和其他设备及系统生成实时信息的"智慧供应链"概念，紧接着"智慧物流"的概念由此延伸而出。"智慧物流"更重视将物联网、传感网与现有的互联网整合起来，通过以精细、动态、科学的管理，实现物流的自动化、可视化、可控化、智能化、网络化，从而提高资源利用率和生产力水平，创造更丰富社会价值的综合内涵。

2009 年 8 月 7 日，温家宝总理在无锡提出了"感知中国"的理念，表示中国要抓住机遇，大力发展物联网技术。11 月 3 日，温家宝总理再次指出，要着力突破传感网、物联网关键技术。同时，国务院《物流业调整和振兴规划》提出，积极推进企业物流管理信息化，促进信息技术的广泛应用；积极开发和利用全球定位系统（GNSS）、地理信息系统（GIS）、道路交通信息通信系统（VICS）、不停车自动交费系统（ETC）、智能交通系统（ITS）等运输领域新技术，加强物流信息系统安全体系研究。2010 年，物联网成为当年"两会"的热门话题，"积极推进'三网'融合，加快物联网的研发应用"首次写入政府工作报告。同时，一系列物联网发展相关的产业政策陆续出台。一年后，2011 年 8 月，《国务院办公厅关于促进物流业健康发展政策措施的意见》继续强调，加强物流新技术的自主研发，重点支持货物跟踪定位、无线射频识别、物流信息平台、智能交通、物流管理软件、移动物流信息服务等关键技术攻关。适时启动物联网在物流领域的应用示范。两项政策都从国家宏观层面，强调了发挥地理信息系统等关键信息技术在物流信息化中的作用。

随着智能标签、无线射频识别（RFID）、电子数据交换（EDI）技术、全球定位系统（GNSS）、地理信息系统（GIS）、智能交通系统（ITS）等应用的日益成熟，时下，国内有越来越多的行业已经开始积极探索物联网在物流领域应用的新模式，实现智慧物流，以较大幅度地提高资源利用率和经营管理水平。

基于上述背景，结合物流行业信息化发展现状，考虑到物流业是最早接触物联网的行业，也是最早应用物联网技术，实现物流作业智能化、网络化和自动化的行业，2009年12月，中国物流技术协会信息中心、华夏物联网、《物流技术与应用》编辑部联合提出"智慧物流"的概念。智慧物流理念的提出，顺应历史潮流，也符合现代物流业发展的自动化、网络化、可视化、实时化、跟踪与智能控制的发展新趋势，符合物联网发展的趋势。

中国物联网校企联盟认为，智慧物流是利用集成智能化技术，使物流系统能模仿人的智能，具有思维、感知、学习、推理判断和自行解决物流中某些问题的能力，即在流通过程中获取信息从而分析信息作出决策，使商品从源头开始被实施跟踪与管理，实现信息流快于实物流，即可通过 RFID、传感器、移动通信技术等让配送货物自动化、信息化和网络化。

"智慧物流"的特征主要体现在如下三个方面：一是运用现代信息和传感等技术，运用物联网进行信息交换与通信，实现对货物仓储、配送等流程的有效控制，从而降低成本、提高效益、优化服务。二是通过应用物联网技术和完善的配送网络，构建面向生产企业、流通企业和消费者的社会化共同配送体系。三是将自动化、可视化、可控化、智能化、系统化、网络化、电子化的发展成果运用到物流系统。简而言之，所谓"智慧物流"，就是运用物联网和现代某些高新技术构成的一个自动化、可视化、可控化、智能化、系统化、网络化的社会物流配送体系。

2.2.2　智慧物流发展的主要支撑

1. 自动识别

自动识别技术是以计算机、光、机、电、通信等技术的发展为基础的一种高度自动化的数据采集技术。它通过应用一定的识别装置，自动地获取被识别物体的相关信息，并提供给后台的处理系统来完成相关后续处理的一种技术。它能够帮助人们快速而又准确地进行海量数据的自动采集和输入，目前在运输、仓储、配送等方面已得到广泛的应用。自动识别技术在 20 世纪 70 年代初步形成规模，经过近 30 年的发展，自动识别技术已经发展成为由条码识别技术、智能卡识别技术、光字符识别技术、射频识别技术、生物识别技术等组成的综合技术，并正在向集成应用的方向发展。

2. 数据仓库和数据挖掘

数据仓库出现在 20 世纪 80 年代中期，它是一个面向主题的、集成的、非易失的、时变的数据集合，数据仓库的目标是把来源不同的、结构相异的数据经加工后在数据仓库中存储、提取和维护，它支持全面的、大量的复杂数据的分析处理和高层次的决策支持。数据仓库使用户拥有任意提取数据的自由，而不干扰业务数据库的正常运行。

数据挖掘是从大量的、不完全的、有噪声的、模糊的及随机的实际应用数据中，挖掘出隐含的、未知的、对决策有潜在价值的知识和规则的过程。一般分为描述型数据挖掘和预测型数据挖掘两种。描述型数据挖掘包括数据总结、聚类及关联分析等，预测型数据挖掘包括分类、回归及时间序列分析等。其目的是通过对数据的统计、分析、综合、归纳和推理，揭示事件间的相互关系，预测未来的发展趋势，为企业的决策者提供决策依据。

3．人工智能

人工智能就是探索研究用各种机器模拟人类智能的途径，使人类的智能得以物化与延伸的一门学科。它借鉴仿生学思想，用数学语言抽象描述知识，用以模仿生物体系和人类的智能机制，目前主要的方法有神经网络、进化计算和粒度计算三种。神经网络是在生物神经网络研究的基础上模拟人类的形象直觉思维，根据生物神经元和神经网络的特点，通过简化、归纳，提炼总结出来的一类并行处理网络。进化计算是模拟生物进化理论而发展起来的一种通用的问题求解的方法。因为它来源于自然界的生物进化，所以它具有自然界生物所共有的极强的适应性特点，这使得它能够解决那些难以用传统方法来解决的复杂问题。粒度计算是一把大伞，它覆盖了所有有关粒度的理论、方法论、技术和工具的研究。目前主要有模糊集理论、粗糙集理论和商空间理论三种。

2.2.3　发展智慧物流应处理好的几个关系

1．热与冷的关系

智慧物流口号很热，但应用很冷。智慧物流是将新一代信息技术应用于物流业中，实现物流的自动化、可视化、可控化、智能化和网络化，从而提高资源利用率和生产力水平的创新服务模式。近年来，智慧物流时常伴随着智慧城市、大数据、云计算和电子商务等市场热点词汇，出现在人们的视野中。但是真正从企业、技术、产业、区域等几个层面，做到智慧物流的地方并不多见。可以说，当前智慧物流仍处在概念阶段，如何将智慧物流落到实处才是当前我们面临的重要任务。有关智慧物流参与方要清醒地意识到目前存在的问题，从智慧物流热中冷静下来，分析形势，认准方向。

2．量变与质变的关系

目前智慧物流在运输管理、监控、质量追溯等方面已经得到了应用，这些应用虽然局限于一定范围和一定的行业，但达到一定量后会产生质的变化，甚至可以彻底颠覆传统物流或传统的思想理念。比如电商的发展已经对传统的商业模式造成了颠覆性冲击；随着智慧物流，特别是移动终端在物流领域的应用，现有的传统物流园和物流企业都将面临一次大规模的洗牌。例如，某企业自行研发的智能移动配货终端 LIT 机，相当于为司机配备了一个随身的配货站，司机无须去专门的停车场即可找到适合自己的货源，可以大大降低空载率，提高经济效益。

3. 政府与企业的关系

智慧物流中政府和企业各自的定位非常关键。对政府而言，应该重点抓标准建设，针对不同行业、不同领域的物流作业，总结挖掘其中的共性特征。在参考国外先进经验的基础上，结合我国国情，制订出适合我国使用的物流标准和信息化标准。同时，政府有关部门应该把智慧物流中的公共服务内容与通信等设施作为城市基础设施进行规划、设计、开发、建设、运营，营造物流信息化互联互通的环境。在政策和资金扶持上，要从以往重硬件重固定资产投资的理念向软件和服务发展。此外，纵观国内物流信息化建设，特别是近期出现的智慧城市建设，有关物流信息安全的问题需要引起各级政府部门重视，物流信息化出现的行业数据事关国家经济安全，要从国家安全的战略层面，把物流信息化等行业信息化的数据作为国家战略资源进行管理，打造国家的智慧数字长城。

对于物流园区和企业，则从市场角度，打破以往项目独立开发或购买产权（把软件安装在自己的服务器或电脑上）的思维模式，通过租用，不仅可以低成本获得信息化服务，同时能打破信息孤岛现象，从信息化中得到更大的效益。对智慧物流研发、服务企业而言，不仅要注重客户表面需求，同时更要挖掘客户深层次的需求，根据自身特点寻找切入点，尽可能采用合作开发或参与到某一应用中，这样才能把市场做得更强更大。

2.3　智慧物流的发展现状与趋势

目前，以智慧物流为代表的现代物流在国外已经有了较大的发展，美国、欧洲和日本等国家已经成为智慧物流产业发展的领头羊。国内市场规模巨大，相关技术已处于国际一流水平。可以说，智慧物流是我国发展现代物流产业、降低物流成本、推动产业升级的重要引擎。

2.3.1　智慧物流的发展现状

1. 国外智慧物流发展状况

近年来，智慧物流在美国、日本等发达国家发展很快，并在应用中取得了很好的效果。如美国的第三方物流公司 Catepillar 开发的 CLS 物流规划设计仿真软件，它能够通过计算机仿真模型来评价不同的仓储、库存、客户服务和仓库管理策略对成本的影响。世界最大的自动控制阀门生产商 Fisher 在应用 CLS 物流规划设计仿真软件后，销售额增加了 70%，从仓库运出的货物量增加了 44%，库存周转率提高了将近 25%，而且其客户对 Fisher 的满意度在许多服务指标上都有增加。Fisher 认为这些业绩在很大程度上归功于物流规划设计仿真软件的使用。

日本在集成化物流规划设计仿真技术的研发方面也处于世界领先地位，其最具代表性的成果是以前从事人工智能技术研究的 AIS 研究所研发的 RalC 系列三维物流规划设计仿真软件。RalC 的适用范围十分广泛，在日本，包括冷冻食品仓储、通信产品销售配送、制药和化工行业的企业物流等都有 RalC 的应用，并且产生了相当好的效益。此外，日本东芝公司的 SCP（Supply Chain Planner）物流仿真软件也具有十分强大的功能。

　　与美国和日本相比，欧洲的智慧物流发展相对缓慢，为了提高欧洲各国之间频繁的物流活动效率，欧盟组织之间采取了一系列协调政策与措施，大力促进物流体系的标准化、共享化和通用化。如：由全欧铁路系统及欧盟委员会提出的"在未来 20 年内，努力建立欧洲统一的铁路体系，实现欧洲铁路信号等铁路运输关键系统的互用"就是这一努力的具体体现。另外，为了优化整个欧盟地区的物流资源，使之实现资源共享，欧洲还建立了欧洲空运集团（European Air Group），由七个成员国（比利时、法国、德国、意大利、荷兰、西班牙和英国）组成，并拟在荷兰的 Eindhoven 空军基地建立了空运联合协调中心（Air Transport Coordination Cell），该中心的职责是规划并协调空中运输支持、紧急事件处理、空中加油机、重要人物运输和医疗抢救等任务。

2. 国内智慧物流发展现状

　　目前，智慧物流的概念已经被我国运输、仓储及生产、销售企业所广泛认识，并具备了一定的基础，但尚处于起步阶段。

　　（1）产品的智能可追溯系统。目前，在医药领域、农业领域、制造领域，产品追溯体系都发挥着货物追踪、识别、查询、信息等巨大作用。比如，食品的可追溯系统、药品的可追溯系统等为保障食品安全、药品安全提供了坚实的物流保障。粤港合作供港蔬菜智能追溯系统，通过安全的 RFID 标签，可以实现对供港蔬菜进行溯源，实现了对供港蔬菜从种植、用药、采摘、检验、运输、加工到出口申报等各环节的全过程监管，可快速、准确地确认供港蔬菜的来源和合法性，加快了查验速度和通关效率，提高了查验的准确性。

　　（2）物流过程的可视化智能管理网络系统。基于 GPS 卫星导航定位技术、RFID 技术、传感技术等，在物流过程中实时实现车辆定位、运输物品监控，并在线调度与配送可视化与管理系统。目前，全网络化与智能化的可视管理网络还未实现，但初级的应用比较普遍。比如一些物流公司或企业建立了 GPS 智能物流管理系统，一些公司建立了食品冷链的车辆定位与食品温度实时监控系统等，初步实现了物流作业的透明化、可视化管理。

　　（3）智能化的企业物流配送中心。基于传感、RFID、声、光、机、电、移动计算等，建立全自动化的物流配送中心，建立物流作业的智能控制、自动化操作的网络，实现物流与制造联动，实现商流、物流、信息流、资金流的全面协同。比如一些自动化物流中心，已经实现了机器人码垛与装卸，无人搬运车进行物料搬运，自动化的输送分拣等。这样，物流中心信息与制造业 ERP 系统进行无缝对接，整个物流作业系统与生产制造实现了自动化、智能化。

（4）智慧物流向智慧供应链延伸。智慧供应链是结合物联网技术和现代供应链管理的理论、方法和技术，在企业中和企业间构建的，实现供应链的智能化、网络化和自动化的技术与管理综合集成系统。目前，中国许多实业仍然停留在"大而全"、"小而全"的商业运作模式，社会化程度不高，所以形成了物流需求不足，特别是增值物流服务不足的局面。供应链管理是物流发展的必然趋势，是所有实业经济发展的必然趋势，是改变经济发展方式的杀手铜，所以智慧物流一定要向智慧供应链延伸。

3. 智慧物流发展存在的问题

我国智慧物流起步较晚，存在管理体制机制不健全，物流企业智慧化程度低，物流信息标准体系不健全，信息技术落后，智慧物流专业人才缺乏等问题。

（1）管理体制机制不健全。智慧物流业涉及商务、交通、信息技术等行业领域，业务管理涉及发改委、交通部、工信部等。目前，我国智慧物流业管理体制尚不能打破部门分割、条块分割的局面，仍然存在信息孤岛现象，造成我国智慧物流建设资源的不必要浪费，智慧物流管理责任不清晰，急需建立协调多部门资源的智慧物流专业委员会，加强顶层设计，统筹各种资源，确保智慧物流建设的顺利开展。

（2）物流企业智慧化程度低。目前，很多企业已经开始利用物联网技术构建智慧物流系统。但是，企业规模普遍不大，地区分布不均，而且缺乏有效的管理措施，导致管理混乱，生产要素难以自由流动，资源配置无法优化，难以形成统一、开放、有序的市场，特别是缺乏龙头企业带动，难以形成产业集群。大多数中小企业在物流信息化方面显得很吃力，由于缺乏相应的人才和资金，管理层对信息技术应用重视程度不够，即使引进了相关智慧物流技术，配套基础设备也跟不上，导致企业效益没有明显提高。

（3）物流信息标准体系不健全。智慧物流是建立在物流信息标准化基础之上的，这就要求在编码、文件格式、数据接口、电子数据交换（EDI）、全球定位系统（GPS）等方面实现标准化，以消除不同企业之间的信息沟通障碍。中国由于缺乏信息的基础标准，不同信息系统的接口成为制约信息化发展的瓶颈，导致物流标准化体系建设很不完善，物流信息化业务标准与技术标准的制定和修改无法满足物流信息化发展的需要。很多物流信息平台和信息系统遵循各自制定的规范，导致企业间、平台间、组织间无法实现信息交换与共享，商品从生产、流通到消费等各个环节难以形成完整的供应链，影响了物流行业管理与电子商务发展。

（4）信息技术落后，缺乏完善的信息化平台。目前，条形码、射频识别、全球定位系统、地理信息系统、电子数据交换技术的应用不理想，企业物流设备落后，缺乏条形码自动识别系统、自动导向车系统、货物自动追踪系统，与国外的智慧物流相比，还存在较大差距。物流信息技术缺乏云计算、大数据、移动互联网技术支撑，物流云平台使用较少，缺乏基于大数据技术的数据挖掘平台、数据开发平台的使用，手机移动定位技术和手机物流移动服务终端产品使用较少。

（5）缺乏物流专业人才。随着物流业迅速发展而产生的人才需求问题日益突出，目前我国物流人才缺口至少有 30 万人，绝大多数物流企业缺乏高素质的物流一线岗位技能人才和既懂物流管理业务，又懂计算机、网络、通信等相关技术知识，熟悉现代物流信息化运作规律的高层次复合型人才，高端人才和一线技能型人才培养规模仅占 22.7%，现有物流管理人才中能真正满足物流企业实际需求的不到 1/10。大中专院校物流人才培养方案与企业实际需要相比还存在较大差距，培养智慧物流合格人才的任务十分紧迫。

2.3.2　智慧物流的发展趋势

智慧物流的未来发展将会体现出四个特点：智能化、一体化、柔性化和社会化，即在物流作业过程中的大量运筹与决策的智能化；以物流管理为核心，实现物流过程中运输、存储、包装、装卸等环节的一体化和智慧物流系统的层次化；智慧物流的发展会更加突出"以顾客为中心"的理念，根据消费者需求变化来灵活调节生产工艺；智慧物流的发展将会促进区域经济的发展和资源优化配置，实现社会化。

1．智能化

智能化是物流发展的必然趋势，是智慧物流的典型特征，它贯穿于物流活动的全过程，随着人工智能技术、自动化技术、信息技术的发展，其智能化的程度将不断提高。随着时代的发展，它将不仅仅限于库存水平的确定、运输道路的选择、自动跟踪的控制、自动分拣的运行、物流配送中心的管理等问题，而是不断地被赋予新的内容。

2．一体化

智慧物流既包括企业内部生产过程中的全部物流活动，也包括企业与企业、企业与个人之间的全部物流活动等。智慧物流的一体化是指智慧物流活动的整体化和系统化，它是以智慧物流管理为核心，将物流过程中运输、存储、包装、装卸等诸环节集合成一体化系统，以最低的成本向客户提供最满意的物流服务。

3．柔性化

柔性化是为实现"以顾客为中心"理念而在生产领域提出的，即真正地根据消费者需求的变化来灵活调节生产工艺。物流的发展也是如此，必须按照客户的需要提供高度可靠的、特殊的、额外的服务，满足"以顾客为中心"服务内容不断增多的需求。

4．社会化

随着物流设施的国际化、物流技术的全球化和物流服务的全面化，物流活动并不仅仅局限于一个企业、一个地区或一个国家。为实现货物在国际间的流动和交换，以促进区域经济的发展和世界资源优化配置，一个社会化的智慧物流体系正在逐渐形成。

第 3 章
电子商务环境下的智慧物流

内容提要

　　作为网络时代的一种全新的交易模式，电子商务是交易方式的一场革命，只有大力发展作为电子商务重要组成部分的现代物流，电子商务才能得到更好的发展。本章介绍了电子商务与物流的关系，并阐述了电子商务环境下物流的流程与特点，分析了电子商务环境下物流产业发展的趋势，描述了电子商务物流管理的含义、特点、模式及决策，介绍了电子商务环境下的逆向物流。

3.1　电子商务与物流的关系

如果电子商务能够成为 21 世纪的商务工具，它将像杠杆一样撬起传统产业和新兴产业，在这一过程中，现代的物流产业将成为这个杠杆的支点。据了解，早在 80 多年前，物流对国民经济的重要性已经显现出来，人们花了大约一个世纪的时间在探索挖掘物流这个利润源泉的办法，目前已经积累不少经验。但由于电子商务的发展还处于成长期，人们对电子商务中的物流的认识还刚刚开始。但可以明确的是，物流对电子商务的作用很重要。

电子商务下的物流配送，是信息化、现代化、社会化的物流配送。它是指物流配送企业采用网络化的计算机技术和现代化的硬件设备、软件系统及先进的管理手段，针对社会需求，严格地、守信用地按用户的订货要求，进行一系列分类、编配、整理、分工、配货等理货工作，定时、定点、定量地交给各类用户，满足其对商品的需求。可以看出，这种新兴的物流配送是以一种全新的面貌，成为流通领域革新的先锋。新型物流配送能使商品流通较传统的物流配送方式更容易实现信息化、自动化、现代化、社会化、智能化、合理化、简单化，使货畅其流，物尽其用，既减少生产企业库存，加速资金周转，提高物流效率，降低物流成本，又刺激了社会需求，提高了整个社会的经济效益，促进了市场经济的健康发展。

3.1.1　物流是电子商务发展的先决条件

电子商务的核心是以网络信息流的畅通，带动物流和资金流的高度统一协调发展。物流环节是电子商务中实现商务目的的最终保障，缺少了与电子商务模式相适应的现代物流技术和体系，电子商务将难以获得可持续的发展。

1．物流是实现电子商务的根本保证

电子商务由电子商务实体、电子市场、交易事务和信息流、商流、资金流、物流等基本要素构成。物流作为四流中最为特殊的一种，是指物质实体也就是商品的流动过程，具体指运输、储存、配送、装卸、保管和物流信息管理等各种活动。物流虽然只是电子商务若干环节中的一部分，但往往是商品和服务价值的最终体现。如果没有处理好，前面环节的价值将大大降低。在电子商务下，信息流、商流、资金流均可通过计算机和网络通信设备实现。但对于物流，只有诸如电子出版物、信息咨询等少数商品和服务可以直接通过网络传输进行，多数商品和服务仍要经由物流的方式传输。

2．物流能够提高电子商务的效率与效益

通过快捷、高效的信息处理手段，电子商务能较容易地解决信息流、商流和资金流的问题。但只有将商品及时送到用户手中，即完成商品的空间转移，才标志着电子商务过程的结束。因此，物流系统的效率高低是电子商务成功与否的关键，只有高效率的物

流系统，才有高效率的电子商务，才能支持电子商务的快速发展。

3. 物流是跨境电子商务开展的前提

随着跨境电子商务的强劲增长，电子商务的应用将更加重视跨区域物流，只有建立完善的物流系统，才能解决电子商务中跨国物流、跨区物流可能出现的问题，才能扩大电子商务的市场范围。

3.1.2　电子商务是物流发展的推动力量

1. 电子商务促进物流企业的规模化和服务功能的集成化

在传统经济生活中，物流企业之间的竞争往往是依靠本企业提供优质服务降低物流费用等方面来进行的。在电子商务时代，企业的市场竞争的优势将不再是企业拥有的物质资源有多少，而在于它能调动、协调、最后能整合多少社会资源来增强自己的市场竞争力。电子商务为物流企业实施规模化经营搭建了理想的业务平台，便于物流企业建立自己的营销网、信息网、配送网。当然网络化经营的运作方式不一定全部要由物流企业自己来完成，第三方物流企业更多的应是集成商，通过对现有资源的整合来完善自己的网络，实现物流功能的集成化。

电子商务更关注的是物流的一体化程度，即功能整合与集成的程度。区别于传统的把物流分为包装、运输、仓储、装卸等若干独立的环节，并分别由不同的企业担当完成，电子商务要求物流提供给电子商务企业全方位的链式服务，它既包括仓储、运输服务，还包括配货、分发和各种客户需要的配套服务。物流企业通过对物流各个环节的统筹协调与合理规划，提升物流价值，更好地满足电子商务发展的需求。

2. 电子商务加快物流增值服务的演变与发展

电子商务环境下物流系统面临的基本技术经济问题，是如何在供应链成员企业之间有效地分配信息资源使得全系统的客户服务水平最高，即追求物流总成本最低的同时为客户提供个性化的增值服务。电子商务公司对物流需求不再是简单的仓储与配送，而是最终成为电子商务公司的客户服务商，协助电子商务公司完成售后服务，提供更多增值服务内容。这些增值服务包括市场调查与预测、采购及订单处理、配送、物流咨询、物流方案的选择与规划、库存控制决策建议、货款回收与结算、物流系统设计与规划方案的制作等。这些服务已经成为衡量一个物流企业是否具备竞争力的标准。从发展趋势看，增值性的物流服务还包括向企业提供产品研发与设计、全球觅源与采购、融资、订单跟进、库存管理、生产与品质控制及全球分销等服务。

3. 电子商务推动物流管理信息化发展

电子商务要求物流信息的高效流转。在电子商务环境下，物流系统的信息是整个供应链运营的基础环境。信息技术与互联网的应用对物流配送的实施控制代替了传统的物流配送管理程序，可以实现对整个过程的实时监控和实时决策，使整个物流配送管理过程变得简单和容易。在信息化的物流管理系统中，当系统的任何一个神经末端收到一个需求信息的时候，该系统都可以在极短的时间内作出反应，并可以拟定详细的配送计划，通知各环节开始工作。信息交流的时间会变得越来越短，任何一个有关配送的信息和资源都会通过网络管理在几秒钟内传到有关环节，使得物流配送的持续时间大大缩短，从而有效地提升物流的效率。

电子商务促进物流技术的进步。物流技术是指与物流要素活动有关的、实现物流目标的所有专业技术总称。建立一个适应电子商务运作的高效率的物流系统，加快提高物流技术水平具有重要的意义。现代物流技术既包括各种操作方法、管理技能，也包括物流规划、物流评价、物流设计和物流策略等。随着电子商务的快速发展，GIS（地理信息系统）、GPS（全球卫星定位）、EDI（电子数据交换）、BAR CODE（条形码）等新技术正逐渐在物流领域得到广泛的应用，将大大提高物流行业的技术水平。

3.2　电子商务环境下的物流流程与特点

3.2.1　电子商务物流的业务流程

电子商务的优势之一就是能优化业务流程，降低企业运作成本。而电子商务下企业成本优势的建立和保持必须以可靠的和高效的物流运作为保证，这也是现代企业在竞争中取胜的关键。

1. 普通商务物流流程

在普通商务物流流程中，物流作业流程与商流、信息流和资金流的作业流程综合在一起，更多地围绕企业的价值链，从实现价值增值的目的安排每一个配送细节，如图 3.1 所示。

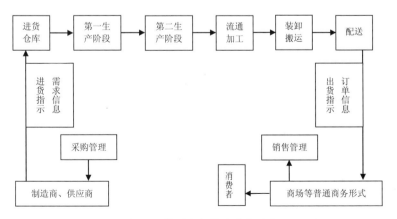

图 3.1　普通商务物流业务流程

2．电子商务物流流程

电子商务的发展及其对配送服务体系的配套要求，极大地推动了物流的发展。与普通商务物流流程相比，电子商务物流流程在企业内部的微观物流流程上是相同的，都具有从进货到配送的物流体系。然而，在电子商务环境下，借助电子商务信息平台（包括会员管理、订单管理、产品信息和网站管理），有利于企业提高采购效率，合理地规划配送路线，实现电子商务物流流程和配送体系的优化，如图 3.2 所示。

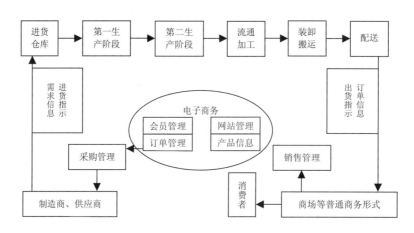

图 3.2　电子商务物流流程

3.2.2　电子商务环境下物流的特点

1．信息化与现代化

物流信息化表现为物流信息的商品化、物流信息收集的数据化和代码化、信息处理的电子化、信息传递标准化和实时化、信息储存的数字化等。电子商务下的物流是建立在电子信息技术基础上的，信息技术实现了数据的快速、准确传递，提高了仓库管理、装卸运输、配送发运的现代化水平。如条码技术（BarCode）、数据库技术（Database）、电子订货系统（Electronic Ordering System，EOS）、电子数据交换（Electronic Data Interchange，EDI）、快速反应（Quick Response，QR）及有效的客户反映（Effective Customer Response，ECR）、企业资源计划（Enterprise Resource Planning，ERP）等技术与观念在我国的物流中的普遍应用，彻底改变了物流管理的面貌。电子商务推动了物流技术的进步与物流管理理念的更新，推动了非标准化、人工作业和纸质单据传递的传统物流不断向标准化、自动化、信息化的现代物流发展。

2．社会化与专业化

在传统的物流体系下，往往由企业自建物流系统，为本企业或本系统提供物流服务，虽然有些物流配送中心也有为社会服务的，但具有很大的局限性，导致了整个社会物流的高成本和低效率结果。电子商务对物流的高效率、专业性提出了更高要求，企业自建物流难以满足发展需求，企业逐渐将非核心的物流业务外包，物流社会化的趋势越来越明显。在这种情况下，物流外包不断发展，并促进了第三方物流、第四方物流企业的快速成长。他们集成各种电子商务经营者的外包物流，进行规模化、集约化的运作，不断整合、扩大相关业务，形成了一批综合实力强、专业化程度高的第三方物流企业。

3．智能化与柔性化

随着现代科学技术的发展，由自动化立体仓库、各种链带输送机、机械手、轨道式输送机及无轨自动引导车等先进的自动化输送设备所组成的自动化物流系统已广泛地用于电子商务领域。自动化的物流系统提高了物流作业的可靠性和准确性，而电子商务环境下物流的系统更需要管理的智能化与柔性化。物流管理智能化是自动化、信息化的一种高层次应用，物流作业过程大量的运筹和决策，如库存水平的确定、运输（搬运）路径的选择、自动导向车的运行轨迹和作业控制、自动分拣机的运行、物流配送中心经营管理的决策支持等问题，都体现了物流的智能化。一个智能化的电子商务物流管理系统可以模拟现实，发出指令、实施决策，根据物流过程的特点采用对应的管理手段。物流的柔性化是本着"以顾客为中心"理念而提出的，柔性化的物流是适应生产、流通与消费的需求而发展起来的一种新型物流模型，其实质是将生产、流通进行集成，根据需求端的需求组织生产、安排物流活动。电子商务"多品种、小批量、多批次"的特点，要求物流企业根据消费者的需求变化灵活地组织和实施物流作业。

4．网络化与全球化

物流的网络化是物流信息化的必然，当今世界 Internet 等全球网络资源的可用性及网络技术的普及为物流的网络化提供了良好的外部环境。电子商务下物流网络化主要有两层含义：一是物流配送系统的计算机通信网络，包括仓储配送中心与供应商或制造商，以及与下游顾客之间的沟通网络。互联网的应用使物流信息能够以低廉的成本及时传递，从而缩短物流周期，增加透明度，是优化供应链中各网络节点和各种物流路径的重要手段。以网络的形式将电子商务环境下的物流企业内部、物流企业与生产企业、商业企业、消费者等连在一起，实现了社会性的各部门、各企业之间低成本的数据高速共享。二是组织的网络化。一方面为了保证对电子商务提供快速、全方位的物流支持，新型物流配送要有完善、健全的物流配送网络体系，网络上点与点之间的物流配送活动保持系统性、一致性，这样可以保证整个物流配送网络有最优的库存总水平及库存分布，运输与配送快捷、机动。分散的物流配送单体只有形成网络才能满足现代生产与流通的需要。另一方面，跨境电子商务的快速发展，加速了全球经济的一体化，也推动了物流的全球化。电子商务环境下，跨境贸易呈现了小批量、多批次、快速发货的特点，而货物是否按时、安全到达是跨境电子商务发展的重要因素。这就要求物流企业建立跨国、跨区域网络布局，为客户提供进出口商品代理报告、跨境仓储、包装、配送、必要的流通加工等一体化服务，以满足跨境电子商务的需求。

3.3　电子商务环境下物流的发展现状与趋势

电子商务时代，由于企业销售范围的扩大，企业和商业销售方式及最终消费者购买方式的转变，使得送货上门等业务成为一项极为重要的服务业务，加速了物流行业的兴起。电子商务和物流之间相互影响、相互促进、相互制约。电子商务环境下物流业的发展面临新的机遇与挑战，呈现出新的发展趋势。

3.3.1　发展现状

电子商务的发展，扩大了企业的销售渠道，改变了企业传统的销售方式及消费者的购物方式，使得送货上门等物流服务成为必然，促进了我国物流行业的发展。进入 21 世纪以来，我国物流业总体规模快速增长，服务水平显著提高，发展的环境和条件不断改善，为进一步加快发展奠定了坚实的基础。

目前，我国的物流水平仍难以满足电子商务的要求。相对于发达国家的物流产业而言，中国的物流产业尚处于起步发展阶段，与发达国家存在较大差距，缺少物流高端与增值性服务。物流金融、物流保险、物流仲裁、物流咨询、物流设计、物流规划等相对滞后，政府管理缺少经验，物流业的政策环境还不完善。而且，我国物流业发展不平衡，东南沿海地区发展快一些，物流企业多一些，处于快速发展期，而西北地区发展非常落后，物流企业相当少；工业物流发展得好一些，农产品物流则处于落后的状态。

抢先进入中国的世界快递四巨头联邦快递（FedEx）、联合包裹（UPS）、荷兰邮政集团（TNT）和敦豪（DHL）正加紧在中国物流市场排兵布阵。与此同时，日本、澳大利亚、欧洲等国外物流公司也开始向中国投资。外资的大批进入必将会给国内物流企业带来冲击，但从长远和全局来看，外资企业的进入将起到催化剂的作用，会促进中国物流业整体健康、快速地发展。

3.3.2　制约因素

从总体上看，我国的电子商务还处于初期发展阶段，其功能主要局限于信息的交流，电子商务与物流之间的相互依赖、相互促进的关系还没有得到企业的普遍认可。因此，人们在重视电子商务的同时，却对面向电子商务的物流配送系统重视不足，从而出现物流配送系统建设落后、与电子商务结合不够紧密等问题。这在很大程度上限制了电子商务高效、快速、便捷优势的发挥。具体说来，主要包括如下几个方面。

1. 与电子商务相协调的物流配送基础落后

虽然基于电子商务的物流配送模式受到了越来越多的关注，但由于观念、制度和技术水平的制约，我国电子商务物流配送的发展仍然比较缓慢，与社会需求差距仍然较大。目前，高速公路网络的建设与完善、物流配送中心的规划与管理、现代化物流配送工具与技术的使用、与电子商务物流配送相适应的管理模式和经营方式的优化等都无法适应我国电子商务物流配送的要求。基础设施和管理手段的落后、必要的公共信息交流平台的缺乏，都制约着我国电子商务物流配送的发展。

2. 电子商务物流配送的政策法规不完善

目前，我国物流管理体制还处于区域、部门分割管理的状态下，区域之间缺乏协调统一的发展规划和协调有序的协同运作，归口管理不一致，都制约了电子商务物流配送的效率。由于缺乏一体化的物流系统，电子商务很难发挥其应有的突破空间、快捷交易的功能。此外，与电子商务物流配送相适应的财税制度、社会安全保障制度、市场准入与退出制度、纠纷解决程序等还不够完善，这些制度和法规的缺陷阻碍了电子商务物流配送的发展。

3. 物流配送的电子化、集成化管理程度不高

电子商务物流配送之所以受到越来越多企业的青睐，是因为电子商务迎合了现代顾客多样化的需求，网络上的大量定制化越来越多地出现，电子商务企业只有通过电子化、集成化物流管理把供应链上各个环节整合起来，才能对顾客的个性化需求作出快速反应。但从我国的实际来看，企业的集成化供应链管理还处于较初级阶段，表现在运输网络的合理化有待提升、物流信息的速效性不高等方面。这与我国物流业起步较晚，先进的物流技术设备，如全球定位系统、地理识别系统、电子数据交换技术、射频识别技术、自动跟踪技术等还较少应用有关。没有先进的技术设备做基础，电子商务物流配送企业的集成化管理就难以实现；而集成化管理程度不高，电子商务物流配送企业的效率就会大打折扣。

4. 熟悉电子商务的物流配送人才匮乏

电子商务物流配送在我国的发展时间较短，大多数从传统物流企业转型而来的企业在人才的储备和培育方面显然还不能适应电子商务时代的要求，有关电子商务方面的知识和操作经验不足，这直接影响到了企业的生存和发展。与国外形成规模的物流教育系统相比较，我国在物流和配送方面的教育还相当落后，尤其在电子商务物流配送方面的教育。由于实践中运行成功案例的缺乏，熟悉电子商务的物流配送人才匮乏，制约了电子商务物流配送模式的推广，也影响了电子商务物流配送的成功运营。

3.3.3 发展趋势

1. 物流与信息流、资金流、商流进一步融合

电子商务的整个运作过程是信息流、商流、资金流和物流的流动过程，其优势体现在信息资源的充分共享和运作方式的高效率上。通过互联网进行商业交易，毕竟是"虚拟"的经济过程，最终的资源配置还需要通过商品实体的转移来实现，否则就不会真正实现信息流、商流和资金流。只有通过物流配送，将商品或服务真正转移到消费者手中，商务活动才能结束，物流实际上是以商流的后续者和服务者的姿态出现的，而物流配送效率也就成为客户评价电子商务满意程度的重要指标。

在社会经济运行过程中，一般而言，商流、物流、信息流是三流分立的。在现代社会，不同产品形成了不同的流通方式与营销途径，比如生产资料不仅有直达供货与经销制，而且还有配送制、连锁经营、代理制等，这就要求物流随之而变化。根据资料，许多国家的物流中心、配送中心已经实现了三流的统一，而且这种一体化趋势已逐渐为物流界人士所认可。

2. 社会化分工与专业化程度进一步提升

流通领域的专业分工是随着生产领域追求核心生产力而出现的。物流业务外包及"第三个利润源"促成的物流服务提供者是物流社会化趋势的主要动力。物流社会化使独立的物流企业获得了广泛的生存空间。连锁配送、电子商务配送、第三方物流、第四方物流及供应链管理是物流社会化的重要标志。

物流社会化是社会分工进一步发展的结果，也就是说，物流社会化是建立在物流专业化发展的基础上的，是一个不断深入的市场化发展过程。物流领域按专业分工可以划分为四大专业领域，即物流装备提供、物流设施提供、物流作业提供和物流服务提供。与此相对应，物流社会化也就有了不同的拓展层面：如物流装备及设施的社会化，物流基础平台的社会化，物流信息平台的社会化及专业化物流服务的社会化等。

随着市场经济的发展，专业化分工越来越细，一个生产企业生产某种产品，除一些主要部件自己生产外，大多外购。生产企业与零售商所需的原材料、中间产品、最终产品大部分由专门的物流中心提供，以实现少库存或零库存。这种物流中心不仅可以进行集约化物流，在一定半径之内实现合理化物流，从而大量节约物流费用，而且可以节约大量的社会流动资金，实现资金流动的合理化，既提高经济效益，又提高社会效益。显然，完善和发展物流中心是流通社会化的必然趋势。

3. 新技术不断应用，创新发展

据了解，鹿特丹港已能提供集装箱电子扫描等海关服务；香港港的中转物流占整港业务的 83%，并正在致力于建设虚拟供应链控制中心。而新加坡港拥有的网络系统已经能实现与政府部门、航运公司、货运代理和船东之间的无纸化沟通。智慧物流的发展将进一步融合云计算、物联网和三网融合等新一代技术，逐渐实现物流过程中运输、存储、包装、装卸等环节的一体化和智能物流系统的层次化。

实现智慧物流很大程度上要归功于物联网技术的发展。目前，很多先进的现代物流系统已经具备了信息化、数字化、网络化、集成化、智能化、柔性化、敏捷化、可视化、自动化等先进技术特征。很多物流系统和网络也采用了领先的红外、激光、无线、编码、认址、自动识别、定位、无接触供电、光纤、数据库、传感器、RFID、卫星定位等高新技术，这种集光、机、电、信息等技术于一体的新技术在物流系统的集成应用就是物联网技术在物流业应用的体现。

4．模式不断创新，与产业融合发展

通过电子商务最新现代技术实现物流管理信息化。物流信息化表现为物流信息收集的数据库化和代码化；物流信息处理的电子化和计算机化。因此要用电子商务推广物流管理的四大新技术：条码技术（通过扫描对信息实现自动控制技术）、EDI 技术（电子数据的交换和自动处理）、GIS 技术（通过地理信息系统实现物流配送的最佳模型）、GPS技术（通过全球卫星定位系统实现物流配置国际化）。上述四大新技术的结合，将在物流供应链上建立一个高新的供应链集成系统。物流信息能在开放供应链中实现物流的及时、准确的配置。同时还需要建立电子商务在企业内部和企业外部物流管理的新模式。

第一，电子商务在企业内部实现"业务流程再造"。所谓"业务流程再造"是指通过企业对现有流程的重新分析、改进和设计组织流程，以使这些流程的增值内容最大化，其他非增值内容最小化，从而有效地改善组织的绩效，以相对更低的成本实现或增加产品对顾客的价值。流程是一系列跨越时间、占有空间的连续有规律的活动，各个基本活动应紧密衔接，保证物流和信息流的顺畅通过，每项活动的衔接都应强调对价值的增值作用。流程可分为核心作业流程和支持作业流程。核心作业流程包括企业的各项设计和生产的作业活动，以确保企业作业流程以最小成本及时、准确运行的管理活动，以及提供必要的信息技术以确保作业活动和管理活动的完成。支持作业流程主要包括设施、人员培训、后勤资金等，以支持和保证核心流程的正常运作。要实现整体业务流程最优，而不是个别最优。"再造"的观点即打破旧有模式，建立新的管理程序，实现管理理论的重大突破。经过综合评价筛选出最基本的、关键的功能，并将其优化组合，形成企业新的运行系统。实施"业务流程再造"模式将使企业发生根本性的变革，增强企业活力，使企业将生产成本降低，产品质量和服务质量提高，使企业更贴近市场，这种物流管理模式将给企业带来巨大的经济效益。

第二，电子商务在企业外部建立起最佳"企业物流管理代理模式"。所谓"企业物流代理管理模式"是指物流管理社会化的物流一体化管理模式。电子商务的发展为实现

物流管理专业化、社会化管理创造了条件。提高物流管理的宏观社会效益是保证企业微观"业务流程再造"模式正常运作的重要外部条件。不同企业之间的物流运作可以由供方和需方以外的第三方代理完成，实现了物流管理的高级化和社会化管理的目标。这将是信息化时代的一种新兴产业。这种以企业物流管理为基础的现代化物流管理体制模式是物流管理高级化发展的标志，将促使企业实现以"物流战略"为纽带的"企业联盟"的形成，使物流从企业专业化管理中获得宏观规模经济效益。因而它也代表着一国的物流管理水平、整体规划水平和现代管理能力水平。我国目前在"综合物流代理"领域仍是一个空白，因此是低成本高扩张发展宏观物流代理产业的大好时机。

5. 资源不断整合，与电子商务协同发展

所谓物流资源整合就是为适应不断变化的市场环境的需要，在科学合理的制度安排下，借助现代科技特别是计算机网络技术的力量，以培养企业核心竞争力为主要目标，将企业有限的物流资源与社会分散的物流资源进行无缝化链接的一种动态管理运作体系。

由于社会生产力的高度发展，社会分工越来越细，事物之间的联系也越来越密切。综合化、整体化的特点日益突出。物流本身是一个包含整体观念的概念。物流是物质从生产者到消费者这一过程的"结构"，物流是这些相关活动的集成。包装、保管、运输、仓储等都只是该"结构"的构成要素。因此,整合物流资源是物流的内涵所决定的。整合、优化是物流管理永远的主题。物流资源整合是将包装、保管、运输、仓储等原本相互联系却被分割开来进行管理的各种物流活动，重新整合为一个整体。

在战略思维的层面上，资源整合就是要通过组织和协调，把企业内部彼此分离的职能，把企业外部既参与共同的使命又拥有独立经济利益的合作伙伴整合成一个为客户服务的系统，取 1+1>2 的效果。

在战术选择的层面上，资源整合就是根据企业的发展战略和市场需求对有关的资源进行重新配置，以凸显企业的核心竞争力，并寻求资源配置与客户需求的最佳结合点，目的是要通过组织制度安排和管理运作协调来增强企业的竞争优势，提高客户服务水平。

3.4　电子商务环境下的物流管理

3.4.1　电子商务物流管理概述

电子商务物流是物流与电子商务相结合的产物，电子商务与物流既相互制约又相互促进。从不同方面来进行考察，电子商务物流的管理与组织也与传统的物流活动存在着差异，具有自身的含义、特点、内容及职能。

1．电子商务物流管理的含义及特点

所谓电子商务物流管理，是指在社会再生产过程中，根据物质资料实体流动的规律，应用管理的基本原理和科学方法，对电子商务物流活动进行计划、组织、指挥、协调、控制和决策，使各项物流活动实现最佳协调与配合，以降低物流成本，提高物流效率和经济效益。简言之，电子商务物流管理就是对电子商务物流活动所进行的计划、组织、指挥、协调、控制和决策等。

电子商务物流管理具有目的性、综合性、创新性和智能性的特点。

- 目的性。主要是降低物流成本、提高物流效率、有效地提高客户服务水平。
- 综合性。从其覆盖的领域上看，它涉及商务、物流、信息、技术等领域的管理；从管理的范围看，它不仅涉及企业，而且也涉及供应链的各个环节；从管理的方式方法看，它兼容传统的管理方法和通过网络进行的过程管理、虚拟管理等。
- 创新性。电子商务物流体现了新经济的特征，它以物流信息为管理的出发点和立足点。电子商务活动本身就是信息高度发达的产物，对信息活动的管理是一项全新的内容，也是对传统管理的挑战和更新。我国对互联网的相关管理手段、制度、方法均处于探索阶段，如何对物流活动进行在线管理，还需要产业界与理论界的共同努力。
- 智能性。在电子商务物流管理中，将更多地采用先进的科学技术与管理方法，实现对物流的智能决策、控制与协调等。

2．电子商务物流管理的内容

电子商务物流管理主要包括对物流过程的管理、对物流要素的管理和对物流中具体职能的管理（见表 3.1~ 表 3.3）。

表 3.1　对物流过程的管理

对物流过程的管理	
运输管理	运输方式及服务方式的选择；运输路线的选择；车辆调度与组织
储存管理	原料、半成品和成品的储存策略；储存统计、库存控制、养护
装卸搬运管理	装卸搬运系统的设计、设备规划与配置和作业组织等
包装管理	包装容器和包装材料的选择与设计；包装技术和方法的改进；包装系列化、标准化、自动化等
流通加工管理	加工场所的选定；加工机械的配置；加工技术与方法的研究和改进；加工作业流程的制订与优化
配送管理	配送中心选址及优化布局；配送机械的合理配置与调度；配送作业流程的制订与优化
物流信息管理	对反映物流活动内容的信息、物流要求的信息、物流作用的信息和物流特点的信息所进行的搜集、加工、处理、存储和传输等
客户服务管理	对于物流活动相关服务的组织和监督，如调查和分析顾客对物流活动的反映，决定顾客所需要的服务水平、服务项目等

表 3.2　对物流要素的管理

对物流要素的管理	
人的管理	物流从业人员的选拔和录用，物流专业人才的培训与提高，物流教育和物流人才培养规划与措施的制订
物的管理	"物"是指物流活动的客体，即物质资料实体，涉及物流活动诸要素，即物的运输、储存、包装、流通加工等
财的管理	主要指物流管理中有关降低物流成本、提高经济效益等方面的内容，包括物流成本的计算与控制、物流经济效益指标体系的建立、资金的筹措与运用、提高经济效益的方法
设备管理	对物流设备进行管理，包括对各种物流设备的选型与优化配置，对各种设备的合理使用和更新改造，对各种设备的研制、开发与引进等
方法管理	包括各种物流技术的研究、推广普及，物流科学研究工作的组织与开展，新技术的推广普及，现代管理方法的应用
信息管理	掌握充分的、准确的、及时的物流信息，把物流信息传递到适当的部门和人员手中，从而根据物流信息，作出物流决策

表 3.3　对物流中具体职能的管理

对物流中具体职能的管理	
物流战略管理	物流战略管理是为了达到某个目标，物流企业或职能部门在特定的时期和特定的市场范围内，根据企业的组织结构，利用某种方式，向某个方向发展的全过程管理。物流战略管理具有全局性、整体性、战略性、系统性的特点
物流业务管理	主要包括物流运输、仓储保管、装卸搬运、包装、协同配送、流通加工及物流信息传递等基本过程
物流企业管理	主要有合同管理、设备管理、风险管理、人力资源管理和质量管理等
物流经济管理	主要涉及物流成本费用管理、物流投资融资管理、物流财务分析及物流经济活动分析
物流信息管理	主要有物流 MIS、物流 MIS 与电子商务系统的关系及物流 MIS 的开发与推广
物流管理现代化	主要是物流管理思想和管理理论的更新、先进物流技术的发明和采用

3. 电子商务物流管理的职能（见表 3.4）

电子商务物流管理和其他管理活动一样，其职能包括组织、计划、协调、控制、激励和决策。

表 3.4　电子商务物流管理的职能

电子商务物流管理的职能	
组织职能	确定物流系统的机构设置、劳动分工、定额定员；配合有关部门进行物流的空间组织和时间组织的设计；对电子商务中的各项职能进行合理分工，各个环节的职能进行专业化协调
计划职能	编制和执行年度物流的供给和需求计划，月度供应作业计划，物流各环节的具体作业计划（如运输、仓储等），物流营运相关的经济财务计划等

续表

电子商务物流管理的职能	
协调职能	这对电子商务物流尤其重要，除物流业务运作本身的协调功能外，更需要物流与商流、资金流、信息流相互之间的协调，才能保证电子商务用户的服务要求
控制职能	物流过程是物资从原材料供应者到最后的消费者的一体化过程，控制就是物流供应管理的基本保证，它涉及物流管理部门直接指挥的下属机构和直接控制的物流对象，如产成品、在制品、待售和售后产品、待运和在运货物等。由于电子商务涉及面广，其物流活动参与人员众多、波动大，所以，物流管理的标准化，标准的执行与督查，偏差的发现与矫正等控制职能相应具有广泛性、随机性
激励职能	物流系统内职员的挑选与培训、绩效的考核与评估、工作报酬与福利、激励与约束机制的设计等
决策职能	物流管理的决策更多与物流技术挂钩，如库存合理定额的决策、采购量和采购时间决策等

3.4.2　电子商务环境下的物流管理模式

电子商务物流管理模式主要指以市场为导向、以满足顾客要求为宗旨、获取系统总效益最优化的适应现代社会经济发展的模式。随着市场竞争加剧，企业需要以更低的交付成本，更好的物流服务来赢得竞争优势，因而，物流管理模式的选择在企业总体规划中越来越重要。下面介绍几种电子商务环境下的物流管理模式。

1．企业自营物流

企业自营物流出现于电子商务刚刚萌芽的时期，当时的电子商务企业规模不大，所以从事电子商务的企业多选用自营物流的方式。企业自营物流模式意味着电子商务企业自行组建物流配送系统、经营管理企业的整个物流运作过程。在这种方式下，企业也会向仓储企业购买仓储服务，向运输企业购买运输服务，但是这些服务都只限于一次或一系列分散的物流功能，而且是临时性的纯市场交易的服务，物流公司并不按照企业独特的业务流程提供独特的服务。当企业有很高的顾客服务需求标准，物流成本占总成本的比重较大，而企业自身的物流管理能力较强时，企业一般不应采用外购物流，而应采用自营方式。由于中国物流公司大多是由传统的储运公司转变而来的，还不能满足电子商务环境下的物流需求，因此，很多企业借助于自身开展电子商务的经验拓展物流业务，即电子商务企业自身经营物流。

目前，中国采取自营模式的电子商务企业主要有两类：一类是资金实力雄厚且业务规模较大的电子商务公司，另一类是传统的大型制造企业或批发企业经营的电子商务网站。选用自营物流，可以使企业对物流环节有较强的控制能力，易于与其他环节密切配合，全力专门地服务于该企业的运营管理，使企业的供应链更好地保持协调、简洁与稳定。此外，自营物流能够保证供货的准确和及时，保证顾客服务的质量，维护了企业和顾客间的长期关系，但自营物流所需的投入非常大，建成后对规模的要求很高，大规模才能降低成本，否则将会长期处于不营利的境地，而且投资成本较大、时间较长，对于企业柔性有不利影响。另外，自建庞大的物流体系，需要占用大量的流动资金。更重要的是，自营物流需要较强的物流管理能力，建成之后需要工作人员具有专业化的物流管理能力。

2. 第三方物流

第三方物流是由相对"第一方"发货人和"第二方"收货人而言的第三方专业企业来承担企业物流活动的一种物流形态。第三方物流公司通过与第一方或第二方的合作来提供其专业化的物流服务，它不拥有商品，不参与商品买卖，而是为顾客提供以合同约束、以结盟为基础的、系列化、个性化、信息化的物流代理服务。服务内容包括设计物流系统、EDI 能力、报表管理、货物集运、选择承运人、货代人、海关代理、信息管理、仓储、咨询、运费支付和谈判等。第三方物流企业一般都是具有一定规模的物流设施设备（库房、站台、车辆等）及专业经验、技能的批发、储运或其他物流业务经营企业。

第三方物流是物流专业化的重要形式，是一个新兴的领域，企业采用第三方物流模式对于提高企业经营效率具有重要作用。首先，企业将自己的非核心业务外包给从事该业务的专业公司去做；其次，第三方物流企业作为专门从事物流工作的企业，有丰富的专门从事物流运作的专家，有利于确保企业的专业化生产，降低费用，提高企业的物流水平。

目前，第三方物流的发展十分迅速，有几方面是值得我们关注的：第一，物流业务的范围不断扩大。商业机构和各大公司面对日趋激烈的竞争，不得不将主要精力放在核心业务，将运输、仓储等相关业务环节交由更专业的物流企业进行操作，以求节约和高效；另一方面，物流企业为提高服务质量，也在不断拓宽业务范围，提供配套服务。第二，很多成功的物流企业根据第一方、第二方的谈判条款，分析、比较自理的操作成本和代理费用，灵活运用自理和代理两种方式，提供客户定制的物流服务。

3. 物流联盟

物流联盟是制造业、销售企业、物流企业基于正式的相互协议而建立的一种物流合作关系，参加联盟的企业汇集、交换或统一物流资源以谋取共同利益；同时，合作企业仍保持各自的独立性。物流联盟为了达到比单独从事物流活动取得更好的效果，在企业间形成了相互信任、共担风险、共享收益的物流伙伴关系。企业间不完全采取导致自身利益最大化的行为，也不完全采取导致共同利益最大化的行为，只是在物流方面通过契约形成优势互补、要素双向或多向流动的中间组织。联盟是动态的，只要合同结束，双方又变成追求自身利益最大化的单独个体。

选择物流联盟伙伴时，要注意物流服务提供商的种类及其经营策略。一般可以根据物流企业服务的范围大小和物流功能的整合程度，确定物流企业的类型。物流服务的范围主要是指业务服务区域的广度、运送方式的多样性、保管和流通加工等附加服务的广度。物流功能的整合程度是指企业自身所拥有的提供物流服务所必要的物流功能的多少，必要的物流功能是指包括基本的运输功能在内的经营管理、集配、配送、流通加工、信息、企划、战术、战略等各种功能。一般来说，组成物流联盟的企业之间具有很强的依赖性，物流联盟的各个组成企业明确自身在整个物流联盟中的优势及担当的角色，内部的对抗和冲突减少，分工明晰，使供应商把注意力集中在提供客户指定的服务上，最终提高企业的竞争能力和竞争效率，满足企业跨地区、全方位物流服务的要求。

4．虚拟物流

虚拟物流（Virtual Logistics）是指以计算机网络技术进行物流运作与管理，实现企业间物流资源共享和优化配置的物流方式，即多个具有互补资源和技术的成员企业，为了实现资源共享、风险共担、优势互补等特点的战略目标，在保持自身独立性的条件下，建立的较为稳定的合作伙伴关系。虚拟物流利用日益完善的通信网络技术及手段，将分布于全球的企业仓库虚拟整合为一个大型物流支持系统，以完成快速、精确、稳定的物资保障任务，满足物流市场的多频度、小批量订货需求。

虚拟物流本质上是"即时制"在全球范围内的应用，是小批量、多频度物资配送过程。它能使企业在世界任何地方以最低的成本跨国生产产品，以及获得所需物资，以赢得市场竞争速度和优势。虚拟物流管理可以在较短的时间内，通过外部资源的有效整合，实现对市场机遇的快速响应。但由于虚拟物流并没有改变各节点企业在市场中的独立法人属性，也没有消除其潜在的利益冲突。因此，也给企业带来了一些新的风险问题。

3.4.3 电子商务环境下的物流管理决策

1．企业物流模式的选择

企业在进行物流决策时，应该根据自己的需要和资源条件，综合考虑如下主要因素，慎重选择物流模式。

（1）物流对企业成功的影响度和企业对物流的管理能力。如果物流对企业成功的重要度高，企业处理物流的能力相对较低，则采用外包物流；如果物流对企业成功的重要度较低，同时企业处理物流的能力也低，则外购物流服务；如果物流对企业成功重要度很高，且企业处理物流能力也高，则自营物流。

（2）企业对物流控制力的要求。越是市场竞争激烈的行业，企业越是要强化对供应和分销渠道的控制，此时企业应该自营物流。一般来说，最终产品制造商对渠道或供应链过程的控制力比较强，往往选择自营物流，即作为龙头企业来组织全过程的物流活动，制定物流服务标准。

（3）企业产品自身的物流特点。对于大宗工业品原料的回运或鲜活产品的分销，则应利用相对固定的专业物流服务供应商和短渠道物流；对全球市场的分销，宜采用地区性的专业物流公司提供支援；对产品线单一的企业，则应在龙头企业统一下自营物流；对于技术性较强的物流服务，如口岸物流服务，企业应采用委托代理的方式；对非标准设备的制造商来说，企业自营虽有利可图，但还是应该交给专业物流服务公司去做。

（4）企业的规模和实力。一般地，大中型企业由于实力较雄厚，通常有能力建立自己的物流系统，制订合适的物流需求计划，保证物流服务的质量。另外，还可以利用过剩的物流网络资源拓展外部业务（为别的企业提供物流服务）。而中小企业则受人员、资金和管理的资源的限制，物流管理效率难以提高。此时，企业为把资源用于主要的核心业务上，就应该把物流管理交给第三方专业物流代理公司。如实力雄厚的麦当劳公司，每天必须把汉堡等保鲜食品运往中国各地，为保证供货的准确及时，就组建了自己的货运公司。

（5）物流系统总成本。在选择是自营还是物流外包时，必须弄清两种模式物流系统总成本的情况。计算公式为：物流系统总成本＝总运输成本＋库存维持费用＋批量成本＋总固定仓储费用＋总变动仓储费用＋订单处理和信息费用＋客户服务费用。这些成本之间存在着二律背反现象：减少仓库数量时，可降低仓储费用，但会带来运输距离和次数的增加而导致运输费用增加；如果运输费用的增加部分超过了仓储费用的减少部分，总的物流成本反而增大。所以，在选择和设计物流系统时，要对物流系统的总成本加以论证，最后选择成本最小的物流系统。

（6）外包物流的客户服务能力。在选择物流模式时，考虑物流成本尽管很重要，但外包物流对为本企业及企业客户提供服务的能力是选择物流服务至关重要的因素。也就是说，外包物流在满足企业对原材料及时需求的能力和可靠性，外包物流提供商对企业的零售商和最终客户不断变化的需求的反应能力等方面应该作为首要的因素来考虑。

（7）自拥资产和非自拥资产外包物流的选择。自拥资产的第三方是指有自己的运输工具和仓库，从事实实在在物流操作的专业物流公司。他们有较大的规模、雄厚的客户基础、到位的系统。自拥资产的第三方通常专业化程度较高，但灵活性往往受到一定的限制。非自拥资产第三方是指不拥有硬件设施或只租赁运输工具等少量资产，主要从事物流系统设计、库存管理和物流信息管理等职能，而将货物运输和仓储等具体作业活动由别的物流企业承担，但对系统运营承担责任的物流管理公司。这类公司通常运作灵活，能够修订服务内容，可以自由混合、调配供应商，管理费用较低。企业应根据自己的要求对两种模式加以选择和利用。

2. 合理配送模式的建立

企业建立合理的物流配送模式应考虑的因素主要包括消费者的地区分布、商品的品种、配送细节的设计等。

（1）消费者的地区分布。互联网（Internet）是电子商务的最大信息载体。互联网的物理分布范围正在迅速扩展，但是在电子商务发展的初级阶段，电子商务的销售区域如果分散在互联网所及的所有地区，那样的配送成本是不经济的。一般商务活动的有形销售网点按销售区域来配置，每一个销售点负责一个特定区域的市场。但电子商务的客户可能在地理分布上十分分散，要求送货的地点不集中，而物流网络并没有像互联网那样广的覆盖范围，无法经济合理地组织送货。所以，提供电子商务服务的公司也需要像有形店铺销售一样，要对销售区域进行定位，对消费人群集中的地区提供物流承诺，否则将是不经济的。

（2）商品的品种。不同商品的消费特点及流通特点不同，尤其是物流特点。因此在电子商务发展的初期，不是所有的商品都适合采用电子商务这种形式。正如一个大型百货商店，它不可能经营所有商品，总要确定最适合于自己销售的商品，电子商务也一样。为了将某一商品的销售批量累积得更大，就需要筛选商品品种。一般而言，商品如果有明确的包装、质量、数量、价格、储存、保管、运输、验收、安装及使用标准，对储存、运输、装卸等作业无特殊要求，就适合采用电子商务的销售方式，而对于销售批量不大、不易保管或散装货物等不适合采用电子商务的方式销售。

（3）配送细节。同有形市场一样，电子商务的物流方案中配送环节是完成物流过程并产生成本的重要环节，需要精心设计配送细节。一个好的配送方案应该考虑如下内容：库存的可供性、反应速度、送货频率和送货的可靠性等。同时还要设计配套的投诉程序，提供技术支持和订货状况信息等。电子商务公司的成功运作，关键不在于是否能有大的配送网络，而在于能否在完成配送服务的同时，保证配送系统高效、低成本地运作。这是一项专业性很强的工作，必须聘请专业人员对系统的配送细节进行精心设计。

第 4 章
电子商务"云物流"

内容提要

云计算具有快速部署资源或获得服务、按需扩展和使用、按使用量付费、通过互联网提供等特征，包括基础设施即服务、软件即服务和平台即服务等。"云物流"是"云计算"在物流行业的应用服务，利用"云计算"强大的通信能力、运算能力和匹配能力，集成众多物流用户的需求，形成物流需求信息集成平台，实现所有信息的交换、处理、传递，整合零散的物流资源，使物流效益最大化。随着互联网的普及尤其是移动终端的应用，"云计算"会渗透到每一个角落，"云物流"也将具有广阔的发展前景。"云物流"对于电子商务的发展的积极作用不言而喻，大力发展"智慧云物流"是当前的重中之重，本章最后阐述了云物流的发展与展望。

4.1　云计算概述

4.1.1　云计算的概念

云计算（Cloud Computing）是继 19 世纪 80 年代大型计算机到客户端 - 服务器的大转变之后的又一种巨变。云计算是分布式计算（Distributed Computing）、并行计算（Parallel Computing）、效用计算（Utility Computing）、网络存储（Network Storage Technologies）、虚拟化（Virtualization）、负载均衡（Load Balance）等传统计算机和网络技术发展融合的产物。

美国国家标准与技术研究院（NIST）定义：云计算是一种按使用量付费模式，这种模式提供可用的、便捷的、按需的网络访问，进入可配置的计算资源共享池（资源包括网络、服务器、存储、应用软件、服务），这些资源能够被快速提供，只需投入很少的管理工作，或与服务供应商进行很少的交互。XenSystem，以及在国外已经非常成熟的 Intel 和 IBM，各种"云计算"的应用服务范围正日渐扩大，影响力也无可估量。

云计算常与网格计算、效用计算和自主计算相混淆。

- 网格计算：分布式计算的一种，由一群松散耦合的计算机组成的一个超级虚拟机，常用来执行一些大型任务。
- 效用计算：IT 资源的一种打包和计费方式，比如按照计算、存储分别计量费用，像传统的电力等公共设施一样。
- 自主计算：具有自我管理功能的计算机系统。

事实上，许多云计算部署依赖于计算机集群（但与网络的组成、体系结构、目的、工作方式大相径庭），也吸收了自主计算和效用计算的特点。

4.1.2　云计算的基本特征

云计算是通过使计算分布在大量的分布式计算机上，而非本地计算机或远程服务器中，企业数据中心的运行将与互联网更相似。这使得企业能够将资源切换到需要的应用上，根据需求访问计算机和存储系统。好比从古老的单台发电机模式转向了电厂集中供电的模式。它意味着计算能力也可以作为一种商品进行流通，就像煤气、水电一样，取用方便，费用低廉。最大的不同在于，它是通过互联网进行传输的。

被普遍接受的云计算特点如下。

1）超大规模

"云"具有相当的规模，Google 云计算已经拥有 100 多万台服务器，Amazon、IBM、微软、Yahoo 等的"云"均拥有几十万台服务器。企业私有云一般拥有数百上千台服务器。"云"能赋予用户前所未有的计算能力。

2）虚拟化

云计算支持用户在任意位置、使用各种终端获取应用服务。所请求的资源来自"云"，而不是固定的有形的实体。应用在"云"中某处运行，但实际上用户无须了解、也不用担心应用运行的具体位置，只需要一台笔记本或者一个手机，就可以通过网络服务来实现所需要的一切，甚至包括超级计算这样的任务。

3）高可靠性

"云"使用了数据多副本容错、计算节点同构可互换等措施来保障服务的高可靠性，使用云计算比使用本地计算机可靠。

4）通用性

云计算不针对特定的应用，在"云"的支撑下可以构造出千变万化的应用，同一个"云"可以同时支撑不同的应用运行。

5）高可扩展性

"云"的规模可以动态伸缩，满足应用和用户规模增长的需要。

6）按需服务

"云"是一个庞大的资源池，用户可按需购买；云可以像自来水、电、煤气那样计费。

7）极其廉价

由于"云"的特殊容错措施可以采用极其廉价的节点来构成云，"云"的自动化集中式管理使大量企业无须负担日益高昂的数据中心管理成本，"云"的通用性使资源的利用率较之传统系统大幅提升，因此用户可以充分享受"云"的低成本优势，经常只要花费几百美元、几天时间就能完成以前需要数万美元、数月时间才能完成的任务。

云计算可以彻底改变人们未来的生活，但同时也要重视环境问题，这样才能真正为人类进步作贡献，而不是简单的技术提升。

8）潜在的危险性

云计算服务除提供计算服务外，还必然提供存储服务，但是云计算服务当前垄断在私人机构（企业）手中，而他们仅仅能够提供商业信用。政府机构、商业机构（特别像银行这样持有敏感数据的商业机构）选择云计算服务应保持足够的警惕。一旦商业用户大规模使用私人机构提供的云计算服务，无论其技术优势有多强，都不可避免地让这些私人机构以"数据（信息）"的重要性挟制整个社会。对于信息社会而言，"信息"是至关重要的。另一方面，云计算中的数据对于数据所有者以外的其他云计算用户是保密的，但是对于提供云计算的商业机构而言确实毫无秘密可言。所有这些潜在的危险，是商业机构和政府机构选择云计算服务、特别是国外机构提供的云计算服务时，不得不考虑的一个重要的前提。

4.1.3　云计算的发展历程

1. 发展历程

1983 年，太阳电脑（Sun Microsystems）提出"网络是电脑"（"The Network is the Computer"）。2006 年 3 月，亚马逊（Amazon）推出弹性计算云（Elastic Compute Cloud，EC 2）服务。

2006 年 8 月 9 日，Google 首席执行官埃里克·施密特（Eric Schmidt）在搜索引擎大会（SES San Jose 2006）首次提出"云计算"（Cloud Computing）的概念。Google "云端计算"源于 Google 工程师克里斯托弗·比希利亚所做的"Google 101"项目。

2007 年 10 月，Google 与 IBM 开始在美国大学校园，包括卡内基梅隆大学、麻省理工学院、斯坦福大学、加州大学柏克莱分校及马里兰大学等，推广云计算的计划，这项计划希望能降低分布式计算技术在学术研究方面的成本，并为这些大学提供相关的软/硬件设备及技术支持（包括数百台个人电脑及 BladeCenter 与 System x 服务器，这些计算平台将提供 1 600 个处理器，支持包括 Linux、Xen、Hadoop 等开放源代码平台）。而学生则可以通过网络开发各项以大规模计算为基础的研究计划。

2008 年 1 月 30 日，Google 宣布在中国台湾启动"云计算学术计划"，与台湾"台大"、"交大"等学校合作，将这种先进的大规模、快速云计算技术推广到校园。

2008 年 2 月 1 日，IBM（NYSE: IBM）宣布将在中国无锡太湖新城科教产业园为中国的软件公司建立全球第一个云计算中心（Cloud Computing Center）。

2008 年 7 月 29 日，雅虎、惠普和英特尔宣布一项涵盖美国、德国和新加坡的联合研究计划，推出云计算研究测试床，推进云计算。该计划要与合作伙伴创建 6 个数据中心作为研究试验平台，每个数据中心配置 1 400~4 000 个处理器。这些合作伙伴包括新加坡资讯通信发展管理局、德国卡尔斯鲁厄大学 Steinbuch 计算中心、美国伊利诺伊大学香宾分校、英特尔研究院、惠普实验室和雅虎。

2008 年 8 月 3 日，美国专利商标局网站信息显示，戴尔正在申请"云计算"（Cloud Computing）商标，此举旨在加强对这一未来可能重塑技术架构的术语的控制权。

2010 年 3 月 5 日，Novell 与云安全联盟（CSA）共同宣布一项供应商中立计划，名为"可信任云计算计划（Trusted Cloud Initiative）"。

2010 年 7 月，美国国家航空航天局和包括 Rackspace、AMD、Intel、戴尔等支持厂商共同宣布"OpenStack"开放源代码计划，微软在 2010 年 10 月表示支持 OpenStack 与 Windows Server 2008 R 2 的集成；而 Ubuntu 已把 OpenStack 加至 11.04 版本中。

2011 年 2 月，思科系统正式加入 OpenStack，重点研制 OpenStack 的网络服务。

2014 年 10 月，由中国等国家成员体推动立项并重点参与的两项云计算国际标准——ISO/IEC 17788:2014《信息技术云计算概述和词汇》和 ISO/IEC 17789:2014《信息技术

云计算 参考架构》正式发布，这是国际标准化组织（ISO）、国际电工委员会（IEC）与国际电信联盟（ITU）三大国际标准化组织首次在云计算领域联合制定标准。

2. 发展阶段

云计算主要经历了四个阶段才发展到现在这样比较成熟的水平，这四个阶段依次是：电厂模式、效用计算、网格计算和云计算。

（1）电厂模式阶段：电厂模式好比是利用电厂的规模效应，来降低电力的价格，并让用户使用起来更方便，且无须维护和购买任何发电设备。

（2）效用计算阶段：在 1960 年左右，当时计算设备的价格非常昂贵，远非普通企业、学校和机构所能承受，所以很多人产生了共享计算机资源的想法。1961 年，人工智能之父麦肯锡在一次会议上提出了效用计算这个概念，其核心借鉴了电厂模式，具体目标是整合分散在各地的服务器、存储系统及应用程序来共享给多个用户，让用户能够像灯泡插入灯座一样来使用计算机资源，并且根据其所使用的量来付费。但由于当时整个IT 产业还处于发展初期，很多强大的技术还未诞生，比如互联网等，所以虽然这个想法一直为人称道，但总体而言"叫好不叫座"。

（3）网格计算阶段：网格计算研究如何把一个需要非常巨大的计算能力才能解决的问题分成许多小的部分，然后把这些部分分配给许多低性能的计算机来处理，最后把这些计算结果综合起来攻克大问题。可惜的是，由于网格计算在商业模式、技术和安全性方面的不足，使得其并没有在工程界和商业界取得预期的成功。

（4）云计算阶段：云计算的核心与效用计算和网格计算非常相似，也是希望 IT 技术能像使用电力那样方便，并且成本低廉。但与效用计算和网格计算不同的是，在需求方面已经有了一定的规模，同时在技术方面也已经基本成熟。

4.1.4　云计算的发展现状和趋势

云计算是个热度很高的新名词。由于它是多种技术混合演进的结果，其成熟度较高，又有大公司推动，发展极为迅速。Amazon、Google、IBM、微软和 Yahoo 等大公司是云计算的先行者。云计算领域的众多成功公司还包括 Salesforce、Facebook、Youtube 和 Myspace 等。

1. 国外云计算技术及产业现状

1）美国

将云计算技术和产业定位为维持国家核心竞争力的重要手段之一，在制定的一系列云计算政策中，明确指出加大政府采购，积极培育市场。通过强制政府采购和指定技术架构来推进云计算技术进步和产业落地发展。例如，美国军队（空军、海军）、司法部、农业部、教育部等部门都已经应用了云计算服务。美国历届联邦政府都将推动 IT 技创新与产业发展作为国家的基本政策，在 2011 年出台的《联邦云计算战略》中明确提出鼓励创新，积极培育市场，构建云计算生态系统，推动产业链协调发展。

2）欧盟

欧盟委员会在 2012 年 9 月启动"释放欧洲云计算潜力"的战略计划，包括筛选和精简众多技术标准、为云计算服务制定安全和公平的标准规范等，同时明确市场政策，确立欧洲云计算市场，促使欧洲云服务提供商扩大业务范围并提供性价比高的管理服务。

英国政府在 2013 年为 13 个研发项目拨款 500 万英镑，以应对阻碍云计算应用的商业和技术挑战。这 13 个项目的研究重点在于开发相关的系统、服务和软件，帮助解决云服务缺乏互操作性、数据恢复能力和身份验证这三项挑战，提高云服务的安全性。

3）澳大利亚

澳大利亚政府信息管理办公室（AGIMO）在 2011 年发布《澳大利亚政府云计算政策：最大化云计算的价值》的文件，并在 2013 年 5 月更新和发布了该文件的 2.0 版，该文件对政府部门使用云计算服务提供了指导，包括云计算相关法律、财政支持、安全规范等。2013 年，AGIMO 发布《公共服务大数据战略》，该战略以六条"大数据原则"为支撑，旨在推动公共行业利用大数据分析进行服务改革并制定更好的公共政策。

4）韩国

在 2011 年制定了《云计算全面振兴计划》，其核心是政府率先引进并提供云计算服务，为云计算开发国内需求。韩国通信委员会的报告指出，2010—2012 年，韩国政府投入 4 158 亿韩元预算来构建通用云计算基础设施，将利用率低下的电子政务服务器虚拟化，逐步置换成高性能服务器，并根据系统服务资源使用量实现服务器资源的动态分配。

5）日本

2010 年 8 月，日本经济产业省发布《云计算与日本竞争力研究》报告，鼓励和支持包括数据中心和 IT 厂商在内的云服务提供商利用日本的 IT 技术等优势，通过分析云计算的全球发展趋势，解决云计算发展过程中的挑战和关键性问题。

2. 国内云计算技术及产业现状

2010 年 10 月国务院发布《关于加快培育发展战略性新兴产业的意见》，将云计算纳入战略性新兴产业；同月发改委发布《关于做好云计算服务创新发展试点示范工作的通知》，确定北京、上海、杭州、深圳和无锡五城市先行开展云计算服务创新发展试点示范工作；2011 年国务院发布《关于加快发展高技术服务业的指导意见》，将云计算列入重点推进的高技术服务业；2012 年财政部国库司发布《政府采购品目分类目录（试用）》，增加了 C0207 "运营服务"，包括软件运营服务、平台运营服务和基础设施运营服务三类，分别对应云服务中的 SaaS、PaaS 和 IaaS 服务，国家关于云计算的政策逐渐从战略方向的把握走向推进实质性应用，政府及公共管理部门采购云计算服务的重要制度障碍开始被逐步打破。2012年5月，工业和信息化部发布《通信业"十二五"发展规划》，将云计算定位为构建国家级信息基础设施、实现融合创新的关键技术和重点发展方向。2012年9月，科技部发布首个部级云计算专项规划《中国云科技发展"十二五"专项规划》，对于加快云计算技术创新和产业发展具有重要意义。

我国云计算基础产品与操作系统技术方面取得显著进展。在云计算基础产品方面，我国已经突破EB级存储系统软件、硬件技术和支持亿级任务并发处理的服务器系统技术。同时，互联网企业在大规模云计算操作系统方面取得突破，包括弹性计算系统、分布式计算系统、结构化数据存储系统和开放存储系统等。

2013年工业和信息化部正积极开展云计算综合标准的制定工作。在梳理现有各类信息技术标准的基础上制定新的云计算标准，修订已有的标准，建设形成满足行业各类和用户需求的云计算标准体系。

3. 发展趋势

（1）云计算与CDN的界限更加模糊。CDN技术是DNS+Cache的模式，CDN服务商被称为"虚拟ISP"。CDN技术大量功能依赖软件系统的实现，因此需要强大的容错、自恢复的技术支持。除稳定性外，还有按需扩展性、自维护都是CDN所需要的，这正是"云计算"所提供的。

（2）开源技术正逐渐成为主流。SaaS（软件即服务）的出现，可减少一些对知名软件供应商的依赖性，如微软、甲骨文和SAP，现在每个公司开始看到机会。信息技术上的束缚越来越少，许多SaaS公司将视其为建造自己基础设施的方式。

（3）公有云和私有云，从竞争关系变为互补。企业在从私有云安全性及可靠性受益的同时，也利用了公有云的可扩展性和灵活性。未来对混合运算的需求会越来越多。

（4）云Container技术是迁移应用更有效的途径。Container技术简化了部署和云应用的管理。未来主要发展Container封装和虚拟化技术，将每个独立用户分离在一个单独的Container中，并且使整个开发体验更好。

（5）云计算技术的应用将提供更多的增值服务。在提供了基础架构技术之后，云存储供应商将提供云存储服务等。

云计算已经彻底改变了一个前所未有的工作方式，也改变了传统软件工程企业。以下是云计算目前发展最受关注的几大方面。

1）云计算扩展投资价值

云计算简化了软件、业务流程和访问服务，帮助企业操作和优化其投资规模。很多企业通过云计算优化其投资。在相同的条件下，这将会给企业带来更多的商业机会。

2）混合云计算的出现

企业使用云计算（包括私人和公共）来补充其内部基础设施和应用程序。专家预测，这些服务将优化业务流程的性能。采用云服务是一个新开发的业务功能。在这些情况下，按比例缩小两者的优势将会成为一个共同的特点。

3）以云为中心的设计

有越来越多将组织设计作为云计算迁移的元素。这仅仅意味着需要优化云的经历是那些将优先采用云技术的企业。

4）移动云服务

作为移动设备的平板电脑和智能手机的数量显著上升，发挥了更多的作用。越来越多的设备具备移动通信和业务实施功能，越来越多的云计算平台和 App 将可以提供移动云服务。

5）云安全

人们担心他们在云端的数据安全。正因为此，用户应该期待看到更安全的应用程序和技术。许多新的加密技术、安全协议，在未来会越来越多地呈现出来。

4.2　云计算核心技术

4.2.1　云计算技术框架

各厂家和组织对云计算的架构有不同的分类方式，但总体趋势是一致的，概括起来如图 4.1 所示。

图 4.1　云计算的架构

这套架构主要可分为 4 层，其中有 3 层是横向的，分别是显示层、中间件层和基础设施层，通过这 3 层技术能够提供非常丰富的云计算能力和友好的用户界面，还有一层是纵向的，称为管理层，是为了更好地管理和维护横向的 3 层而存在的。接下来将逐个介绍每个层次的作用和属于这个层次的主要技术。

1. 显示层

显示层主要用于以友好的方式展现用户所需的内容，并会利用到中间件层提供的多种服务，主要有如下 5 种技术。

（1）HTML。标准的 Web 页面技术，现在主要以 HTML 4 为主，但是将要推出的 HTML 5 会在很多方面推动 Web 页面的发展，如视频和本地存储等方面。

（2）JavaScript。一种用于 Web 页面的动态语言，通过 JavaScript，能够极大地丰富 Web 页面的功能，最流行的 JavaScript 框架有 jQuery 和 Prototype。

（3）CSS。主要用于控制 Web 页面的外观，而且能使页面的内容与其表现形式之间进行优雅的分离。

（4）Flash。业界最常用的 RIA（Rich Internet Applications）技术，能够在现阶段提供 HTML 技术所无法提供的基于 Web 的"富"应用，而且在用户体验方面非常不错，随着 HTML 5 的发展可能会受到一定影响。

（5）Silverlight。来自微软的 RIA 技术，虽然其现在市场占有率稍逊于 Flash，但由于它可以使用 C # 进行编程，所以对开发者非常友好。

在显示层，大多数云计算产品都比较倾向 HTML、JavaScript 和 CSS 的黄金组合，但是 Flash 和 Silverlight 等 RIA 技术也有一定的用武之地，如 VMware vCloud 就采用了基于 Flash 的 Flex 技术，而微软的云计算产品肯定会在今后用到 Silverlight。

2. 中间件层

中间件层是承上启下的，它在下面的基础设施层所提供资源的基础上提供了多种服务，如缓存服务和基于表述性状态转移（Representation Transfer State，REST）服务等，而且这些服务既可用于支撑显示层，也可直接让用户调用，并主要有如下 5 种技术。

（1）REST。通过 REST 技术，能够非常方便和迅速地将中间件层所支撑的部分服务提供给调用者。

（2）多租户。就是能让一个单独的应用实例可以为多个组织服务，而且保持良好的隔离性和安全性，并且通过这种技术，能有效地降低应用的购置和维护成本。

（3）并行处理。为了处理海量的数据，需要利用庞大的 x 86 集群进行规模巨大的并行处理，Google 的 MapReduce 是这方面的代表。

（4）应用服务器，在原有的应用服务器的基础上为云计算做了一定程度的优化，如用于 Google App Engine 的 Jetty 应用服务器。

（5）分布式缓存。通过分布式缓存技术，不仅能有效地降低对后台服务器的压力，而且能加快相应的反应速度，最著名的分布式缓存例子莫过于 Memcached。

对于很多 PaaS 平台，如用于部署 Ruby 应用的 Heroku 云平台，应用服务器和分布式缓存都是必备的，同时 REST 技术也常用于对外的接口，多租户技术则主要用于 SaaS 应用的后台，如用于支撑 Salesforce 的 Sales Cloud 等应用的 Force.corn 多租户内核，而并行处理技术常被作为单独的服务推出，如 Amazon 的 Elastic MapReduce。

3. 基础设施层

基础设施层的作用是为给中间件层或者用户准备所需的计算和存储等资源，主要有如下 4 种技术。

（1）系统虚拟化。也可以理解它为基础设施层的"多租户"，因为通过虚拟化技术，能够在一个物理服务器上生成多个虚拟机，并且能在这些虚拟机之间能实现全面的隔离，这样不仅能降低服务器的购置成本，还能同时降低服务器的运维成本，成熟的 x 86 虚拟化技术有 VM Ware 的 ESX 和开源的 Xen、KVM。

（2）分布式存储。为了承载海量的数据，同时也要保证这些数据的可管理性，需要一整套分布式的存储系统，在这方面，Google 的 GFS 是典范之作。

（3）关系型数据库。基本是在原有的关系型数据库的基础上做了扩展和管理等方面的优化，使其在云中更适应。

（4）NoSQL。为了满足一些关系数据库所无法满足的目标，如支撑海量数据等，一些公司特地设计一批不是基于关系模型的数据库，如 Google 的 BigTable 和 Facebook 的 Cassandra 等。

现在大多数的 IaaS 服务都是基于 Xen 的，如 Amazon 的 EC 2 等，但 VM Ware 也推出了基于 ESX 技术的 vCloud，同时业界也有几个基于关系型数据库的云服务，如 Amazon 的 RDS（Relational Database Service）和 Windows Azure SDS（SQL Data Services）等。关于分布式存储和 NoSQL，它们已经被广泛用于云平台的后端，如 Google App Engine 的 Data Store 就是基于 Big Table 和 GFS 这两个技术的，而 Amazon 则推出基于 NoSQL 技术的 Simple DB。

4. 管理层

管理层是为横向的 3 层服务的，并给这 3 层提供多种管理和维护等方面的技术，主要包括如下 6 个方面。

（1）账号管理。通过良好的账号管理技术，能够在安全的条件下方便用户登录，并方便管理员对账号的管理。

（2）SLA 监控。对各个层次运行的虚拟机、服务和应用等进行性能方面的监控，以使它们都能在满足预先设定的服务等级协议（Service Level Agreement，SLA）的情况下运行。

（3）计费管理。也就是对每个用户所消耗的资源等进行统计，来准确地向用户索取费用。

（4）安全管理。对数据、应用和账号等 IT 资源采取全面保护，使其免受犯罪分子和恶意程序的侵害。

（5）负载均衡。通过将流量分发给一个应用或者服务的多个实例来应对突发情况。

（6）运维管理。主要是使运维操作尽可能专业和自动化，从而降低云计算中心的运维成本。

现在的云计算产品在账号管理、计费管理和负载均衡这 3 个方面大都表现不错，在这方面最突出的例子就是 Amazon 的 EC 2，但可惜的是，大多数产品在 SLA 监控、安全管理和运维管理等方面还有所欠缺。

4.2.2　云服务

云计算通过使计算分布在大量的分布式计算机上，而非本地计算机或远程服务器中，企业数据中心的运行将与互联网更相似。这使得企业能够将资源切换到需要的应用上，根据需求访问计算机和存储系统。这种服务类型是将网络中的各种资源调动起来，为用户服务。这种服务将是未来的主流服务形式之一。

在云计算中，根据其服务集合所提供的服务类型，整个云计算服务集合被划分成 4 个层次：应用层、平台层、基础设施层和虚拟化层。这 4 个层次每一层都对应着一个子服务集合，如图 4.2 所示。

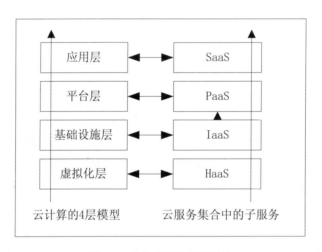

图 4.2　云计算服务体系结构

云计算的服务层次是根据服务类型即服务集合来划分的，与大家熟悉的计算机网络体系结构中层次的划分不同。在计算机网络中每个层次都实现一定的功能，层与层之间有一定的关联。而云计算体系结构中的层次是可以分割的，即某一层次可以单独完成一项用户的请求而不需要其他层次为其提供必要的服务和支持。

在云计算服务体系结构中各层次与相关云产品对应。

（1）应用层对应软件即服务（Software-as-a-Service，SaaS）：如 Google Apps、SoftWare+Services。

（2）平台层对应平台即服务（Platform-as-a-Service，PaaS）：如 IBM IT Factory、Google APPEngine 和 Force.com。

（3）基础设施层对应基础设施即服务（IaaS，Infrastructure-as-a-Service）：如 Amazo EC 2、IBM Blue Cloud 和 Sun Grid。

（4）虚拟化层对应硬件即服务（HaaS，Hardware-as-a-Service）：结合 PaaS 提供硬件服务，包括服务器集群及硬件检测等服务。

1. SaaS

SaaS 是最常见的，也是最先出现的云计算服务。通过 SaaS 这种模式，用户只要接上网络，通过浏览器就能直接使用在云上运行的应用。SaaS 云供应商负责维护和管理云中的软、硬件设施，同时以免费或者按需使用的方式向用户收费，所以用户不需要顾虑类似安装、升级和防病毒等琐事，并且免去初期高昂的硬件投入和软件许可证费用的支出。

由于 SaaS 产品起步较早，而且开发成本低，所以在现在的市场上，SaaS 产品不论是在数量还是在类别上都非常丰富。同时，也出现了多款经典产品，其中最具代表性的莫过于 GoogleApps、Salesforce CRM、Office Web Apps 和 Zoho。

Google Apps 中文名为"Google 企业应用套件"，它提供企业版 Gmail、Google 日历、Google 文档和 Google 协作平台等多个在线办公工具，而且价格低廉，使用方便，已经有超过 200 万家企业购买了 Google Apps 服务。

Salesforce CRM 是一款在线客户管理工具，它在销售、市场营销、服务和合作伙伴这 4 个商业领域上提供完善的 IT 支持，还提供强大的定制和扩展机制，来让用户的业务更好地运行在 Salesforce 平台上。这款产品常被业界视为 SaaS 产品的"开山之作"。

Office Web Apps 是微软所开发的在线版 Office，提供基于 Office 2010 技术的简易版 Word、Excel、PowerPoint 及 OneNote 等功能。它属于 Windows Live 的一部分，并与微软的 SkyDrive 云存储服务有深度的整合，而且兼容 Firefox、Safari 和 Chrome 等浏览器。和其他在线 Office 相比，Office Web Apps 由于本身属于 Office 2010 的一部分，所以在与 Office 文档的兼容性方面远胜其他在线 Office 服务。

Zoho 是 AdventNet 公司开发的一款在线办公套件，在功能方面，它绝对是现在业界最全面的，有邮件、CRM、项目管理、Wiki、在线会议、论坛和人力资源管理等几十个在线工具供用户选择。同时包括美国通用电气在内的多家大中型企业已经开始在其内部引入 Zoho 的在线服务。

2. PaaS

PaaS 是一种分布式平台服务，厂商提供开发环境、服务器平台、硬件资源等服务给客户，用户在其平台基础上定制、开发自己的应用程序并通过其服务器和互联网传递给其他客户。PaaS 能够给企业或个人提供研发的中间件平台，提供应用程序开发、数据库、应用服务器、试验、托管及应用服务。PaaS 层的技术比较多样，如下是常见的 5 种。

（1）REST。通过表述性状态转移（Representational State Transfer，REST）技术，能够非常方便地将中间件层所支撑的部分服务提供给调用者。

（2）多租户。它能让一个单独的应用实例可以为多个组织服务，还能保持良好的隔离性和安全性。通过这种技术，能有效地降低应用的购置和维护成本。

（3）并行处理。为了处理海量数据，需要利用庞大的 x 86 集群进行规模巨大的并行处理，Google 的 MapReduce 是这方面的代表之作。

（4）应用服务器。在原有应用服务器的基础上为云计算做了一定程度的优化，如用于 GoogleApp Engine 的 Jet 应用服务器。

（5）分布式缓存。通过分布式缓存技术，不仅能有效降低对后台服务器的压力，而且能加快相应的反应速度。最著名的分布式缓存的例子莫过于 Memcached。

对于很多 PaaS 平台，如用于部署 Ruby 应用的 Heroku 云平台，应用服务器和分布式缓存都是必备的，REST 技术常用于对外的接口，多租户技术则主要用于 SaaS 应用的后台（如用于支撑 Salesforce 的 CRM 等应用的 Force.com 多租户内核），而并行处理技术常被作为单独的服务推出（如 Amazon 的 Elastic MapReduce）。

3. IaaS

通过 IaaS，用户可以从供应商那里获得所需要的计算或者存储等资源来装载相关应用，并只需为其所租用的那部分资源付费，而这些烦琐的管理工作则交给 IaaS 供应商来负责。

IaaS 所采用的技术都是一些比较底层的，其中有如下 4 种技术比较常用。

（1）虚拟化。也可以将它理解为基础设施层的"多租户"。因为通过虚拟化技术，能够在一个物理服务器上生成多个虚拟机，并且能在这些虚拟机之间实现全面的隔离，这样不仅能降低服务器的购置成本，还能降低服务器的运维成本。成熟的 x86 虚拟化技术有 VM Ware 的 ESX 和开源的 Xen。

（2）分布式存储。为了承载海量的数据，同时也要保证这些数据的可管理性，需要一整套分布式存储系统。在这方面，Google 的 GFS 是典范之作。

（3）关系型数据库。基本上是在原有的关系型数据库的基础上做了扩展和管理等方面的优化，使其在云中更适应。

（4）NoSQL。为了满足一些关系数据库所无法满足的目标，如支撑海量数据等，一些公司特地设计一批不是基于关系模型的数据库，如 Google 的 BigTable 和 Facebook 的 Cassandra 等。

现在大多数的 IaaS 服务都是基于 Xen 的，如 Amazon 的 EC 2 等，但 VM Ware 也推出了基于 ESX 技术的 vCloud，同时业界也有几个基于关系型数据库的云服务，比如 Amazon 的关系型数据库服务（Relational Database Service，RDS）和 Windows Azure SQL 数据服务（SQL Data Services，SDS）等。关于分布式存储和 NoSQL，它们已经被广泛用于云平台的后端，如 Google AppEngine 的 Datastore 就是基于 BigTable 和 GFS 这两个技术，而 Amazon 推出的 Simple DB 则基于 NoSQL 技术。

4.2.3　资源虚拟化技术

虚拟化技术是一种调配计算资源的方法，它将应用系统的不同层面——硬件、软件、数据、网络、存储等——隔离开来，从而打破数据中心、服务器、存储、网络、数据和应用中的物理设备之间的划分，实现架构动态化，并达到集中管理和动态使用物理资源及虚拟资源，以提高系统结构的弹性和灵活性，降低成本、改进服务、减少管理风险等目的。

计算机的虚拟化使单个计算机看起来像多个计算机或完全不同的计算机，从而提高资源利用率并降低 IT 成本。而后，随着 IT 架构的复杂化和企业应用计算需求的急剧加大，虚拟化技术发展到了使多台计算机看起来像一台计算机以实现统一的管理、调配和监控。虚拟化是实现云计算的最重要的技术基础，虚拟化技术实现了物理资源的逻辑抽象和统一表示。通过虚拟化技术可以提高资源的利用率，并能够根据用户业务需求的变化，快速、灵活地进行资源部署。现在，整个 IT 环境已逐步向云计算时代跨越，虚拟化技术也从最初的侧重于整合数据中心内的资源，发展到可以跨越 IT 架构实现包括资源、网络、应用和桌面在内的全系统虚拟化，进而提高灵活性。

1. 虚拟化平台架构

在云计算环境中，通过在物理主机中同时运行多个虚拟机实现虚拟化。多个虚拟机运行在虚拟化平台上，由虚拟化平台实现对多个虚拟机操作系统的监视和多个虚拟机对物理资源的共享。

总的来说，虚拟化平台是三层结构，最下层是虚拟化层包含虚拟机监视器，提供基本的虚拟化能力支持；中间层是控制执行层，提供各控制功能的执行能力；最上层是管理层，对执行层进行策略管理、控制，提供对虚拟化平台统一管理的能力，如图 4.3 所示。

图 4.3　虚拟化平台功能结构

（1）虚拟机管理：主要保护 VM 的创建、启动、停止、迁移、恢复和删除等能力，虚拟机映像管理，虚拟机运行环境的自动配置和快速部署启动等能力。虚拟机管理可根据主机节点 / 虚拟机的 CPU、内存、I/O、网络等资源使用情况，自动地在不同主机节点之间迁移 VM，使得 VM 的性能得到保障。也包含主机节点的失效保护，即当一个主机节点失效后，该功能实体能将其上的服务自动转移到其他节点上继续运行。

（2）高可用集群：用于保证主机节点的失效保护，当一个主机节点失效后，集群自动将其上的服务转移到集群中的其他节点上继续运行。该集群还可具有负载均衡和存储集群的能力。

（3）动态资源调配：虚拟存储、网络创建、配置、修改和删除等能力。当一个 VM 的内存、外设或网络资源不足时，可临时借用同节点中其他 VM 暂时不使用的同类资源。

（4）动态负载均衡：兼顾能源消耗和工作负载的均衡。根据策略需要，可开启 / 关闭部分主机节点，并迁移关联的 VM。

（5）管理工具：包含虚拟化平台需要支持的一套工具，如 P2V（Physical to Virtual）、V2P（Virtual to Physical）、VA（Virtual Application）、JEOS（Just Enough Operating System）等。

（6）主机安全：用于保证 VM 运行环境的安全，包含一组软件，如 anti-virus、IDS 等。

2. 虚拟化管理 Eucalyptus 和 OpenNebula

目前虚拟化管理软件主要有 Eucalyptus、OpenNebula、OpenStack、OpenQRM、XenServer、Oracle VM、CloudStack 和 ConVirt 等，下面简单介绍 Eucalyptus 和 OpenNebula。

1）Eucalyptus

Eucalyptus（Elastic Utility Computing Architecture for Linking Your Programs To Useful Systems）是一种开源的软件基础结构，用来通过计算集群或工作站群实现云计算虚拟化技术。它最初是美国加利福尼亚大学 Santa Barbara 计算机科学学院的一个研究项目，现在已经商业化，发展成了 Eucalyptus Systems Inc。它提供了如下高级特性：

（1）与 EC 2 和 S 3 的接口兼容性（SOAP 接口和 REST 接口）。使用这些接口的几乎所有现有工具都将可以与基于 Eucalyptus 的云协作。

（2）支持运行在 Xen hypervisor 或 KVM 之上的 VM 的运行。未来版本还有望支持其他类型的 VM，比如 VM Ware。

（3）用来进行系统管理和用户结算的云管理工具。

（4）能够将多个分别具有各自私有的内部网络地址的集群配置到一个云内。

Eucalyptus 包含 5 个主要组件，它们能相互协作共同提供所需的云服务。这些组件使用具有 WS-Security 的 SOAP 消息传递安全地相互通信，如图 4.4 所示。

（1）Cloud Controller（CLC），在 Eucalyptus 云内，这是主要的控制器组件，负责管理整个系统。它是所有用户和管理员进入 Eucalyptus 云的主要入口。所有客户机通过基于 SOAP 或 REST 的 API 只与 CLC 通信。由 CLC 负责将请求传递给正确的组件、收集它们并将来自这些组件的响应发送回至该客户机。这是 Eucalyptus 云的对外"窗口"。

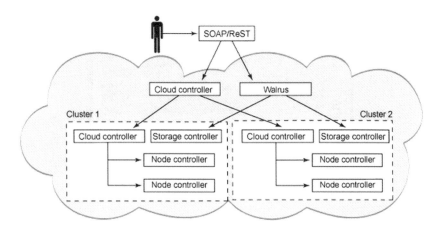

图 4.4　Eucalyptus 的 5 个主要组件

（2）Cluster Controller（CC），Eucalyptus 内的这个控制器组件负责管理整个虚拟实例网络。请求通过基于 SOAP 或 REST 的接口被送至 CC。CC 维护有关运行在系统内的 Node Controller 的全部信息，并负责控制这些实例的生命周期。它将开启虚拟实例的请求路由到具有可用资源的 Node Controller。

（3）Node Controller（NC），它控制主机操作系统及相应的 Hypervisor（Xen 或最近的 KVM，很快就会支持 VM Ware）。必须在托管了实际的虚拟实例（根据来自 CC 的请求实例化）的每个机器上运行 NC 的一个实例。

（4）Walrus（W），这个控制器组件管理对 Eucalyptus 内的存储服务的访问。请求通过基于 SOAP 或 REST 的接口传递至 Walrus。

（5）Storage Controller（SC），Eucalyptus 内的这个存储服务实现 Amazon 的 S 3 接口。SC 与 Walrus 联合工作，用于存储和访问虚拟机映像、内核映像、RAM 磁盘映像和用户数据。其中，VM 映像可以是公共的，也可以是私有的，并最初以压缩和加密的格式存储。这些映像只有在某个节点需要启动一个新的实例并请求访问此映像时才会被解密。

2）OpenNebula

OpenNebula 是开放源码的虚拟基础设备引擎，它用来动态布署虚拟机器在一群实体资源上，OpenNebula 最大的特色在于将虚拟平台从单一实体机器到一群实体资源。OpenNebula 是 Reservoir Project 的一个技术，是欧洲研究学会发起的虚拟基础设备和云端运算的计划。

OpenNebula 是一款为云计算而打造的开源工具箱。它允许与 Xen、KVM 或 VM Ware ESX 一起建立和管理私有云，同时还提供 Deltacloud 适配器与 Amazon EC 2 相配合来管理混合云。除像 Amazon 一样的商业云服务提供商，在不同 OpenNebula 实例上运行私有云的 Amazon 合作伙伴也同样可以作为远程云服务供应商。OpenNebula 架构图如图 4.5 所示。

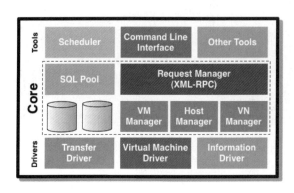

图 4.5　OpenNebula 架构图

OpenNebula 的构架包括三个部分：驱动层、核心层和工具层。驱动层直接与操作系统打交道，负责虚拟机的创建、启动和关闭，为虚拟机分配存储、监控物理机和虚拟机的运行状况。核心层负责对虚拟机、存储设备、虚拟网络等进行管理。工具层通过命令行界面、浏览器界面方式提供用户交互接口，通过 API 方式提供程序调用接口。

4.2.4　并行计算 MapReduce

MapReduce 编程思想的起源来自 1956 年由图灵奖获得者 John McCanhy 提出的 Lisp 语言中的 MapReduce 功能。在 Lisp 语言中，Map 操作的输入是 n 个函数和一个列表，其输出是一个新的列表，列表中的元素是将输入函数作用在 n 个输入列表中每个对应元素获得的计算结果。Reduce 操作的输入是一个函数和一个列表，其输出是将函数依次作用于列表的每个元素后获得的计算结果。例如，如下 Map 语句就是将向量（1 2 3 4 5）与向量（5 4 3 2 1）相乘后获得结果向量（5 8 9 8 5）。而 Reduce 语句则是将向量（5 8 9 8 5）中的每个元素相加后获得结果 35。

```
(map 'vector#'*' (1 2 3 4 5)' (5 4 3 2 1)→' (5 8 9 8 5)
(reduce #'+' (5 8 9 8 5))→35
```

Lisp 语言的 MapReduce 操作模式是一种标准的函数式编程模式（其他的编程模式还有面向过程编程模式、面向对象编程模式等），这种编程模式将计算过程转化为一系列数学函数的计算。由于这种模式中不引入变量且不具有状态性，因此非常适合并行计算环境。在 1995 年，John Darlington 等人将这种思想以 Map、Fold 的形式引入到他们提出的并行编程语言（SCL）中。

在借鉴上述编程思想的基础上 Google 实现了自己的 MapReduce 并行编程模型。与上述基础的编程函数不同，Google 的 MapReduce 不仅是一个简单而强大的函数接口，而且包含了一系列并行处理、容错处理、本地化运算和负载均衡等技术的软件实现，提供了一个完整的大尺度并行运算编程环境。

简单来说，Map 操作就是对输入的一个数据列表中的每个元素进行一个指定的操作，而 Reduce 操作就是将 Map 输出的新数据列表以某种方式进行合并操作。在 Google 的实现机制中，主要有两类特殊的工作节点，一类是工作机（Worker），用于执行 Map 或 Reduce 任务；一类是主控程序（Master），用于将 Map 和 Reduce 分配到合适的工作机上。图 4.6 描述了用户程序、主控程序和工作机协同工作完成整个 MapReduc 工作的流程。

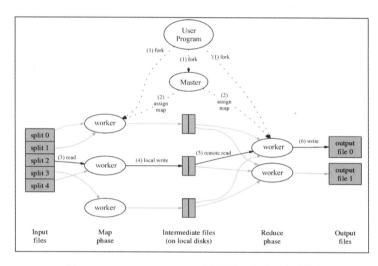

图 4.6　Google MapReduce 运行原理和实现机制图

（1）用户程序中的 MapReduce 库将输入的数据文件分为 M 个片段，每个片段的大小为 16 ～ 64MB，然后在计算机集群中启动很多程序副本。

（2）其中的一个程序副本被指定为主控程序，其余的为工作机。主控程序指定 M 个空闲的工作机运行 Map 任务，其余空闲的工作机运行 Reduce 任务。

（3）被指定的 Map 工作机从对应的输入文件片段中读取需要处理的数据集，并进行处理获得中间结果。

（4）Map 工作机产生的中间结果先被缓存在内存中，并定期写入每个 Map 工作机的本地硬盘。写入本地硬盘的中间结果通过分区函数被分为 R 个分区，并且中间结果在本地硬盘的位置信息会发送到主控程序，由主控程序通知 Reduce 工作机。

（5）当 Reduce 工作机收到主控程序发来的中间结果位置信息后，通过远程处理请求将位于 Map 工作机本地硬盘的数据读取到 Reduce 工作机中，以准备进行相应的处理。

（6）Reduce 工作机在读取到所需要的全部中间数据后，对数据进行排序，并按照指定的 Reduce 函数进行处理，结果被输出到一个最终的输出文件中。

（7）在所有的 Map 和 Reduce 任务执行完成后，主控程序将激活用户程序，用户程序的执行回到 MapReduce 请求的发生点。

上述是 Google 的 MapReduce 编程模型的一个简要介绍，在 Google 的具体实现过程中，还解决了包括数据结构定义、节点故障处理、任务粒度规划及算法优化等多个技术难题，最终形成了完整高效的 MapReduce 编程环境。

4.2.5　分布式数据存储与管理技术

为保证高可用性、高可靠性和经济性，云计算采用分布式存储的方式来存储数据，采用冗余存储的方式来保证存储数据的可靠性，以高可靠软件来弥补硬件的不可靠，从而提供廉价可靠的海量分布式存储和计算系统。云计算的数据存储系统主要有 Google GFS（Google File System）和 Hadoop 开发团队开发的开源系统 HDFS（Hadoop Distributed File System）。大部分 IT 厂商及互联网服务商，包括雅虎、Intel、Facebook 的"云"计划采用的都是 HDFS 的数据存储技术。

下面主要介绍这两种主流的海量分布式数据存储技术：GFS 和 HDFS。

1. GFS

GFS（Google File System）是一个可扩展的分布式文件系统，用于大型的、分布式的、对大量数据进行访问的应用。它运行于廉价的普通硬件上，但可以提供容错功能。它可以给大量的用户提供总体性能较高的服务。图 4.7 所示为 Google File System 的系统架构，一个 GFS 集群包含一个主服务器和多个块服务器，被多个客户端访问。文件被分割成固定尺寸的块。在每个块创建的时候，服务器分配给它一个不变的、全球唯一的 64 位块句柄对它进行标识。块服务器把块作为 Linux 文件保存在本地硬盘上，并根据指定的块句柄和字节范围来读写块数据。为了保证可靠性，每个块都会复制到多个块服务器上，默认保存三个备份。主服务器管理文件系统所有的元数据，包括名字空间、访问控制信息和文件到块的映射信息，以及块当前所在的位置。GFS 客户端代码被嵌入每个程序中，它实现了 Google 文件系统 API，帮助应用程序与主服务器和块服务器通信，对数据进行读写。客户端跟主服务器交互进行元数据操作，但所有的数据操作的通信都是直接和块服务器进行的。客户端提供的访问接口 VI 类似于 POSIX 接口，但有一定的修改，并不完全兼容 POSIX 标准。通过服务器端和客户端的联合设计，GFS 能够针对它本身的应用获得最高的性能及可用性效果。

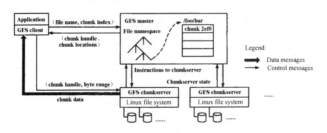

图 4.7　Google File System 的系统架构

2. HDFS

分布式文件系统（Hadoop Distributed File System，HDFS）有着高容错性（Fault-Tolerant）的特点，并且设计用来部署在低廉的（Low-Cost）硬件上，而且它提供高吞吐量（High Throughput）来访问应用程序的数据，适合那些有着超大数据集（Large Data Set）的应用程序。HDFS 放宽了（Relax）POSIX 的要求（Requirements），这样可以实现流的形式访问（Streaming Access）文件系统中的数据。HDFS 开始是为开源的 Apache 项目 Nutch 的基础结构而创建的，HDFS 是 Hadoop 项目的一部分，而 Hadoop 又曾经是 Lucene 的一部分。

HDFS 分布式系统采用了主从结构构建，NameNode 为主节点，其他 DataNode 为从节点。文件以数据块的形式存储在 DataNode 中。NameNode 和 DataNode 都以 Java 程序的形式运行在普通的计算机上，操作系统一般采用 Linux。HDFS 分布式文件系统的架构如图 4.8 所示。

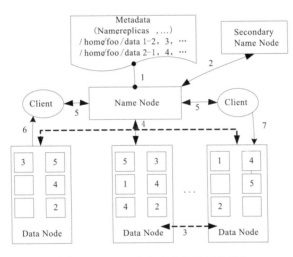

图 4.8　HDFS 分布式文件系统的架构

HDFS 架构中包含的节点和功能如下。

（1）NameNode。是 HDFS 系统中的管理者，负责管理文件系统的命名空间，维护文件系统的文件树及所有的文件和目录的元数据（连线①）。同时，NameNode 中还保存了每个文件与数据块所在的 DataNode 的对应关系，这些信息将被用于其他功能组件查找所需文件资源的数据服务器。

（2）Secondary NameNode。在一个 Hadoop 集群环境中，只有一个 NameNode 节点，很显然，NameNode 成为整个 HDFS 系统的关键故障点，一旦发生故障将影响整个系统的运行。为了避免这样的问题出现，Hadoop 设计了 Secondary NameNode 节点，它一般在一台单独的物理计算机下运行，与 NameNode 保持通信（连线②），按照一定时间间隔保持文件系统元数据的快照，以备 NameNode 故障发生时进行数据恢复。

（3）DataNode。是 HDFS 文件系统中保存数据的节点。HDFS 中的文件通常被分割为多个数据块，以冗余备份的形式存储在多个 DataNode 中（连线③）。DataNode 定期向 NameNode 报告其存储的数据块列表（连线④），以备使用者通过直接访问 DataNode 获得相应的数据。

（4）Client。是 HDFS 文件系统的使用者，它通过调用 HDFS 提供的 API 对系统中的文件进行读写操作。在进行读写操作时，Client 需要先从 NameNode 获得文件存储的元数据信息（连线⑤），然后才与相应的 DataNode 进行数据读写操作（连线⑥、连线⑦）。

4.2.6　分布式结构化数据存储 BigTable

BigTable 是 Google 为管理其分布在成千上万台计算机上的 PB 级数据而开发的一个分布式结构化数据存储系统。需要注意的是，在这里并没有将 BigTable 称为一个"数据库系统"，这是因为尽管 BigTable 与一个完整的数据库系统有一定相似之处，例如，使用了很多与数据库类似的软件策略，但它提供的是与数据库系统完全不同的数据管理接口。BigTable 不支持一个完整的关系型数据库模型，而仅通过一个简单的数据模型以实现数据分布与格式的动态控制。造成这种差异性的最主要原因来自 Google 所需要处理的大数据的特殊性，主要体现在两方面：Google 面临的大数据具有种类多样和结构复杂的特点，URL、网页内容、用户数据等各种数据，其数据结构变化多端，数据的表现形式也多种多样，传统的关系型数据模型无法适应；Google 的数据存储系统必须应对海量的用户请求，如果数据模型和接口过于复杂，系统将无法应对海量的请求状况。基于这样的考量，Google 设计了 BigTable 的数据模型和系统架构，分别如图 4.9 所示。

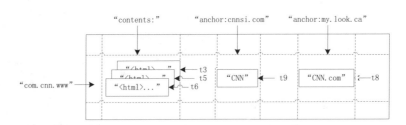

图 4.9　Google BigTable 数据模型图

BigTable 是一个经过排序后的分布式多维稀疏映射表，表中的数据索引由一个行关键字（Row Key）、一个列关键字（Column Key）和一个时间戳（Time Stamp）构成，而存储的数据均为不加解析的字节串，其存储形式可以表示为：

```
(row: string, column: string, time: int64) → string
```

BigTable 中的行关键字可以是任意的字符串，大小不超过 64KB，图 4.9 中为一个网页的 BigTable 存储，其行关键字为一个倒排的域名地址"com.cnn.www"，倒排的目的是相同域名的网页数据能连续存储。BigTable 中的列关键字被组合成列族（Column

Family）后进行存储，同族的数据会被压缩在一起存储。一个列关键字采用族名和限定词的组合表示。在图 4.9 中，"contents："是一个族名为"contents"、限定词为空的列关键字，而"anchor.cnnsi.com"和"anchor.my.look.ca"则为两个具有相同族名"anchor"而限定词不同的列关键字。而图 4.9 中的时间戳 t3、t5、t6 则代表了在这 3 个时间点获取的对应 3 个网页的内容。综上，示例表中的数据含义如下：

（1）BigTable 存储数据为 www.cnn.com 网站页面内容及其中超链接的解析。

（2）t3、f5、t6 这 3 个时间点抓取的网页内容存储在 contents 列中。

（3）有两个相关网页包含了到网页（www.cnn.com）的链接，分别是位于 cnnsi.com 页面的超链接文字 CNN 和位于 my.look.ca 页面的超链接文字 CNN.com。

为了提高数据存储的性能，BigTable 可以将一个表拆分成多个子表（Tablet）进行存储，每个子表包含表中若干行的数据，通过子表的划分，BigTable 可以支持数据表的分布式存储和表访问的负载均衡。因此在 BigTable 的系统架构中，子表服务器是数据服务器的基本服务器单元。除子表服务器外，系统中还存在两类节点，主控服务器负责操作数据表元数据及控制负载均衡，客户端通过 BigTable 客户端程序库进行数据表的操作。

除上述基本组件外，BigTable 还使用了 Google 自有的几类支撑技术形成一个完整的系统，包括 GFS、Chubby 和 Work Queue。GFS 分布式文件系统用于存储日志和数据文件。Chubby 分布式锁服务用于支持分布式数据处理需要的如下功能：确保系统中任意时刻只存在一个活动的主控服务器；存储表数据的引导信息；定位子表服务器和终结子表服务器；存储 BigTable 的 Schema 信息；保存访问控制权限信息。Work Queue 用于实现服务器集群下的任务处理调配功能。

BigTable 在实现后支持了几乎所有的 Google 重要项目的实施，包括 Google Analytics、Google Finance、Orkut、Personalized Search、Writely 和 Google Earth 等。BigTable 很好地满足了这些项目的一些差异性很大的需求，例如，高吞吐量的批处理、请求的及时响应等，也很好地适应了各种不同的硬件部署环境，适配了从几台到上千台服务器的运行环境，这些实践都充分验证了 BigTable 作为一个优秀的分布式结构化数据存储系统所具备的广泛适应性、高扩展性和高可用性的优点。

4.2.7　云安全技术

1. 云安全框架

从 IT 网络和安全专业人士的角度出发，可以用一组一组统一分类的、通用简洁的词汇来描述云计算对安全架构的影响，在这个统一分类的方法中，云服务和架构可以被分解并映射到某个包括安全性、可操作性、可控制性、可进行风险评估和管理等诸多要素的补偿模型中，进而符合合规性标准。

云计算模型之间的关系和依赖性对于理解云计算的安全非常关键，IaaS 是所有云服务的基础，PaaS 一般建立在 IaaS 之上，而 SaaS 一般又建立在 PaaS 之上。

IaaS 涵盖了从机房设备到硬件平台等所有的基础设施资源层面。PaaS 位于 IaaS 之上，增加了一个层面用以与应用开发、中间件能力及数据库、消息和队列等功能集成。PaaS 允许开发者在平台之上开发应用，开发的编程语言和工具由 PaaS 提供。SaaS 位于底层的 IaaS 和 PaaS 之上，能够提供独立的运行环境，用以交付完整的用户体验，包括内容、展现、应用和管理能力。图 4.10 所示为云计算安全参考模型。

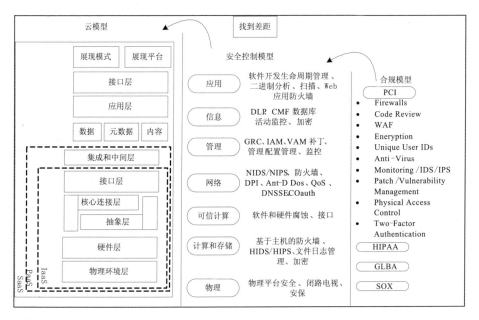

图 4.10　云计算安全参考模型

云安全架构的一个关键特点是云服务提供商所在的等级越低，云服务用户自己所要承担的安全能力和管理职责就越多。表 4.1 概括了云计算安全领域中的数据安全、应用安全和虚拟化安全等问题涉及的关键内容。

表 4.1　云安全关键内容

云安全层次	云安全内容
数据安全	数据传输、数据隔离、数据残留
应用安全	终端用户安全、SaaS 安全、PaaS 安全、IaaS 安全
虚拟化安全	虚拟化软件、虚拟化服务器

接下来将对云计算安全领域中的数据安全、应用安全和虚拟化安全等问题的应对策略进行重点阐述。

2．数据安全

云用户和云服务提供商应避免数据丢失和被窃，无论使用哪种云计算的服务模式（SaaS、PaaS、IaaS），数据安全都变得越来越重要。下面针对数据传输安全、数据隔离和数据残留等方面展开讨论。

1）数据传输安全

在使用公共云时，对于传输中的数据最大的威胁是不采用加密算法。通过互联网传输数据，采用的传输协议也要能保证数据的完整性。采用加密数据和使用非安全传输协议的方法也可以达到保密的目的，但无法保证数据的完整性。

2）数据隔离

加密磁盘上的数据或生产数据库中的数据很重要（静止的数据），可以用来防止恶意的云服务提供商、恶意的邻居"租户"及某些类型应用的滥用。但是静止数据加密比较复杂，如果仅使用简单存储服务进行长期的档案存储，用户加密自己的数据后发送密文到云数据存储商那里是可行的。但对于 PaaS 或者 SaaS 应用来说，数据是不能被加密的，因为加密过的数据会妨碍索引和搜索。到目前为止还没有可商用的算法实现数据全加密。

PaaS 和 SaaS 应用为了实现可扩展、可用性、管理及运行效率等方面的"经济性"，基本都采用多租户模式，因此被云计算应用所用的数据会和其他用户的数据混合存储（如 Google 的 BigTable）。虽然云计算应用在设计之初已采用诸如"数据标记"等技术以防非法访问混合数据，但通过应用程序的漏洞，非法访问还是会发生的，最著名的案例就是 2009 年 3 月发生的谷歌文件非法共享。虽然有些云服务提供商请第三方审查应用程序或应用第三方应用程序的安全验证工具加强应用程序安全，但出于经济性考虑，无法实现单租户专用数据平台，因此唯一可行的选择就是不要把任何重要的或者敏感的数据放到公共云中。

3）数据残留

数据残留是数据在以某种形式被擦除后所残留的物理表现，存储介质被擦除后可能留有一些物理特性使数据能够被重建。在云计算环境中，数据残留更有可能会无意泄露敏感信息，因此云服务提供商应能向云用户保证其鉴别信息所在的存储空间被释放或再分配给其他云用户前得到完全清除，无论这些信息是存放在硬盘上还是在内存中。云服务提供商应保证系统内的文件、目录和数据库记录等资源所在的存储空间被释放或重新分配给其他云用户前得到完全清除。

3．应用安全

由于云环境的灵活性、开放性及公众可用性等特性，给应用安全带来了很多挑战。

提供商在云主机上部署的 Web 应用程序应当充分考虑来自互联网的威胁。

1）终端用户安全

对于使用云服务的用户，应该保证自己计算机的安全。在用户的终端上部署安全软件，包括反恶意软件、个人防火墙及 IPS 类型的软件。目前，浏览器已经普遍成为云服务应用的客户端，但不幸的是所有的互联网浏览器毫无例外地存在软件漏洞，这些软件漏洞加大了终端用户被攻击的风险，从而影响云计算应用的安全。因此，云用户应该采取必要的措施保护浏览器免受攻击，在云环境中实现端到端的安全。云用户应使用自动更新功能，定期完成浏览器打补丁和更新工作。

随着虚拟化技术的广泛应用，许多用户喜欢在个人计算机上使用虚拟机来区分工作（公事与私事）。有人使用 VM Ware Player 来运行多重系统（如使用 Linux 作为基本系统），通常这些虚拟机甚至都没有达到补丁级别。这些系统被暴露在网络上更容易被黑客利用成为"流氓虚拟机"。对于企业客户，应该从制度上规定连接云计算应用的个人计算机禁止安装虚拟机，并且对个人计算机进行定期检查。

2）SaaS 应用安全

SaaS 应用提供给用户的能力是使用服务商运行在云基础设施之上的应用，用户使用各种客户端设备通过浏览器来访问应用。用户并不管理或控制底层的云基础设施，如网络、服务器、操作系统、存储甚至其中单个的应用能力，除非某些有限用户的特殊应用配置项。SaaS 模式决定了提供商管理和维护整套应用，因此 SaaS 提供商应最大限度地确保提供给客户的应用程序和组件的安全，客户通常只需负责操作层的安全功能，包括用户和访问管理，所以选择 SaaS 提供商特别需要慎重。目前对于提供商评估的做法通常是根据保密协议，要求提供商提供有关安全实践的信息。该信息应包括设计、架构、开发、黑盒与白盒应用程序安全测试和发布管理。有些客户甚至请第三方安全厂商进行渗透测试（黑盒安全测试），以获得更为翔实的安全信息，不过渗透测试通常费用很高而且也不是所有提供商都同意进行这种测试。

还有一点需要特别注意，SaaS 提供商提供的身份验证和访问控制功能，通常情况下这是客户管理信息风险唯一的安全控制措施。大多数服务包括谷歌都会提供基于 Web 的管理用户界面。最终用户可以分派读取和写入权限给其他用户。然而这个特权管理功能可能不先进，细粒度访问可能会有弱点，也可能不符合组织的访问控制标准。

用户应该尽量了解云特定访问控制机制，并采取必要步骤，保护在云中的数据；应实施最小化特权访问管理，以消除威胁云应用安全的内部因素。

所有安全需求的云应用都需要用户登录，有许多安全机制可提高访问安全性，如通行证或智能卡，而最为常用的方法是可重用的用户名和密码。如果使用强度最小的密码（如需要的长度和字符集过短）和不做密码管理（过期、历史）很容易导致密码失效，而这恰恰是攻击者获得信息的首选方法，从而容易被猜到密码。因此，云服务提供商应能够提供高强度密码；定期修改密码，时间长度必须基于数据的敏感程度；不能使用旧密码等可选功能。

在目前的 SaaS 应用中，提供商将客户数据（结构化和非结构化数据）混合存储是普遍的做法，通过唯一的客户标识符，在应用中的逻辑执行层可以实现客户数据逻辑上的隔离，但是当云服务提供商的应用升级时，可能会造成这种隔离在应用层执行过程中变得脆弱。因此，客户应了解 SaaS 提供商使用的虚拟数据存储架构和预防机制，以保证多租户在一个虚拟环境所需要的隔离。SaaS 提供商应在整个软件生命开发周期加强在软件安全性上的措施。

3）PaaS 应用安全

PaaS 云提供给用户的能力是在云基础设施之上部署用户创建或采购的应用，这些应用使用服务商支持的编程语言或工具开发，用户并不管理或控制底层的云基础设施，包括网络、服务器、操作系统或存储等，但是可以控制部署的应用及应用主机的某个环境配置。PaaS 应用安全包含两个层次：PaaS 平台自身的安全，客户部署在 PaaS 平台上应用的安全。

SSL 是大多数云安全应用的基础，目前诸多黑客社区都在研究 SSL，相信 SSL 在不久的将来将成为一个主要的传播媒介。PaaS 提供商必须明白当前的形势，并采取可能的办法来缓解 SSL 攻击，避免应用被暴露在默认攻击之下。用户必须要确保自己有一个变更管理项目，在应用提供商指导下进行正确应用配置或打配置补丁，及时确保 SSL 补丁和变更程序能够迅速发挥作用。

PaaS 提供商通常都会负责平台软件包括运行引擎的安全，如果 PaaS 应用使用了第三方应用、组件或 Web 服务，那么第三方应用提供商则需要负责这些服务的安全。因此用户需要了解自己的应用到底依赖于哪个服务，在采用第三方应用、组件或 Web 服务的情况下用户应对第三方应用提供商做风险评估。目前，云服务提供商接口平台的安全使用信息会被黑客利用而拒绝共享，尽管如此，客户应尽可能地要求云服务提供商增加信息透明度以利于风险评估和安全管理。

在多租户 PaaS 的服务模式中，最核心的安全原则就是多租户应用隔离。云用户应确保自己的数据只能由自己的企业用户和应用程序访问。提供商维护 PaaS 平台运行引擎的安全，在多租户模式下必须提供"沙盒"架构，平台运行引擎的"沙盒"特性可以集中维护客户部署在 PaaS 平台上应用的保密性和完整性。云服务提供商负责监控新的程序缺陷和漏洞，以避免这些缺陷和漏洞被用来攻击 PaaS 平台和打破"沙盒"架构。

云用户部署的应用安全需要 PaaS 应用开发商配合，开发人员需要熟悉平台的 API、部署和管理执行的安全控制软件模块。开发人员必须熟悉平台特定的安全特性，这些特性被封装成安全对象和 Web 服务。开发人员通过调用这些安全对象和 Web 服务实现在应用内配置认证和授权管理。对于 PaaS 的 API 设计，目前没有标准可用，这对云计算的安全管理和云计算应用可移植性带来了难以估量的后果。

PaaS 应用还面临着配置不当的威胁，在云基础架构中运行应用时，应用在默认配置下安全运行的概率几乎为零。因此，用户最需要做的事就是改变应用的默认安装配置，需要熟悉应用的安全配置流程。

4）IaaS 应用安全

IaaS 云提供商（如亚马逊 EC 2、GoGrid 等）将客户在虚拟机上部署的应用看作一个黑盒子，IaaS 提供商完全不知道客户应用的管理和运维。客户的应用程序和运行引擎，无论运行在何种平台上，都由客户部署和管理，因此客户负有云主机之上应用安全的全部责任，客户不应期望 IaaS 提供商的应用安全帮助。

4．虚拟化安全

基于虚拟化技术的云计算引入的风险主要有两个方面：一个是虚拟化软件的安全，另一个是使用虚拟化技术的虚拟服务器的安全。

1）虚拟化软件的安全

该软件层直接部署于裸机之上，提供能够创建、运行和销毁虚拟服务器的能力。实现虚拟化的方法不止一种，实际上，有几种方法都可以通过不同层次的抽象来实现相同的结果，如操作系统级虚拟化、全虚拟化或半虚拟化。在 IaaS 云平台中，云主机的客户不能访问此软件层，完全由云服务提供商来管理。

由于虚拟化软件层是保证客户的虚拟机在多租户环境下相互隔离的重要层次，可以使客户在一台计算机上安全地同时运行多个操作系统，所以必须严格限制任何未经授权的用户访问虚拟化软件层。云服务提供商应建立必要的安全控制措施，限制对于 Hypervisor 和其他形式的虚拟化层次的物理和逻辑访问控制。

虚拟化层的完整性和可用性对于保证基于虚拟化技术构建的公有云的完整性和可用性是最重要，也是最关键的。一个有漏洞的虚拟化软件会暴露所有的业务域给恶意的入侵者。

2）虚拟服务器的安全

虚拟服务器位于虚拟化软件之上，对于物理服务器的安全原理与实践也可以被运用到虚拟服务器上，当然也需要兼顾虚拟服务器的特点。

应选择具有 TPM 安全模块的物理服务器，TPM 安全模块可以在虚拟服务器启动时检测用户密码，如果发现密码及用户名的 Hash 序列不对，就不允许启动此虚拟服务器。因此，对新建的用户来说，选择这些功能的物理服务器来作为虚拟机应用是很有必要的。

如果有可能，应使用新的带有多核的处理器，并支持虚拟技术的 CPU，这样就能保证 CPU 之间的物理隔离，会减少许多安全问题。

安装虚拟服务器时，应为每台虚拟服务器分配一个独立的硬盘分区，以便将各虚拟服务器之间从逻辑上隔离开来。虚拟服务器系统还应安装基于主机的防火墙、杀毒软件、IPS（IDS）及日志记录和恢复软件，以便将它们相互隔离，并同其他安全防范措施一起构成多层次防范体系。

对于每台虚拟服务器应通过 VLAN 和不同的 IP 网段的方式进行逻辑隔离。对需要相互通信的虚拟服务器之间的网络连接应当通过 VPN 的方式来进行，以保护它们之间网络传输的安全。实施相应的备份策略，包括它们的配置文件、虚拟机文件及其中的重要数据都要进行备份，备份也必须按一个具体的备份计划来进行，应当包括完整、增量或差量备份方式。

在防火墙中，尽量对每台虚拟服务器做相应的安全设置，进一步对它们进行保护和隔离。将服务器的安全策略加入系统的安全策略当中，并按物理服务器安全策略的方式来对等。

从运维的角度来看，对于虚拟服务器系统，应当像对一台物理服务器一样对它进行系统安全加固，包括系统补丁、应用程序补丁、所允许运行的服务、开放的端口等。同时严格控制物理主机上运行虚拟服务的数量，禁止在物理主机上运行其他网络服务。如果虚拟服务器需要与主机进行连接或共享文件，应当使用 VPN 方式进行，以防止由于某台虚拟服务器被攻破后影响物理主机。文件共享也应当使用加密的网络文件系统方式进行。需要特别注意主机的安全防范工作，消除影响主机稳定和安全性的因素，防止间谍软件、木马和黑客的攻击，因为一旦物理主机受到侵害，所有在其中运行的虚拟服务器都将面临安全威胁，或者直接停止运行。

对虚拟服务器的运行状态进行严密的监控，实时监控各虚拟机当中的系统日志和防火墙日志，以此来发现存在的安全隐患。对不需要运行的虚拟机应当立即关闭。

4.3　云物流与电子商务

4.3.1　传统电子商务物流

传统电子商务中的物流除在第 3 章所介绍的特点趋势之外，下面再做几点补充。

1. 中国电子商务目前的基本物流模式

（1）采用邮政特快专递（EMS）服务的物流模式。

（2）借助第三方物流企业的物流模式。

（3）网站自建配送系统的物流模式。

（4）网站与传统商业结合的物流模式。

电子商务包括三个步骤，分别是订单、付款和配送。其中配送是最为关键的一环。对于电子商务来说，物流是电子商务运作过程的重要保障，整个电子商务活动过程都需要物流配送来结束。

物流成为电子商务发展的瓶颈，过去人们对物流在电子商务活动过程中的重要性认识并不够，对物流如何适应电子商务环境的认识也不足，一直未对物流模式进行改变而采用传统的经销渠道。这种理念导致了物流管理模式的严重滞后，并且制约了电子商务的发展。电子商务需要发展，就必须建立优秀的物流模式支持，以准确的时间把准确的产品按准确的数量，并以最低的费用送到消费者手中，只有这样电子商务企业才能拥有竞争能力。

随着电子商务、移动商务等网络购买模式的成熟与发展，我国电子商务的市场增长迅猛，但是随之而来的问题也显而易见，产品的物流配送成了电子商务的瓶颈。比如在2013年11月11日，淘宝（天猫）网购平台单日销售额突破350.19亿元，创造了一个历史纪录，但随后的产品配送却持续达数周时间，北京、上海、广州等各大城市的物流配送企业纷纷"爆仓"，大量网购订单积压、延误，甚至导致商品损坏、丢失等问题发生，我国电子商务物流配送瓶颈问题再次集中爆发。怎样改善、优化电子商务物流配送模式，满足网购时代客户快捷、高效、互动的物流服务需求，引起了业内人士的广泛关注。

2．当前物流模式存在的弊端

（1）物流企业间竞争激烈，标准难以统一。物流企业之间充满竞争，甚至有些是恶性的、危害消费者利益的不良竞争。面对形形色色的贸易壁垒和市场准入限制，物流企业仅仅凭借自身的资源优势难以展开有效的竞争，没有统一的标准化，这是物流行业最大的问题。

（2）物流网络化水平低。物流网络可划分成线路和节点两部分，其相互交织连结，就成了物流网络。我们知道物流结点设施的设置，将确定如何进行存货、交付，还融合进运输能力。但由于中国流通企业的电子商务仍然属于"一家一户"封闭运行的电子商务信息，没有形成信息资源共享，像封闭的信息孤岛，无法形成产业的网络平台，与世界一流流通企业的差距仍然很大，"专业化、网络化、信息化"程度普遍偏低。

（3）利益难以合理分配。快递公司、派送点、代送点等终端成千上万，这个平台能充分利用这些社会资源。每个公司都建立一个小型物流平台，非常浪费，而集中建设能享受规模效应。物流企业之间为了争夺市场，一方面降低价格吸引客户，另一方面提高效率，以最快的速度把商品送到客户手中，获取的利润空间相对较低。

4.3.2　云物流助力电子商务

1．云物流的概念

所谓云物流，就是利用云计算技术整合闲置的物流资源成为大规模资源集群，并通过互联网让这个资源集群为网络上的企业和个人提供服务，为经销商和生产、运输企业再次利用，突破物流过程中的信息流转障碍，减少货物在物流过程中的重复搬运过程，从而进一步降低物流资源浪费。不同于传统的物流与快递企业的商业模式，在吸收"云计算"和电子商务平台的基本理念后形成了独特的"物流信息平台开放、资源共享、服务集成、终端无限"的"云物流"商业模式。在这种模式中，需要做的是构造一座物流信息互联平台，为客户提供统一"窗口服务"和支持其业务应用运行所需的计算资源、存储资源，并可在云端实现应用信息间的关联、审计、高级分析计算与展示，甚至基于商业互通标准的交互。使用户以更低的成本、更灵活的方式获得优质、高效、及时的物流信息服务。进而提升物品流转速度，最大限度地降低资源浪费。智慧的"物流云"融合了云计算、物联网、优化和智能分析及移动技术的应用，涉及物流运作管理服务、供应链可视化服务、关联方门户服务、供应链协同网络服务、智慧物流移动服务等多个领域。

2．云物流所具有的优势

"云物流"管理模式相对于传统的物流和快递企业的商业模式来说是独特的。在云物流信息平台上，整合了海量的订单信息，具有社会化、节约化和标准化三大优势。通过云物流管理模式，建立云物流信息平台，不仅整合了海量的订单，还集成了成千上万的快递公司、派送点、代送点，充分利用了这些物流资源，在集中建设的云物流计算平台下建立起规模效应，减少了每个公司都建立小型云计算平台所造成的资源浪费，并通过统一的平台标准，对运单查询流程、服务产品、收费价格、售后服务、保险费用等都进行标准化和透明化操作，解决了物流行业标准不一的最大问题。

物流领域中常见到的第三方物流、第四方物流，从概念上说应该是云物流的雏形，物流终端用户并不直接管理物流的中间过程，交由专业的物流公司运作。这些专业的物流公司所承揽的业务特别是大型复杂的物流业务，并不一定是由一家物流公司完成的，多数情况下要由几家不同的专业物流公司配合完成，而终端用户不需要了解这些情况，只关心业务完成的最终结果。这与云计算的特征非常相似，这促使人们在思考云物流的时候，就不仅仅局限在利用云计算技术开展物流运作，而是在更高的层次上思考云物流的发展。如利用云计算的网络与成果，物流行业在云计算的支持下，研究完善云物流的概念，尽快发展与云物流相关的实体经济。

综上所述，云物流能够很好地推动电子商务的进一步发展，它解决了传统物流所不能给予的几个优势，列举如下。

1）云物流对物流信息进行了很好的集成

在实际运作中，快递行业中的某个企业首先搭建一个"行业云"的平台，集中行业中的私有数据，即集中来自全球发货公司的海量货单；其次，对海量货单和货单的目的路径进行整理；再次，指定运输公司发送到快递公司，最后送达收件人。在这一过程中，云物流对快递行业的收货、运输、终端配送的运作模式进行了整合，实现了批量运输，部分解决了我国运输行业长期存在的空驶（或半载）问题，提高了运输公司的效率，降低了成本。

2）云物流帮助物流企业进行业务重构

当一个企业承担物流的全部功能时，实际上是承担了所有的物流活动。第三方或第四方物流出现以后，通过对物流活动进行细分，实现物流作业专业化，提高物流活动效率。第三方或第四方能够提高物流效率的本质，实际上是对物流活动进行重新组合即业务重构，实现了业务活动的专业化。

目前，在物流领域有些运作已经有"云"的身影，如车辆配载、运输过程监控等。借助云计算中的"行业云"，多方收集货源和车辆信息，并使物流配载信息在实际物流运输能力与需求发生以前得以发布，加快了物流配载的速度，提高了配载的成功率。

3）"云存储"也是其一个优势

利用移动设备将在途物资作为虚拟库存，即时进行物资信息交换和交易，将物资直接出/入库，并直接将货物运送到终端用户手中。此外，受益于云物流的还有供应链，零售业在云物流的影响下也将发生变化。

3. "云物流"对物流行业发展产生的影响

（1）中、小物流企业得到快速提升服务能力机会。由于受成本、资金、技术能力等因素限制，广大中、小物流企业无力进行大规模的开发和技术投入，运营管理和信息化服务大多处于初级阶段，借助"云物流"服务，中、小物流企业可以按需购买服务，按使用量付费，以可预计、可接受的成本投入换取服务能力、服务水平的快速提升，企业自身只需要配置成本比较低廉的终端就可以实现对海量信息的处理和运营管理效率、服务质量的大幅度提升，而不再需要专业的开发与维护队伍、庞大的研发和服务器等硬件投入，中、小物流企业主要通过互联网、终端掌控和管理企业运营将成为更大范围的现实。

（2）促进服务标准化发展，推动行业合作与转型升级。借助"云物流"服务，可以推动行业在产品与服务的标准化、运营与服务的信息化、物联网应用等方面大幅度提升，降低企业在更大范围开展合作及资源整合的门槛，促进整个行业服务的标准化、信息化和透明化，推动行业合作与转型升级。

（3）推动专业化发展，提高效率，降低成本。依托"云物流"服务平台，在使大量物流企业获得专业、可靠、高效、成本可控的服务的同时，"云物流"服务平台和所服务的物流企业都可以更专注于自己的核心业务，把核心业务做强、做专、做透，大幅度减少和整合行业在信息化、互联网服务方面庞大的研发维护投入压力和巨大的资源浪费，推动了整个行业的专业化发展，提高资源利用效率，降低运营和服务成本。

4．云物流对电子商务发展的意义

电子商务的交易活动虽然是跨越时空障碍的交易活动，但交易对象之间的资源配送却仍然受到时空和交通条件的限制。在商品配送上，交易双方可以任意选择物流公司提供的商品运输配送服务，但这时如果物流公司在交易双方一定距离内没有自己控制的物流节点，商品配送就会失去快速性、稳定性、一致性、可跟踪性的保障，没有一流的物流服务，交易双方便会选择其他更为优质的物流公司。要解决这一问题，传统的物流管理模式在设置物流节点和物流网络时，必须尽可能多地覆盖客户点，尤其是对于需要一体化物流服务的跨国公司、大型制造厂商等。同时，物流网络中的仓储、配送、运输设备等也需要综合考虑，以使整个网络系统内的资源在快速的要求下能很好地满足客户需求并降低物流成本。

物流通过建立统一的信息平台，吸收了电子商务的配送需求，汇聚了海量的订单，使得全国的物流企业都愿意加入云物流体系，构建了一个庞大的、遍布全国各地的物流节点，使得电子商务企业更加愿意借助云物流信息平台提供的物流配送服务，实现双边市场特性，促进电子商务企业和物流企业的共同发展。

4.3.3　云物流的发展与展望

1．云物流发展的问题与对策

我国"云物流"产业还处于起步阶段，各类云应用、云服务与物流模式创新还处于不断变革过程中，因此问题与机会并存，主要表现在如下几方面：

（1）第三方物流企业规模较小、分散，并且信息化程度较低，管理水平不高，制约智慧云物流产业的发展。

（2）云计算与云服务产业基础条件较差，公共云与 IaaS 基础云平台建设滞后。

（3）法律法规缺失，客户商业数据保护与系统安全问题较严重。

（4）智慧云物流平台集成性不强，存在大量运营管理与服务问题。

（5）系统平台智慧功能不强，运营商管理创新不足，导致智慧云物流产业竞争力不强。

当前电子商务中云物流管理模式所面临的问题如下。

1）物流管理模式需要国家相关政策的支持

目前，我国现行的法律体系和社会体制，对金融行业实行专业经营，对物流金融服务提出了严格的要求，即便某些物流公司提供了代客收取货款的服务项目，但依然属于边缘性操作，涉及的数额较小。如果进行大批量运作，必然纳入非法金融活动的范畴，将受到严重的惩罚。物流金融服务这种市场运作环境，对物流行业的发展形成了法律瓶颈。要实现云物流体系，国家应积极更新，出台相关规定，吸取国际物流金融服务经验，对物流金融服务进行规范，促进物流发展。

2）物流管理模式需要交通环境的支持

现代物流体系仅仅依靠某一种交通运输方式，已经很难满足发展的需求，需要因地制宜，综合发挥各种运输方式的优点，将多种运输方式有机地结合起来，建立综合性交通运输协作体系，实现全球范围快速、及时、准确的物流服务，摆脱传统交通运输服务方式分立、规模小、成本高、效率低的制约。以一体化运输模式作为改善运输服务质量、提高运输效率的突破口，将物流服务向集约化、规范化方向发展，提高物流运输的组织效率和服务水平。

3）物流管理模式需要物流企业提高管理意识

传统的物流管理模式已经不能满足高速发展的电子商务所提出的需求，但要对传统物流管理模式进行改变。建立一体化、集约化的云物流信息服务平台，还需要各物流企业提高管理意识，打破传统的各自为政、各家经营的思维，提高整体协作能力。尤其是物流企业之间的恶性竞争，不仅危害了消费者的利益，更危害了物流企业自身利益，应建立宏观发展的理念。

在物流企业竞争范围向主体多元化、地域全球化、内容多样化发展的今天，竞争模式在竞争目的、竞争重点、竞争方式、竞争关系等方面已经发生了巨大的改变，要将竞争手段从有形向无形改变，从侧重于功能或环节的竞争，转向如何利用现代信息技术，整合物流流程，重组物流功能，协调物流环节等方面的竞争。改变偏向整个企业内部优势，通过自身资源和能力的重组展开竞争的理念，综合运作经济、心理、政治和公关等多种因素，形成内外结合的竞争机制，从根本上提高企业的竞争能力。

4）物流管理模式需要完善现有的物流网络

虽然电子商务极大地推动了物流行业的发展，但我国企业大多数还未运用物流外包的机制进行资源配送，这种物流配送模式既不利于物流行业的发展，也对企业的运营效率造成影响。企业应当转变物流配送观念，建立新的供应链和商业模式。开展多渠道的物流途径，推进物流企业开放性和合作性，以降低物流成本，提高商品周转速度，减少物流库存费用。

针对上述问题，我国政府需要将智慧云物流发展进行有效融合、统一规划、资源共享与协调发展，才能实现新型城市化发展战略，关键在如下几个方面：

（1）加速建设公共云与 IaaS 基础云平台设施，制定云计算与云服务行业安全标准，完善商业信用体系，同时培养智慧云物流商业文化，提升运营商的管理水平与服务质量。

（2）通过加大智慧云物流 SaaS 运营商的科研、开发资金投入，快速部署各类云应用，建立强大的功能集成平台，为用户提供一体化的云物流解决方案，并通过管理创新，融入现代管理思想，提供定制化、个性化的功能服务。

（3）引进世界智慧产业与云计算产业龙头企业，推进区域制度创新，吸引智慧云物流产业进驻与聚集，产生集群效应，构建我国智慧产业"梯度"网络结构，形成以核心龙头企业为纽带的智慧云物流产业供应链网络体系，从而形成强大的产业集群效应。

（4）坚持自主创新发展之路，在吸收消化的基础上加强我国本土"智慧型"企业的自主创新，我国智慧产业企业需要具备全球视野，加强跟国际龙头企业的交流与合作，同时也需要充分利用我国最新开发的科技成果，如北斗导航系统，云计算与云服务技术，以确立自己的技术、品牌优势。

（5）加强立法与制度建设，完善智慧云物流产业发展所需的人才、创业、融资、教育等外部资源条件。智慧云物流产业是新兴的高科技创业，其投入大、风险高，需要重点扶持，因此我国需要在智慧云物流发展的重点城市出台优厚的人才引进政策，强化人力资本产权激励措施，鼓励以专利、技术等要素参与分配；落实科研资助、创业扶持、子女入学、配偶就业、安家入户、住房解决、医疗保障等方面的优惠政策和配套措施；为中小创新型智慧产业企业或个人解决融资与创业难题，鼓励大学生从事智慧产业创新与创业实践，以推动我国智慧城市建设与智慧云物流产业的快速、健康发展。

2．互联网发展对云物流的催化作用

云物流是集中了计算机技术、网络技术、物流管理技术的产物，是在计算机"云"概念之下的应用拓展。要想把云计算很好地应用到物流行业，形成云物流，网络是离不开的使能工具，网络应用普及率的高低，决定了云物流实现的可能性与难易程度。网络普及率越高，云物流发展的可能性就越大；参与云物流的物流企业越多，云物流获得成功的可能性就越大，经济效益也就越高。

自互联网进入我国，用户数量迅猛增长，《第 30 次中国互联网络发展状况调查统计报告》（以下简称《报告》）显示，截至 2012 年 6 月底，中国网民数量达到 5.38 亿人，为云物流发展奠定了良好基础，网络的触角深入到了社会的各个层面。《报告》还显示，在 2012 年上半年，通过手机利用第三代通信技术（3G）移动网络接入互联网的网民数量达到 3.88 亿人（台式电脑为 3.80 亿人），手机成为我国网民的第一大上网终端。手机上网快速发展的同时，台式电脑这一传统上网终端的使用率正在逐步下滑。

这一趋势的出现，是由于第三代通信技术网络的发展，智能手机的功能日益强大而价格不断下降的结果。可以说，智能终端的使用，把云计算方便获取、资源共享、随机应变和可实时访问的特点充分发挥了出来。这样的结果，对于物流行业发展云物流非常有利：第一，终端价格的降低，使得物流行业使用互联网的成本快速下降，对物流中信

息沟通极其有利；第二，智能手机是轻便实用的移动终端，如此轻便的终端，符合物流行业尤其是快递业移动频繁、携带物品多的特点；第三，物流行业的业务端点多而且分散，智能终端与 3G 网络的出现解决了物流端点布局难题。

　　这样的形势，对于提高物流行业使用新的信息技术尤其是云计算的应用，无疑起到了催化剂的作用，相信随着互联网的普及尤其是移动终端的应用，云计算会渗透到每一个角落，物流云的应用也会渗透到物流的各项活动之中。

第 5 章
基于大数据技术的智慧物流

内容提要

　　本章主要阐述了大数据对于现代物流的积极作用。第一节讲述了大数据的基本概念、发展历程及趋势。第二节讲述了大数据的核心技术，大数据的核心内涵包括三个方面：处理海量数据的技术、处理多样化类型的技术、提升数据生成与处理速度的技术。第三节讲述了大数据在具体的电子商务物流中的应用场景，包括遇到的问题，应对的策略及运用的技术等。大数据的价值在于从海量的数据中发现新的知识，创造新的价值。而快递物流行业正是一个产生大量数据的行业，在货物流转、车辆追踪、仓储等各个环节中都会产生海量的数据，如此多的资源不加利用就是浪费。应用"大数据"技术，通过对各个物流环节的数据进行归纳、分类和整合，可以清楚地查看企业网络任何一个网点的经营现状和业务情况等。

5.1 大数据概述

离开了物联网、云计算、大数据，就谈不上"智慧物流"。随着信息技术的飞速发展，特别是云计算、物联网技术的成熟，推动了以大数据应用为标志的智慧物流产业的兴起。智慧物流极大地促进了物流产业优化和管理的透明度，实现了物流产业各个环节信息共享和协同运作，以及社会资源的高效配置。而如何抓住大数据时代带给我们的机遇，成为物流企业在竞争中赢得主动和实现跨越发展的关键。

5.1.1 大数据的概念

1．学者观点

大数据本身是一个比较抽象的概念，单从字面来看，它表示数据规模的庞大。但是仅仅数量上的庞大显然无法看出大数据这一概念和以往的"海量数据"（Massive Data）、"超大规模数据"（Very Large Data）等概念之间有何区别。对于大数据尚未有一个公认的定义，不同的定义基本是从大数据的特征出发，通过这些特征的阐述和归纳，试图给出其定义。在这些定义中，比较有代表性的是 3V 定义，即认为大数据需满足 3 个特点：第一，规模性（Volume），从 TB 级别，跃升到 PB 级别；第二，多样性（Variety），包括网络日志、视频、图片、地理位置信息等；第三，高速性（Velocity），该特点也是和传统的数据挖掘技术有着本质的不同。除此之外，还有提出 4V 定义的，即尝试在 3V 的基础上增加一个新的特性。关于第四个 V 的说法并不统一，IDC 认为大数据还应当具有价值性（Value），大数据的价值往往呈现出稀疏性的特点。

2．企业的定义

麦肯锡报告的定义是："大数据是指大小超出了传统数据库软件工具的抓取、存储、管理和分析能力的数据群。"维基百科（Wikipedia）的表述是："大数据是难以用现有的数据库管理工具处理的兼具海量特征和复杂性特征的数据集成。"阿里创始人马云则说，大数据就是一种服务。而 IBM 认为大数据必然具有真实性（Veracity）。

3．本书的观点

本书认为眼下在大数据定义问题上很难达成一个完全的共识，这和云计算的概念刚提出时的情况是相似的。在面对实际问题时，不必过度地拘泥于具体的定义之中，在把握 3V 定义的基础上，适当地考虑 4V 特性即可。

5.1.2 大数据的发展历程

大数据作为时下最火热的 IT 行业的词汇，随之而来的数据仓库、数据安全、数据分析、数据挖掘等围绕大数据的商业价值的利用逐渐成为行业人士争相追捧的利润焦点。

对于大数据（Big Data）研究机构 Gartner 给出了这样的定义：大数据是需要新处理模式才能具有更强的决策力、洞察发现力和流程优化能力的海量、高增长率和多样化的信息资产。

大数据这个术语最早期的引用可追溯到 Apache Org 的开源项目 Nutch。当时，大数据用来描述为更新网络搜索索引需要同时进行批量处理或分析的大量数据集。随着谷歌 MapReduce 和 Google File System（GFS）的发布，大数据不再仅用来描述大量的数据，还涵盖了处理数据的速度。

1944 年

卫斯理大学图书馆员弗莱蒙特·雷德出版了《学者与研究型图书馆的未来》一书。他估计美国高校图书馆的规模每 16 年就翻一番。按照这一增长速度，雷德推测 2040 年耶鲁大学图书馆将拥有"约 2 亿册藏书，将占据 6 000 余英里书架……（需要的）编目人员超过 6 000 人。"

1975 年

日本邮电部开始实施了"信息流普查"计划，以调查日本的信息总量（这一思想首次是在 1969 年的一篇文章中提出的）。普查以"字数总量"作为所有媒体的统一衡量单位。1975 年的普查已经发现信息供给要比信息消费发展得快得多。1978 年的普查报告指出"人们对单向传播的大众传媒所提供信息的需求停滞不前，对以双向传播为特征的个人通信媒体所提供信息的需求大规模增长……我们的社会正在进入一个新阶段……在这一阶段中，处于优势地位的是那些能够满足个人需求的碎片性的、更为详细的信息，而不再是那些传统的被大量复制的、一致性的信息"。

1983 年

伊契尔·索勒·普尔在《科学》杂志上发表了《追踪信息流》一文，通过对 1960—1977 年 17 种主流通信媒体发展趋势的观察，他得出如下结论："这些媒体为 10 岁以上的美国人创造的可用词汇以每年 8.9% 的速度增长……事实上这些媒体创造的、真正参与流通的单词仅以每年 2.9% 的速度增长……在上述期间，信息流的增长在很大程度上是由于广播的发展……但是在那段时期末（1977 年）情况发生了变化：点对点的媒体比广播发展得快。"普尔、伊诺兹、高崎、赫维茨在《通信流：一项美国与日本的信息普查》中做了后续研究，这本书对美国和日本所产生的信息量进行了比较。

1999 年

史蒂夫·布赖森、大卫·肯怀特、迈克尔·考克斯、大卫·埃尔斯沃思及罗伯特·海门斯在《美国计算机协会通信》上发表了《千兆字节数据集的实时性可视化探索》一文。这是《美国计算机协会通信》上第一篇使用大数据这一术语的文章（这篇文章有一个部分的标题为"大数据的科学可视化"）。文章开篇指出："功能强大的计算机是许多查询领域的福音。它们也是祸害；高速运转的计算产生了规模庞大的数据。曾几何时我们认为兆字节（MB）的数据集很大，现在我们在单个模拟计算中就发现了 300GB 范围的数据集，但研究高端计算产生的数据是一个很有意义的尝试。不止一位科学家曾经指出，审视所有的数字是极其困难的。正如数学家、计算机科学家先驱理查德·W·海明指出的，计算的目的是获得规律性的认识，而不是简单地获得数字。"10 月份，在美国电气和电子工程师协会（IEEE）1999 年关于可视化的年会上，布赖森、肯怀特、海门斯与大卫·班克斯、罗伯特·范·里拉和山姆·思尔顿在名为"自动化或者交互：什么更适合大数据？"的专题讨论小组中共同探讨大数据的问题。

2009

罗杰·E·博恩和詹姆斯·E·少特发表了《信息知多少？2009 年美国消费者报告》。研究发现，2008 年"美国人消费了约 1.3 万亿小时信息，几乎平均每天消费 12 小时。总计 3.6 泽字节（ZB），10 845 万亿单词，相当于平均每人每天消费 100 500 单词及 34GB 信息。博恩、少特和沙坦亚·巴鲁在 2011 年 1 月发表了《信息知多少？2010 年企业服务器信息报告》，继续上述研究。在文中他们估计，2008 年"世界上的服务器处理了 9.57ZB 信息，几乎是 95 700 000 000 000 000 000 000 字节信息，或者是 10 万亿 GB。也就是平均每天每个工作者产生 12GB 信息，或者每年每个工作者产生 3TB 信息。世界上所有的公司平均每年处理 63TB 信息。"接着 2010 年 2 月，肯尼斯·库克尔在《经济学人》上发表了一份关于管理信息的特别报告《数据，无所不在的数据》。库克尔在文中写道："……世界上有着无法想象的巨量数字信息，并以极快的速度增长……从经济界到科学界，从政府部门到艺术领域，很多地方都已感受到了这种巨量信息的影响。科学家和计算机工程师已经为这个现象创造了一个新词汇：'大数据'。"

2012 年

《国际通信学报》出版了"信息计量"专题，这是多种测量信息量的研究方法与研究结果的专题。在《追踪家庭信息流》一文中，诺伊曼、帕克和潘尼克（运用前文提到的日本邮电部和普尔的研究方法）估计，为美国家庭所提供的所有媒体信息从 1960 年的每天 50 000 分钟增长到 2005 年的 900 000 分钟。根据 2005 年的供需比例，他们估计美国人"1 分钟所需消费的信息有 1 000 分钟的媒体内容可供选择。"在《信息的国际化生产与传播》一文中，邦妮和吉尔（运用上文中莱曼和瓦里安的研究方法）估计 2008 年世界产生了 14.7EB 新信息，接近 2003 年信息总量的 3 倍。

5.1.3　大数据发展现状和趋势

1. 国外大数据发展现状

1）美国

当前，许多国家的政府和国际组织都认识到了大数据的重要作用，纷纷将开发利用大数据作为夺取新一轮竞争制高点的重要抓手，实施大数据战略。美国政府将大数据视为强化美国竞争力的关键因素之一，把大数据研究和生产计划提高到国家战略层面。2012 年 3 月 29 日，奥巴马政府宣布投资 2 亿美元启动《大数据研究和发展计划》，希望增强收集海量数据、分析萃取信息的能力。以美国科学与技术政策办公室（OSTP）为首，国土安全部、美国国家科学基金会、国防部、美国国家安全局、能源部等已经开始了与民间企业或大学开展多项大数据相关的各种研究开发。美国政府为之拨出超过 2 亿美元的研究开发预算。

2）英国

英国商业、创新和技能部在 2013 年年初宣布，将注资 6 亿英镑发展 8 类高新技术，其中对大数据的投资即达 1.89 亿英镑。负责科技事务的国务大臣戴维·威利茨说，政府将在计算基础设施方面投入巨资，加强数据采集和分析，这也将吸引企业在这一领域的投资，从而在数据革命中占得先机。英国在大数据方面的战略举措有：在本届议会期满前，开放有关交通运输、天气和健康方面的核心公共数据库，并在 5 年内投资 1 000 万英镑建立世界上首个 "开放数据研究所"；政府将与出版行业等共同尽早实现对得到公共资助产生的科研成果的免费访问，英国皇家学会也在考虑如何改进科研数据在研究团体及其他用户间的共享和披露；英国研究理事会将投资 200 万英镑建立一个公众可通过网络检索的 "科研门户"。

3）日本

日本为了提高信息通信领域的国际竞争力、培育新产业，同时应用信息通信技术应对抗灾救灾和核电站事故等社会性问题，日本总务省于 2012 年 7 月新发布 "活跃 ICT 日本" 新综合战略，今后日本的 ICT 战略方向备受关注。其中，最为关注的是其大数据政策（从各种各样类型的数据中，快速获得有价值信息的能力），日本正在针对大数据推广的现状、发展动向、面临问题等进行探讨，以期对解决社会公共问题作出贡献。2013 年 6 月，安倍内阁正式公布了新 IT 战略——"创建最尖端 IT 国家宣言"。"宣言" 全面阐述了 2013—2020 年期间以发展开放公共数据和大数据为核心的日本新 IT 国家战略，提出要把日本建设成为一个具有 "世界最高水准的广泛运用信息产业技术的社会"。

2. 国内大数据发展现状

中国政府在美国提出《大数据研究和发展计划》的 2012 年也批复了 "十二五国家政务信息化建设工程规划"，总投资额估计为几百亿元，专门有人口、法人、空间、宏观经济和文化五大资源库的五大建设工程。我国的开放、共享和智能的大数据的时代已经来临！ 2012 年 8 月份国务院制定了促进信息消费扩大内需的文件，推动商业企业加快信息基础设施演进升级，增强信息产品供给能力，形成行业联盟，制定行业标准，构建大数据产业链，促进创新链与产业链有效嫁接。同时，构建大数据研究平台，整合创新资源，实施"专项计划"，突破关键技术。大力推进国家发改委和中科院基础研究大数据服务平台应用示范项目，广东率先启动大数据战略推动政府转型，北京正积极探索政府公布大数据供社会开发，上海也启动大数据研发三年行动计划。当前，在政府部门数据对外开放，由企业系统分析大数据进行投资经营方面，上海无疑是先行一步。2014年5月15日，上海市自今年起推动各级政府部门将数据对外开放，并鼓励社会对其进行加工和运用。根据上海市经信委印发的《2014年度上海市政府数据资源向社会开放工作计划》，目前已确定190项数据内容作为2014年重点开放领域，涵盖28个市级部门，涉及公共安全、公共服务、交通服务、教育科技、产业发展、金融服务、能源环境、健康卫生、文化娱乐等11个领域。其中，市场监管类数据和交通数据资源的开放将成为重点，这些与市民息息相关的信息查询届时将完全开放。这意味着企业运用大数据在上海"掘金"的时代来临，企业投资和上海民生相关的产业如交通运输、餐饮等，可以不再"盲人摸象"。在立足国家战略和产业政策推动大数据收集和分析技术快速发展的同时，我们也应清醒地认识到避免数据垄断和保护数据安全的重要性，及早开展相关法律法规的探讨和研究。

3. 发展趋势

（1）技术趋向多样化，企业应选择接受度高和未来会快速普及的技术。

目前，大数据相关的技术和工具非常多，给企业提供了更多的选择。在未来，还会继续出现新的技术和工具，如 Hadoop 分发、下一代数据仓库等，这也是大数据领域的创新热点。那么企业到底该选用什么技术呢？

TDWI（数据仓库研究所）对现有的大部分技术和工具进行了调查，以现在及未来三年内企业接受度和增长率两个维度进行划分，这些技术和工具可分成4类。

企业最需要关注的是第1类中的技术和工具，它们最有可能成为最佳的实施工具，也代表了大数据技术的发展方向。

（2）基于云的数据分析平台将更趋完善。

企业越来越希望能将自己的各类应用程序及基础设施转移到云平台上。就像其他IT系统那样，大数据的分析工具和数据库也将走向云计算。

云计算能为大数据带来哪些变化呢？

首先，云计算为大数据提供了可以弹性扩展、相对便宜的存储空间和计算资源，使得中小企业也可以像亚马逊一样通过云计算来完成大数据分析。其次，云计算IT资源庞大、分布较为广泛，是异构系统较多的企业及时准确处理数据的有力方式，甚至是唯一的方式。当然，大数据要走向云计算，还有赖于数据通信带宽的提高和云资源池的建设，需要确保原始数据能迁移到云环境及资源池可以随需弹性扩展。

（3）数据分析集逐步扩大，企业级数据仓库将成为主流，未来还将逐步纳入行业数据、政府公开数据等多来源数据。

当人们从大数据分析中尝到甜头以后，数据分析集就会逐步扩大。目前大部分的企业所分析的数据量一般以 TB 为单位。按照目前数据的发展速度，很快将会进入 PB 时代。特别是目前在 100~500TB 和 500+TB 范围的分析数据集的数量会呈 3 倍或 4 倍增长。

随着数据分析集的扩大，以前部门层级的数据集市将不能满足大数据分析的需求，它们将成为企业级数据库（EDW）的一个子集。根据 TDWI 的调查，如今大概有 2/3 的用户已经在使用企业级数据仓库，未来这一占比将会更高。传统分析数据库可以正常持续，但是会有一些变化，一方面，数据集市和操作性数据存储（ODS）的数量会减少；另一方面，传统的数据库厂商会提升它们产品的数据容量、细目数据和数据类型，以满足大数据分析的需要。

因此，企业内的数据分析将从部门级过渡到企业级，从面向部门需求转向面向企业需求，从而也必将获得比部门视角更大的益处。需要指出的是，随着政府和行业数据的开放，更多的外部数据将进入企业级数据仓库，使得数据仓库规模更大，数据的价值也越大。

5.2　大数据核心技术

大数据的技术内涵包含三个方面：处理海量数据的技术、处理多样化类型的技术、提升数据生成与处理速度的技术。

（1）处理海量数据的技术包含大数据的存储、大数据的计算等相关技术。大数据计算是指规模在 PB 级—EB 级—ZB 级的极大规模数据处理。它是传统文件系统、关系数据库、并行处理等技术无法有效处理的极大规模数据计算。因此，处理数据域大的技术一般采取分布式文件系统的方式进行存储，使用如 MapReduce 的分布式框架进行计算。

（2）处理多样化类型的技术包含大量数据的表达等相关技术。在互联网领域，除存入数据库的传统结构化数据，用户的使用还带来海量的服务器日志、计算机无法识别的人类语言、用户上传的图片视频等非结构化数据。处理这些非结构化数据，一般采取 NoSQL 类型的数据库进行存储，如 BigTable 等。

（3）提升数据生成与处理速度的技术包含大数据的计算、大内存技术等相关技术。在大数据时代，处理高速生成的数据和提升处理数据的速度需要软件和硬件相结合的办法。一方面，软件通过使用分布式计算框架实现提升数据生成与处理速度；另一方面，硬件通过使用大内存等技术实现处理速度的进一步提高。

5.2.1　大数据存储、表示与管理

1．大数据的存储

随着全球数据量的爆发式增长，传统的文件存储系统已不能满足需求。大数据计算需要有特定的文件系统以满足海量文件的存储管理、海量大文件的分块存储等功能。大

数据存储技术是大数据计算技术的基础。有了可靠高效的大数据存储平台，不断增加的数据才能被高效地组织，从而进行数据分析等操作。大数据因结构复杂多样使得数据仓库要采集的源数据种类比传统的数据种类更加多样化，因此新的存储架构也要改变目前以结构化为主体的单一存储方案的现状，针对每种数据的存储特点选择最合适的解决方案。对非结构化数据采用分布式文件系统进行存储，对结构松散无模式的半结构化数据采用面向文档的分布式 Key/Value 存储引擎，对海量的结构化数据采用分布式并行数据库系统存储。

分布式数据系统 CAP 原理三要素：一致性（Consistency）、可用性（Availability）和分区容忍性（Partition Tolerance）。

- 一致性（C）：在分布式系统中的所有数据备份在同一时刻是否具有同样的值。
- 可用性（A）：在集群中一部分节点发生故障后，集群整体是否还能响应客户端的读写请求。（可用性不仅包括读，还有写。）
- 分区容忍性（P）：集群中的某些节点在无法联系后，集群整体是否还能继续进行服务。

CAP 理论就是说在分布式存储系统中，最多只能实现上述的两点。而由于当前的网络硬件肯定会出现延迟丢包等问题，所以分区容忍性是我们必须要容忍的。因此我们只能在一致性和可用性之间进行权衡，对大多数 Web 应用，牺牲一致性来换取高可用性，是目前多数数据库产品的方向。

2. 大数据的表达

大数据的表达技术是指在大数据存储基础之上，对特定的不同类型结构化数据进行表示。它是大数据进行计算的基础，也是对大数据进行有效结构化表达的一种方式。当代典型的关联式数据库在一些数据敏感的应用中表现了糟糕的性能，例如，为巨量文档建立索引、高流量网站的网页服务，以及发送流式媒体。关系型数据库的典型实现主要被调整用于执行规模小而读写频繁，或者大批量极少写访问的事务。而非关系型数据库以键值对存储，它的结构不固定，每一个元组可以有不一样的字段，每个元组可以根据需要增加一些自己的键值对，这样就不会局限于固定的结构，可以减少一些时间和空间的开销。

NoSQL 也称为 Not only SQL，是对不同于传统的关系型数据库的数据库系统的统称，它具有非关系型、分布式、不提供 ACID 的数据库设计模式等特性。NoSQL 数据库和关系型数据库存在许多显著的不同，其中一个最重要的不同点就是，NoSQL 数据库不使用 SQL 作为自己的查询语言，而且数据的存储模式也不再是表格模型。近年来，NoSQL 类型数据库系统发展极其迅速，其原因在于，NoSQL 数据库一般都具有高可扩展性和支持高并发的用户访问量。Google 的 BigTable 与 Amazon 的 Dynamo 是非常成功的商业 NoSQL 实现。

1）NoSQL 技术分类

（1）Key-Value。一个 Key 对应一个 Value，能提供非常快的查询速度、大的数据存放量和高并发操作，非常适合通过主键对数据进行查询和修改等操作，如 Redis BerkeleyDB、Kyoto Cabinet/Tycoon。

（2）列式存储。按列存储数据，最大的特点是方便存储结构化和半结构化数据，方便做数据压缩，对针对某一列或者某几列的查询有非常大的 I/O 优势，如 Hbase Cassandra。

（3）文档结构。结构和 Key-Value 非常相似，也是一个 Key 对应一个 Value，但这个 Value 主要以 JSON 或者 XML 等格式的文档来进行存储，是有语义的。可以对某些字段建立索引，实现关系数据库的某些功能，如 MongoDB、CouchDB。

（4）图式存储。以图论为基础，如 Neo4J。

2）NoSQL 主要特征

（1）不需要预定义模式：不需要事先定义数据模式，预定义表结构。数据中的每条记录都可能有不同属性和格式。当插入数据时，并不需要预先定义它们的模式。

（2）无共享架构：相对于将所有数据存储的存储区域网络中的全共享架构，NoSQL 往往将数据划分后存储在各个本地服务器上，从而提高系统性能。

（3）弹性可扩展：可以在系统运行的时候，动态添加或者删除节点。不需要停机维护，数据可以自动迁移。

（4）分区：相对于将数据放到同一个节点，NoSQL 数据可需要将数据进行分区，并记录分散在多个节点上面，并且通常分区的时候还要复制。这样既提高了并行性能，又能保证没有单点失效的问题。

（5）异步复制：和 RAID 存储系统不同的是，NoSQL 中的复制往往是基于日志的异步复制。这样，数据就可以尽快地写入一个节点，而不会被网络传输引起迟延。缺点是并不能保证一致性。

3. 大数据的管理

在我们进入大数据时代之后，对数据的管理也相应地进入了大数据管理的时代。大数据的"大"首先是指数据容量巨大，这对数据存储管理提出了非常新的需求。传统的关系数据库一般只能管理 GB 级别的数据，而大数据一般是 TB、PB 级别，甚至更大，显然传统的管理工具无法管理这些数据，这就需要新的存储管理架构来管理。

常见 NoSQL 数据管理系统如下。

1）NoSQL——BigTable

Bigtable 是一个分布式的结构化数据存储系统，它被设计用来处理海量数据：通常是分布在数千台普通服务器上的 PB 级的数据。Google 的很多项目使用 Bigtable 存储数据，包括 Web 索引、Google Earth、Google Finance 等。Bigtable 是一个稀疏的、分布式的、持久化存储的多维度排序 Map。Map 的索引是行关键字、列关键字及时间戳；Map 中的每个 Value 都是一个未经解析的 Byte 数组。

特点：适合大规模海量数据，PB 级数据；分布式、并发数据处理，效率极高；易于扩展，支持动态伸缩；适用于廉价设备；适合于读操作，不适合写操作；不适用于传统关系数据库。

2）NoSQL——Hbase

Hadoop Database，HBase 是 Google Bigtable 的开源实现，是一个高可靠性、高性能、面向列、可伸缩的分布式存储系统，利用 HBase 技术可在廉价 PC Server 上搭建起大规模结构化存储集群。类似 Google Bigtable 利用 GFS 作为其文件存储系统，HBase 利用 Hadoop HDFS 作为其文件存储系统；Google 运行 MapReduce 来处理 Bigtable 中的海量数据，HBase 同样利用 Hadoop MapReduce 来处理 HBase 中的海量数据；Google Bigtable 利用 Chubby 作为协同服务，HBase 利用 Zookeeper 作为对应。

特点：底层数据存储基于 HDFS；高可用，高性能；列存储，多版本；百亿行 × 百万列 × 上万个版。

3）NoSQL——Redis

一个开源的使用 C 语言编写、支持网络、可基于内存也可持久化的 Key-Value 存储系统，仅有一万行代码。从 2010 年 3 月 15 日起，Redis 的开发工作由 VM Ware 主持。

特点：速度快，C 语言、数据加载到内存；持久化，数据保存到内存的同时，还可以同步到磁盘上；数据结构，支持 5 种数据结构；支持多语言，诸如 C、PHP、Java、Perl、Ruby、Python 等；主从复制，支持简单的主从复制，官方提供数据，Slave 在 21 秒内完成了对 Amazon 网站 10G Key Set 的复制。

相比 Memcached 的优势：Value 类型更丰富；数据操作方法更多；可将内存数据持久化。

4）NoSQL——Cassandra

Cassandra 最初由 Facebook 开发，用于储存收件箱等简单格式数据，集 Google BigTable 的数据模型与 Amazon Dynamo 的完全分布式的架构于一身。Facebook 于 2008 将 Cassandra 开源，此后，由于 Cassandra 良好的可扩放性，被 Digg、Twitter 等知名 Web 2.0 网站所采纳，成为一种流行的分布式结构化数据存储方案。

其特点如下。

（1）模式灵活：使用 Cassandra，像文档存储，不必提前解决记录中的字段。可以在系统运行时随意地添加或移除字段。这是一个惊人的效率提升，特别是在大型部署上。

（2）真正的可扩展性：Cassandra 是纯粹意义上的水平扩展。为给集群添加更多容量，可以指向另一台电脑。不必重启任何进程，改变应用查询，或手动迁移任何数据。

（3）多数据中心识别：可以调整节点布局来避免某一个数据中心起火，一个备用的数据中心将至少有每条记录的完全复制。

5）NoSQL——MongoDB

MongoDB 介于关系数据库和非关系数据库之间，是非关系数据库当中功能最丰富、最像关系数据库的。支持的数据结构非常松散，是类似 json 的 bjson 格式，可以存储比较复杂的数据类型。支持的查询语言非常强大，其语法类似于面向对象的查询语言，几乎可以实现类似关系数据库单表查询的绝大部分功能，而且还支持对数据建立索引。

其特点如下。

（1）文档型：存储在集合中的文档，被存储为键 - 值对的形式。键用于唯一标识一个文档，为字符串类型，而值则可以是各种复杂的文件类型。

（2）面向集合存储：易存储对象类型的数据，包括文档内嵌对象及数组。

（3）模式自由：无须知道存储数据的任何结构定义，支持动态查询、完全索引，可轻易查询文档中内嵌的对象和数组。

（4）高效的数据存储：支持二进制数据及大型对象。

（5）支持复制和故障恢复：提供 Master-Master、Master-Slave 模式的数据复制及服务器之间的数据复制。

（6）自动分片：以支持云级别的伸缩性，支持水平的数据库集群，可动态添加额外的服务器。

6）NoSQL——Neo4j

Neo4j 提供了大规模可扩展性，在一台机器上可以处理数十亿节点 / 关系 / 属性的图，可以扩展到多台机器并行运行。相对于关系数据库来说，图数据库善于处理大量复杂、互连接、低结构化的数据，这些数据变化迅速，需要频繁地查询——在关系数据库中，这些查询会导致大量的表连接，因此会产生性能上的问题。Neo4j 重点解决了拥有大量连接的传统 RDBMS 在查询时出现的性能衰退问题。通过围绕图进行数据建模，Neo4j 会以相同的速度遍历节点与边，其遍历速度与构成图的数据量没有任何关系。Neo4j 还提供了非常快的图算法、推荐系统和 OLAP 风格的分析，这在目前的 RDBMS 系统中都没有实现。

5.2.2　大数据处理

1．大数据的处理

大数据的处理基本可以划分为数据采集、数据处理与集成、数据分析及数据解释 4 个阶段。大数据处理基本流程如图 5.1 所示，即经数据源获取的数据，因为其数据结构的不同（包括结构、半结构和非结构数据），用特殊方法进行数据处理和集成，将其转变为统一标准的数据格式方便以后对其进行处理；然后用合适的数据分析方法将这些数据进行处理分析，并将分析的结果利用可视化技术展现给用户，这就是整个大数据处理的流程。

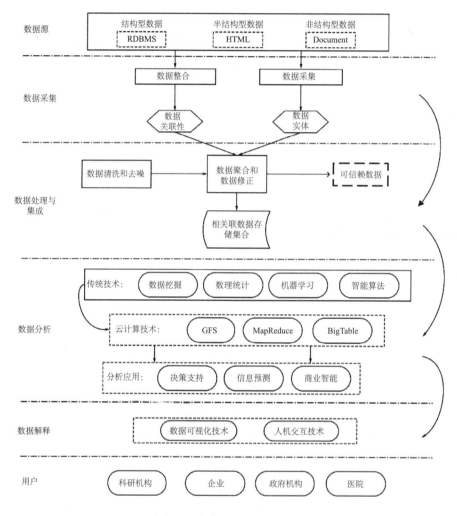

图 5.1   大数据处理基本流程

1）数据采集

大数据的"大"，原本就意味着数量多、种类复杂，因此，通过各种方法获取数据信息便显得格外重要。数据采集是大数据处理流程中最基础的一步，目前常用的数据采集手段有传感器收取、射频识别（RFID）、数据检索分类工具如百度和谷歌等搜索引擎，以及条形码技术等，本书前文物联网部分已经进行了相关介绍。

2）数据的处理与集成

数据的处理与集成主要是完成对于已经采集到的数据进行适当的处理清洗去噪，以及对于进一步的集成数据进行集成和存储，相关技术前面大数据的存储表达与管理部分已经进行介绍。

3）数据分析

数据分析是整个大数据处理流程中最核心的部分，因为在数据分析的过程中，会发现数据的价值所在。

经过上一步骤数据的处理与集成后，所得的数据便成为数据分析的原始数据，根据所需数据的应用需求对数据进行进一步的处理和分析。传统的数据处理分析方法有数据挖掘、机器学习、智能算法、统计分析等，而这些方法已经不能满足大数据时代数据分析的需求。在数据分析技术方面，Google 公司无疑是做法最先进的。Google 作为互联网大数据应用最为广泛的公司，于 2006 年率先提出了"云计算"的概念，其内部各种数据的应用都是依托 Google 自己内部研发的一系列云计算技术，例如分布式文件系统 GFS、分布式数据库（BigTable）、批处理技术 MapReduce，以及开源实现平台 Hadoop 等。这些技术平台的产生，提供了对大数据进行处理、分析很好的手段。

4）数据解释

对广大的数据信息用户来讲，最关心的并非是数据的分析处理过程，而是对大数据分析结果的解释与展示，因此，在一个完善的数据分析流程中，数据结果的解释步骤至关重要。若数据分析的结果不能得到恰当的显示，则会对数据用户产生困扰，甚至会误导用户。传统的数据显示方式是用文本形式下载输出或用户个人电脑显示处理结果。但随着数据量的加大，数据分析结果往往更加复杂，用传统的数据显示方法已经不足以满足数据分析结果输出的需求，因此，为了提升数据解释、展示能力，现在大部分企业都引入了"数据可视化技术"作为解释大数据最有力的方式。通过可视化结果分析，可以形象地向用户展示数据分析结果，更方便用户对结果的理解和接受。常见的可视化技术有基于集合的可视化技术、基于图标的技术、基于图像的技术、面向像素的技术和分布式技术，等等。

2. 大数据并行处理技术

在数据分析过程中，数据从文件转到关系型数据库，从关系型数据库转到 NoSQL 数据库。实质上，随着捕获的数据的增加，我们的需求也在增加，传统的模式已不能胜任。那些老的数据库能处理好的数据大小是以 MB 或 GB 为单位的，但现在捕获的数据数量是以 TB 和 PB 为单位的，即使采用 NoSQL 存储数据，"我们如何分析如此数量的数据？"这一问题依然存在，对于这一问题最流行的答案就是 MapReduce。

Google 针对大规模、分布式数据而开发的并行计算 MapReduce 原理，本书第 5 章云计算技术部分已经做过详细介绍。下面介绍 MapReduce 的一个实现：Hadoop。

Hadoop 是一个开源的分布式系统基础架构，由 Apache 基金会所开发。Hadoop 的框架最核心的设计是 HDFS 和 MapReduce。HDFS 为海量的数据提供了存储，MapReduce 则为海量的数据提供了计算。

最简单的 MapReduce 应用程序至少包含 3 个部分：一个 Map 函数、一个 Reduce 函数和一个 main 函数。main 函数将作业控制和文件输入 / 输出结合起来。在这点上，Hadoop 提供了大量的接口和抽象类，从而为 Hadoop 应用程序开发人员提供许多工具，可用于调试和性能度量等。具体实现为一个代表客户机在单个主系统上启动的 MapReduce 应用程序称为 JobTracker，它是 Hadoop 集群中唯一负责控制 MapReduce 应用程序的系统，在应用程序提交之后，将提供包含在 HDFS 中的输入和输出目录。JobTracker 使用文件块信息（物理量和位置）确定如何创建其他 TaskTracker 从属任务。MapReduce 应用程序被复制到每个出现输入文件块的节点。将为特定节点上的每个文件块创建一个唯一的从属任务。每个 TaskTracker 将状态和完成信息报告给 JobTracker。用户只要继承 MapReduceBase，提供分别实现 Map 和 Reduce 的两个类，并注册 Job 即可自动分布式运行。

MapReduce 用在非常广泛的应用程序中，包括分布 Grep、分布排序、Web 连接图反转、每台机器的词矢量、Web 访问日志分析、反向索引构建、文档聚类、机器学习、基于统计的机器翻译等。

3. 数据可视化技术

可视化技术作为解释大数据最有效的手段之一，最初是被科学与计算领域运用，它对分析结果的形象化处理和显示，在很多领域得到了迅速而广泛的应用。数据可视化（Data Visualization）技术是指运用计算机图形学和图像处理技术，将数据转换为图形或图像在屏幕上显示出来，并进行交互处理的理论、方法和技术。由于图形化的方式比文字更容易被用户理解和接受，数据可视化就是借助人脑的视觉思维能力，将抽象的数据表现成为可见的图形或图像，帮助人们发现数据中隐藏的内在规律。

可视分析起源于 2005 年，它是一门通过交互可视界面来分析、推理和决策的科学，通过将可视化和数据处理分析方法相结合，提高可视化质量的同时也为用户提供更完整的大规模数据解决方案。如今，针对可视分析的研究和应用逐步发展，已经覆盖科学数据、社交网络数据、电力等多个行业。面对海量数据的涌现，如何将其恰当、清楚地展现给用户是大数据时代的一个重要挑战。学术科研界及工业界都在不停致力于大数据可视化的研究，已经有了很多经典成功的应用案例。

（1）互联网宇宙（The Internet Map）。为了探究互联网这个庞大的宇宙，俄罗斯工程师 Ruslan Enikeev 根据 2011 年年底的数据，将 196 个国家的 35 万个网站数据整合起来，并根据这些网站相互之间的链接关系将这些"星球"联系起来，命名为"The Internet Map"。一个"星球"代表一个网站，每一个"星球"的大小根据其网站流量来决定，而"星球之间"的距离远近则根据链接出现的频率、强度和用户跳转时创建的链接等因素决定。

（2）标签云（Tag Cloud）。标签云的本质就是一种"标签"，用不同的标签表示不同的对象。标签的排序一般按照字典的顺序排列，并根据其热门程度确定字体的颜色和大小，出现频率越高的词语字体就越大，反之越小，这就方便用户按照字典或该标签的热门程度来寻找信息。

（3）历史流图（History Flow）。在文献 [14] 中提出了一种用于可视化文档编辑的"历史流图"，这样的一个流程，意味着这是一个面向广大用户的开放型文档，用户可以在其中自由地编辑和查阅，随时根据自己的理解进行增加和删除操作。在历史流图中，用一个坐标轴表示对一篇文档作出任何修改的行为：横坐标表示时间，纵坐标表示修改的人员；随着时间的推移，横坐标越来越长，文档内容也随着不断变化，修改的人员也随之增加，可以很容易看出每个人对这篇文档的贡献。最显著的应用案例就是"维基百科"的注释文档，"历史流图"的效果很明显。

关于大数据可视化的研究依然在继续，比如大众点评网上，可以轻松地根据地理信息找到附近的餐厅、KTV、商店等，用户可以根据自己的体验对这些店铺进行评价，这些反馈信息就在网络上留下了痕迹，为后来的用户使用提供了参考，这种常见的社交网络或生活消费类应用与数字网络地图的叠加，就是多维叠加式数据可视化应用。另外，支付宝的电子对账单通过用户一段时间（一般是 1 个月）的支付宝使用信息，自动生成专门针对此用户的本月消费产品数据图表，可以帮助用户分析其自身的消费情况，这是一种即时的关联规则下可视化技术的应用，通过对那些彼此间存在关联性的数据进行分析处理，挖掘出数据间联系并预测出发展趋势，随后即时生成可视化方案反馈给用户，可以给客户下个月的消费管理提供参考意见。

5.2.3　大数据应用

1. 数据挖掘

从技术角度看，数据挖掘是指从存放在数据库、数据仓库或其他信息库中的大量数据中发现有趣知识的过程。数据挖掘融合了人工智能、统计学、机器学习、模式识别和数据库等多种学科的理论、方法和技术。数据挖掘非常清晰地界定了它所能解决的几类问题。数据挖掘研究者将这几类问题进行了高度的归纳，数据挖掘的应用就是把这几类问题演绎的一个过程。下面来看看它所解决的四类问题是如何界定的。

1）分类问题

分类问题属于预测性的问题，但它跟普通预测问题的区别在于其预测的结果是类别（如 A、B、C 三类），这些类别是离散的、无序的，而不是一个具体或连续的数值（如 55、65、75……）。商业案例中，分类问题可谓是最多的，给出一个客户的相关信息，预测一下他未来一段时间是否会离网，信用度是好／一般／差？是否会使用你的某个产品，将来会成为你的高 / 中 / 低价值的客户，是否会响应你的某个促销活动等。有一种很特殊的分类问题，那就是"二分"问题，显而易见，"二分"问题意味着预测的分类结果只有两个类，如是 / 否、好 / 坏、高 / 低等。这类问题也称为 0 / 1 问题。解决这类问题时，我们只需关注预测属于其中一类的概率即可，因为两个类的概率可以互相推导。如预测 $X=1$ 的概率为 $P(X=1)$，那么 $X=0$ 的概率 $P(X=0)=1-P(X=1)$。

2）聚类问题

聚类问题不属于预测性的问题，它主要解决把一群对象划分成若干个组的问题。划分的依据是聚类问题的核心。所谓"物以类聚，人以群分"，故得名聚类。聚类问题容易与分类问题混淆，其实两者是有本质区别的，分类问题是预测一个未知类别的用户属于哪个类别（相当于做单选题），而聚类问题是根据选定的指标对一群用户进行划分（相当于做开放式的论述题），它不属于预测问题。聚类问题在商业案例中也是非常常见的，例如，需要选择若干个指标（如价值、成本、使用的产品等）对已有的用户群进行划分，特征相似的用户聚为一类，特征不同的用户分属于不同的类。

3）关联问题

关联分析要解决的主要问题是：一群用户购买了很多产品之后，哪些产品同时被购买的概率比较高，买了 A 产品的用户同时买哪个产品的概率比较高？可能由于最初关联分析主要在超市应用比较广泛，所以又称为"购物篮分析"。如果在研究的问题中，一个用户购买的所有产品假定是同时一次性购买的，那么分析的重点就是所有用户购买的产品之间的关联性；如果假定一个用户购买产品的时间是不同的，而且分析时需要突出时间先后上的关联，如先买了什么，后买了什么，那么这类问题称为序列问题，它是关联问题的一种特殊情况。从某种意义上来说，序列问题也可以按照关联问题来操作。

4）预测问题

此处说的预测问题是指狭义的预测，并不包含前面阐述的分类问题，因为分类问题也属于预测。一般来说预测问题主要是指预测变量的取值为连续数值型的情况。预测问题的解决更多的是采用统计学的技术，例如回归分析和时间序列分析。回归分析是一种非常古典而且影响深远的统计方法，它的主要目的是研究目标变量与影响它的若干相关变量之间的关系，通过拟和类似 $Y=aX_1+bX_2+\cdots$ 的关系式来揭示变量之间的关系。通过这个关系式，在给定一组 X_1，$X_2\cdots$ 的取值之后就可以预测未知的 Y 值。

针对数据挖掘所界定的常见的四类问题，目前已经形成了比较完善的分析解决方法。由于数据挖掘可以看作数据库技术和机器学习技术的组合，因此一般运用数据库技术进行数据管理，使用机器学习技术进行数据分析。所以数据挖掘的很多数据分析算法都运用了机器学习技术，很多算法从机器学习借鉴、改良而来。针对数据挖掘中的分类问题，数据挖掘研究者都提出了多种分析算法。对于分类问题，有决策树归纳分类、贝叶斯分类、支持向量机分类、K 最邻近分类、基于规则的分类等。对于聚类问题，有 K 均值聚类、K 中心点聚类、基于期望最大化的聚类等。对于关联问题，有基于频繁项集挖掘的 Apriori 算法、基于约束的关联挖掘等。由于分类问题也属于预测问题的一种，所以分类算法都可以用于预测问题的求解，除此之外，也可以使用线性回归等回归技术进行预测问题的求解。

上述提到的数据挖掘方法和数据挖掘算法都是传统的数据挖掘形式。在大数据时代，由于数据具有多样性、海量性等特征，因此数据挖掘任务和数据挖掘方法的多样性与复杂性给数据挖掘带来了很多新的挑战。而且，在传统方式下，上述提到的数据挖掘算法大多工作在集中式或者单机系统上，这种处理方法不能很好地适应分布式环境，无法高效实现大数据的快速化。在大数据时代，分布式平台逐渐成为主流，如何将上述经典的数据挖掘算法移植到分布式环境下运行，即实现数据挖掘算法的并行化，成为大数据环境下必须解决的问题，Apache Mahout 正好满足了这一需求。

Apache Mahout 是 Hadoop 生态系统中的开源项目之一，Mahout 的目标是建立一个可伸缩的机器学习算法库，能够处理超大规模数据集，Mahout 采用 MapReduce 编程模型实现了很多机器学习算法。由于机器学习是数据挖掘的一种重要支撑技术，所以这些算法理所当然可以使用在数据挖掘领域。目前 Apache Mahout 主要实现了如下四类机器学习算法。

（1）聚类算法：将文本、文档等类型数据分成局部相关的组。

（2）分类算法：利用已经存在的训练分类器，对未分类的文档进行分类。

（3）推荐引擎（协同过滤）算法：获取用户的行为数据并挖掘，从中发现用户可能喜欢什么事物。

（4）频繁项集挖掘算法：利用项集（如用户的购买记录）进行相关分析，识别出经常在一起出现的项目。

2．推荐系统

现在大数据对于各个行业的日常工作显得愈发重要，由于每一秒产生的数据量都在成倍增加，人们迫切需要找到更快分析理解这些数据的方法。大数据分析试图采取一种创新的软件解决方案找出管理过量数据并将其转变成有意义的信息的方法，例如，在医生挽救病人生命的时候，或者 CEO 和公司管理层希望尽可能压缩成本并雇佣足够多的员工的时候，随时提供他们需要的信息。为了成功地管理大数据必须考虑它的四个要素：容量（数据的大小）、速度（瞬时性、实时性）、多样性（结构化和非结构化数据，如视频、音频、文档等）和真实性（大数据的可信赖程度）。

大多数企业的大数据分析重点和工具便是推荐系统（Recommender System），利用电子商务网站向客户提供商品信息和建议，帮助用户决定应该购买什么产品，模拟销售人员帮助客户完成购买过程。推荐系统基于各种智能算法，通过挖掘大量数据，提取指标和模式，生成个性化的推荐结果。对于企业及个人用户，处理实时信息以便做出实时决策的需求日益增长。以大型网络零售商为例，他们需要能够在短短几秒钟的浏览时间内挖掘大量数据，然后给出有针对性的个性化推荐、尝试对网上顾客交叉销售。越来越多的用户通过手机获取日常出行安排的资讯，如寻找美食、购物、旅游等方面。

　　推荐系统能随着数据的生成提供实时建议，分析数据的方法主要有两种：（1）协同过滤法。（2）内容分析法。协同过滤法（Collaborative Filtering Methods）基于历史的数据来生成推荐（例如，基于用户以前购买的产品推荐）；内容分析法（Content-based Method）通过产品的具体描述和属性，在用户和产品之间形成匹配。协同过滤法和内容分析法可以同时运用，可以称为综合分析法（Hybrid Method）。

5.3　大数据在电子商务物流中的应用

　　中国的电子商务发展迅速，但瓶颈依然存在，最主要的问题就是物流问题。这个困扰着整个中国商业的大问题在电子商务上表现得尤为突出。智慧物流是物流的发展目标，大数据能够支撑智慧物流的发展，物流行业和企业要利用好大数据，才能够真正从变革中受益。

　　大数据的价值在于从海量的数据中发现新的知识，创造新的价值。而快递物流行业正是一个产生大量数据的行业，在货物流转、车辆追踪、仓储等各个环节中都会产生海量的数据。应用"大数据"技术，通过对各个物流环节的数据进行归纳、分类和整合，可以清楚地查看企业网络任何一个网点的经营现状和业务情况等。通过运用科技手段进行分析、提炼，"大数据"还可以为企业战略规划、运营管理和日常运作提供重要支持和指导。

　　大数据的核心是发现和预测，利用这个特点，还可以迅速提升快递物流行业的整体服务水平。如百世汇通就曾尝试运用大数据来管理、分析、判断加盟网点的运营行为，通过网点在系统内的足迹建立数据分析模型，成功地预测了几次网点的异动，使工作方式由被动式变为主动式、前置式，减少了大量客户投诉，把问题消灭在萌芽阶段。

　　随着物流企业应用大数据的逐渐深入，未来，企业获取的数据已不只是企业内部信息，还包括大量的外部信息。通过对这些数据的收集、整理和分析，甚至可以做到为每一个客户量身定制个性化需求的产品和服务，从而颠覆整个物流商业模式。在这方面，菜鸟网已经提供了可以借鉴的经验。物流企业必须学会利用"大数据"，才能促进企业发展壮大。

5.3.1　满足个性化需求的物流服务

用户在进行网购的时候，可以选择"时效最快"、"成本最低"、"最安全"、"服务最好"等多个快递组合类型。典型的例子——菜鸟网络。

客户选择所想要的快递组合类型后，阿里巴巴会根据以往的快递公司的表现、各个分段的报价、即时运力资源情况、该流向的即时件量等信息，甚至可以加上天气预测、交通预测等数据，进行相关的"大数据"分析，从而得到优化线路选项，以供客户选择。之后，系统会将订单数据发送到各个环节，由相应的物流公司完成。

阿里巴巴、银泰、复星、富春、顺丰和"三通一达"等共同组建"菜鸟网络"，同时启动"中国智能骨干网"项目建设，这是智能大数据、物联网、云计算、自动化技术等技术在国内的大规模商业实践。

菜鸟网络打造的中国智能物流骨干网将通过自建、共建、合作、改造等多种模式，在全中国范围内形成一套开放的社会化仓储设施网络。同时利用先进的互联网技术，建立开放、透明、共享的数据应用平台，为电子商务企业、物流公司、仓储企业、第三方物流服务商、供应链服务商等各类企业提供优质服务，支持物流行业向高附加值领域发展和升级。最终促使建立社会化资源高效协同机制，提升中国社会化物流服务品质。菜鸟通过打造智能物流骨干网，对生产流通的数据进行整合运作，实现信息的高速流转，而生产资料、货物则尽量减少流动，以提升效率。

根据规划，菜鸟网络将建成一张能支撑日均 300 亿元网络零售额的智能物流骨干网络，让全国任何一个地区做到 24 小时内送货必达。不仅如此，菜鸟网还提供充分满足个性化需求的物流服务——如用户在网购下单时，可以选择"时效最快"、"成本最低"、"最安全"、"服务最好"等多个快递组合类型。

而之所以能够提供这样的个性化服务，是基于阿里巴巴对于"大数据"技术的充分应用。客户选择所想要的快递组合类型后，阿里巴巴会根据以往的快递公司的表现、各个分段的报价、即时运力资源情况、该流向的即时件量等信息，甚至可以加上天气预测、交通预测等数据，进行相关的"大数据"分析，从而得到优化线路选项，供客户选择。之后，系统会将订单数据发送到各个环节，由相应的物流公司完成。

菜鸟网通过"大数据"所实现的数据透明与智能分析，无疑将给快递物流企业带来冲击。"大数据"让快递物流成本更加透明，让快递物流企业面对运营成本的直接 PK，使公司间的角逐变得更加惨烈。与此同时，用户在"大数据"支持下肯定更愿意选择最优资源，而像以前那样选择单独的某一家快递公司，这将使物流品牌的优势显得不再那么重要。

为此，快递物流企业急需提高自身的竞争力，以应对即将面临的严峻挑战，菜鸟网所带来的并非都是挑战，实则还蕴含重大机遇。其对于"大数据"的高度重视和充分应用，值得快递物流企业认真思考和借鉴。抓住"大数据"的机遇，或将成为快递物流企业的重要出路。

5.3.2　解决市场的波动与物流资源的配置的滞后性冲突

目前，行业物流最受关注的环节是卷烟配送，卷烟配送主要由地市级烟草公司物流中心承担。卷烟配送的基本流程是烟草公司根据生成的客户订单组织货源，并按预定线路配送到户，最后是零售客户确认收货。这一模式在订单稳定的情况下是一个不错的选择。

但是，一旦订单出现波动，该模式就会暴露不足。我们知道，卷烟配送大部分流程是相对固定的，车辆固定、人员固定、线路固定，而市场需求却是变化的，零售客户数量、订单数量、卷烟配送数量总是不断变化的。固定的业务流程和不断变化的需求之间的矛盾是不可避免的。在满足市场需求为第一要求的前提下，最好的办法就是按照市场最大容量来配备资源，即就高不就低。

这好比建设一座水库，为了安全，设计者要保证水库在最坏情况下也能工作，就必须以最大负荷为条件设计和建造水库。当然，通过管理可以解决上述问题——不断调整线路等措施可以让卷烟配送适应市场需求。但要看到，这样的调整都具有很大滞后性，也需要较高的管理水平。运用大数据可以弥补管理的不足，提高行业物流整体水平。这是大数据特性决定的——因为大数据利用具有海量信息和对信息的处理分析能力，可以根据市场变化进行即时调整。同时，行业整个烟草供应链上包含了大量有价值的数据信息，这无疑将支持大数据的运用。

尽可能降低配送成本的关键是用最少的资源配置满足卷烟市场最大需求。抛开枯燥的专业术语，以一个例子来说明大数据的运用。杂技中，一个人可以通过不断抛出和接住空中的小球，让双手能够同时控制小球的数量达到最多。杂耍师通过使小球运动，达到了让双手（或资源）最大化利用的目的。人们也希望大数据扮演杂耍师的角色，进一步提高物流资源的利用率。

在烟草行业，大数据运用已经有了尝试。据悉，目前一些烟草企业的物流中心打破固定人员和线路的配送方式，尝试通过数据分析进行弹性配送。具体工作中，在前期数据采集的基础上，物流中心建立庞大的配送数据库。数据库包括配送所需要的全部数据，例如人员、车辆、路况等。配送前，物流中心综合分析配送的数量、地点、时间等信息，并将分析结果和配送安排发送到配送人员手中。配送中，通过或延长（缩短）某一线路配货距离，或增加（减少）某辆车配送数量，减少配送车辆、配送人员、油料消耗等，降低了物流成本。

大数据可以做"减法"来降低成本，也可以做"加法"来增加效益。目前，大多数行业企业已经按照最大需求量配足、配全物流资源。换句话说，我们的节流意义不大，关键是如何进行开源。解决这个问题主要靠提供个性化服务。在一些特殊时期或节点，比如婚丧嫁娶、举办大型活动等都会带来一些特殊需求，零售客户的订货数量会爆发性增长。对于这种情况，目前行业解决的手段还不够丰富，服务水平也不够高。在正常配送外，一旦客户有紧急需求，物流中心会根据即时运力资源等情况，加上天气预测、交通预测等数据，进行相关的大数据分析，利用优化后剩余的车辆和人员，以最快的速度进行配送，以满足客户需求。

大数据技术的战略意义更在于对已掌握信息的专业化处理和价值挖掘。通过大数据可以挖掘零售客户的潜在需求，预测卷烟销售的品牌和数量，分析市场中长期发展等。而随着行业物流应用大数据的逐渐深入，未来行业获取的数据已不只是行业内部信息，还包括大量的外部信息，通过对这些数据的收集、整理和分析，甚至可以做到为每一个客户量身定制个性化服务。在这方面，国内电商企业已经有所动作。

5.3.3　金融物流风险控制

1. 传统金融物流业务风险控制工作的局限性

一是信息收集主要依靠人工完成，人力物力成本高；二是收集到的信息有限且片面，不能反映业务的全貌；三是由于我国诚信体系尚不健全，部分企业，尤其是小微企业，缺乏合规的真实有效的财务报表等资质材料；四是信息的处理效率低，滞后性严重，有效信息识别度低；五是缺乏对客户经营情况的动态跟踪，对客户经营数据是否正常缺乏可靠的参照标准；六是对风险的分析与处置具有较强的主观性，缺乏科学的决策依据。

上述这些缺陷使得传统方式下的风险控制工作很难达到理想的效果。

2. 大数据技术的应用给金融物流风险控制带来的变化

一是大数据技术可以极大地扩展数据来源，利用大数据平台，物流企业能从互联网移动平台等多种非传统渠道中及时捕捉以前无法获得或无法使用的客户数据，这使得许多依靠传统方式无法完成的工作成为可能，从而使金融物流业务的事前风险预判结果更准确，更具指导意义。

二是通过大数据技术可以将许多非结构化数据与传统数据快速整合关联补充，完成企业行为模式的分析和发现。这有助于物流企业确定被监管企业运营状态变化规律，建立运营状态变化路径，按变化路径设置风险控制点，逐点评估业务风险，从而形成全新的事中风险动态计算体系及管理模式。

三是虽然单个事件是偶然的，但大量数据汇总就会具备一定的必然性。大数据技术提供的基于预测的应用恰好可以将物流企业所掌握的许多第一手信息进行充分利用，帮助物流企业更加主动地掌控局面，为物流企业的风险处置提供客观、准确的决策依据。

第6章
电子商务环境下的智慧物流公共服务

内容提要

在电子商务环境下，智慧物流以互联网技术和物联网技术支撑，通过建立社会公共物流公共服务系统和对外开放公共服务平台，依靠整合信息源形成大数据资源，优化了社会物流的时空管理，提高了资源利用率和生产力水平，为价值社会创造了更丰富的内涵。本章通过对物流活动主体的梳理，以及参与身份识别的相关技术的发展的简述，便于读者了解智慧物流主体身份识别的原理；本章同时介绍了国内外物品编码标准化的发展历程，通过国内外物品编码标准化发展现状的对比，便于读者了解我国智慧物流物品编码标准化工作的现状、存在的问题及发展展望；本章介绍了物联网与互联网技术的支撑下参与构建，以及实施城市地址信息公共服务的技术和系统；最后，本章对智慧物流公共服务平台体系做了简要的分析，便于读者更深入地理解电子商务环境下智慧物流公共服务的现实意义。

6.1 物流服务主体身份识别

6.1.1 物流服务主体概述

1. 物流服务主体的定义

物流服务的主体是物流企业，物流企业往往需要通过公共服务来整合社会资源从而实现物流服务，这样的物流企业在物流供应链体系中也称为物流供应商。从法律意义上来讲，物流企业是依法专门从事物流经营业务活动，实行独立核算、自负盈亏、独立承担民事责任的经济组织。物流企业有多种类型，综合服务型物流企业为典型类型，一般符合如下要求。

（1）从事多种物流服务业务，具备一定规模。可以为客户提供运输、货运代理、仓储、配送等多种物流服务。

（2）根据客户的需求，整合物流服务。为客户制定整合物流资源的运作方案，为客户提供契约性的综合物流服务。

（3）按照业务要求，企业自有或租用必要的运输设备、仓储设施及设备。

（4）企业具有一定运营范围的货物集散、分拨网络。

（5）企业配置专门的机构和人员，建立完备的客户服务体系，能及时、有效地提供客户。

（6）具备网络化信息服务功能，应用信息系统可对物流服务全过程进行状态查询和监控。

2. 物流服务主体的分类

（1）运输企业，主要包括陆运、水运、空运物流企业。其中，陆运企业主要包括公路和铁路运输企业，水运企业主要包括海运企业和内河运输企业、商检报关机构（包括负责危险品申报、转关业务、商检报关、全套代理等业务的物流公司）等，空运企业主要指空运公司（包括航空公司、空运拼货公司、包机公司、危险品空运业务公司）。

（2）负责陆运、水运、空运及联运的代理物流企业。

（3）物流工业产地（主要指物流园区）。

（4）快递公司（根据负责的地理位置的不同，可以分为国内快递公司、同城快递公司、国际快递公司及邮政公司等）。

（5）仓储公司，可以分为负责配送的仓储公司和负责保税的仓储公司等。

（6）物流服务企业，根据其自身专业的不同，可以分为物流软件公司、物流保险公司、物流设备维修公司等。总结起来，可以将上述物流企业归纳为运输类物流企业、仓储类物流企业、流通加工类物流企业、包装类物流企业及服务类物流企业等。

3. 物流服务主体的发展现状

1）国内物流企业发展现状

一方面，企业物流仍然是社会物流活动的重点。近年来，随着买方市场的形成，企业对物流领域中存在的第三利润源逐渐有了深刻的认识。优化企业内部物流管理，降低物流成本成为目前多数国内企业最为强烈的愿望和要求。这说明，我国物流活动的发展水平还比较低，加强企业内部物流管理活动仍然是全社会物流活动的重点。

另一方面，专业化的物流服务需求也已初现端倪，且发展势头极为迅速。原因大致可以归为两类。其一是跨国公司在中国从事生产经营活动、销售活动、分拨活动和采购活动过程中对高效率、专业化物流服务的巨大需求，这是带动我国物流产业发展的一个十分重要的市场基础；其二是国内优势企业对专业化物流服务的需求。

从总体上划分，我国目前发展起来的物流企业可以分为如下三大类。

一是国际物流企业。这些国际物流公司一方面为其原有的客户——跨国公司，通过跨国公司进入中国市场提供延伸物流服务；另一方面，针对中国市场正在生成的专业化物流服务需求提供服务。

二是传统运输、储运及批发贸易企业转变形成的物流企业。它们依托原有的物流业务基础和在客户、设施、经营网络等方面的优势，通过不断拓展和延伸物流服务，逐步向现代物流企业转化。

三是新兴的专业化物流企业。这些企业依靠先进的经营理念、多样化的服务手段、科学的管理模式在竞争中赢得了市场地位，成为我国物流产业发展中一个不容忽视的力量。

2）国外物流企业发展现状

目前国外物流企业已形成以信息技术为核心，以信息技术、运输技术、配送技术、装卸搬运技术、自动化仓储技术、库存控制技术、包装技术等专业技术为支撑的现代化物流装备技术格局。其发展趋势表现为信息化、自动化、智能化和集成化。

逐渐形成以共同配送为主导，专业化并行发展的格局。在美国、日本和欧洲等经济发达国家和地区，专业物流服务已形成规模，同时，共同配送也是美国、日本等一些发达国家采用较广泛、影响面较大的一种先进的物流方式，它对提高物流效率、降低物流成本具有重要意义。

据国外国际物流市场专家分析，物流企业的国际联合与并购将是物流全球化的发展走势。因此，物流企业的集约化、协同化、全球化方向发展已成为必然趋势。其中，主要表现在如下两个方面，一是大力建设物流园区；二是物流企业兼并与合作。物流园区是多种物流设施和不同类型的物流企业在空间上集中布局的场所，是具有一定规模和综合服务功能的物流集结点。物流园区的建设有利于实现物流企业的专业化和规模化，发挥它们的整体优势和互补优势。

6.1.2　物流企业组织机构代码和备案登记

建设和完善以法人组织机构代码为标识的机关法人、事业法人、企业法人、社团法人及其他依法成立的各类机构单位基础信息库。要按照加快推进社会信用体系建设的要求，利用人口和法人基础信息库，依托部门和地方建设的业务信息系统，进一步完善公民和法人的信贷、纳税、履约、生产、交易、服务、工程建设、参保缴费及违法违纪等信用信息记录。

——《"十二五"国家政务信息化工程建设规划》

1. 企业组织机构代码的发展概述

企业组织机构代码是按照国务院的要求建立的社会管理制度，是通过向我国境内依法注册、依法登记的企业、事业单位、机关、社会组织（社会团体、民办非企业单位）和个体工商户（有工商营业执照、有注册名称和字号、有固定经营场所并开立银行账号，及其他组织颁发的一个在全国范围内唯一的、始终不变的代码标识。我国的组织机构代码根据 GB 11714—1997《全国组织机构代码编制规则》国家强制性标准的规定，编制了全国统一的组织机构代码识别标识码。组织机构代码由 8 位数字（或大写拉丁字母）本体代码和一位数字（或大写拉丁字母）校验码组成。

目前，企业组织机构代码已经列入包括电子商务、电子政务、智慧物流在内建设的重大工程的统一规划阶段。现如今在我国各个行业领域，尤其在智慧物流领域，已逐步形成以组织机构代码实名制为基础、以物品编码管理为溯源手段的质量信息平台。已趋近完善的企业组织机构代码在其发展历程中经历了如下 6 个重要的历史转折点。

第 1 个转折点：1989 年 10 月 27 日，国务院发布了《国务院转批国家技术监督局等部门关于建立企业、事业单位和社会团体统一代码标识制度的报告的通知》（国发 [1989]75 号），从此揭开了建立组织机构统一代码标识制度的序幕。同时，GB 11714—1989《全国企业、事业单位和社会团体代码编制规则》强制性国家标准颁布实施。自此，我国建立统一代码制度的工作正式启动。

第 2 个转折点：1993 年，由国家质检总局（原国家技术监督局）所属的国家技术监督部门开始统一颁发组织机构代码证书，使组织机构代码的赋码和颁证成为国家、省、市、县四级近 3 000 个技术监督部门的一项日常工作。

第 3 个转折点：1996 年，国家质检总局（原国家质量技术监督局）与国家税务总局联合发文，将组织机构代码作为税务登记管理的环节，纳入到国家税务系统中，组织机构代码首次实现了全国范围内实质性的强制应用。

第 4 个转折点：2000 年，在全国组织机构代码管理中心的主导和统一部署下，全国代码系统实现了国家、省、市、县四级近 3 000 个组织机构代码颁证部门的联网工程，实行了网上赋码和实时的网络传输数据，保证了组织机构代码数据的动态性，为组织机构代码数据库与国家税务、统计等政务系统的横向网络联通，以及向社会提供信息服务打下了基础。

第 5 个转折点：2002 年，随着组织机构代码系统自身实力的不断增强，国家信息化领导小组决定由国家质检总局牵头，协调国家工商总局、国家税务总局、国家民政部、中编办和国家统计局等部门，以组织机构代码数据库为基础，整合各部门数据库，为国家电子信息资源目录体系与交换体系的建立打下基础，实现法人单位基础信息采集、维护、交换、服务的标准化和制度化。

第 6 个转折点：2005 年，全国组织机构代码管理中心在全国范围内进行大规模数据清整的基础上，建立并完成了全国组织机构代码基本信息检索系统，使组织机构代码工作 15 年来取得的成就展现出来。同年，代码电子档案管理系统研发成功，电子档案工作在全国大规模开展起来。组织机构代码的应用范围越来越大，《组织机构代码管理办法》的颁布实施，标志着组织机构代码工作走上了一个新的阶段。

2. 企业组织机构代码发展方向

企业组织机构代码在信息化、数字化及智慧物流的发展中的作用越来越被人们所认同，在我国的"十二五"规划中，王岐山指出"数字化是现代化的前提，组织机构代码非常重要，将来管理、监督都要靠它来实现数字化……能在网上办理的事情最好在网上办理，要充分用好信息网络，提高服务效率和质量……各级政府要加大投入，合理安排资金。"同时，企业组织机构代码也越来越多地被应用到关键的行业中，例如政务信息化、物流智慧化。

从信息化和智慧物流的建设情况来看，当前在我国存在几个影响比较大的与组织机构身份识别相关的业务系统：一是由工商行政管理部门建立的"经济户口"；二是由统计部门建立的"基本单位名录库"；三是由国信办组织协调推进的"企业基础信息共享工程"；四是工商、银行等部门开展的企业征信信息体系。这些业务信息系统，有的没有应用组织机构代码，如工商部门所开展的"经济户口"及一些地方的诚信系统；有的采用了组织机构代码，但同时也采用了其他的组织机构标识，组织机构代码的作用得不到体现，如"企业基础信息共享工程"虽然要求以组织机构代码为唯一标识，但是执行效果并不好，未来国家及地方将在这些领域加大切入力度，提高代码基础数据的通用性。

3．物流企业备案登记流程（见图6.1）

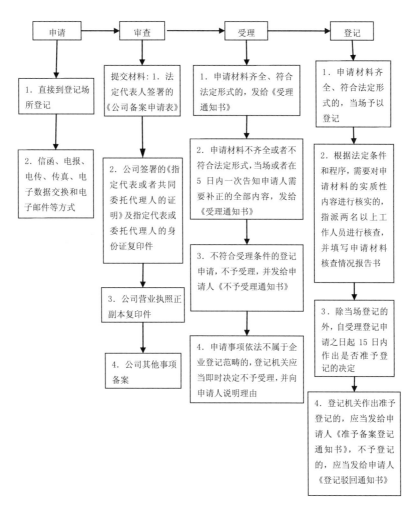

图 6.1　物流企业备案登记流程

6.1.3　物流服务主体身份识别的发展趋势

1．物流服务主体的发展趋势

物流业是一个复合产业，它是在运输、仓储、包装、加工等多个传统产业的基础上整合发展而来的，因此，过去物流产业内部分工一般是水平横向的，即按照功能进行划分，而物流供应商也是运输企业、仓储企业、配送企业、装卸公司等这些具有单一功能的传统物流企业。但是，现代物流理念的发展，整合了各种物流服务功能的现代物流服务模式也应运而生，并且逐渐取代了传统物流服务模式的主体地位。物流服务主体也由功能单一的运输、仓储等传统物流企业，发展到具备运输、仓储、配送、加工等多种服务功能的综合物流企业，物流产业水平分工的界限变得越来越模糊。

与此同时，物流需求时间与空间跨度的不断加大促使物流网络不断扩展，物流服务范围不断扩大，而"门到门"、"ＪＩＴ"等物流服务理念的产生又要求不断提高物流服务的专业化水平和运作精度。在这种情况下，很少有物流供应商能够在构建覆盖全球物流网络的同时，又在所有网点建立起综合各种功能的物流服务企业，再加上不同国家物流市场准入条件的限制，物流企业独立建立纵向的经营链条难度很大。因此，物流产业只能依靠垂直分工来整合和完善整个系统，形成国际物流、区域物流、国内物流乃至地区物流的垂直层次结构。如今，许多跨国物流集团与当地物流企业之间就已经建立起垂直纵向分工关系，这些大的集团布设了覆盖全球的物流网络，但在许多物流节点上都采用或部分采用向当地物流企业购买服务的方式开展物流活动。这种垂直产业分工模式既降低了大集团开辟新市场的门槛和风险，也充分利用了当地资源，拓展了小企业的生存空间，是双赢之举，也有利于物流产业的健康发展。

2. 物流服务主体识别技术的发展趋势

1）条码技术发展

条码技术无疑是应用最简洁方便、可提高物流效率的自动识别技术。国际上，条码技术已经广泛应用于物流的各个领域。在我国，条码技术已作为一种成熟的识别技术被广泛应用到商品流通领域，而且在物流及生产控制过程等方面的应用也在不断发展。2003 年起，中国物品编码中心提出并启动了"中国条码推进工程"项目，以分中心为依托，截至 2008 年年底，中国物品编码中心共设立了 9 批共 71 个推进工程项目，内容涵盖物流领域仓储、供应链管理、食品安全、建材物流、特种设备管理等多个领域，建立了多个条码物流供应链应用示范系统，使条码在食品安全追溯、医疗卫生、服装、化工、建材、机械与电子、军工、现代物流、电子商务等领域得到广泛应用，推动了国民经济和社会发展。

条码技术作为一种最传统、最经济的自动识别技术，具有强大的生命力，其低成本、使用便捷的特点决定了其能够适用于我国物流行业信息化的基本要求，具有最广泛的市场空间。

2）RFID 技术发展

根据 ABI 研究最新预测，2008 年全球 RFID 销售额将超过 53 亿美元，年收入增长将加速超过中期的高增长、高容量的应用，如供应链管理、身份证件、票务和非接触式支付。传统 RFID 的应用，如存取控制、自动车辆识别、汽车制动及身份证件仍将主导当前和近期的 RFID 市场，预计 5 年复合年均增长率将低于两位数。不包括汽车制动在内，预计在未来 4 年复合增长率为 15%。在 2013 年 RFID 市场总容量将达到 98 亿美元，或者不包括汽车制动在内是 82 亿美元。ABI 认为目前预测出全球经济的变化如何影响RFID 市场还为时过早。持续增加的投资保证了 RFID 发展并且增加了订单。

从 RFID 技术与应用发展前景来看，RFID 技术正在从先前的技术、资金投入拉动型及政府支持的发展模式，进展到关注于 ROI（投入产出比）及 Bottom Line（企业净利润）的发展模式，通过 RFID 技术的不断创新，以及在高附加值物品及服装等非传统物流供应链行业内的应用，解决 RFID 成本高、投入 RFID 应用项目盈利模式不清等问题，从而带动 RFID 技术与产业的良性发展。

6.2　物品编码标准化

6.2.1　物品编码概述

1．物品编码的内容

物品编码的内容主要分为两大类：一是以机器识别为目的的身份编码，商品、产品、服务、资产等物品的分类编码、标识编码和属性编码，物品品种编码，单件物品编码；另一类是为了实现信息交互的逻辑编码即 IP 地址，理论上互联网中的硬件，只要有通信的要求就应该分配一个 IP 地址。IP 地址必须与所接入的设备的物理编码配合使用，这需要 IP 地址的解析标准来支撑。

物品编码应当具备唯一性、永久性和无含义的原则。其中唯一性原则是指同种规格同种产品对应同一个产品代码，同种产品不同规格应对应不同的产品代码；永久性原则是指产品代码一经分配，就将是终身的，不得再修改；无含义原则是指为了保证代码有足够的容量以适应产品频繁的更新换代的需要，最好采用无含义的顺序码。

2．物品编码的作用

（1）增加商品资料的正确性，提高商品储存活动的工作效率。

（2）可以利用电脑整理分析，节省人力、减少开支、降低成本。

（3）因记录正确可提供储存或拣取商品的核对，便于拣货及送货。

（4）因统一编码，可以防止重复订购相同的商品，并能够削减存货。

（5）可考虑选择作业的优先性，并达到商品先进先出的目的。

3．物品编码的方法

1）数字顺序编码法

此方法由 1 开始一直往下编，常用于账号或发票编号，属于延展式的方法。应附有编码索引，否则无法直接理解编码意义。

2）数字分段编码法

这是前一方法的小小改变，即把数字分段，每一段代表一类商品的共同特性。此法要编交叉索引，但比前一方法易查询。

3）无分组编码法

此方法把商品的特性分成四个数字组，如表 6.1 所示。

表 6.1 商品特性的无分组编码法

	类 型	形 状	材质/成分	大 小
编码	Xx	Xx	xx/xx	Xx

至于每一个数字的位数是多少要视实际情况需要而定。此方法使用较为普遍。

4）实际意义编码法

在编码时，用部分或全部编码代表商品的重量、尺寸、距离、产能或其他特性。此方法的特点是由编码即能了解商品的内容。

5）后数位编码法

用编码最后的数字，对同类商品作进一步的细分。

6）暗示编码法

用数字与文字的组合来编码，编码本身暗示商品的内容，这种方法的优点是容易记忆。

7）混合编码法

联合使用英文字母与阿拉伯数字进行商品编码，而多以英文字母代表商品的类别和名称，其后再用十进制或其他方式阿拉伯数字编码。

为识别商品而使用的编码标识可设置于容器、产品或储位上，且用明显的颜色、字体、大小区分，让操作管理人员很容易地获得储存商品信息。

4．物品编码系统

物品编码系统，是指由不同数据结构、不同应用领域、不同承载方式的物品编码构成的系统，该系统是国家物品识别网络的基石，为自动识别系统提供数据采集内容。物品编码又分为通用物品编码系统和专用物品编码系统。

通用物品编码系统是指跨行业、跨部门、开放流通领域应用的物品编码系统，是开放流通领域物品的唯一身份标识系统，是目前应用最为广泛的编码系统，包括商品条码编码系统和采用射频识别技术的产品电子代码系统等。

专用物品编码系统是指在特定领域、特定行业或企业使用的物品编码系统。专用物品编码一般由各个部门、行业、企业自行编制，在本部门、本系统或本行业采用，是针对特定的应用需求而建立的，例如固定资产分类与代码、集装箱编码、托盘编码等。由于专用物品编码受限于其适用范围，一般采用的都是通用的数据载体，因此，在数据编码层需要增加特殊的标识进行区分。

6.2.2　物品编码标准概述

1.物流信息采集标准

1）条码技术标准

目前现存的条码码制多种多样，但国际上通用的和公认的物流条码码制只有三种，即：ITF—14 条码、UCC/EAN—128 条码及 EAN—13 条码。选用条码时，要根据货物的不同和商品包装的不同，采用不同的条码码制。单个大件商品，如电视机、电冰箱、洗衣机等商品的包装箱往往采用 EAN—13 条码。储运包装箱常常采用 ITF—14 条码或 UCC/EAN—128 应用标识条码，包装箱内可以是单一商品，也可以是不同的商品或多件商品小包装。

在供应链管理中，采用全球贸易项目标识代码 GTIN（Global Trade Item Number）。GTIN 是 GSI 组织对贸易项目（包括产品与服务），在买卖、运输、仓储及零售与贸易运输结算过程中提供的唯一标识。GTIN 代码体系的表示采用十进制。虽然 GTIN 的数据结构是 14 位，但数据载体（条码）的表达方式则包括了 12 位的 UPC 条码、13 位的 EAN／UPC 条码、8 位的 EAN／UPC 条码，GTIN 的 14 位编码结构涵盖了几乎所有不同结构的条码。

2）无线射频识别技术标准

RFID 的标准化组织基本分为两个技术阵营，一个是总部设在美国麻省理工学院的 Auto ID Center，另一个是日本的 UID。前者的领导组织是美国的 EPCGlobal，提出了 EPC 电子产品的编码标准。旗下有沃尔玛集团、英国 Tesco 等 100 多家欧美的零售流通企业，同时有 IBM、微软、飞利浦、Auto-IDLab 等公司提供技术研究支持。后者主要由日本厂商组成，由日本有关电子标签的标准化组织，提出了 UID 编码体系。

物流行业应用 RFID 标准所涉及的范围非常广，如货运装箱及包装、RFID 电子封条、集装箱标签和供应链标签等，这些标准保障了物流业务的协同及规模经济的实现。如果使用的 RFID 标准不一致，则会使物流活动受到很大影响。

3）EPC 技术标准——EPCglobal 标准

产品电子编码（Electronic Product Code，EPC）是提供对物理世界对象的唯一标识。EPC 通过计算机网络来标识和访问单个物体，就如在互联网中使用 IP 地址来标识、组织和通信一样。

EPCglobal 标准是在全球中立、开放的标准，由各行各业、EPCglobal 研究工作组的服务对象用户共同制定。EPCglobal 标准由 EPCglobal 管理委员会批准和发布并推广实施。其包括如下 12 种子标准,分别为:EPC 标签数据转换（TDT）标准、EPC 标签数据（TDS）标准、Class 1 Generation 2 UHF 空中接口协议标准、识读器协议（RP）标准、低层识读器协议（LLRP）标准、识读器管理（RM）标准、识读器发现配置安装协议（DCI）标准、应用级事件（ALE）标准、产品电子代码信息服务（EPCIS）标准、对象名称服务（ONS）标准、谱系标准及EPCglobal认证标准。

2．物流信息分类编码标准

物流信息分类编码，是信息分类编码的一个专业领域和分支，就是将信息分类编码的标准化技术，应用到现代物流信息系统中，实现物流信息系统自动的数据采集、数据交换和数据共享。目前的物流信息分类编码标准体系的编码总表，分为三个层次，第一层次为门类，第二层次为类别，第三层次为项目。

第一个层次的门类级分为三个门类。第一门类为物流信息编码基础标准，是制定下面各级标准时所必须遵循的、全国统一的最高级标准，是全国所有标准的技术基础和方法指南，具有较长时期的稳定性；第二门类为业务标准，是针对物流活动（装卸、搬运、仓储、运输、包装和流通加工）的技术标准，对物流信息系统建设的各项业务工作具有指导意义。业务标准分为6类，分别适用于"物"、"人"、"地理位置"、"运具"、"单证"，以及"时间和计量"。

物品分类编码标准描述和表征物品，标识不同的物流客体，即标识"物"；物流参与方分类代码标准标识物流活动参与各方（如发货人、收货人和保险人等），即标识不同的物流主体"人"；位置分类编码标准标识物理位置，即出库、在途、货位等，标识物流节点或线路，是物流空间标识；运输分类编码标准标识车辆、船舶和集装箱等，即标识物流活动中的运具；单证分类编码标准规定标准单证，包括单证格式、单证指标和编码等，即标识物流活动中的核心文件；时间和计量分类编码规定时间表示法和标准计量单位系统。第三门类为相关标准，它是伴随人类社会技术进步（特别是通信和信息处理技术进步）而产生的，运用于物流信息化工作中某专门领域的标准。

目前，我国常见的物品分类编码标准分别有如下几种。

1)《商品名称和编码协调制度》（HS）

HS体系包括21个大部类，97章和1 241个四位数级的分章，其中的930个分章又划分出若干个子目类，共有5 019个单独的商品细类目，用6位阿拉伯数字的层次代码表示。理想情况下，每个HS子类目只包含一个产业（行业）生产的产品。

2)《国际贸易标准分类》（SITC）

该标准目录的编码结构采用5位阿拉伯数字的层次码表示，第一位数字表示大类，第二位数字表示章，第三位数字表示组，第四位数字表示分组，若再细分，5位数字表示分出的小类。该标准目录包含10个大类、67章、261个组和1 033个分组（其中720个分组进一步分为2 085个小类），共3 118个基础类目，任何一个基础类目均可根据各国需要进行细分。

3）《主要产品分类》（CPC）

4）国家标准《全国主要产品分类与代码》（GB/T 7635—2002）

3．物品编码标准化可行性分析

1）技术可行性

条码技术目前仍然是国际物流领域条码技术使用最广泛的自动识别技术，通过多年的发展已经非常成熟，大大提高了运输企业的经济效益。国外许多国家要求运输企业必须运用条码技术，我国也有越来越多的运输企业开始使用条码技术。在当前运输条件下，使用条码技术是提高自动化水平和提高运输行业现代化水平的最有效途径。

2）经济可行性

条码技术经济性好，平均每张条码成本不到 1 元，而其他技术相对成本高得多，可见条码在使用上不存在经济问题，而且能为运输企业降低成本、增加效益、提高竞争力。

3）人员可行性

计算机的发展为条码技术的使用起到了至关重要的作用。运输企业中计算机大量的使用并积累了一定经验，培养了一批计算机操作熟练的人员，为使用条码技术提供了人员保障。而且条码技术操作简单，操作人员不需要专门培训。

4）设备可行性

随着条码技术的广泛应用，其硬件设施价格适中、性能良好、可靠性高、使用方便等。条码译码器种类繁多，可以适用各种场合，使用方便，而且译码器与计算机有接口标准形式的专用件，可供需求选择。同时也有众多的软件支持系统，可以在货物运输过程中方便使用。

6.2.3　物品编码标准体系

1．国际物品编码标准化体系

随着贸易的国际化，标准也日趋国际化。以国际标准为基础制定本国标准，已经成为 WTO 对各成员国的要求。物流标准化的重点在于通过制定标准规格尺寸来实现全物流系统的贯通，提高物流效率。与物流密切相关的有两大标准化体系分别是 ISO 和 EAN.UCC。

1）ISO 体系

目前，ISO/IEC 下设了多个物流标准化的技术委员会负责全球的物流相关标准的制修订工作，已经制定了 200 多项与物流设施、运作模式与管理、基础模数、物流标识、数据信息交换相关的标准。在 ISO 现有的标准体系中，与物流相关的标准约有 2 000 条左右，其中运输 181 条、包装 42 条、流通 2 条、仓储 93 条、配送 53 条、信息 1 605 条。

2）EAN.UCC 体系

EAN 就是管理除北美以外的对货物、运输、服务和位置进行唯一有效编码并推动其应用的国际组织，是国际上从事物流信息标准化的重要国际组织，而美国统一代码委员会（UCC）是北美地区与 EAN 对应的组织。近两年来，两个组织加强合作，达成了 EAN.UCC 联盟，以共同管理和推广 EAN. UCC 系统，意在全球范围内推广物流信息标准化。

2. 国际物品编码标准化组织

1）国际物品编码协会（EAN）

国际物品编码协会（Internaxbnal Artick Numbenng Association，EAN）是一个国际性的非官方的物品编码组织，是由欧共体 12 国（英国、联邦德国、法国、丹麦、挪威、比利时、芬兰、意大利、奥地利、瑞士、荷兰、瑞典）的制造厂商和销售商于 1977 年联合成立的"欧洲物品编码协会"，1981 年更名为"国际物品编码协会"。到 20 世纪 80 年代中期实现了 EAN 系统的全面推广应用，因而使 EAN 成为国际物品通用代码。目前，已拥有九十多个成员，遍及六大洲。EAN 自建立以来，始终致力于建立一套国际通行的全球跨行业的产品、运输单元、资产、位置和服务的标识标准体系和通信标准体系，即"全球商务语言——EAN.UCC 系统"（在我国称为 ANCC 全球统一标识系统，简称 ANCC 系统）。

该组织建立了国际上通用的条形码标志系统，用数字和条形码标志国家名称、制造厂名称、物品和商品的有关特征，并广泛应用于工业生产、运输、仓储、图书、票汇等领域，其作为国际通用的商品标识体系的地位已经确定。

随着全球经济一体化对物流供应链管理要求的不断提高，国际物品编码协会也在不断地完善 EAN.UCC 系统，并相应调整自身的组织架构。继美国统一代码委员会（UCC）和加拿大电子商务委员会（ECCC）加入国际物品编码协会后，2005 年 2 月，该协会正式向全球发布了更名信息，将组织名称由 EAN International 正式变更为 GS1。

GS1 的成立使一个全球统一标识系统成为现实，并在遍布全球的成员组织支持下创造一个无缝的供应链流通环境，极大地促进了传统商务和电子商务的发展。作为其成员组织，中国物品编码中心不但积极将国外的先进技术引进中国，促进我国供应链管理的标准化发展；更致力于向国际组织反映中国的需求，帮助中国企业改善国际发展环境，增强国际竞争力。

2）欧洲标准化委员会（CEN）

欧洲标准化委员会（CEN）是 1961 年由欧盟 16 成立的标准化组织。该组织目前设立了第 320 技术委员会，负责运输、物流和服务（Transport-Logistics and Services）的标准化工作，相关的还设立了第 278 技术委员会，负责道路交通和运输的信息化，分 14

个工作组进行与 ISO/TC 204 内容大致相同的标准制定工作。另外，还有第 119 技术委员会和第 296 技术委员会。这些委员会共同推进物流标准化进程，在标准制定过程中，进行多方面的联系与合作。

3. 我国物品编码标准化组织——中国物品编码中心

中国物品编码中心统一组织、协调、管理我国商品条码、物品编码与自动识别技术的专门机构，隶属于国家质量监督检验检疫总局，1988 年成立，1991 年 4 月代表我国加入国际物品编码协会（GS1），负责推广国际通用的、开放的、跨行业的全球统一编码标识系统和供应链管理标准，向社会提供公共服务平台和标准化解决方案。

中国物品编码中心在全国设有 46 个分支机构，形成了覆盖全国的集编码管理、技术研发、标准制定、应用推广及技术服务为一体的工作体系。物品编码与自动识别技术已广泛应用于零售、制造、物流、电子商务、移动商务、电子政务、医疗卫生、产品质量追溯、图书音像等国民经济和社会发展的诸多领域，如图 6.2 所示。

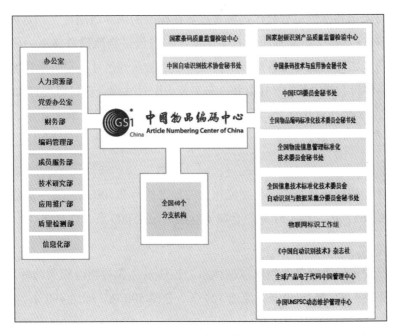

图 6.2　组织架构图

6.2.4　物品编码标准化发展现状

1. 发达国家物品编码标准化发展现状

随着信息技术和电子商务、电子数据、供应链的快速发展，国际物流业已经进入快速发展阶段。而物流系统的标准化和规范化，已经成为先进国家提高物流运作效率和效益，提高竞争力的必备手段。在国际物流编码技术、物品标识技术及自动识别技术发展的基础上，各国开始进一步在物流的技术规范、仓储运输环节等方面推行国际的统一标准，使国内物流与国际物流融为一体。

1）美国

美国作为北大西洋公约组织成员之一，参加了北大西洋公约组织的物流标准制定工作，制定出了物流结构、基本词汇、定义、物流技术规范、海上多国部队物流、物流信息识别系统等标准。美国国家标准协会（ANSI）积极推进物流的运输、供应链、配送、仓储、EDI 和进出口等方面的标准化工作。美国与物流相关的标准有 1 200 余条，其中运输 91 条、包装 314 条、装卸 8 条、流通 33 条、仓储 487 条、配送 121 条、信息 123 条。在参加国际标准化活动方面，美国积极加入 ISO/TC 104、ISO/TC 222、ISO/TC 154 管理、商业及工业中的文件和数据元素等委员会。

2）日本

日本是对物流标准化比较重视的国家之一，标准化的速度也很快。日本在标准体系研究中注重与美国和欧洲进行合作，将重点放在标准的国际通用性上。目前已经提出日本工业标准（JIS）关于物流方面的若干草案，它们包括物流模数体系、集装的基本尺寸、物流用语、物流设施的设备基准、输送用包装的系列尺寸（包装模数）、包装用语、大型集装箱、塑料制通用箱、平托盘和卡车车厢内壁尺寸等。在日本现有的标准体系中，与物流相关的标准有 400 余条，其中运输 24 条、包装 29 条、流通 4 条、仓储 38 条、配送 20 条、信息 302 条。

3）英国

在英国现有的标准体系中，与物流相关的标准约有 2 500 条，其中运输 733 条、包装 432 条、装卸 51 条、流通 51 条、仓储 400 条、配送 400 条、信息 400 条。

4）德国

德国也形成了较为完善的物流标准体系，该体系包含与物流相关的标准约有 2 480 条，其中运输 788 条、包装 40 条、流通 124 条、仓储 500 条、配送 499 条、信息 499 条。

2. 我国物品编码标准化发展现状

目前，国际上针对统计、贸易等方面的需求已有相应的物品编码标准，例如《产品总分类》（CPC）、《商品名称及编码协调制度》（HS）、《国际贸易标准分类》（SITC）、《联合国标准产品与服务分类代码》（UNSPSC）、《欧盟经济活动产品分类体系》（CPA）、《联邦物资编码系统》（FCS）、《全球统一标识系统》（GS1）、《全球产品分类》（GPC）等。为了适应社会对单品管理的需求，目前国际上有关唯一标识的物品编码体系有：EPC 编码体系、UID 系统和 MCODE 等。

我国在结合发展和需求的前提下也制定了各类编码标准，国家层的编码标准大多属于分类编码标准，其所占比例大于所有国家物品编码数量的 70%。分类编码更多考虑物品的自然属性，即物品本身是什么便被赋予一个编码来表示物品的种类。典型的分类编码标准有 GB/T 7635—2002 全国主要产品分类与代码第一部分（可运输产品），中华人民共和国国家质量监督检验检疫总局、中国国家标准化管理委员会为此标准的制定或管理部门。

总体来说，我国目前现有的物品编码与标识标准虽然种类繁多，但是有关物品标识体系和物品编码标准体系的构建尚不完善。从整体上分析我国的物品编码标准化格局可以看出我国物品标准化工作存在的问题主要有如下几个方面：

一是国家物品编码标准中的属性编码种类太少。属性编码考虑物品的某一特定属性，依据这一属性来编码。例如，标准 GB/T 18127—2000 物流单元的编码与符号标记，这一标准为属性编码标准，其编码由应用标识符及托运代码组成。托运代码包括厂商识别代码及托运信息，托运信息由使用者自行处理，厂商识别代码见 GB 12904，托运代码可以作为一个单独的信息处理。由于对托运信息无明确的内容规范，这就造成信息种类的多样性。从托运代码可能无法识读出托运物品的其他层面的属性，比如物品的种类、产地、生产商等，所以此编码适用于物流运输，但未必适用于流通中更多的信息需求。

二是我国物品编码体系的研究还未形成严格的标准化理论体系框架。当前多种编码标识方案（ISO、GS1、UID、OID）并存，各应用领域的编码方案互不兼容。由于各种编码标识体系间的不兼容，使物与物的沟通存在障碍，从而加大了供应链的参与者、电子商务中的店商等主体对单品进行全程的可识别、定位、跟踪、监控和管理的难度。

三是关于物品标识技术的标准化研究仍然不够全面。标识技术的研究需要结合编码技术与解析技术，而此方面缺少相应的技术支撑环境，不能提供一个良好的编码标识技术支持平台。

四是人们对物品编码的作用和复杂性认知不够。目前，人们对物品编码标准化的认知仍然停留在传统物流时代物品编码是计算机应用的基础上，然而在实际工作中，人们对物品编码的重要性认识不够。加上对现有国家物品编码标准宣传力度不够，导致人们认为物品编码就是简单地给物品赋予一个代码，对物品编码的认识过于简单化，很少考虑编码资源的通用性、可扩展性。各自为政，重复建设现象严重，造成了资源浪费。

6.2.5　物品编码标准化发展趋势及战略作用

长期以来我国在物品编码标识方面进行了相关的标准化研究和应用工作，研究制定了相当数量的标准，这些研究成果为研究并建立适合我国国情的标识体系奠定了坚实的基础。但我国标准化研究在物品标识体系方面的研究较少，各个领域和行业间关于物品标识的认定不同。因此，各种标识方法之间的兼容问题进一步凸显出来。如何建立一套适用于各个领域的物品标识体系，加快建设我国物联网标识解析平台，并将物品编码、物品标识、物品跟踪追溯与物联网应用、电子商务应用、现代物流应用结合起来，正成为物品标识标准化理论研究和行业应用必然发展的趋势。

在物流的效率中标准化起到了关键作用，是因为在物流活动中涉及多个物流节点，只有当它们的口径统一了才能最大化发挥作用，比如包装在包装的标志上要标明规格（重量、数量等）条码的位这都关系到在运输过程中装卸与配送的便利性，所以有促进物流的作用。而信息化更重要，在现代物流中，只有实现信息化才能有真正的现代物流，在整个物流过程中无论生产物流还是销售物流都有密切关系，只有实现信息的高度及时的共享才能促进物流的发展。

搞好物品分类与编码标准化，具有巨大的经济效益和社会效益。以市场为主导，引导行业、企业积极参与，共同制定和维护作为公共基础的物品分类与编码标准，已成为国际物品编码标准化发展的方向。越来越多的企业逐渐倾向于使用 ISO、GSI、ANSI 等一些国际标准化权威机构所制定的标准。相应地，具备一定实力的企业往往通过评定程序被吸纳参与国际编码标准的制定和维护。国际编码标准化组织更加注重标准的开放和透明性。同时，企业的实际应用需求也在标准中得到了很好的体现。

智慧物流建设必须以科学的物品编码和解析体系为基础。物品编码解决的是物联网和智慧物流底层数据结构如何统一的问题，物品编码解决的是物联网和智慧物流信息传输的路径问题。在智慧物流体系运行中，物品代码必须通过一定的转换机制对应到一个或多个网络地址，由用户端通过访问该网络地址才可以进一步找到此物品标识代码对应对象的详细信息。物品编码与解析体系建设是我国物联网发展的核心内容，由此物品编码与解析标准化将成为物联网标准体系建设的重中之重。

6.3 城市地址信息公共服务

6.3.1 城市地址信息公共服务概述

城市地址信息公共服务主要通过 GPS 系统、交通信息采集系统、交通信息处理系统、交通信息播报系统、交通信息服务系统，实时采集和分析城市地址的相关信息，并通过公共数据通信系统，将实时路况信息发送给运输过程中的车辆，同时能够接收到运输车辆运输途中发送的信息及时反馈和处理，从而提高物流系统的效率，并逐步实现智能化。

1. 车载系统

车载系统主要包括 GPS 系统、交通信息接收系统、交通信息显示系统、交通信息语音播报系统和信息交互系统等。其主要功能是向中心实时提供定位车的位置和状态信息，接收中心发布的交通路况信息，以图灯显示和语音播报等方式提示交通实时路况信息，为司机选择合理的出行路线提供依据。

2．数据通信系统

数据通信系统主要包括 GPS、GPRS、GSM 广播、互联网和 PSTN 等。其主要利用公共数据交换和调频广播资源，建立中心与在途车辆、出行者和交通管理部门之间的信息交换。

6.3.2　城市地址信息公共服务的发展现状

近年来，城市地址信息公共服务的应用模式已逐渐渗透到各行各业中，其中，基于物联网和智慧城市发展起来的智慧物流已取得初步实践。城市地址信息公共服务所提供的空间信息，以及行业信息在物流行业内及行业间的共享应用将会提高物流产业供应链体系运营的整体效率和快速反应能力。

营建基于整个城市地址信息的泛共享环境，建设基于城市地址信息公共服务的地理空间框架和地理信息公共服务平台，将各类城市空间信息资源加以充分的整合与共享，在近些年的发展和建设中已取得显著的成效，大大提高了物业产业的通用服务能力。同时，这些举措也是实现智慧物流的重要途径和基本保障。

另外，建设和发展城市地址信息公共服务是基于城市相应的基础设施和相关的地理空间技术，由于各个地区的基础设施建设的程度大不相同，于是在城市地址信息的泛共享环境中出现了城市与城市间许多不相适应的地方。其中，如下两个方面的现象最为突出。

1）"信息不对称"与"信息鸿沟"、"数字分化现象"

由于信息化水平发展的不平衡，不同的地区存在有的发展速度快，有的慢，出现了"信息不对称"现象，即部分城市地区或企业信息化水平高，信息流动速度快，准确性强，信息技术的硬件与软件都很强，而另一部分地区或企业则相反，于是它们之间就出现了"信息鸿沟"或"数字分化"，由于信息不对称，将导致"经济的不对称"，结果产生新的社会分化。

2）"信息不对称"与"边缘化"现象

在全球化的洪流下，一些城市、地区和企业融入较慢，跟不上全球化的洪流，因此这部分在全球化洪流过程中落后的城市地区企业就出现了"边缘化"现象，即处在全球化洪流的边缘部位。众所周知，凡处于洪流中心的运动速度是非常快的，处于边缘的则运动较慢，因此，凡处于全球化洪流边缘部位的，或发展速度较慢的城市则被称为"边缘化的城市"，区域称为"边缘化区域"，因此也形成了新的社会分化现象。

6.3.3　城市地址信息公共服务的关键技术

1．GPS、GIS 技术与智慧物流

全球定位系统（Global Position System，GPS）是一个由覆盖全球的 24 颗卫星组成的卫星系统，具有全球、全天候、连续实时、自动化、高效益优势的导航、定位、定时、测速系统等功能，能为用户提供高精度的七维信息（三维位置、三维速度和时间）。这项技术可以用来引导飞机、船舶、车辆及个人安全、准确地沿着选定的路线，准时到达目的地。

对于物流系统，GPS 不仅能够提供物流配送和动态调度功能，还可以提供货物跟踪、车辆优先路线优先、紧急救援、预约服务等功能。GPS 的定位功能可以利用终端设备实时地监控车辆、货物的状态，对于实现实时调配有着重大的意义。GPS 的导航功能可以结合导航电子地图数据及实时交通路况信息，对配送车辆进行配送路径的规划及行车路线的引导，可以提高车辆配送的效率，从而进一步降低物流配送的成本。

地理信息系统（Geographic Information System，GIS）作为获取、存储、分析和管理地理空间数据的重要工具、技术和学科，近年来得到了广泛关注和迅猛发展。由于信息技术的发展，数字时代的来临，理论上来说，GIS 可以运用于现阶段任何行业，物流业也不例外。

GIS 应用于物流分析，主要是利用 GIS 强大的地理数据及电子地图技术来完善物流分析技术。GIS 的基础地理数据为物流配送提供准确、详尽的位置支持，包括配送区域及中心与客户之间的位置关系，以及配送中心到客户所在地的道路信息。集关系数据库管理、高效图形算法、插值、区划和网络分析等多学科的最新技术为一体，GIS 具有强大的空间分析功能（如最佳路径分析、地址分析、缓冲区分析等），有效地将其分析功能运用于物流的各项分析中，可提高物流行业的整体技术水平，为管理者提供决策依据。

2．地址编码技术

1）地址编码原则

地址编码标准制定的主要任务是建立城市信息资源分类与编码标准体系，确定地址编码体系结构，力图和现有的标准有效地连接，具体包括地名分类标准、地名编码规范、道路编码规范和楼名编码规范等。在地址编码标准制定方面应该遵循如下原则：

（1）唯一性原则，即每一个地理实体在数据库中能够被唯一识别。

（2）科学性原则，从编码中可以识别地理实体的从属关系。

（3）可扩展性和可持续性原则，应当适应对象的发展变化。

（4）标准性原则，编码必须适应国家标准体系，以便实现数据共享。

（5）层次性原则，地址编码应当能够放映地址数据中各个地址要素的层次关系。

2）地址编码规则

对地理实体的标识是地理信息系统研究的重要问题，这就是地址编码问题。地址编码有很多方面，但主要的问题是如何为每一个特定的地理要素或位置指定一个唯一的标识码。在这方面各行各业都已经做了大量工作，例如，邮政编码、行政区域代码、道路代码、河流代码等。对于数字城市来讲，在代码方面有很多不够完善和相互矛盾的地方。

为了准确提供位置信息即地址信息，就必须进行规范化、标准化地名分类与编码。其主要任务是确定地址编码体系结构。本文在制定地址编码标准时，尽量使用现有的国标，具体包括：

（1）地名分类标准地址编码中的地名分类标准参照《GB/T 14395—1993 城市地理要素—城市道路、道路交叉口、街坊、市政工程管线编码结构规则》、《GB/T 18521 地名分类与类别代码编制规则》和《GB/T 17694—1999：地理信息技术基本术语》制订。

（2）地名编码规范地址编码中的地名编码规范引用《GB/T 14395—1993 城市地理要素—城市道路、道路交叉口、街坊、市政工程管线编码结构规则》、《GB/T 17694—1999：地理信息技术基本术语》、《GB 17733.1 地名标牌 城乡》、《CJ/T 213 城市市政综合监管信息系统单元网格划分与编码规则》和《CJJ 100 城市地理空间框架数据标准》。

（3）地址编码中的道路分类标准和编码规范借鉴《GB/T 14395—1993 城市地理要素—城市道路、道路交叉口、街坊、市政工程管线编码结构规则》和《GB/T 17694—1999：地理信息技术基本术语》制订，同时考虑到系统对编码的实际使用需求，避免编码复杂化。

（4）门牌编码规范。门牌编码的标准尚无可参照的标准。

（5）楼名编码规范。楼名编码的标准尚无可参照的标准。

3. 地址定位与匹配技术

1）地址匹配引擎的功能

地址匹配是将地址数据按照一定的地址匹配策略与标准地址库中的地址信息进行比对，并进行必要的地址插值计算处理，从而自动获取该地址的对应的空间地理坐标值，并比较准确地定位到电子地图的相应空间位置上的过程。

地址匹配的目标是为输入的地址数据返回最准确的匹配结果。首先，它在街道级别的地址范围内进行精确匹配，如果没有找到匹配的地址，它会在上一级的地址范围内进行搜寻，直到找到匹配结果为止。最后，完成匹配的地址数据被赋予空间坐标。

地址匹配引擎既要能完成单个地址的匹配，也要能完成大批量地址匹配任务，从而实现多种类型的城市地址定位。简单说来，地址匹配引擎的主要功能包括如下内容。

①标准地址匹配

地址匹配引擎提供接口，接收由客户端提供的标准地址字符串，自动确定其地理位置（经纬度或其他单位的空间坐标），并在图形窗口中显示结果。标准地址是指那些符合地址编码数据库系统所规定的地址类型和描述形式的地址。

②随机地址匹配

将客户端传来的随机地址字符串，自动转化为标准地址，进而确定其地理位置，并返回相应的匹配结果信息。

③批处理地址匹配

批处理地址定位主要用于用户非实时地大批量匹配和处理大量的地址数据。

④反向地址匹配

实现由空间图形查地址。用户在地图界面上点击鼠标，并选择容限值，系统返回与鼠标点击处最匹配的地址字符串，并返回相应的匹配信息。

2）地址匹配的方法

地址匹配是实现地理编码的核心技术。通常地址匹配的实现方式为定位到街道和定位到区域，这种传统的匹配方式显然不能适应国内的地址现状，这也是地理编码实用性不高的主要原因，所以设计并实现适应国情的地址匹配方式是非常有必要的。

根据国内地址模型的研究成果，设计了门牌号类、楼牌号类、区域类、标志物类和其他地址类五种基本的地址匹配方法，并应用规则引擎技术来实现这些地址匹配方法，所以需要为每类匹配方法制定匹配规则。规则主要包括空间参照数据和匹配关键字段这两个方面。采用 XML 技术来实现对规则的配置设定，这样各级用户可以很方便地根据自己的实际情况对规则进行增删查改，使得规则的应用具有很大的灵活性、可配置性和扩展性。

6.3.4　城市地理信息系统

1．城市地理信息系统的定义

城市地理信息系统（UGIS）是将反映城市现状、规划、变迁的各类空间数据（如地形、地貌、建筑、道路、综合管线等），以及描述这些空间特征的属性数据通过计算机进行输入、存储、查询、统计、分析、输出等的一门综合性空间信息系统。

2．城市地理信息系统的组成

城市地理信息系统是应用在城市政府、部门、企业及市民社会生活等领域的地理信息系统。从广义角度看，城市地理信息系统由如下五部分组成。

1）信息基础设施

在信息时代，人们对信息资源、信息通信技术和信息服务方式的依赖越来越大，要求也越来越高，其目标是能在任何地点、任何时间、以任何媒体方式方便而经济地获取和发送信息，与任何人进行声音、数据和图像的任何组合形式的信息交流。这些功能只有通过数字化、综合化、宽带化、智能化、个人化的通信网才能实现。

20 世纪 90 年代以来，世界主要工业国家开始修建"信息高速公路"，信息基础设施的建设为城市 GIS 由单机操作进入 Internet 奠定了基础。信息基础设施已经成为 GIS 的重要组成部分。

2）GIS 硬件

GIS 硬件是城市地理信息系统的基础平台，具有输入、存储、查询和输出地理数据的功能。硬件包括：主机（大中小型机、工作站、微机）等主处理设施、终端（显示器）等显示设备、硬盘和 XCD-ROM 等外部存储设备、键盘等数据输入选择设备、数字化仪和鼠标等空间数据选择设备、绘图仪打印机等数据输入设备，以及网卡网络配件等网络连接设备。

3）GIS 软件

GIS 软件是城市地理信息系统的核心。地理信息系统软件在硬件的支撑下，执行地理信息系统功能的各种操作，例如管理与分析地理数据。一个地理信息系统的运行情况良好与否，很大程度上取决于软件系统功能的优劣及其与硬件系统的配合与协调状况。

4）地理数据

地理数据是地理信息的一种载体。它包括描述地球表面空间分布事物的属性数据和空间数据。地理数据不仅能表达地球表面上某个物体或现象是什么，而且也能表达它们的空间位置。描述地球表面的一个地物或现象，必须使用两类不同的地理数据：属性数据和空间数据（空间数据又称为地理位置数据）。属性数据说明某个地表事物和地表现象是什么，如道路交叉口的交通流量，道路路段的通行能力、路面质量，地下管线的用途、管径、埋深，行政区的常住人口、人均收入，房屋的产权人、质量、层数等；空间的数据说明地理事物和地理现象在哪里。空间数据对二维空间各种事物最基本的表示方法是点、线、面。点是城市中有确切的位置，但大小、长度可忽略不计的事物，如道路交叉口。线是面积可以忽略不计，但长度、走向很重要的事物，如道路、地下管线。面是具有封闭的边界、确定的面积的事物，在形态上表现为不规划的多边形，如行政区域、规划地块等。地理基础数据是城市地理信息系统中必不可少的重要数据，主要包括地形、居民点、交通道路、水系、行政区划接线等内容的数据。地理基础数据主要来源于大比例尺地形图。这种图有统一的大地控制基础，统一的地图投影和统一的分幅编号，其生产作业严格按照测图规范、编图规范和图式符号进行。

5）参与地理信息系统的人

从系统工程角度看，人是地理信息系统的一个重要组成部分。在地理信息系统的整个研制、开发和运行过程中，人是最重要的因素。人是整个地理信息系统得以运行的灵魂。人在地理信息系统中的作用，主要体现在如下三个方面：人是 GIS 硬件的制造者、软件的开发者和数据的生产者。

如果从计算机系统的技术角度看，城市地理信息系统是一个用于对城市地理数据进行采集、管理、查询、计算、分析与可视表现的计算机技术系统。一般所指的城市地理信息系统是应用于城市领域的大型软件系统。

3. 城市地理信息系统的特点

城市是人口、资源、环境和社会经济要素密集的地理综合体，是人文和自然高度复合的复杂系统。因此，和一般地理信息系统比较而言，城市地理信息系统具有如下主要的特点。

1）数据类型的多样性和服务对象的多层面性

城市地理信息系统包含了地理基础要素和资源、环境、社会经济等多种类型的数据，在时间上是多时相的，结构上是多层次的，性质上又有"空间定位"和"属性"之分，既有以图形为主的矢量数据，又有以遥感为源的栅格数据，还有关系型的统计数据，这就必然对数据模型提出特殊的设计要求。在服务对象方面，既要考虑市政主管、专业部门和公众的查询需要，又要满足管理、评价分析和规划预测的不同用户需求。因此，城市地理信息系统对服务对象的多层面性有很高的要求。

2）精度高、现势性强

从特定角度看来，城市地理信息系统是地理信息系统在大比例尺地图中的应用。例如，它用于房产和地籍的管理，为此要采集和处理数据，其精度要求甚高。另外，城市化进程和城市发展加快，对信息更新的时效性要求也随之提高，已经提出"逐日更新"的要求，以确保系统内信息良好的现势性。

3）模型化、智能化和多功能性

城市地理信息系统既要实现管理现代化，又要实现策略的制订和优化，它必然要有一整套分析、评价、预测和优化的模型，并具备管理、评价分析和预测预报等多种功能，它比一般地理信息系统应有更综合和更高级的智能化需求。

4）与办公自动化的一体化

城市政府部门的办公自动化是城市地理信息系统应具备的功能之一，也是确保城市地理信息系统具有生命力和信息更新能力的一个非常重要的途径。因此，政府职能部门的办公自动化最好能充分应用城市地理信息系统的技术，并形成一体化的系统结构。

5）严格的层次结构和高度统一的规范标准

城市的职能部门很多，结构相对复杂。因此，对于一个城市地理信息系统，从其底层的基础地理信息子系统，到中层的各种专题子系统和高层的综合子系统，在层次结构和建设顺序上均有严格的要求，并且在信息标准、技术标准和系统标准上必须有一整套规范，以确保信息共享和系统兼容。

6）强烈的实用化需求

城市地理信息系统建设的实用化需求十分迫切，用户明确，目标清楚，可能取得的经济效益和社会效益也是一目了然的。所以，较之其他地理信息系统，它的实用化需求会更加强烈和明确。

4．城市地理信息系统的功能

城市地理信息系统的功能可从如下两个角度来描述：一是从数据处理分析和表达的技术角度描述，可概括为数据获取、转换和编辑、数据重构和转换、数据分析与表达、查询检索及成果输出 6 种主要功能，这是面向城市地理信息系统专业人员的概括。二是以应用为导向，从用户使用城市地理信息系统对城市进行管理与规划的角度来描述，可概括为如下三种功能。

1）管理功能

通过建立城市地理信息系统，实现各种信息的数字化、标准化和计算机化，从而达到统一管理、数据共享和促进办公自动化，实现信息的快速查询、检索、实时交换及可视化表达和输出，逐步形成一个以计算机为核心的城市动态管理系统，对城市实行现代化管理。

2）评价分析功能

通过建立不同的分析模型和辅助决策支持系统，对城市某种单一或综合性问题，如交通网络、投资环境、规划管理、企业选址或工程效益等，进行综合评价分析，提出方案，供主管部门决策参考，也包括应付一些突发性事件，如城市洪水、火灾等灾害，也可通过相关的分析评价，作出快速反应。

3）规划与预测功能

这是根据城市现状、发展趋势和潜在能力等综合因素，通过不同预测模型来展现可能的前景，供中长期规划和宏观调控参考之用。城市地理信息系统是支持这种规划与预测的有力工具。目前城市地理信息系统着力探索的正是可用于城市持续发展能力建设的这一功能。

6.3.5　城市地址信息公共服务的发展趋势

在城市数字化、物联网技术及传感技术的高速发展的环境下，我国物流产业已在各大中城市的中心点布局，构建相应的城市地址公共信息平台，信息化、智能化、集成化和网络化趋势已成为智慧物流发展的必然方向。

（1）物流体系的各个环节实现自动化、智能化、透明化。在未来的发展中，借助新的科技手段，完善地理空间定位技术和动态信息采集技术，构建无盲区的地理空间框架，任何物流服务主体可以通过物流地理信息公共服务平台随时可以获取运输体系中任意节点车辆的动态信息，同时，能够实现各节点之间零时差的信息反馈，从真正意义上实现了物流的智慧化和透明化。

（2）物流产业趋向精准化、专业化、高效化发展。通过完善城市地址信息公共服务，整合运输资源，逐渐形成全国性的运输配送网络，形成覆盖全国乃至全球的物流网络。实现区域按时段设定固定的若干班次、固定发车时间，使货物送达更加精准化；同时可以实现航空、陆运或铁路运输等多种运输手段协同运输的方案，完成门到门配送任务及区域分拨中心之间的库存调运和补货任务，真正弥补现代物流最后一公里的缺陷。

（3）通过城市地址信息公共服务可以实现对货运车辆的实时监听监控，对物流供应链全过程的定位、跟踪、监控和管理，使得被监听监控车辆的安全系数大幅度提高，充分保障人、货、车的安全性。

（4）城市地址信息公共服务将 RFID、即时通信、GPS 定位等数据进行有机对接，使得 RFID 信息、GPS 信息可随时通过即时通信手段送到货主、车主等的电脑、手机及物流园区大厅电视显示屏上，实现货主、车主对货物、车辆、驾驶员的实时监控，大大加快了信息传递速度与效果。

（5）建立全新全国"物流园区联盟"推广接入体系，实现园区间资源共享、数据共用、信息互通。通过城市地理信息平台，可实现国内区域间、区域内物流园区、配送中心、物流中心、交易中心、物流企业等之间的横向整合，做到区域物流资源信息的共享，最大限度地优化配置社会物流资源、降低社会物流成本。

（6）城市地址信息公共服务充分利用 GPS 全球定位、3G 技术、RFID、互联网等多种 IT 核心技术，一改中国物流行业中信息化传递的传统产业格局，率先推进物流行业从传统货运、仓储、停车场业态向着物流信息中心、货运代理、物流园区经济的现代物流方向进行转变，形成"物流企业集聚、信息网络运作、外包业务集中"的新物流业态特色。

6.4　物流公共服务平台

6.4.1　物流公共服务平台概述

1. 物流公共服务平台简介

物流公共服务平台包括物流信息平台建设和物流仓储平台建设。物流信息平台是今后的物流信息平台，将是基于大数据的中转中心、调度中心和结算中心。物流仓储平台对物流成本的影响至关重要。物流公共服务平台结构拓扑图如图 6.3 所示。

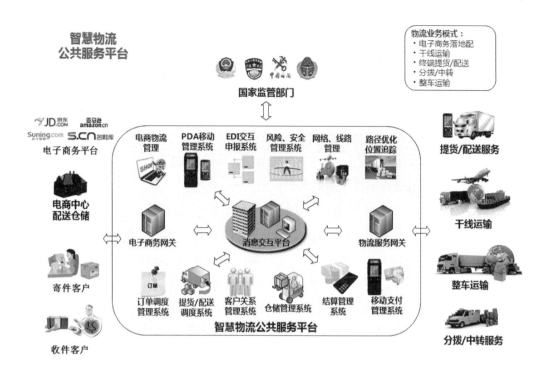

图 6.3　物流公共服务平台结构拓扑图

2．智慧物流公共服务平台简介

所谓智慧物流公共服务平台是指以先进的互联网及云计算技术为支撑，提供物流信息技术设备等资源共享服务，可有效整合供应链资源，向用户提供信息交易技术及管理等服务，满足企业信息化的需求。市场上出现了满足用户不同需求的物流服务平台，其中有致力于打造第四方物流，专为中小物流企业提供会员服务与管理服务的平台，如上海物流汇；有致力于打造既可以为用户提供信息服务、交易服务、增值服务及云服务的智慧物流平台，如成都物流公共信息平台；也有致力于为天猫、淘宝平台上的电商提供 IT 基础设施和数据云服务的电子商务平台，如聚石塔。

目前，物流服务平台初步实现了物流信息的发布共享交易撮合及简单的增值服务，但就物流信息化水平而言，多数平台在技术方面还远未达到智慧物流的水平，先进的物联网及云计算技术还未充分应用，如何实现运输透明化、路径最优化、配送智能化，以及管理和决策的科学化等，还是现代物流发展的短板。

3．物流公共服务平台的功能

为促成物流行业整体水平的提高，形成行业的良性发展，智慧物流公共服务平台应发挥如下作用：

（1）支持物流企业提高物流管理信息化水平。

（2）给物流企业和相关产业（如制造业）提供各种基础服务，包括物流资源查询、物流监控、信用管理和动态消息发布等。

（3）促进物流企业和相关企业之间的物流信息交换流通。

（4）提供物流全程可视化服务，改善物流风险控制，促进供应链协同。

（5）提供智能分析和优化服务，帮助物流企业发掘潜力。

6.4.2　智慧物流公共服务平台的建设

1. 构建智慧物流公共服务平台的背景

据调研，中小物流企业一般难以掌握整个市场的需求变动情况，和制造业缺乏联动，部分企业由于信息量不对称、信息不流通、市场定位、服务形态、业务开拓及设备等问题，无法满足客户的需求，导致业务量不足、车辆利用率普遍较低，极大地影响了企业自身的发展。基于上述分析，物流公共服务平台主要服务对象为中小物流企业，而中小物流企业的物流信息化水平普遍不高，系统互联的能力比较差，且对投资回报率比较敏感。如何服务好广大中小物流企业，是智慧物流公共服务平台要面对的主要问题。

另外，"十五"前期，电子商务与现代物流科技发展在"以应用为导向，优先解决突出薄弱环节，强调信息技术，带动资源整合，创新应用模式，加强标准与能力体系建设，努力实现我国电子商务与现代物流科技发展的新突破，为我国电子商务与现代物流的跨越式发展提供技术基础"的思想指导下，在对现代物流在国民经济中的战略地位与作用深刻认识、在充分论证的基础上，开展了"电子商务与现代物流技术研究、开发及示范工程"项目。该项目组织开展了我国电子商务与现代物流发展的战略研究，研究制定了我国电子商务与现代物流的标准体系及若干关键标准，开展了电子商务与现代物流重大关键技术攻关及其在行业中的集成应用，实施了区域电子商务与现代物流应用示范工程。

智慧物流公共服务平台就是在这样双重因素的背景下被提出的。智慧物流公共服务平台的建设，从企业经营的角度而言，围绕供应链管理思想，促进了企业商流、信息流和物流的协调统一，使企业能够在全球一体化环境下达到快速反应市场、最大限度地满足客户的需要和保证利润最大化的必要手段；从区域发展的角度来看，与电子商务、电子政务等一起，共同构成了区域经济发展的软环境建设的重要组成部分，对减少区域内企业物流综合成本、增强区域经济的竞争力有着积极的作用。

2. 智慧物流公共服务平台的构建原则

（1）提供通用服务，满足共性需求。

（2）应用简单，有较大的伸缩性，适合规模应用。

（3）可接入性强，提供普适计算服务。

（4）服务对于企业有较好的投资回报率，企业不用大规模投入即可使用先进的信息技术和管理手段。

3．构建智慧物流公共服务平台的战略作用

（1）该平台致力于打造全国跨部门、跨行业、跨地域的物流信息共享和交换体系。逐步实现全国区域间，区域内物流园区、配送中心、物流中心、交易中心、物流企业间的横向整合，最大限度地优化配置社会物流资源、降低社会物流成本、提升物流全过程的整体运作水平。

（2）该平台还面向物流作业的全流程，积极引入第三方支付平台，为全国物流企业提供网上配货、网上交易、电子支付、在线保险等物流电子商务服务，致力于打造全国网上交易量第一的公共物流信息平台。

（3）该平台集成整合网络，整合优化资源，优化设计流程和管控流程。建设智慧物流数据中心和分析应用中心，实现对物流链全过程的定位、跟踪、监控和管理。一方面保障资金安全，缩短交易链、减少交易环节，大幅下降交易成本，提供安全可靠的交易环境；另一方面帮助中小物流企业提升信息化应用水平，全面提升物流信息化整体水平。

（4）对政府部门来说，通过平台发布相关政策和信息，对物流产业发展进行引导；对政务资源信息进行整合，面向社会，综合政务信息服务；加强物流信息资源的开发利用，信息交换共享，及时掌握省内物流状态，方便统计和调控；推进信息技术在物流领域应用的深度和广度，推进物流电子商务发展；推进物流标准化和新技术的应用；提供应急物流响应，突发事件，重要战略物资的紧急调配及信息支撑；有助于培养、发现物流人才，推进物流人才产业发展。

（5）对物流企业来说，平台可提供物流数据、信息，强化第三方物流竞争力，易于实现产业联盟；提高运输效率，避免回程空驶，方便整并柜安排，降低物流成本；提高物流整体解决方案能力，强化联运计划安排，发展多式联运；诚信核查，降低损失，同时方便货况掌握和异常货况处理；借助货源、运力相关的数据指数分析，优化运营管理；提高客户服务水平。

另外，物流上下游企业可以通过平台拓展经销渠道，寻找可信的物流服务提供商；实时掌握物流承运商的整体状况，及时查询和跟踪；快速响应异常货况和货物安全；依照实际到货安排生产，降低库存，节省物流成本，提高资金利用率；依据行业指标统计，指导企业生产，提高企业竞争力。

据了解，通过平台电子商务信息交易，可为社会运输经营户节约营销成本 50% 以上，加快信息交易的效率，使空车配货时间从原来的平均 72 小时缩减到目前的平均 6 小时，从而促进物流交易链缩短、交易环节减少，交易成本大幅下降。

（6）对社会公众来说，可以通过平台浏览信息、发布信息、寻找可靠物流企业、动态追踪货物；三证查验，获得物流咨询，选择最优的物流解决方案；进行权益保障，获得可靠服务，必要时可进行服务投诉；促进物流人才就业。

6.4.3　物流公共信息平台概述

1．物流公共信息平台的定义

物流公共信息平台是指基于计算机通信网络技术，提供物流信息、技术、设备等资源共享服务的信息平台。具体包括三方面的内涵：物流电子政务平台，用于政府监管和服务的职能，电子口岸即属于此类；物流电子商务平台，用于供应链一体化网上商业活动；电子物流平台，用于物流运输全过程实时监控管理。其具有整合供应链各环节物流信息、物流监管、物流技术和设备等资源，面向社会用户提供信息服务、管理服务、技术服务和交易服务的基本特征。物流公共信息平台的参考体系架构如表 6.2 所示。

表 6.2　物流公共信息平台的参考体系架构

应用扩展层	物流应用	综合信息服务、在线交易服务、数据采集与分发、物流业务系统……
	数据接口	EDI、RN、chXML、定制 XML……
服务支持层	公共服务	FTP 服务、邮件服务、消息服务、注册服务、CA 认证服务、数据字典与映射服务、数据分析与报表服务、网关与安全服务、工作流管理……
	支撑服务	权限管理、目录管理、日志服务、用户 / 组织机构管理、系统监控与管理……
平台基础层	运行环境	服务器与网络系统、操作系统、数据库、中间件……

2．物流公共信息平台的特点

（1）物流公共信息平台以提供基础性公共服务为主。从功能定位上来说，物流公共信息平台以提供基础性物流公共服务为主，包括：

① 信息传输与转换。实现跨系统之间可靠、安全、可信的信息传输与交换，如 EDI 数据交换。

② 政府各业务系统服务门户。通过物流公共信息平台，实现企业物流系统与政务各业务系统之间的对接，如电子报关等，解决政府与企业应用接口的问题。

③ 物流信用与安全保障。从国家和行业角度解决物流信息系统建设和使用过程所急需的信用保障环境和安全保障环境，如实现物流行业统一征信、跨平台多数字证书的交叉认证等。

（2）物流公共信息平台更强调政府资源的整合。通过物流公共信息平台实现区域物流资源整合，提高物流运营整体效率是物流公共信息平台的建设目标之一。

（3）物流公共信息平台的经营具有一定的垄断性。由于物流公共信息平台需要实现区域内政府资源的整合，必然决定了当前我国物流公共信息平台的建设与经营，需要具有一定的垄断性。一般情况下，物流公共信息平台的建设运营由政府下属机构来负责，如依托区域内电子口岸、行业主管部门信息中心等机构来建设和运营。由企业自行建设的物流信息平台，由于不具有政府资源整合的特征，不具备提供基础性公共服务的基础条件，所以不能归结为物流公共信息平台。

（4）标准化是物流公共信息平台的主要任务。标准化的物流不仅降低了工作难度，减少了物流损失，而且降低了物流综合费用，使得物流企业可以为客户提供高效低成本的物流服务。物流公共信息平台作为全社会物流行业公共信息平台，应承担起物流标准化推广的作用，通过开放式接口，扩大平台与企业物流系统的有效衔接，从而推动物流信息标准化工作。

3. 物流公共信息平台的分类

1）行业物流公共信息平台

按运输方式：全国铁路公共信息系统、航空货运公共信息系统、水运公共信息系统、公路运输公共信息平台；按产业：钢铁物流、医药物流、农产品物流、家电物流等，以及其他运输与服务方式的信息网络。

2）区域物流公共信息平台

区域物流公共信息平台是区域物流活动的神经中枢，它是利用现代计算机技术和通信技术，把物流活动中的供、需双方和运输业者及管理者有机联系起来的一个信息系统支撑体系，如图 6.4 所示。

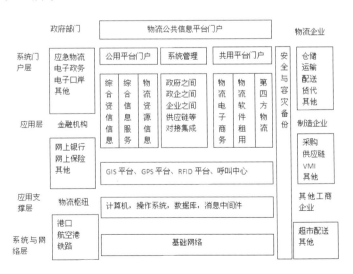

图 6.4　区域物流公共信息平台体系架构

3）以特色物流服务功能为基础的物流信息平台

以特色物流服务功能为基础的物流信息平台包括公路货运、国际海运货代等信息平台。随着电子商务的兴起，这类物流信息平台应用互联网为运输企业和货主提供运输能力与需求的自动匹配与优化，整合其供方与需方的信息，以降低交易成本、优化资源配置来获得商机、赢得市场。

4．物流公共信息平台的主要功能

1）数据交换功能

这是平台的核心功能。提供电子数据交换的途径，可灵活地配置数据导入、导出的方式，支持 TXT 文本、XML 文本和 Excel 等多种文件格式，以便实现电子单证的翻译、转换、通信和存储，完成网上报关、报检、许可证申请、结算、缴（退）税、客户与商家的业务往来等与信息平台连接的用户间的信息交换。

2）信息发布功能

以 Web 站点的形式实现，用户只要通过 Internet 连接到信息平台，就可以获取站点上提供的物流信息。信息主要包括水、陆、空运输价格，新闻和公告，政务指南，货源和运力，以及航班船期、空车配载、铁路车次、适箱货源、联盟会员、职业培训和政策法规等。

3）在线交易功能

在线交易功能是物流电子商务的功能。平台为供方和需方提供一个虚拟交易市场，双方可发布和查询供需信息，对自己感兴趣的信息可与发布者进一步洽谈，交易系统可为双方进行交易撮合。交易整个过程包括：发布与查询、网上在线交易和网上支付。

4）货物跟踪功能

采用 GPS/GIS 系统、PDA、手机等跟踪货物的状态和位置。状态和位置数据存放在数据库中，用户可通过 Call Center 或 Web 站点获得跟踪信息。对履行过程进行监控，实现全程可视化，是托运人能掌握货物位置和状态的实时信息，以保证流程的集成性。

5）决策支持功能

建立物流业务的数学模型，帮助分析、比较和选择物流业务运营、战略和策略上的方案。如智能配送功能，即进行最优化配送，使配送成本最低，在用户要求的时间内将货物送达。包括路线的选择、配送的发送顺序、配送的车辆类型和客户限制的发送时间。

再如商业智能（Business Intelligence，BI）通过联机分析处理和数据挖掘等技术更准确地分析这些数据，解决数据爆炸问题，帮助公司确定将采取的动作，使商业流程和商业运营变得更加有效，帮助企业保持竞争优势。

6）金融服务功能

在相关法律法规的建立和网络安全技术的进一步完善后，可通过物流信息平台网络实现金融服务，如保险、银行、税务、外汇等。在此类业务中，信息平台起信息传递作用，具体业务在相关部门内处理，处理结果通过信息平台返回客户。

7）综合服务功能

多种功能的集成化、综合化应用，如供应链管理功能、应急物流管理功能等。行业物流信息平台对上下游供应链不断整合，应对快速变化的市场需求，提高服务水平，减小成本所带来的压力，对自己的客户提供第三方物流服务，如物流业务的在线交易、物流的跟踪等。

8）系统管理功能

对整个信息平台的数据进行管理，包括用户管理、权限管理、安全管理和数据库管理等。物流系统涉及方方面面的使用人员，系统管理模块将对这些人员进行集中管理，为这些人员分配不同模块及使用权限。这样可以保证用户安全地使用自己的模块系统，完成自己的工作与职责，而不会越权使用其他的模块系统。

9）容灾备份功能

物流公共信息平台作为物流的神经网络管理中心，其安全性极为重要。因此，必须从多方面采取措施，保证物流公共信息平台的安全，特别是数据的安全。物流公共信息平台需要容灾备份的措施。区域性物流公共信息平台，需要异地容灾备份的措施。

6.4.4　物流公共信息平台的建设

1. 构建物流公共信息平台的战略目标

确定物流公共信息平台的功能体系，既要考虑成熟的市场支持功能定位，还需考虑培育新业务的功能定位和未来业务支持功能定位。物流公共信息平台是由政府多个行业管理部门、物流枢纽、物流园区、物流企业、工商企业等多方参与的复杂系统，为建立适应多样化服务需求的物流公共信息平台，首先需要确定平台系统的功能定位、体系结构和总架构等总体性问题，以便指导物流公共信息平台的规划设计与建设。

物流公共信息平台应实现的应用体系结构从纵向分为四个层面：国家级、省级、地市级和园区企业级物流信息平台，而横向的主要侧重于同一层面上的各级政府机关和业务系统之间的行政管理和协作；纵向的各政府职能部门分别经各自的物流公共信息平台系统互通互联，侧重于同一职能的各级政府部门和业务系统之间的业务处理。物流公共信息平台的建设实施主要有如下几点意义：

（1）信息资源的整合与共享。物流企业与客户要对各种信息作全面了解和动态跟踪，通过平台将物流园区和物流中心的各类信息资源进行整合，在一定范围内对各信息资源进行共享。

（2）社会物流资源的整合。对社会物流资源进行整合，提高物流资源配置的合理化，提高社会物流资源利用率；降低企业产品运营成本和运输周期，提高产品市场竞争力。

（3）政府管理部门间、政府与企业间的信息沟通。规范和加强政府的宏观决策和市场管理，提高政府行业管理部门工作的协同性，提高物流业的行业管理、发展与规划的科学性，为企业参与国内外市场竞争提供平等发展的舞台与空间。

（4）现代物流系统运行的优化。通过平台减少物流信息的传递层次和流程、提高现代物流信息利用程度和利用率，使物流系统以最短流程、最快速度、最小费用得以正常运行，实现全社会物流系统运行的优化，有效地降低物流成本。

（5）优化供应链。对现代物流市场环境快速响应，形成供应链管理环境下固定电子物流和移动电子物流两种模式共同支撑的平台体系结构；实现行业间信息互通、企业间信息沟通、企业与客户间信息交流，使现代物流信息增值服务成为可能，从根本上提升现代物流的整体服务水平。

2．物流公共信息平台建设模式

1）我国省际物流公共信息平台建设模式

区域性物流公共信息平台的规划构建及运营方式可以分成"政府模式"、"企业模式"和"混合模式"。

基础架构建设与应用功能并举的新型的"混合模式"。政府统一规划、协调物流公共信息平台的建设，并投资（引导资金）建设省物流公共信息平台的基础架构和公共服务功能。同时，根据本省物流调整振兴的重点发展领域和工程的迫切需求的功能，寻找和引导部分企业投资建设面向具体应用的功能。

2）美国物流公共信息平台建设模式

① TransCore 模式

TransCore 公司物流货运信息平台包括信息撮合和系统租赁两种模式，提供基于SAAS 的公共服务模式。信息撮合根据托运人的发货需求对承运人进行公开招标，并对执行情况进行等级评价，通过信用机制约束承运人。系统租赁是指向中小物流企业提供通用的物流信息管理系统，帮助没有开发能力和资金实力的中小企业实现信息化管理，以整合社会资源。信息撮合和系统租赁相辅相成、相互促进，既能保证物流交易的正常进行，又能使企业持续营利。TransCore 每年物流收入为 7 000 万美元左右。

② Landstar 模式

Landstar 通过自身的信息平台整合大批货代，这些货代通常年收入都为 200~1 000万美元，Landstar 通过区域代理发展客户，同时采用紧密型挂靠车辆的管理办法控制车辆资源，以其自身的 IT 实力和资金垫付实力保证业务的正常运转。在托运人下达运输指令时，通过信息平台寻找合适的代理商，促成物流运输交易的完成。每年收入为 26 亿美元左右。

3. 基于物联网的物流信息平台运营模式选择

就我国物联网的发展的现状来看，单纯地由政府为投资主体建设和运营基于物联网的物流信息平台不太现实，而单纯地依靠企业投融资也非常困难。作为新兴事物，国内外还没有任何企业有成熟的运作经验，所以完全委托的运营模式也不具备应用价值。

6.4.5　物流公共信息平台的发展现状及趋势

1. 物流公共信息平台的发展现状

近年来，我国许多省市开始了物流公共信息平台的规划和建设。其中，物流枢纽的信息平台的建设起步较早，发展较快。

目前，有些行业已经建设了一些物流枢纽的物流公共信息平台。有些口岸物流信息平台在不同程度上整合了口岸各相关部门，包括货物生产商、货运代理商、承运商、货船卸货方、海关、检验检疫等政府部门。这些平台通过排除或减少货物处理过程中不必要的有纸作业，提高货物处理效率，提供口岸物流各种相关业务及其数据的实时查询和交换。

区域性的公共物流信息平台建设和发展较慢，而且发展也不平衡。经济发展快的长三角、珠三角等地区公共物流信息平台的规划建设较早。已经建设了一些地市级的公共物流信息平台。例如，沿海港口城市广州、厦门等。

另外，构建物流公共信息平台也存在一些技术问题，主要有如下几个方面。

（1）动态和标准的集成模式是物流公共信息平台发展的技术基础。

（2）物流公共信息平台的长期发展仍依赖于来自供应链稳定的长期的业务需求。

（3）除逐步完善市场交易秩序，减小潜在的交易风险外；在物流公共信息平台与供应链管理系统之间建立动态的、标准化的集成模式，以便能够从一些"点"需求的服务开始，逐步发展为更高层次的、集成化、综合性的服务。

（4）实现动态和标准的集成模式的关键是解决异构环境下的集成问题：不同的操作系统、不同的数据库、不同的编程语言，以及不同的应用系统之间的集成。

（5）各个层次的集成：数据交换与共享、信息集成和应用集成。

（6）企业中的信息环境往往都是异构环境，传统的竖井式、面向功能的技术架构导致复杂、冗余和难以重用的程序、众多的接口，形成一个个难以实现资源共享的信息孤岛和杂乱无章的集成架构。

（7）各 IT 系统间存在着不易扩展、不够灵活、应用开发周期长且利用率较低等问题，致使企业的敏捷性降低。

2. 智慧物流平台建设的优化配置

（1）综合考虑上下游企业的整体需求。传统的物流管理平台根据企业内部的资源及生产能力和生产成本来进行产能优化配置，不考虑与其上游企业供应及下游企业分销等相关的成本。融合制造资源计划、准时化生产、约束理论这三种管理思想，研究生产计划管理与控制；使得企业生产费用和库存保管费用最少；智慧物流平台架构是在运用供应链的协作特征，以上下游企业共同需求为导向建立的产能优化配置模型，模型将综合考虑上下游企业盈利、设备利用率及上下游企业的需求饱和度进行整体架构，满足全社会物流功能需求。

（2）综合考虑全社会需求饱和度的整体优化配置。物流管理理论的另一种观点认为，物流管理平台主要研究了多个产品、多个供应商、多个用户的生产到分销网络中生产任务的分配、生产批量、运输计划和订货批量的联合决策问题，对产能优化配置问题的研究都是以生产成本或供应链相关成本最少为目标，缺乏全社会需求饱和度及企业本身设备利用率的研究。全社会视角下智慧物流管理平台是在对全社会物流数据池的信息进行系统整合，重新智能分配全社会的物流资源，跨地区、跨行业进行智能分析，智能分析全社会物流资源饱和度，充分调配和合理安排物流资源，进行整体优化配置。

（3）智慧物流资源池的优化配置。现有以企业个体为代表的物流管理平台建设只是简单的对计算机、存储、网络等设备的投入。物流资源信息缺乏规划和管理平台，信息间只满足于企业内部的数据交流。智慧物流平台运用云计算数据池架构技术，将全社会物流需求信息存储在不同的虚拟服务器群之上，通过分布式技术解决集群系统的协同工作问题。智慧物流管理系统则为应用提供开发环境、编程接口、编程模型和代码库等基础运营环境，从而为用户提供统一认证、统一消息通信、统计分析、工作流引擎等平台级服务。

智慧物流平台通过对基础设施的整合、资源使用的规范化、流程化管理等手段，把分布广泛的服务器、存储、网络重新划分不同的区域、机架、网段，然后利用虚拟技术进行资源的池化，智慧物流平台对不同的虚拟化资源进行统一智能优化，实现可智能管理的资源池。由原有不同软件模块重复堆叠转变为更深层次的全社会物流业务的整合和流程再造，企业利用智慧物流平台，不断优化物流信息资源，实现更深层次的产业链整合和优化。

（4）智慧物流平台的设备先进性优化配置。智慧物流平台通过建立全社会物流联盟推广接入体系，实现平台物流资源共享、数据共用、信息互通。通过智慧物流信息平台，可实现全社会各行业、物流中心、配送中心、交易中心等之间的横向整合，做到社会化的物流资源信息共享，优化配置全社会物流资源、降低全社会物流总费用、提升全社会物流实时调控能力。

智慧物流平台的架设应使用 RFID、GPS、无线射频等先进技术的现代化设备，建立起一个强大的网络化、可视化和智能化的物流管理系统。形成以智能物流平台为信息结点，实现不同组织间异构系统的数据交换及信息共享，实现整个物流作业链中众多业主主体相互间的协同作业、设计架构出配套的机制及规范，实现物流作业和物流过程的智能化、网络化和自动化。

3．构建物流公共信息平台的战略作用

（1）物流是跨行业、多部门、各种运动形式交集的活动，需要物流信息平台进行信息的交换与共享。物流信息平台是物流领域的神经网络，是支撑物流发展的关键基础技术。

（2）物流公共信息平台发展不适应物流业发展的需要，物流的整体效益受到了极大的影响。社会物流总费用与 GDP 的比率高出发达国家 1 倍左右，车辆平均空载率为 35% 左右，建设物流信息平台已成为物流业发展的重中之重。

（3）目前，我国现代物流仍然处于初级阶段，物流规划和布局存在地区分割、部门分割等问题，各地物流资源难以有效整合，大量的物流资源没有发挥出应有的效用；物流上下游企业之间也存在着多重矛盾。

只有通过构建标准的物流公共信息平台，实现区域间、区域内物流园区、配送中心、物流中心、交易中心、物流企业等之间的横向整合，做到区域物流资源信息的共享，最大限度地优化配置社会物流资源，才能达到降低社会物流成本、提升物流全过程的整体水平，进而推动整个经济社会的科学发展。

（4）构建物流公共信息平台是国家层面提出的战略规划和发展要求。

规划中将物流公共信息平台工程列为九大重点工程之一，提出"加快建设有利于信息资源共享的行业和区域物流公共信息平台项目，重点建设电子口岸、综合运输信息平台、物流资源交易平台和大宗商品交易平台。鼓励企业开展信息发布和信息系统外包等服务业务，建设面向中小企业的物流信息服务平台。"

4．物流公共信息平台的发展趋势

（1）各物流企业的信息系统越来越倾向于结构的标准化。随着物流企业信息系统的完善和发展，大家都开始走向一个平台加模块的结构，并且在这个平台上基本都有数据库功能，各物流企业的信息系统的结构已经开始趋同。

（2）物流信息平台对于信息低层的研究越来越深。随着数据标准的新的进展，在物流公共信息平台方面越来越接触到一些基础性建设，对于信息低层的挖掘也逐步深入，比如人的信息、货的信息、车的信息、道路的信息和单证信息等。

（3）物流公共信息平台逐渐成为物流企业获取信息资源的主要渠道。物流企业通过物流公共信息平台获取的大数据资源的加工的意识层面越来越提高，相比于过去在相当长的一段时间里，整个社会的物流企业只是将获得的数据资源用于作业、用于管控，而没有对积累下来的数据做深入的加工、分析。现如今，随着云计算技术和大数据分析技术的兴起和发展，许多物流企业借助物流平台开始向数据中心转化，他们会把很多作业外包，自己专注或者特别把数据的积累、研究、加工形成决策作为自己的核心竞争力。

（4）趋向于经济全球化背景下的无纸贸易和单一窗口发展。国际贸易活动是一个十分复杂的贸易行为与商务过程，通常贸易链从订货开始，然后是运输，最后是货款支付。仅以出口贸易过程为例，涉及选择市场和客户、出口交易洽谈、签订合同、履行合同四个阶段。为了提高贸易效率，降低贸易成本，国际社会和世界各国十分重视利用技术进步手段变革传统纸面单证体系。

（5）物流公共信息平台的建设与发展，能够促使各类企业利用互联网技术来实现物流运营的信息化、自动化、网络化、柔性化和智能化，加强了企业内部、企业与供应商、企业与消费者、企业与政府部门的联系沟通、相互协调、相互合作，从而加快企业供应链的形成和完善，实现电子商务和现代物流的有机结合和协同发展。

第 7 章
电子商务智慧物流应用

内容提要

电子商务的兴起，对传统的商业和物流模式带来了颠覆性的冲击和变革。正确理解电子商务物流的模式、创新与优化，对于企业选择合理竞争策略具有重要意义。本章以电子商务环境作为背景，介绍了电子商务企业自营物流、电子商务第三方物流、虚拟物流与物流联盟，阐述了第四方物流、电子物流、绿色物流等电子商务新型物流服务。

7.1　电子商务企业自营物流

7.1.1　企业自营物流模式概述

企业自身经营物流，并组建全资或控股的子公司完成物流配送业务，称为企业自营物流。企业自营物流模式意味着电子商务企业自行组建物流配送系统，经营管理企业的整个物流运作过程。企业利用已有的物流资源，通过采用先进的物流管理系统和物流技术，不断优化物流运作过程，为生产经营过程提供高效优质服务的基本方式。

对于已开展普通商务的公司，可以建立电子销售商务系统，同时可以利用原有的物资资源承担电子商务的物流业务。物流渠道的制造商或经销商开展电子商务业务，比 ISP、ICP 或 Internet 经营者为从事电子商务而开辟销售渠道和物流系统更加方便，更加完善。

一般而言，具有如下特征的企业能够适合自营物流模式：

（1）规模大，资金雄厚，管理能力强。

（2）送货方式单一。

（3）企业业务比较集中，渠道覆盖面广。

（4）物流对企业具有非常重要的战略地位。

目前，在我国，采取自营模式的电子商务企业主要有如下两类。

一类是物流功能自备。该种表现形式在传统企业中非常普遍，企业自备仓库、自备车队等，企业拥有一个完备的自我服务体系，这其中又包含两种情况：一种是企业内部各职能部门彼此独立地完成各自的物流使命；另一种是企业内部设有物流运作的综合管理部门，通过资源和功能的整合，专设企业物流部或物流公司来统一管理企业的物流运作。我国的工业企业基本上还处于第一种情况，但也有不少企业开始设立物流部或物流公司，如海尔。

另一类是物流功能外包。该种表现形式主要包括如下两种情况：一是将有关的物流服务委托给物流企业去做，即从市场上购买有关的物流服务。如由专门的运输公司负责原料和产品的运输。二是物流服务的基础设施为企业所有，但委托有关的物流企业来运作，如请仓库管理公司来管理仓库，或请物流企业来管理现有的企业车队。

7.1.2　企业自营物流模式优劣势分析

1. 企业自营物流模式的优势

选用自营物流，可以使企业对物流环节有较强的控制能力，易于与其他环节密切配合，专门服务于本企业的运营管理，使企业的供应链更好地保持协调、简洁与稳定。此外，自营物流能够保证供货的准确和及时，保证顾客服务的质量，维护了企业和顾客间的长期关系。自营物流的优势主要表现在如下几个方面。

1）控制力强

自营物流的企业能够对物流系统的运作全过程进行有效的控制。对企业内部的供应、生产及销售活动环节，原材料和产品特性，供应商和销售商的经营能力等，企业都具有最详尽的资料。因而，企业可以根据自身掌握的最详尽的资料来有效调节物流活动的各个环节，便于企业准时采购、调整库存、减少资金占用。

2）服务性强

企业自营物流可以有效地为企业的生产经营活动提供物流服务支持，保证生产经营活动对物流的需要。

3）降低成本

企业选择自营物流模式，可以在改造企业经营管理结构和机制的基础上盘活原有物流资源，带动资金流转，从而减少资金沉没成本，为企业创造利润空间；同时，由于信息的不对称性，企业在选择物流外包时，无法完全掌握全部的相关信息，从而引起成本的增加。而企业选择自营物流，可以不必就相关的运输、仓储、配送和售后服务的佣金问题进行谈判，避免多次交易花费及交易结果的不确定性，从而降低交易风险、减少交易费用。

4）避免商业秘密外泄

对于任何一个企业来说，其内部运营情况都应处于相对封闭的环境中，特别是对于某些特殊运营环节如原材料的构成、生产工艺等，不得不采取保密手段。因为，当企业将物流要素外包时，可能引入第三方来经营其生产环节中的内部物流，其基本运营情况就会不可避免地向第三方公开，而第三方如果拥有该行业的诸多客户，则其正是企业的竞争对手，从而企业物流外包就可能会通过第三方将企业经营中的商业秘密泄露给竞争对手，影响企业的竞争力。

2．企业自营物流模式的劣势

1）物流成本不确定性增强，难以计算

目前我国大多数企业计算物流成本时只计算付给运输承运人的运输费用或保管费用，并没有考虑到包括公司内部的物流成本。同时，物流活动最主要的环节为运输和仓储，这就要求企业自营物流必须具备与生产能力相符的运输力量和仓储容量；但由于市场的供需存在着不可预期波动性，这就给企业经营带来了一系列不确定性；销售旺季，企业会由于运力不足可能失去商机，不仅会影响销售额，还可能在下一波淡季到来时造成产品积压；销售淡季，企业运力和仓储空间就会出现闲置，导致企业资金无法有效利用，在计算固定成本的情况下却没有收益。

2）物流难以规模化，制约企业核心竞争力

企业自营物流，需要投入大量的资金，建立配送中心、仓库和信息网络，购买物流设备等专业物流设施并组建自己的物流配送队伍，这给企业带来很大的财务压力和人力压力。企业自营物流模式由于受制于资金，难以规模化；同时企业必须花费大量精力在相关人力资本上，不利于企业核心竞争力的提升。

3）物流管理机制约束，难以专业化

物流活动涉及企业生产的方方面面，由于各部门都存在独立的利益，都追求自身利益的最大化，这给物流活动的有效开展带来了麻烦。同时，一般企业的物流管理局限于企业的资源，难以建立先进的物流信息系统。在获取运输信息、配备专业人才、拓展运输渠道、优化物流设备方面的不完善都导致物流管理难以专业化。

7.1.3　企业自营物流案例——PPG 的失败与 VANCL 的兴起

在电子商务领域，PPG 与 VANCL 诚品的案例反复被业内人士进行研究比较。PPG 是典型的轻公司模式，仅仅抓住 C 端客户，根据市场需求反分配订单或调配生产资源。PPG 在产业链当中掌握核心价值，而将生产工艺、质检、物流等环节外包出去。PPG 的 CEO 李亮开创了一种典型的"轻公司"商业模式，在物流模式的选择下，PPG 将物流放在了不受重视的末端环节，却将大量的资金投入到巨额广告中。失去对物流控制权的 PPG，在订单不断扩大、市场知名度越来越亮的高峰期的 2006 年，已经出现了严重的库存问题，由于库存积压又带来供应商货款拖欠，最终导致供应商官司，品牌形象大打折扣。至 2007 年年底，PPG 陷入资金链断裂、供应商官司和客户满意度急剧下降。至此，一个曾经辉煌一时，靠轻交、亲客户的商业模式先锋轰然倒台。

VANCL 是 PPG 的跟随者，2007 年夏天，VANCL 的创始人 CEO 陈年开始逐步关注并研究 PPG 商业模式，在充分学习公司商业模式的同时，VANCL 也在避免 PPG 在早期犯下的一些错误老路，其中最重要的就是自建物流，也是卓越经验的照搬，这和 PPG 完全外包物流显然不同。

最初自建物流的最主要原因，是为了资金回笼快。卓越的经验说明，很多消费者选择货到付款，如果将物流外包给第三方快递，资金回笼将会有账期。2007 年春节，VANCL 的生意规模迅速扩大，VANCL 的服务承诺是同时配送时限为 24 小时到门。陈年清楚地意识到，消费者在互联网购物后，心理上的需求是能尽快看到货品。因此，他决定在北京、上海和广州建立自己的物流仓库——而这三个城市是中国网络购物环境最成熟，也是 VANCL 订单最多的城市。

VANCL 北京的仓库面积近 5 000 平方米，上海和广州的仓库各 2 000 平方米，VANCL 在全国的物流队伍多达 100 人，不过他们只配送 1/3 的订单，目前外包了 2/3 的物流配送给宅急送、腾讯达等物流公司。他透露，VANCL 目前每天往全国配送 6 000 张左右的订单。北京是订单最多的城市，每天要配送 3 000 多张订单。

在 VANCL，物流部门其实并非一个成本中心，而是一个盈利中心。目前 VANCL 网站购物金额如果低于 200 元，消费者将自行承担物流费用 15 元。实际上，每一单同城快递的直接成本是 6 元，当订单规模增大后，物流部门将通过规模效应获利。

在 VANCL 的 DC 里面，工人在忙碌地拆开从加工企业送来的衬衫、T 恤和休闲裤，一一检查并贴上标签，重新包装，放入银色的 VNACL 盒子里。不仅实现了自有品牌的效应，更通过物流增值服务，让 C 端消费者快速、满意地接受到高质量、高服务的产品，令客户满意度提高的同时，也增强了品牌知名度。从 PPG 和 VANCL 的案例对比中，我们可以看到自有物流对电子商务平台企业带来的 C 端消费者高满意度的核心服务环节。

自营物流的核心是建立集物流、商流、信息流于一体的现代化新型物流配送中心，而电子商务企业在自建物流配送中心时，应广泛地利用条码技术、数据库技术、电子订货系统、电子数据、快速反应，以及有效的客户反应等信息技术和先进的自动化设施，以使物流中心能够满足电子商务对物流配送提出的要求。

自营物流只是企业物流模式中的一种，许多不同的电子商务企业采用了自营物流以外的其他模式，比如物流外包、物流联盟等，每种模式都各有优缺点。从当前电子商务企业的发展趋势来看，因为物流体系已经成为限制电子商务发展的瓶颈，不少电子商务企业开始考虑自建物流体系，企业掀起自建物流风。

7.2　电子商务第三方物流

7.2.1　第三方物流概述

1. 第三方物流概念

第三方物流是指生产经营企业为集中精力搞好主业，把原来属于自己处理的物流活动，以合同方式委托给专业物流服务企业，同时通过信息系统与物流企业保持密切联系，以达到对物流全程管理控制的一种物流运作与管理方式。第三方物流提供者是一个为外部客户管理、控制和提供物流服务作业的公司，并不在物流供应链中占有一席之地，仅是第三方，但通过提供一整套物流活动来服务于供应链，具体内容包括：商品运输、储存配送及附加值服务等。

随着信息技术的发展和经济全球化趋势，越来越多的产品在世界范围内流通、生产、销售和消费，物流活动日益庞大和复杂，而第一、二方物流的组织和经营方式已不能完全满足社会需要；同时，为参与世界性竞争，企业必须确立核心竞争力，加强供应链管理，降低物流成本，把不属于核心业务的物流活动外包出去。于是，第三方物流应运而生。

我国最早的理论研究之一是第三方物流：模式与运作。最常见的 3PL 服务包括设计物流系统、EDI 能力、报表管理、货物集运、选择承运人、货代人、海关代理、信息管理、仓储、咨询、运费支付、运费谈判等。由于服务业的方式一般是与企业签订一定期限的物流服务合同，所以有人称第三方物流为"合同契约物流"。

2．第三方物流的特征

1）第三方物流本质特征是代理物流业务

第三方物流，是通过与第一方或第二方的合作来提供专业化的物流服务，它不拥有商品，不参与商品的买卖，而是为客户提供以合同为约束、以结盟为基础的，系列化、个性化、信息化的物流代理服务。实质上，第三方物流所提供的是专业的物流服务，即功能专业化。从物流设计、物流操作过程、物流技术工具、物流设施到物流管理必须体现专门化和专业水平，这既是物流消费者的需要，也是第三方物流自身发展的基本要求，因为第三方物流的核心竞争力，除信息之外，就是物流领域的专业化运作。而专业化运作就是降低成本、提高物流水平的运作方式，也即所谓的代理物流业务功能专业化。

2）第三方物流是具有关系契约化的物流服务

首先，第三方物流是通过契约形式来规范物流经营者与物流消费者之间关系的。物流经营者根据契约规定的要求，提供多功能直至全方位一体化物流服务，并以契约来管理所有提供的物流服务活动及其过程。第三方物流不同于传统的外协，外协只限于一项或一系列分散的物流功能，而第三方物流则根据合同条款规定的要求，提供多功能，甚至全方位的物流服务。它不是满足临时需求，而是一段时期的需求。第三方物流企业的经营效益直接同货主企业的物流效率、物流服务水平及物流效果紧密联系在一起。其次，第三方物流发展物流联盟也是通过契约的形式来明确各物流联盟参加者之间权责利相互关系的。

3）第三方物流是个性化物流服务

在社会化大生产更加扩大、专业化分工愈加细化的今天，服务成为企业竞争的关键因素。服务水平的提高会提高顾客满意度，增强企业信誉，促进企业的销售，提高利润率，进而提高企业市场占有率。首先，不同的物流消费者存在不同的物流服务要求，第三方物流需要根据不同物流消费者在企业形象、业务流程、产品特征、顾客需求特征、竞争需要等方面的不同要求，通过"量体裁衣"式的设计，制定出以顾客为导向、低成本高效率的物流方案，提供针对性强的个性化物流服务和增值服务。其次，从事第三方物流的物流经营者也因为市场竞争、物流资源、物流能力的影响需要形成核心业务，不断强化所提供物流服务的个性化和特色化，以增强物流市场竞争能力。

4）第三方物流是信息网络化的物流服务

信息技术是第三方物流发展的基础。现代信息技术实现了数据的快速、准确传递，提高了仓库管理、装卸运输、采购、订货、配送发送、订单处理的自动化水平，使订装、包装、保管、运输、流通加工实现一体化，企业因此可以更加方便地使用信息技术与物流企业进行交流和协作，企业间的协调和合作有可能在短时间内迅速完成。同时，信息技术的迅速发展，还能有效管理物流渠道中的商流，这就使企业有可能把原来在内部完成的作业交由物流企业运作。总之，物流服务过程中，信息技术发展实现了信息实时共享，促进了物流管理的科学化、第三方物流才可以比货主在了解市场、了解物流平台的情况、了解灵活运用物流资源、了解价格、了解制度和政策方面更有优势，极大地提高了物流效率和物流效益。

5）第三方物流是管理系统化的物流服务

第三方物流应具有系统的物流功能，是第三方物流产生和发展的基本要求，第三方物流需要建立现代管理系统才能满足运行和发展的基本要求。

7.2.2　第三方物流模式优劣势分析

1．第三方物流模式优势

当今竞争日趋激烈化和社会分工日趋细化的大背景下，第三方物流具有明显的优越性，具体表现在如下几个方面。

（1）有利于企业集中精力发展核心业务。

当各大企业面对日趋激烈的竞争，不得不重新优化资源配置，将主要人力、财力投放到核心业务上，将运输、仓储等辅助业务交给专业的物流公司去完成，从而实现企业经营的节约化和高效化；同时，以物流作为主要业务的物流企业为扩大经营规模，提高服务质量，创造更好效益，也会积极拓展业务范围，完善服务质量。

（2）有利于企业减少投资，降低成本。

企业如果依靠自建物流就需要投入大量的资金，用来购买物流设备，建设仓库和信息网络建设等专业物流相关的设施。这些投入对于资金缺乏的企业，特别是中小企业无疑是一个沉重的负担，而如果使用第三方物流，企业可以大大减少大型物流设备的一次性投资，并且减少了仓库和车队方面的资金占用，可以大大加速企业的资金周转。另外，专业的第三方物流公司能够不断地更新信息技术和设备，以一种快速、更具成本优势的方式满足不同企业的物流需求，而这些服务通常都是企业完全依靠自身难以做到的。

（3）有利于企业整合其供应链。

由于供应链管理更多地是在企业"核心业务"的基础上，通过协作整合外部资源来获得最佳的总体运作效果，所以，作为供应链构成之一的物流部分，显然是属于"非核心业务"，完全可以通过外部资源来获得，企业一旦选择了合适的第三方物流，就可以根据其具体的供应链的运作情况，重新优化整合企业的供应链。

（4）有利于企业发展国际化业务。

根据跨国公司在全世界争夺市场的经验发现，国际贸易的传统做法，一般会受到国际局势和贸易所在国的影响，比如战争、法律，以及贸易所在国诸多政策的阻挠等。所以，如果在开展国际贸易时，充分利用贸易所在国的第三方物流公司，即能更迅速、顺利地开展贸易活动。

（5）有利于企业开展虚拟化经营。

一方面是生产企业与第三方物流企业的虚拟经营，第三方物流企业凭借自身的专业人才、技术等优势与大型制造企业合作，利用制造企业的原有硬件，如仓库、车队和人力资源等，双方组建虚拟企业；另一方面是第三方物流企业之间的虚拟经营，各成员企业集自身之所长，合理分工，放弃不擅长的业务，主攻其核心业务，为满足客户需要，虚拟企业可以通过整合各成员企业的资源和核心能力，在一定区域内形成较完善的多功能物流网络，或各成员企业通过分享市场和顾客，实现共赢目标。

2. 第三方物流模式劣势

虽然第三方物流给很多企业带来了不少的优势，但并不是所有的企业都能够成功应用第三方物流，如果不根据企业自身的实际情况和需要，而是盲目地采用第三方物流，那么带给企业的可能就不是好处而是弊端和害处。对于企业依托第三方物流发展的劣势及存在的问题，一般可以归纳为如下几点。

（1）企业不能直接控制物流职能，从而提高企业风险。

因为企业已将物流业务全权委托给了独立的第三方物流公司，他们之间只是一种合作伙伴的合同关系。对于第三方物流的服务质量、管理水平及其发展方向等，企业只有建议权，并无决定权。一旦第三方物流公司不能满足企业的需求，或者第三方物流出现问题，企业将会十分被动，物流风险将会加大。

（2）企业的物流成本与第三方物流公司的效益产生矛盾。

因为第三方物流公司本身是一个营利性的机构，它在为客户提供服务的同时，也和普通企业一样，要尽可能地获得最大利益。这样一来，第三方物流所追求的高效益与企业自身所追求的物流低成本可能就是自相矛盾的，并且这种矛盾必然会长期存在下去，所以对于一些靠拼成本而生存的企业可能就是致命的，也是不适合的。

（3）第三方物流企业可能没办法提供某些满足客户企业个性化需要的物流服务。

尤其是在客户企业自身发展非常迅速，并对物流服务要求不断提高的情况下，第三方物流由于种种原因而不能及时跟进、共同发展，这无疑将会影响到客户企业的发展，给其造成不利影响。

（4）客户企业的公司战略信息有外泄的危险。

这一点可以通过完善对第三方物流的建设加以改善。

7.2.3　电子商务环境下的第三方物流模式

电子商务环境下的第三方物流是指以服务于电子商务为目标，由物流劳务的供方、需方之外的第三方去完成物流服务的物流运作方式。第三方是指提供物流交易双方的全部或部分物流功能的外部服务的提供者。从某种意义上来说，这是服务专业化的一种形式。

1．电子商务环境下的第三方物流发展模式

电子商务是未来商务的主要模式，所有的企业都必须适应这种商务模式环境。第三方物流企业以服务为主。因此在电子商务环境下就应该将无形服务有形化、产品化。由于电子商务的发展有多个层次，所以，不同规模的企业应当从自身条件出发，从适当的阶段进行电子商务运作。第三方物流的发展模式主要有如下两种。

1）第三方物流为电子商务服务

这种模式适合于小型或新建的第三方物流企业，对于打算向第三方物流企业转型的传统储运企业也可以采取这种模式。小型或者新建的第三方物流企业由于规模小，所提供的物流服务功能有限，要想有较大的市场份额，获得充足的业务量来维持企业的生存和发展，必须有较强的业务获得渠道。专业的电子商务企业只注重网上交易功能而网下的实物配送过程则不涉及。因此，如果这两类企业联合起来，电子商务可以为第三方物流企业开拓市场，为其提供业务来源。

2）第三方物流与电子商务联合

这种模式适合于已具有一定市场影响力的中小型第三方物流企业。这种模式同第一种模式的区别在于两者结合的程度更为紧密，不仅仅是第三方物流企业为电子商务企业提供物流配送服务，更重要的是二者是一种战略合作伙伴关系。在这种模式下，可以是一个第三方物流企业和一个电子商务企业合作，也可以是多个第三方物流企业和多个电子商务企业联合，可以从地域上或所服务的行业上进行联合，扩大市场占有率和辐射范围。

2．电子商务环境下的第三方物流企业管理模式

1）电子化管理模式

全球电子商务发展把第三方物流推向了技术化、科技化、信息化的阶段。现今在全球通行的电子化管理模式是全面企业电子化管理解决方案（TEEMS）。TEEMS 分两阶段管理，第一阶段为"分销业务计划与决策分析系统"，第二阶段为"分销体系与资源运营管理系统"。

2）系统化管理模式

物流系统就是随着采购、生产、销售活动而发生的，使物的流通效率提高的系统。这种系统大致由作业系统和信息系统组成。

3）后勤管理模式

对第三方物流企业来讲，后勤工作是企业正常运作的有力支持。通过后勤工作的协调活动，第三方物流企业能合理安排代理配送业务活动过程中的各个环节，对于企业与厂商、客户之间的协调，以及企业自身协调运作有着不可估量的作用。随着电子商务的发展，顾客的需求不断升级，后勤工作也必须作出相应调整，以占取市场份额。

4）供应链管理模式

供应链对代理配送公司即第三方物流企业来说是一个中心环节。第三方物流企业要管理的就是由一个"中间者"即第三方物流企业介入到顾客之间的供应链。与传统物流企业一样，其管理是构建在一个相互作用的流程过程中，是以服务的配套化为导向的，所不同的只是地位由供应者变成了中介者。采用供应链管理模式，一般可提高 1/4 的效率。

5）全过程管理模式

全过程控制是物流管理的核心问题。供应商必须全面、准确、动态地把握散布在全球各个中转仓库、经销商、零售商，以及汽车、火车、飞机、轮船等各种运输环节中的产品流动状况，并以此为根据随时发出调度指令，制订生产和销售计划，调整市场策略。对于大型商业机构而言，没有全过程的物流管理，就根本谈不上建立有效的分销网点和供应配送体系。

7.2.4　电子商务环境下第三方物流面临的问题

1．缺乏物流设计、开发、运作的综合能力，服务水平低下

我国的大多数第三方物流企业功能单一，或是仓储，或是运输，或是配送，能够为客户提供高附加值的就更少，缺乏为电子商务企业提供完备的物流设计、开发、运作的综合能力。与西方发达国家相比，我国的第三方物流企业在服务理念、服务规范、服务内容、服务营销、服务质量控制等方面还存在许多差距，这些问题使得我国的第三方物流企业缺乏竞争能力。大多数物流企业只能提供单项或分段的物流服务，物流功能主要停留在储存、运输和城市配送上，相关的包装、加工、配货等增值服务不多，不能形成完整的物流供应链。

2．物流人才匮乏，管理水平较低

我国物流业还处在起步阶段，高等教育和职业教育尚未跟上，人才缺乏，素质不高。第三方物流业将朝着信息化、自动化、网络化的方向发展，它要求物流工作人员掌握计算机知识、网络知识、自动化技术，掌握物流优化管理理论与方法。但目前我国物流企业工作人员的业务素质较低，难以达到第三方物流概念的要求，提供综合物流业务。第

三方物流不但对物流企业管理自身的能力有很高的要求,还要求企业有在复杂情况下(兼顾多方需求)的管理和协调能力;而我国的很多企业还停留在经验管理、粗放管理阶段,未能解决好先进管理思想、管理方法、管理技术的实际应用问题;另一方面,由于技术、设备等条件的落后,致使管理水平难以上台阶。

3．企业信息化程度不高，基础设施落后

目前,第三方物流企业自建的仓储和运输队伍大多数规模较小,无力投入大量人力、资金开展信息化建设。大型的物流企业信息化建设起步也比较晚,信息化程度不高。分散的物流单体只有形成网络才能满足现代化生产与流通的需要,一些物流的运作过程也只有借助电子商务的支撑才能更加完善。但是现有的货运站与货运枢纽之间的网点少,技术设备落后,缺少具有现代化装备的货运枢纽及其运行体系。

4．第三方物流企业与电子商务企业缺少合作精神

在第三方物流企业与电子商务企业的合作中,经常会出现分歧与矛盾,尤其是在利益分配与风险承担方面,导致双方互不信任。这是第三方物流企业与电子商务企业不能顺利协同发展的主要的原因之一。我国虽然对第三方物流的概念引入的时间不长,但我们可以通过努力,从而来更好地发展自己的物流体系。

5．物流发展的法律和制度不健全

相关制度和法律不健全,使得电子商务物流企业发展步履艰难。现存的与物流相关的法律法规多是部门性的、区域性的,缺少全国统一性的专门法律文件。这使全国性的物流企业缺少有效的法律规范。我国的电子商务物流至今没有一个完整的技术标准,仅仅以部分行业标准和《物流术语》作为该领域的指导,还不能适应电子商务物流发展的需要。物流企业受到的各种限制,专业物流组织及企业的法律地位尚未得到法律承认,这些都不利于物流业的健康发展。因此,迫切需要完善相关的法律和制度,顺应电子商务迅猛的发展态势。

7.2.5　电子商务环境下第三方物流发展的措施

1．不断完善物流装备、创新物流服务，提高第三方物流企业的服务能力

电子商务环境下的物流与一般的配送供货系统相比,面临更复杂的情况,其部分业务活动在网上完成,商品采购和配送等服务从虚拟走向实体。电子商务环境下的物流已经不仅仅局限于传统的物流运输和仓储,要求其参与到客户物流体系中,旨在提高效率和效益进行整体运作,其业务领域已广泛深入到客户销售计划、库存管理计划、生产计划等整个生产经营过程中,这就要求第三方物流企业完善装备,提高专业化水平,将业务做大,从而提供高效、低成本的服务,使第三方物流企业取得良好的经济效益。

2．加紧培养高层次复合型专业物流人才，提高管理水平

首先，要在高等院校中建立完善的物流专业教育体系，以满足我国第三方物流发展对于物流人才的需要。应当建立产、学、研相结合的一体化培养模式，培育从事物流理论研究和实务的高层次专业人才，使其在掌握扎实的物流理论知识的基础上，又懂得尖端的电子商务与 IT 技术，从而成为有创新思想的现代化物流复合型人才。其次，企业要重视管理队伍建设，转变管理理念，完善管理机制，创新管理模式，引进先进的管理思想和管理技术，采用先进的物流设备，围绕现代物流发展目标，拓展用人渠道，强化管理培训和继续教育，重视培养"复合型"管理人才，逐步形成一支高级管理人才队伍。

3．提高企业信息化程度、加快基础设施建设

采用政府推动、市场运作的方式投资建设全国物流多媒体信息高速公路，将物流技术与数字化技术、网络技术嫁接，抢占该领域的全球制高点；建立多个全国性的物流信息平台，加强完善物流实物网和虚拟网点，发挥网络优势，组建网上物资贸易和物资配送服务市场，提高全国范围内物流信息的搜集、处理和服务能力，缩短物流信息交换与作业时间；推进 EDI 项目建设，建立全国交通通信服务专网系统，采用先进的数字编码、调制和时分多址技术，并集成现代数字蜂窝移动通信、计算机网络和数字通信技术，与智能应用系统互联；运用全程物流理念，完善大交通管理体制，充分发挥海、陆、空立体交通网络的功能，基本建成以现代综合交通体系为主的运输平台，以邮电通信及网络技术为主的信息平台，形成以运输、商品配送和电子商务为支撑的现代物流业。

4．发展战略联盟，确立竞争优势

当今的市场经济，充满着竞争，但又不可避免地要进行合作。因此，许多企业都在建立战略联盟以获得竞争的优势，第三方物流的发展亦是如此。一方面要进行纵向联盟，即与电子商务企业联盟，与其建立"优势互补，利益共享"的共生关系。通过建立电子商务企业和第三方物流企业的战略联盟，培育双方长期的伙伴合作关系，既可降低电子商务企业的物流成本，又可促进物流企业的发展。另一方面，要进行横向联盟，即与其他第三方物流企业联盟，将各自独特的企业资源整合为一体，不仅可以实现服务的综合化、一体化，还可以使企业形成规模化经营，降低运作成本。

5．加快完善物流法律法规，开放物流业市场

调整部门性和区域性的法规，制定通过一部全国性的物流法，建立与商务、交通、通信、海关等相关部门的协调机制，从而统一全国的物流市场，使物流企业在法律环境下平等竞争，有序经营、规范管理。

7.3　虚拟物流

7.3.1　虚拟物流的概念、要素及相关特点

虚拟物流是指以计算机网络技术进行物流运作与管理，实现企业间物流资源共享和优化配置的物流方式。即多个具有互补资源和技术的成员企业，为了实现资源共享、风险共担、优势互补等特点的战略目标，在保持自身独立性的条件下，建立的较为稳定的合作伙伴关系。

虚拟物流是利用日益完善的通信网络技术及手段，将分布于全球的企业仓库虚拟整合为一个大型物流支持系统，以完成快速、精确、稳定的物资保障任务，满足物流市场的多频度、小批量订货需求。虚拟物流本质上是"即时制"在全球范围内的应用，是小批量、多频度物资配送过程，能使企业在世界任何地方以最低的成本跨国生产产品，以及获得所需物资，以赢得市场竞争速度和优势。虚拟物流的要素主要有如下四点。

（1）虚拟物流组织：可以使物流活动更具市场竞争的适应力和赢利能力。

（2）虚拟物流储备：可以通过集中储备、调度储备以降低成本。

（3）虚拟物流配送：可以使供应商通过最接近需求点的产品，并运用遥控运输资源实现交货。

（4）虚拟物流服务：它可以提供一项虚拟服务降低固定成本。

虚拟物流的特征主要表现在：①信息化，电子商务时代，物流信息化是电子商务的必然要求；②自动化，自动化的基础是信息化，自动化的核心是机电一体化，自动化的外在表现是无人化，自动化的效果是省力化，另外，还可以扩大物流作业能力、提高劳动生产率、减少物流作业的差错等；③网络化，物流领域网络化的基础也是信息化，这里的网络化有两层含义：一是物流配送系统的计算机通信网络，二是组织的网络化，即所谓的企业内部网（Intranet）；④智能化，这是物流自动化、信息化的一种高层次应用，物流作业过程大量的运筹和决策，如库存水平的确定、运输（搬运）路径的选择、自动导向车的运行轨迹和作业控制、自动分拣机的运行、物流配送中心经营管理的决策支持等问题都需要借助于大量的知识才能解决；⑤柔性化，柔性化本来是为实现"以顾客为中心"理念而在生产领域提出的，但要真正做到柔性化，即真正地能根据消费者需求的变化来灵活调节生产工艺，没有配套的柔性化的物流系统是不可能达到目的的。

对于中小企业来说，虚拟物流的意义十分重大。中小企业在大的竞争对手面前经常处于不利的地位，他们从自己的物流活动中不但无法获取规模效益，而且还会加大物流成本的消耗。虚拟物流可以使这些小企业的物流活动并入一个大的物流系统中，从而实现在较大规模的物流中降低成本、提高效益。

7.3.2　虚拟物流企业的构建

虚拟物流的实现形式从一般意义上讲就是构建虚拟物流组织。通过这种方式将物流企业、承运人、仓库运营商、产品供应商及配送商等通过计算机网络技术集成到一起，提供"一站式"的物流服务，从而有效改善单个企业在物流市场竞争中的弱势地位。

虚拟物流组织的实质是供应链信息集成平台，它是以获取物流领域的规模化效益为目的，以先进的信息技术为基础，以共享供应链信息为纽带而构建的物流企业动态联盟。在相当长的一段时间里，物流产业的发展趋势应集中在物流企业和供应商、服务提供商之间的联合和重组，以形成物流产业的发展所必需的动态联盟，也就是要实现供应链的一体化和物流产业的一体化。物流产业将全面表现出其高技术产业和新兴产业的特点，基于 Web 和信息技术的虚拟物流企业整合了各相关部门的相关业务，形成一个动态企业联盟，物流企业之间通过联盟的方式建立合作伙伴关系，共同承担物流业务已成为目前绝大多数物流企业的发展战略。

1．虚拟物流企业的构成要素分析

1）机遇

机遇是市场对物流服务的需求。我国物流正面临如下机遇：经济发展对物流服务的需求，大公司和大企业物流外包观念的形成，第三方物流的发展，国内物流市场的整合，国家开发西部和东北地区的战略，国内信息技术的发展，国家经济在全球经济中的地位逐步上升等。

2）核心能力

虚拟企业的目的就是组合参与企业的核心能力，以实现独立企业不能完成的目标。核心能力原则是选择联盟伙伴的第一原则，只有拥有所需核心能力的企业才有可能成为组成虚拟企业的伙伴。虚拟物流企业组成的核心能力包括：地域能力、仓储能力、运输能力和经营网络能力。

3）成员选择

虚拟企业实现了企业间的动态集成，它由盟主和若干伙伴构成，最先抓住机遇并拥有主要核心资源的企业为盟主，其他参与经营的企业为伙伴，且这些伙伴拥有虚拟企业所需要的不同核心资源。伙伴选择是建立虚拟企业的关键环节之一，它直接关系到虚拟企业最终的成败。在选择组成虚拟企业的伙伴时，除考虑伙伴自身拥有的核心资源外，还要考虑伙伴资源之间的匹配性，要求伙伴之间有良好的通信连通性和跨组织参与性；同时，伙伴企业自身的组织及过程应具备一定的再配置能力、可重用能力和可升级能力。

4）业务流程的重构

流程重构是企业为适应虚拟企业快速响应机遇的要求对自身过程及组织的再设计。它与一般意义上的业务流程重构不同。这里的流程重构是指在敏捷经营环境下实现业务全球化、多样化的物流供应链的重新组织和资源的重新有效配置。业务流程重构能保证虚拟物流企业提供快速、准确的物流服务，提高市场竞争力，是衡量企业是否适应市场的重要标志。因此，虚拟物流企业在选择伙伴和运作机制时，必须考虑业务流程重构的灵活性。

5）组织运行模式

虚拟企业的基础是动态的企业网络，它具有可重构、可重用和可扩充性。盟主和核心团队组成虚拟企业的宏观、高层的组织结构，其他的伙伴企业，根据需要可以多种方式参与虚拟企业，它们之间组成多个团队。虚拟企业的成员根据诸如"动态合同"等协议，并通过信息网络联系在一起。

6）信息建设

信息共享是虚拟企业运行的关键。企业要实行统一的信息标准，建立共享的信息库，包括物流设备信息、物流作业的技术规格、仓储运输能力信息和各环节的业务进展信息等。

7）风险评估与防范

虚拟物流风险是由于虚拟物流组织系统内部和外部环境的不确定性因素，导致合作联盟的成员企业发生损失的可能性。虚拟物流组织中的风险可以分为两大类：一类是来自虚拟物流组织外部的风险，包括市场风险、金融风险、政治风险和自然灾害风险等；另一类是来自虚拟物流组织内部的风险，包括能力风险、协作风险、投资风险和运行流程风险等。虚拟企业必须预测可能的风险，建立风险防范机制。

2．虚拟物流企业的构建流程模型

1）确立企业目标

盟主企业根据企业的战略目标和市场信息，识别和寻求机遇，并最终确定虚拟企业的目标。企业目标包括：服务的客户对象、服务的地域范围、能达到的服务水平和实现的利润及其他战略目标。

2）虚拟企业成员的选择

根据企业的目标和自身功能的评价，找出自身功能的差距，然后在潜在的物流企业中寻找能帮助自己完善功能以实现企业的目标。

3）备选方案的设计、评估与确定

可设计多个备选的组合方案，对所有备选方案进行必要的评估。评估的指标包括：协调性（企业间是否便于协作和管理）、企业的稳定性、能达到的服务水平（对组合在一起的串并联物流系统的整体服务水平评价）和费效比等。

4）合作关系的确立

虚拟企业可采用基于动态合同的运行模式，包括利润、风险分担机制，检查机制、激励机制和清算机制。由于虚拟企业的运营需要成本，企业之间需要各种作业协调、最终的利益分配和承担一定的责任，因此必须有一个中心企业作为盟主来管理整个企业，即企业之间并不是并列的关系，应该有主次之分。

5）信息的不断反馈与改进

我国的物流企业种类比较复杂。从投资主体角度看，比较大的企业主要有三类：外资企业、大型的国营或国家控股企业、民营企业。这些企业有很多差异，如企业文化的差异、管理体系的差异、信息系统和通信基础差异等。所以在虚拟企业运行的过程中仍然可能存在很多问题，信息的不断反馈有助于及时发现问题，及时改进和完善企业的组织运行。

3. 虚拟物流企业的运营

1）客户与企业的信息交互

虚拟企业的物流基础之一是信息技术。客户与企业之间，企业与企业之间通过互联网、EDI 和其他通信设施建立能即时交流的信息网络。客户与企业之间的信息包括：经营范围及价格查询，以往成功的业务档案、物流服务追踪查询、合同查询等。

2）业务管理部门的业务流程管理

业务管理部门主要负责顾客服务实施方案的制订和监督执行，并进行经验总结。其中，业务计划是最重要和难度最大的一环。1998 年戴尔将直接经营的商业模式引入中国，通过直接经营，戴尔摒除了庞大的中间商和纷繁复杂的渠道，零距离地直接面对客户——即直销模式，在第一时间、以最快的速度、准确地把握客户的需求并积极地给予响应。而戴尔为了更为广阔的范围，创造了一个特有的运营模式"虚拟整合"。虚拟整合最初作为戴尔与供应商之间的一种合作模式，为戴尔带来了高效的部件管理流程。在这种模式下，戴尔与供应商均通过互联网进行业务交流，每隔 2 小时一次的信息更新使戴尔能够在第一时间掌握供应商的最新信息，也使供应商能够及时了解戴尔的需求，从而实现了无缝的业务整合。据介绍，在这样一个戴尔称之为"虚拟整合"的高效业务平台下，"按需定制"和"单一联络人制度"得以实现，"零库存"是可以实现的。这种全新生产经营方式彻底扬弃了"厂商生产、顾客选择"的传统销售形式，将主动权交到顾客的手中，从而全面满足了顾客的需求，拉近厂商与顾客之间的距离。

7.3.3　虚拟物流体系面临的问题及发展对策

1. 虚拟物流体系建设面临的问题

虚拟物流管理模式虽然可以在较短的时间内，通过外部资源的有效整合，实现对市场机遇的快速响应，但由于虚拟物流并没有改变各节点企业在市场中的独立法人属性，也没有消除其潜在的利益冲突，因此虚拟物流体系建设还面临着一些问题，主要表现在如下方面。

1）缺乏健全的物流信息平台

虚拟物流的发展离不开物流信息化建设。近年来，随着我国城市物流行业的不断发展，城市物流的信息化水平也已经有了显著的提高。部分城市也已经建立诸如"物流信息网"等形式的简单的物流信息平台，但是其功能单一、信息安全和保密性差，与发展城市虚拟物流体系的要求还存在很大差距。

2）缺乏潜在用户群的理解和接受

虚拟物流作为物流行业的发展前沿，其理论认识尚且没有统一，但就当前对虚拟物流普遍认识来说，虚拟物流参与方往往没有自己的仓库、车队等显性资源，有的只是信息、知识、方案等隐性资源。因此部分参与方由于没有显性资源而得不到需求方的理解和接受。此外，由于全国范围内已成功实施虚拟物流的具体案例也非常少，再加上业界对物流宣传力度不够，导致在今后一段时间内虚拟物流很难让用户群完全理解和接受。

3）物流标准化建设尚不完善

发展城市虚拟物流体系的关键就在于整合城市现有的物流资源，这就要求具备完善的物流标准化体系。当前我国城市物流行业低标准造成了社会资源浪费与物流相关的现有产业标准体系起步较低，缺乏系统性，问题突出表现在托盘、包装、信息技术等通用技术设备与标准上面。另外，产业间的标准难统一，制约了物流各相关产业间的统一性和协调性。

4）现代物流虚拟管理或智慧性运筹管理的人才严重匮乏

显然物流虚拟化需要更高层次的管理人才，要求他们具有基本的运输仓储行业知识、生产服务管理知识，电子通信网络知识及运筹学、统计学等高级理论和知识外，特别要具有较强的协调能力和统一指挥调度能力。目前，这样的高级人才在我国还相当匮乏，这是迈向物流虚拟化的最大的也是最根本的困难。

2．城市虚拟物流体系的发展对策

1）构建功能完善的城市物流信息平台

城市物流信息平台是发展城市虚拟物流的基础。它是通过对区域内物流相关信息的采集，为生产、销售及物流企业等信息系统提供基础物流信息，满足企业信息系统对物流公用信息的需求，支撑企业信息系统各种功能的实现，同时，通过物流共享信息，支撑政府部门间行业管理与市场规范化管理方面协同工作机制的建立。它将城市物流资源整合到一起，组成城市虚拟物流企业联盟，构建城市物流体系。

城市物流信息平台是连接企业与企业、企业与政府的桥梁，它既同各类型企业的信息系统相联，又与政府的电子政务系统、公共服务系统和物流基础设施系统对接。城市物流信息平台实现如下四个功能：物流交易平台功能、物流数据中心功能、第三方认证功能和其他增值服务功能。城市物流信息平台最重要的作用就是能整合区域内各种物流信息系统的信息资源，完成各系统之间的数据交换，实现信息共享，可以加强物流企业与上下游企业之间的合作，形成并优化供应链。这有利于提高社会大量闲置物流资源的利用率，起到调整、调配社会物流资源，优化社会供应链、理顺经济链的重要作用。

城市物流信息平台实际上就是一个城市虚拟物流企业联盟，它包括一个传统企业所应具有的供应链管理的全部职能，需要处理采购、库存、运输、销售等各个职能，以及网上交易环境管理、电子采购、运输管理等内容。

① 电子采购子系统

电子采购子系统向制造商提供了生产所必需的采购信息，向供应商提供了销售产品和原材料的平台。电子采购系统具有网上交易的功能，实现了企业的采购功能，即生产企业可以通过虚拟物流企业的强大查询功能和辅助决策功能，确定供应商，制订采购策略和方案。

② 库存管理子系统

库存管理系统借鉴了 VMI 系统的思想。信息平台实现了对供应商、生产商、制造商持有库存的新型物流企业的集中库存管理，实现了社会物资信息的集中控制与管理，降低了社会持有的安全库存，实现了风险集中效益。这种基于市场法则的物资控制与管理，具有极大的灵活性和适应性，不同于我国传统经济体制的物资管理方法。在战术层面即业务层面上，库存管理实现了对社会仓储资源的管理，持有库存的新型物流企业（供应商、生产商、制造商）可以选择适合于自己的仓储资源。

③ 运输管理子系统

运输管理子系统要对运输资源的时空分布进行管理，使生产企业可以根据运价水平、到货时间及自己的个性化需求来选择承运商、运输方式。

④ 电子销售子系统

销售管理的目的是辅助企业推广产品，寻找和拓宽销售渠道。通过销售管理子系统，企业一方面可以将自身的产品库存状况发布在虚拟物流企业；一方面可以通过查阅采购信息，向产品需求者发出征订单。与采购子系统一样，电子销售子系统也具备网上交易功能。

⑤ 客户关系管理子系统

客户关系管理子系统中的客户是指信息平台的用户及其用户的客户。城市物流信息平台需要对使用信息平台的所有用户进行客户关系管理，对客户的满意程度、个性化需求进行管理，并向其提供一些信息服务。另外，信息平台还要为其用户建立客户关系管理系统，对其用户在信息平台上的业务信息进行跟踪、分析，为信息平台用户的客户建立档案，为信息平台的用户拓展市场提供信息支持。

⑥ 公共信息管理子系统

设立该子系统的目的在于与政府的相关电子政务系统对接，为政府提供一个实施行业管理的窗口，向交通、海关、税务、经贸部门提供一个信息发布的渠道。

2）强化企业对虚拟物流认识

企业对虚拟物流认识程度决定虚拟物流发展程度。企业认同虚拟物流，才会参与虚拟物流的建设。因此要不断强化企业对虚拟物流的认识，可以从如下两个方面来解决。

虚拟物流的发展需要政府的支持和鼓励，一方面政府可以出台相关财政政策，加强虚拟物流理论研究资金投入力度，完善虚拟物流理论体系；一方面政府可以采取税收等手段，鼓励物流企业联盟，组建虚拟物流企业。

虚拟物流组建者（整合商）要善于向组建伙伴陈述虚拟物流带来的好处，对于企业所关心的核心技术外泄和核心能力丧失等问题，组建者要通过客观介绍打消企业的顾虑，组建者自身也要注意采取一些措施和手段加强合作伙伴之间的信任关系，防止虚报信息、欺骗等各种败德行为出现。

3）加快物流标准化体系建设

政府部门要重视物流标准化工作。针对当前物流标准化进程中存在的问题和国际物流标准化的发展方向，政府部门要加强对物流标准化工作的重视：一方面要在计量标准、技术标准、数据传输标准、物流作业和服务标准等方面做好基础工作；另一方面，也是最为迫切的，是加强对标准化工作的协调和组织。

企业应成为物流标准制定和实施的主体。从长远看，物流标准化关系到企业的可持续发展问题，关系到企业的自身利益问题。企业应该积极参与和配合物流标准化的推广与应用。

重视物流人力资源的开发。虚拟物流是知识经济时代物流企业发展趋势，人才是虚拟物流企业的核心资源和竞争力，因此必须要重视物流人力资源的开发。一方面，要加大物流人才培养和选拔力度，充分利用城市的教育资源培养和选拔相关方面的物流人才；另一方面，要支持物流人才的合理流动，加大吸引人才的力度。

7.4　物流联盟

7.4.1　物流联盟概述

1. 物流联盟概念

联盟是介于独立的企业与市场交易关系之间的一种组织形态，是企业间由于自身某些方面发展的需要而形成的相对稳定的、长期的契约关系。物流联盟是以物流为合作基础的企业战略联盟，它是指两个或多个企业之间，为了实现自己物流战略目标，通过各种协议、契约而结成的优势互补、风险共担、利益共享的松散型网络组织。在现代物流中，是否组建物流联盟，作为企业物流战略的决策之一，其重要性不言而喻。在我国，物流水平还处于初级阶段，组建联盟便显得尤为重要。

一般而言，物流联盟有如下三个特点：相互依赖、核心专业化和强调合作。物流联盟适用于两种情况：第一，物流在企业的发展战略中起主要作用，而企业自身的物流管理能力、管理水平又比较低。这种情况下组建物流联盟将会在物流设施、运输能力、专业管理技巧上收益极大。第二，物流在其战略中不占关键地位，但其物流水平很高。这时组建物流联盟可能寻找伙伴共享物流资源，通过增大物流量获得规模效益，降低成本。

2．物流联盟产生的原因

1）利益是物流联盟产生的最根本原因

企业之间有共享的利益是物流联盟形成的基础。物流市场及其利润空间是巨大的。在西方发达国家物流成本占 GDP 的 10% 左右，而中国占 15%~20%，如此大的市场与中国物流产业的效率低下形成鲜明的对比，生产运输企业通过物流或供应链的方式形成联盟有利于提高企业的物流效率，实现物流效益的最大化。

2）大型企业保持其核心竞争力，也是一个重要因素

一些大型企业为了保持核心竞争力，通过物流联盟方式将物流外包给第三方物流公司。如英国的 Laura Ashley（罗兰爱思）是一家时装和家具零售商和批发商，从 1953 年的一个家庭为基础的商业企业发展到在全球 28 个国家有 540 个专卖店的企业。从 20 世纪 80 年代，Laura Ashley 公司开始使用联邦快递的服务来经营北美地区业务，在 20 世纪 90 年代初，Laura Ash 面临着一个物流问题：即陈旧和集中的存货系统使公司在正常的基础上很难提供充足数量的产品，Laura Ashley 公司的仓储和供应网络会延迟送货时间，尤其在英国以外的国家。为了提升竞争地位，增加核心竞争力，Laura Ashley 公司决定与联邦快递（Fedex）结盟，外包其关键性的物流功能，例如，存货控制和全球物流配送。于是在 1992 年 3 月，公司外包其未来 10 年内的总计 2.25 亿美元的全球物流服务项目给联邦快递公司。Laura Ashley 公司减少了其一半的库存货物，减少了 10%～12% 的物流费用。补货控制在 48 小时内，提高了产品的供货质量。尤其重要的是那些易损的产品现在能够更可靠、频繁和准时地配送。

3）中小企业为了提高物流服务水平，通过联盟方式解决自身能力的不足

近年来随着人们消费水平的提高，零售业得到了迅猛的发展，这给物流业带来了发展机遇的同时，也带来了新的挑战。因物流发展水平的长期落后，如物流设备、技术落后，资金不足，按行政条块划分物流区域等，很多企业尤其是中小企业不能一下子适应新的需求，于是通过联盟的方式来解决这个矛盾。

4）资源整合

第四方物流为中心对物流服务的各个机构尤其是第三方物流公司进行整合，在数量和质量上服务能力都大大提高，解决单独靠一家企业或第三方物流机构不能完成的问题，因此产生新的联盟方式。

5）网络技术的广泛应用使跨地区的物流企业联盟成为可能

由于信息高速公路的建成，使得世界距离大大缩短，异地物流企业利用网络也可以实现信息资源共享，为联盟提供了有利的条件。

6）中国物流企业面临跨国物流公司的竞争压力，通过物流联盟形式来应对

中国加入 WTO，给国外的投资商带来无限的商机，而具有巨大潜力的物流业当然也成了令其眼红的一个领域，面对强劲的竞争对手，中国的物流企业只有结成联盟，通过各个行业和从事各环节业务的企业之间的联合，实现物流供应链全过程的有机融合，通过多家企业的共同努力来抵御国外大型物流企业的入侵，形成一个强大的力量，共进退、同荣辱，才有可能立于不败之地。

3．物流联盟的类型

一般从物流业务环节的角度，对物流联盟进行分类。主要有如下几种方式。

1）纵向物流联盟

纵向物流联盟是指处于物流活动不同作业环节的企业之间通过相互协调形成的合作性、共同化的物流管理系统。一是在不同物流作业环节具有比较优势的各个物流企业之间进行合作；二是形成供应链战略联盟，即生产企业与供应商和顾客发展良好的合作关系，对从原材料采购到产品销售的全过程实施一体化合作。

2）横向物流联盟

所谓横向物流联盟是指相同地域或者不同地域的服务范围相同的物流企业之间达成的协调、统一运营的物流管理系统。一是组建横向一体化物流联盟不仅能使分散的物流产业获得规模经济和集约化运作，从而降低成本和风险，而且可以形成一个更完善的物流网络体系。另外，以连锁加盟形式创建企业品牌也以不断扩大的物流规模获得了人们的普遍关注。

3）混合型物流联盟

既有处于平行位置的物流企业，也有处于上下游位置的中小企业加盟组成，他们的核心是第三方物流机构。由于同一行业中多个中小企业存在着相似的物流需求，可以自身的物流外包给第三方物流机构，共同采购、共同配送，构筑物流市场，形成相互信任、共担风险、共享收益的集约化物流伙伴关系，并且以签订联盟契约作为联盟企业的约束机制，使社会分散的物流获得规模经济和提高物流效率。同时，这种物流战略联盟可使

众多中小企业联盟成员共担风险，降低企业物流成本，并能从第三方物流机构得到过剩的物流能力与较强的物流管理能力，提高企业经济效益。

4）动态联盟（虚拟联盟、项目联盟）

动态联盟是为了快速响应某一市场机遇，将涉及的不同企业临时组成一个没有围墙、超越空间约束、靠计算机网络联系、统一指挥的合作经济实体。此经济实体随着市场机遇的存亡而聚散。这种联盟方式缺乏稳定性。

7.4.2　物流联盟的优势与不足

1. 优势

1）市场开拓

大企业通过物流联盟迅速开拓全球市场，如 Laura Ashley，正是与联邦快递联盟，完成其全球物流配送，从而使业务在全球范围内展开。

2）降低风险

供应链关系发展成为联盟形式，有助于降低企业的风险。单个企业的力量是有限的，它对一个领域的探索失败后其损失会很大，如果几个企业联合起来，在不同的领域分头行动，就会减少风险。而且联盟企业在行动上也有一定协同性，因此对于突如其来的风险，能够共同分担，这样便减少了各个企业的风险，提高了抵抗风险的能力。

3）减少成本

尤其是中小企业通过物流服务提供商结成联盟，能有效地降低物流成本（通过联盟整合，可节约成本 10%~25%），提高企业竞争能力。由于中国物流业存在着诸多不利因素，让这些企业进行联盟能够在物流设备、技术、信息、管理、资金等各方面互通有无，优势互补，减少重复劳动、降低成本，达到共同提高、逐步完善的目的，从而使物流业朝着专业化、集约化方向发展，提高整个行业的竞争能力。此外，物流联盟有助于物流合作伙伴之间在交易过程中减少相关交易成本。物流合作伙伴之间经常沟通与合作，互通信息，建立相互信任关系，减少履约风险；即使在服务过程中产生冲突，也可通过协商加以解决，从而避免无休止讨价还价，甚至提出法律诉讼产生费。

4）提高服务能力

物流公司通过联盟有利于弥补在业务范围内服务能力的不足。如联邦快递（Fedex）公司发现自己在航空运输方面存在明显的不足，于是决定把一些不是自己核心竞争力的业务外包给 Fritz 公司，与 Fritz 公司联盟，作为它的第三方物流提供商。

2．不足

1）合作伙伴的更换比较困难

物流企业联盟是通过合同形式形成的优势互补，是一种双向资源的流动，同时又保持着一种相互信任、共担风险、共享收益的物流伙伴关系。因此，企业之间不完全采取导致自身利益最大化的行为，也不完全采取导致共同利益最大化的行为，只是在物流方面通过契约形成优势互补，因而在选择物流伙伴的时候比较复杂，需要考虑各方面的因素，也存在很大难度，一旦发现合作期间存在很多的问题，那么更换物流伙伴又是一个比较困难的事情。

2）长期经营效率偏低，有待提高

虽然通过物流联盟的模式可以减少不必要的投资，获得一些先进的物流技术，但由于是多方联盟合作，在物流运作过程中会存在很多的不确定性，需要多方达成一个共同的管理理念，运用恰当的管理技巧，来共同实现利益的最大化，而且共同长期的默契合作才能有效经营，才能提高合作效率。

7.4.3　物流联盟运营模式

1．物流联盟的实际运营模式

物流联盟的实际运营模式包括传统外包型、战略联盟型和综合物流型三类。

1）传统外包型

简单普通的物流运作模式是第三方物流企业独立承包一家或多家生产商或经销商的部分或全部物流业务。企业外包物流业务，降低了库存，甚至达到"零库存"，节约物流成本，同时可精简部门，集中资金、设备于核心业务，提高企业竞争力。第三方物流企业各自以契约形式与客户形成长期合作关系，保证了自己稳定的业务量，避免了设备闲置。这种模式以生产商或经销商为中心，第三方物流企业几乎不需专门添置设备和业务训练，管理过程简单。订单由产销双方完成，第三方物流只完成承包服务，不介入企业的生产和销售计划。目前我国大多数物流业务就是这种模式，实际上这种方式比传统的运输、仓储业并没有走多远。这种方式以生产商或经销商为中心，第三方物流之间缺少协作，没有实现资源更大范围的优化。这种模式最大的缺陷是生产企业与销售企业，以及与第三方物流之间缺少沟通的信息平台，会造成生产的盲目和运力的浪费或不足，以及库存结构的不合理。而且据统计，目前物流市场以分包为主，总代理比例较少，难以形成规模效应。

2）战略联盟型

物流联盟是以物流为合作基础的企业战略联盟，供应链上两个或多个企业之间，为了实现自己的战略目标，通过协议对各成员的物流资源进行重新组合，结成优势互补、风险共担、利益共享的松散型网络组织。物流联盟的最大好处是可以利用规模经济，物流企业对资源的使用界限扩大了，提高了资源使用效率，减少了沉没成本。对生产商来说，减少物流方面的新投入，降低企业进入和退出壁垒，提高企业战略调整的灵活性。通过市场机制实现的交易产生机会的可能性更大，而战略联盟的方式是以非正式组织代替市场机制，通过稳定的契约建立彼此间的信任，减少有限理性导致的机会主义行为发生，实现长期合作的同时降低交易成本。物流联盟中的任何一方发生契约威胁和合作终止，都会减少合作投资收益，战略联盟中的交易双方享有对资产的虚拟占有性，因此也将这种战略合作关系称为"虚拟一体化"。

物流联盟按照合作性质或合同性质分为契约式联盟和股权式联盟，契约式联盟是物流联盟的低级形式，它只能在短期内节约物流成本，因为交易条件是瞬息万变的，人的有限理性决定了一切契约都是不完全契约，所以长期内契约式联盟的交易成本更高，也更不稳定。股权式联盟是未来物流联盟的发展趋势。

相对于股权式联盟而言，契约式联盟更强调相关企业的协调与默契，在经营的灵活性、自主权和经济效益等方面具有更大的优越性，但契约式战略联盟的先天不足则在于，企业对联盟的控制能力不足，松散的组织缺乏稳定性和长远利益，联盟内成员之间的沟通不充分，组织效率低下等；而且这种联盟方式中各成员是合作伙伴关系，实行独立核算，因此有时很难协调彼此的利益，在彼此利益不一致的情况下，要实现资源更大范围的优化就存在一定的局限性。相反，股权式战略联盟有利于扩大企业的资金实力，合作方具有高度的信任感和责任感，合作更能持久。

3）综合物流型

综合物流公司集成物流的多种功能——仓储、运输、配送、信息处理和其他一些物流的辅助功能，如包装、装卸、流通加工等，组建完成各相应功能的部门，综合第三方物流扩展了物流服务范围，对上家生产商可提供产品代理、管理服务和原材料供应，对下家经销商可全权代理为其配货送货业务，可同时完成商流、信息流、资金流、物流的传递。

2．物流联盟的案例——广州安泰达物流公司

广州安泰达物流有限公司属于供应链战略合作的股权式物流联盟，其是以第三方物流机构为中心，由家电行业中的多家企业投资入股构建的，"安泰达"在家电生产企业与物流服务商之间构建了家电物流平台。同一行业的家电企业存在相似的物流需求，有利于第三方物流机构集中社会分散的物流获得规模经济，提高物流效率，减少社会物流资源的浪费。两大家电企业科龙集团和小天鹅股份有限公司是其创建之时的初始股东，2005年5月"长虹"和"美菱"入股"安泰达"。"安泰达"因此有了大量的业务来源，同时具有集中各股东资源的优势，利用先进的管理方法和信息技术，达到物流流程的优化，进而节约总体物流成本和提高物流服务的水平。"安泰达"自接手科龙集团的物流业务后，使运输价格整体下降了 9.6 个百分点，仅此一项，每年为"科龙"节省运输费用上千万元。

成立于 2000 年 1 月的安得物流有限公司，是由"美的"原物流资源整合而来的，虽然"安得"和"美的"有血缘关系，但安得的业务不是靠美的集团通过指令的方式划拨过来的，在美的集团各独立业务部的物流服务招标中，安得承接的业务只占美的集团的一半。但其作用体现在四个方面：一是使"美的"的物流支付成本持续走低，到 2004 年，美的集团的运输成本下降了 35%，仓储成本下降了 30%，"美的"物流支付成本大约降低了 40% 左右；二是对"美的"物流格局的变化起到了关键性的作用，由于"安得"参与竞争，使得其他供应商不得不降低价格和改善服务，使"美的"实现了当初创建安得公司的第一个目标，降低集团的物流成本。业内戏称"安得"是"美的重要筹码"也是这个道理；三是"安得"与"美的"有着相同的企业文化基础，使"美的"物流改造能很快实施，"安得"对"美的"的了解是其他物流企业所不能达到的，加上"安得"对家电业的专注，使"安得"对"美的"的物流系统能提出专业化的建议，而这种建议是其他物流企业难以做到的。

"安得"与"安泰达"的不同在于，前者投资方仅限于"美的"一家，后者是多方入股，虽然"美的"在成立"安得"之初的长远目标是把"安得"构建成完全市场化的第三方物流供应商，通过承揽除"美的"以外的其他家电物流业务优化物流资源的配置，更好地利用规模经济。但其他家电企业由于与"美的"构成竞争，所以不会轻易将自己的物流需求委托给"安得"。"安得"开始尝试拓展新型建材和快速消费品等领域的物流需求，一方面跟家电业务形成互补，另一方面，"安得"最初家电物流供应商的角色也逐渐发生了改变。家电业务现在只占"安得"业务中不到一半的比例。"安得"向其他行业物流业务的拓展战略避开了与"美的"的家电同行的猜疑与不信任及资源闲置。但是，这种策略又引发了新的问题，国际上知名的物流企业都只专注于做一个行业，这样更有助于实现范围经济与规模经济，而且专业化服务经营还可以逐渐积累运作经验，提高物流的运作效率。"安得"涉及多个行业的物流服务，这就要求"安得"必须有相应的管理人才熟知不同行业的物流管理技术，有可能还需要特殊的物流管理设备。构建物流网络平台与完善供应链管理技术已经花去"安得"巨额成本，跨行业物流服务的提供又是一笔额外的支出，为了进一步降低成本，加强自己的竞争优势，"安得"计划出售一部分股份，期待未来的投资方能够提供先进的物流管理经验。股权合作是"安泰达"成功的根本，而且投资方涉及两大家电企业"科龙"与"小天鹅"，其业务量要明显高于安得物流，虽然股权式物流联盟较契约式联盟更稳固，但与安得物流面临同样的困境，即其他家电行业的不信任。

企业之间的联盟是一把双刃剑。据统计，国际战略联盟的平均年限只有 3.5 年，近 2/3 的联盟在 5 年内解体，而在成功的战略联盟中大多数是技术性战略联盟，而像物流联盟这样以市场经营性为基础的联盟失败比例较高。应该不断总结和分析达成这种联盟的各种有利因素与不利因素，使物流企业更好地满足市场的不断变化，优化配置物流资源。

1）有利于联盟稳定的因素

无论安得物流还是安泰达物流，生产商与第三方物流都持有特异性资源，第三方物流拥有先进的物流管理技术和物流设施，生产商拥有的是有形产品和最终需求产物，双方资源互补性很强，彼此业务、客户没有交叉。生产商与第三方物流在相互合作中加深了解。第三方物流更加了解生产商的物流需求，能协助生产商更好地满足客户需求，生产商也会根据第三方物流的运作模式安排企业的进出货。如"伊莱克斯"和"科龙"对物流流程的运作都有特殊的要求，"安泰达"严格按照这种要求提供物流服务，并且在实际操作中不断总结经验优化原有的物流流程，提高运作效率。安得物流在竞标"美的"某些物流业务时比其他物流企业更具有优势就是因为其更了解美的的需求和美的的运作流程。

2）不利于联盟稳定的因素

物流联盟虽然拥有物流服务的各项专用资产，如实物、人力、技术和管理等资产，但使其运营的关键资产是专用关系资产和专用信誉资产，这些非实体的资产都无须生产商的额外投入，联盟对生产商的约束并不强，一旦生产商违约，第三方物流就会失去稳定的需求。我国目前的物流行业整体水平偏低，节约物流成本主要靠规模经济实现，只有保证大的交易量，在物流技术及管理体制相对落后的情况下，通过同一行业物流联盟的形式可以有效降低成本。然而一旦物流业发展成熟，或者 WTO 全部开放物流业，外资企业提供更加优质的物流服务，那么无疑给原有的物流联盟带来挑战。安泰达物流对"科龙"和"小天鹅"有很大的依赖性，尽管"美的"一直在使安得物流与之脱离并完全市场化，但因其是原始投资方，就具有由此带来的优势，从而也有了依赖性，双方近来都有增加股东的意愿，"安泰达"将彩电巨头——长虹吸纳为股东，"美的"也有意出售部分股权吸引同盟者，目的都是为了减少对少数制造商的依赖，扩大业务量，更好地利用规模经济。

成本的分担与利润的分配。"科龙"、"小天鹅"及后入股的"长虹"等家电大户都对"安泰达"资本的运营有相应的支配监督权力，如何公平地收取各生产商的物流费用，以及利润如何分摊，各方利益将很难协调，这会直接影响联盟的稳定性。仅靠加大双方的投入对于维持契约的长久性也不是明智之策。联盟成员领导层的更换，如果新上任的领导否定前任领导的决策，也会使联盟趋于瓦解。客户关系管理失衡，物流管理掌握了生产商的信息，可能会削弱企业同客户的关系，同时存在物流管理方泄露企业客户机密的危险。因此，同行的家电企业在委托物流需求时都会对"安泰达"或"安得"提高警惕，从而违背了两家物流企业通过扩大业务量实现规模经济的初衷。

　　3）实施战略联盟注意的问题

　　合作伙伴之间应具有互补性、协同性和兼容性，其中，互补性是指与合作伙伴结盟能达到优势互补；协同性是指合作伙伴能建立一种共赢的合作关系，各方的努力能形成一个合力，最终实现预期目标；兼容性，即各企业文化相互融合的可能性。

　　战略联盟有多种模式，各有不同的特点，适合不同的情况，在实际应用中，企业要根据自身的特点、战略目标及竞争对手的特点具体问题具体分析，找出最适合的模式。

　　当联盟的环境发生变化时，各成员的战略目标会作出相应的调整，联盟原有的战略组合可能被打破，因此，必须提高联盟组织结构的灵活性和适应弹性，使联盟成员能够随时对市场环境和合作关系的变化作出适当的反应，当发生分歧和矛盾时，各方有足够的回旋余地，能及时进行灵活的调整。

　　联盟存在的基础是能为每个成员方带来利益，反之联盟会失去存在的可能性，因此战略联盟不提倡"你死我亡"的传统竞争方式，而是共存共荣、共同发展的双赢模式。

　　目前我国的物流行业刚刚起步，物流各方面的资源如资金、人才、技术等都相当匮乏，各物流企业的实力可以说是旗鼓相当，谁争取到了大量的业务，谁就能够最大限度地利用规模经济、有效地降低成本。而争取到庞大业务量的最有效的途径莫过于与制造厂商达成联盟，保证业务量具有稳定的规模。一旦物流行业逐渐发展直至成熟，物流企业的优势又会转移，不再是争取到大量的业务那么简单，物流企业的竞争优势将凸现于物流管理技术。目前这种家电制造厂商与物流企业达成股权式联盟的组织结构是对我国当前物流行业发展特点的次优反应，但随着物流行业的不断发展，当前的这种股权式物流联盟还会发生变化，未来的物流组织结构更有利于加强企业的竞争优势。

7.5　电子商务新型物流服务

7.5.1　第四方物流

1. 第四物流概念

　　第四方物流是 1998 年美国埃森哲咨询公司率先提出的，是专门为第一方、第二方和第三方提供物流规划、咨询、物流信息系统、供应链管理等活动。第四方并不实际承担具体的物流运作活动。第四方物流（Fourth Party Logistics）是一个供应链的集成商，是供需双方及第三方物流的领导力量。它不是物流的利益方，而是通过拥有的信息技术、整合能力及其他资源提供一套完整的供应链解决方案，以此获取一定的利润。它是帮助企业实现降低成本和有效整合资源，并且依靠优秀的第三方物流供应商、技术供应商、管理咨询及其他增值服务商，为客户提供独特的和广泛的供应链解决方案。

第四方物流的基本功能表现在三方面：①供应链管理功能，即管理从货主、托运人到用户、顾客的供应全过程。②运输一体化功能，即负责管理运输公司、物流公司之间在业务操作上的衔接与协调问题。③供应链再造功能，即根据货主／托运人在供应链战略上的要求，及时改变或调整战略战术，使其经常处于高效率的运作状态。第四方物流的关键是以"行业最佳的物流方案"为客户提供服务与技术。

2．第四方物流特征

（1）第四方物流有能力提供一整套完善的供应链解决方案，是集成管理咨询和第三方物流服务的集成商。这主要分为四部分：第一，供应链再建。即通过供应链的参与者将供应链规划与实施同步进行，或利用供应链参与者之间的合作提高规模和总量；第二，功能转化。主要是通过战略调整、流程再造、整体性改变管理和技术，使用户间的供应链动作一体化；第三，业务流程再造。通过将用户与供应商信息和技术系统一体化，从而将人的因素和业务规范有机结合起来，使整个供应链规划和业务流程能够有效地实施；第四，实施第四方物流。企业把整条供应链全权交给第四方物流运作，第四方物流可以为供应链功能或流程提供完整的服务。

（2）第四方物流通过对供应链产生影响的能力来增加价值，相对于外包的供应链，其优势在于能够为整条供应链的用户带来利益。这主要体现在四方面：第一，利润增长。第四方物流关注的是整条供应链，而非仓储或运输单方面的效益，因此其为自身和客户带来的综合效益会出现惊人进展；第二，运营成本降低。即流程一体化、供应链规划的改善和实施将使运营成本和产品销售成本降低；第三，工作成本降低。通过采用现代信息技术、科学的管理流程和标准化管理，使存货和现营成本的流转次数减少，成本有望降低近一半；第四，提高资产利用率。第四方物流使用户减少了固定资产且提高了资产利用率，从而使用户通过投资研究设计、产品开发、销售与市场拓展等获得经济效益的提高。

（3）成为第四方物流企业需具备一定的条件，如能够制定供应链策略、设计业务流程再造、具备技术集成和人力资源管理的能力；如在集成供应链技术和外包能力方面处于领先地位，并具有较雄厚的专业人才；如能够管理多个不同的供应商并具有良好的管理和组织能力等。

第四方物流服务的内容多，覆盖的地区广，对从事货运物流服务的公司要求极高，要求其必须开拓新的服务领域，提供更多的增值服务。"四方物流"大的优越性，是其能保证产品得以"更快、更好、更廉"地送到需求者手中。当今经济形式下，货主／托运人越来越追求供应链的全球一体化以适应跨国经营的需要，跨国公司由于要集中精力于其核心业务因而必须更多地依赖于物流外包。基于此理，他们不只是在操作层面上进行外协，而且在战略层面上也需要借助外界的力量，昼夜期间都能得到"更快、更好、更廉"的物流服务。

3．第四方物流的三种模式

按照国外的概念，第四方物流是一个提供全面供应链解决方案的供应链集成商。第四方物流存在如下三种可能的模式。

1）协助提高者

第四方物流为第三方物流工作，并提供第三方物流缺少的技术和战略技能。第四方物流向第三方提供一系列的服务，包括技术、供应链策略技艺、进入市场能力和项目管理专长。第四方物流往往会在第三方物流公司内工作，双方要么签有商业合同，要么结成联盟。

2）方案集成商

第四方物流为货主服务，是和所有第三方物流提供商及其他提供商联系的中心；第四方物流为客户提供运作和管理整个供应链的解决方案，其对本身和第三方物流的资源、能力和技术进行综合管理，为客户提供全面的、集成的供应链方案。

3）产业革新者

第四方物流通过对同步与协作的关注，为众多的产业成员运作供应链，并提供供应链解决方案。行业解决方案会给整个行业带来最大的利益，第四方物流会通过卓越的动作策略、技术和实施来提高整个行业的效率。

第四方物流无论采取哪一种模式，都突破了单纯发展第三方物流的局限性，能真正地低成本运作，实现最大范围的资源整合。因为第三方物流缺乏跨越整个供应链运作及真正整合供应链流程所需的战略专业技术，第四方物流则可以不受约束地将每一个领域的最佳物流提供商组合起来，为客户提供最佳物流服务，进而形成最优物流方案或供应链管理方案。而第三方物流要么独自，要么通过与自己有密切关系的转包商来为客户提供服务，它不太可能提供技术、仓储与运输服务的最佳结合。

4．第四方物流与第三方物流的联系与区别

第三方物流是由物流劳务的供方、需方之外的第三方去完成物流服务的物流运作模式。"第三方物流供应商"为客户提供所有的或一部分供应链物流服务，以获取一定的利润。第三方物流公司提供的服务范围很广，它可以简单到只是帮助客户安排一批货物的运输，也可以复杂到设计、实施和运作一个公司的整个分销和物流系统。第四方物流是以第三方物流为基础的，第四方物流是供应链的集成者，整合了整个供应链的物流资源和技术，能够使企业更有效率地快速反映供应链的整体、需求，最大限度地满足顾客的需求，从而提高客户满意度，提高供应链的竞争力。第四方物流的思想必须依靠第三方物流的实际运作来实现并得到验证；第三方物流又迫切希望得到第四方物流在优化供应链流程与方案方面的指导。要发展第四方物流就必须大力发展第三方物流企业，为第四方物流的发展作铺垫，提高物流产业水平。因此，只有二者结合起来，才能更好地、全面地提供完善的物流运作和服务。第三方物流与第四方物流联合成为一体以后，将第三方物流与第四方物流的外部协调转化为内部协调，使得两个相对独立的业务环节能够更和谐、更一致地运作，物流运作效率会得到明显的改善，进而增大物流成本降低的幅度，扩大物流服务供应商的获利空间。

第四方物流和第三方物流的显著区别在于：第四方物流偏重于通过对整个供应链的优化和集成来降低企业的运行成本，而第三方物流则偏重于通过对物流运作和物流资产的外部化来降低企业的投资和成本。第四方物流具有很多的优势：能给客户提供最接近要求的完美的服务；能提供一个综合性的供应链解决方案；能利用第四方的信息资源、管理资源和资本规模为企业打造一个低成本的信息应用平台；能为企业提供低成本的信息技术。第三方物流主要为企业提供实质性的具体的物流运作服务。而主要的不足是本身的技术水平不高，能为客户提供的技术增值服务比较少。第四方物流刚好相反。第四方物流的专长是物流供应链技术，它具有丰富的物流管理经验和供应链管理技术、信息技术等。它的不足在于自身不能提供实质的物流运输和仓储服务。

7.5.2　电子物流

1. 电子物流的概念

电子物流是物流产业本身应用电子化的手段，实现物流商务运作的过程。电子物流通俗地讲即物流电子化或物流信息化：它是指利用电子化的手段，尤其是利用互联网技术来完成物流全过程的协调、控制和管理，实现从网络前端到最终客户端的所有中间过程服务，其最显著的特点是各种软件与物流服务的融合应用。电子物流包含物流的运输、仓储、配送等各业务流程中组织方式、交易方式、管理方式、服务方式的电子化，通过对物流业务实现电子化可以改革现行物流体系的组织结构，通过规范、有序的电子化物流程序，实现在线追踪发出的货物、在线规划投递路线、在线进行物流调度、在线进行货运检查等，从而使物流管理进入一个充分利用现有资源、降低物流成本、提高物流运行效率的良性轨道。

电子物流既是一个整合性物流管理平台，又是一个物流电子化指挥系统。它能将产、供、销各个环节中的信号、数据、消息、情报等通过信息技术进行系统的智能采集和分析处理，并配合决策支持技术对企业物流系统中涉及的各个物流环节及部门进行有效的组织和协调，使物流商务活动能够方便、快捷、安全、可靠地进行，从而实现企业物流管理和决策的高效率和好效果。具体来说，其独特功能体现在三方面：首先，电子物流企业通过互联网加强了企业内部、企业与供应商、企业与消费者、企业与政府部门的联系沟通、相互协调、相互合作；其次，电子物流可以在线跟踪发出的货物，联机地实现投递路线的规划、物流调度及货品检查等；最后，电子物流服务能够为客户提供系统集成服务解决方案，使客户的前端服务与后端的各项物流业务紧密地结合起来，所以说电子物流＝前端服务＋后端服务。

2．电子物流的特征

电子物流的本质特征在于利用互联网技术来实现物流运营的信息化、自动化、网络化、柔性化和智能化，最终实现现代物流与电子商务的协同发展。电子物流与传统物流相比，主要有如下新的特征。

1）物流过程信息化

电子物流与传统物流的最大区别在于物流配送的信息化，"信息"取代了"运力"成为第一要素。物流过程信息化表现为物流信息的商品化、物流信息收集的数据化和代码化、物流信息处理的电子化和计算机化、物流信息传递的标准化和实时化，以及物流信息存储的数字化等。由于现代物流信息技术的迅速发展，EDI 技术（电子数据的交换和自动处理）、条码技术（通过扫描对信息实现自动控制）、GPS 技术（通过全球卫星定位系统实现物流配置国际化）和 GIS 技术（通过地理信息系统实现物流配送的最佳路线）等现代信息技术的广泛应用使得物流信息变得高度透明。首先，从技术本身的应用来说，仅以条码和 GPS 举例，在各大超市物品被消费者购买时，需要用扫描仪对其条码进行扫描，产品的名称、日期、产地、数量、批号均可查明，同时库存信息立即得到更新，一旦库存减少到一定量时便发出提醒迅速补货；GPS 可随时监督产品在途中的位置、数量等情况，这些均为企业提高服务水平、实现快速反应和有效的客户反应提供了条件。其次，电子物流减少了"长鞭效应"，供应链上的"长鞭效应"是指链中企业对信息的曲解沿着下游向上游逐级放大的现象。从表面上看，"长鞭效应"表现为需求的不确定性，实质上，这种不确定性是由于需求变化的信息在供应链中传递时出现失真进而被放大的结果，这会为企业经营带来更大的风险。而电子物流要求各参与方对信息高度共享能有效消减"长鞭效应"，也能增进供应链上各节点企业间的合作关系，帮助实现供应链一体化和系统化。第三，电子物流中信息交流不仅是现实物流的信息反映，更主要的是通过信息的分析、判断进行决策是控制现实物流运行的物流电子化指挥系统。

例如，美国优利电脑公司（Unisys）利用其全球物流信息系统与所有的仓库和承运人通过电子数据交换方式保持联系，该信息系统控制着 18.4 万件商品，总值在 5 亿美元左右，任何一个零部件的移动都会在电脑上反映出来，该公司的每一位员工可以随时查询任何一个产品的库存。再如，可口可乐公司的物流主管在这方面提出了更加具体的设想，可口可乐的经理在美国亚特兰大总部的微机前就可以了解法国一个 20 盎司可乐铝罐的运转情况。

2）订单处理电子化

在大量的网上物流贸易中，顾客的个性化消费趋势越来越明显。过去的订单以大批量、少批次、品种单一为主，而现代物流在网上随时可以实现，呈现出小批量、多批次、个性化的特点，这在 BtoC 的电子商务环境下越发明显。越来越多的企业开始采用电子化订单处理方式来满足多元化的客户需求，以实现高效、灵活、柔性化的物流管理。

电子物流业务使得客户可以运用外部服务力量来实现内部经营目标的增长，即客户能够得到量身定做的个性化服务。电子物流的外包服务在 BtoB 业务中的制造商与电子物流服务供应商之间，以及 BtoC 业务中的制造商及企业物流伙伴之间提供了建设性的桥梁作用。

3. 电子物流的发展模式

1）定位在电子物流信息市场以因特网为媒体建立的新型信息系统

电子物流将企业或货主要运输的物流信息和运输公司可调动的车辆信息上网确认后，双方签订运输合同。即货主将要运输的货物的种类、数量及目的地等上网，运输公司将现有车辆的位置及可承接运输任务的车辆信息通过互联网提供给货主，依据这些信息，双方签订运输合同。其主要功能包括信息的查询、发布和竞标三个方面，附属功能有行业信息、货物保险、物流跟踪、路况信息和 GPS 等。我国近年来涌现的一批物流信息类的电子商务网站，大多已能实现货运信息供需双方的信息交流，包括车辆、货物的信息发布及查询，也可以进行竞标、请求配载等交易行为。

2）定位在为专业物流企业提供供应链管理的电子物流系统

电子物流最显著的特点是各种软件技术与物流服务的融合应用，它能够实现系统之间、企业之间，以及资金流、物流、信息流之间的无缝链接，而且可以在上下游企业间提供一种透明的可见性功能，帮助企业最大限度地控制和管理库存。同时，由于全面应用了客户关系管理、商业智能、计算机电话集成、全球定位系统、Internet、无线互联技术等先进的信息技术手段，以及配送优化调度、智能交通、仓储优化配置等物流管理技术和物流模式，电子物流提供了一套先进的、集成化的物流管理系统，从而为企业建立敏捷的供应链系统提供了强大的技术支撑。

4. 电子物流服务与传统物流服务的差异

网上购物与传统购物的不同，决定了电子物流服务形式、手段的特殊性。网上购物的顾客在寻觅到所需的特定物品时，还希望能够得到实时的信息反馈，诸如是否有存货、何时能够收到货物等，同时他们也十分关注如果在网上选购的物品不甚理想或物品在运输途中受损是否能够及时、便利地办理退货等。新兴的电子物流服务就是由具备实力的服务商来提供最大限度地满足客户需求的外包服务。电子物流服务与传统物流服务的差异如表 7.1 所示。

表 7.1　电子物流服务与传统物流服务的差异

	电子物流	传统物流
业务推动力	IT 技术	物质财富
服务范围	综合性物流服务，同时提供更广泛的业务范围，如网上前端服务等	单项物流服务（运输、仓储、包装、装卸、配送等）
通信手段	大量应用互联网、EDI 技术	传真、电话等
仓储	分期分布、分拨中心更接近顾客	集中分布
包装	个别包装、小包装	批量包装
运输频率	高	低
交付速度	快	慢
IT 技术应用	多	少
电感	多	少

7.5.3　绿色物流

1．绿色物流的概念

绿色物流是指在物流过程中抑制物流对环境造成危害的同时，实现对物流环境的净化，使物流资源得到最充分的利用。它包括物流作业环节和物流管理全过程的绿色化。从物流作业环节来看，包括绿色运输、绿色包装和绿色流通加工等。从物流管理过程来看，主要从环境保护和节约资源的目标出发，改进物流体系，既要考虑正向物流环节的绿色化，又要考虑供应链上的逆向物流体系的绿色化。

现代物流业的发展必须优先考虑在物流过程中减少环境污染，提高人类生存和发展环境质量等问题。废弃物的回收利用已列入许多发达国家的可持续发展战略中，因为地球上的资源总有一天会用完，对此我们要高度重视。

2．绿色物流的目标及内涵

1）绿色物流的目标

绿色物流的首要目标是要将环境管理导入物流的各个系统，加强物流业中各个作业环节的环境管理和监督，从而有效遏止物流业发展造成的污染和能源浪费。绿色物流融合了环境保护观念，既是连接绿色制造和绿色消费之间的纽带，也是企业降低资源消耗和能源消耗、减少污染、提高竞争优势的"战略武器"。绿色物流不仅仅是为了实现经济主体的营利、满足顾客需求、扩大市场占有率等经济利益，它还有追求节约资源、保护环境的目标。

2）绿色物流的内涵

绿色物流是以经济学一般原理为基础，建立在可持续发展理论、生态经济学理论、生态伦理学理论、外部成本内部化理论和物流绩效评估的基础上的物流科学发展观。同时，绿色物流也是一种能抑制物流活动对环境的污染，减少资源消耗，利用先进的物流技术规划和实施运输、仓储、装卸搬运、流通加工、包装、配送等作业流程的物流活动。绿色物流的内涵包括如下五个方面：

（1）集约资源。这是绿色物流的本质内容，也是物流业发展的主要指导思想之一。通过整合现有资源，优化资源配置，企业可以提高资源利用率，减少资源浪费。

（2）绿色运输。运输过程中的燃油消耗和尾气排放，是物流活动造成环境污染的主要原因之一。因此，要想打造绿色物流，首先要对运输线路进行合理布局与规划，通过缩短运输路线，提高车辆装载率等措施，实现节能减排的目标。另外，还要注重对运输车辆的养护，使用清洁燃料，减少能耗及尾气排放。

（3）绿色仓储。一方面要求仓库选址要合理，有利于节约运输成本；另一方面，仓储布局要科学，使仓库得以充分利用，实现仓储面积利用的最大化，减少仓储成本。

（4）绿色包装。包装是物流活动的一个重要环节，绿色包装可以提高包装材料的回收利用率，有效控制资源消耗，避免环境污染。

（5）废弃物物流。是指在经济活动中失去原有价值的物品，根据实际需要对其进行搜集、分类、加工、包装、搬运、储存等，然后分送到专门处理场所后形成的物品流动活动。

3. 中国绿色物流发展现状

中国物流业的起步较晚，绿色物流还刚刚兴起，人们对它的认识非常有限，在绿色物流的服务水平和研究方面还处于起步阶段，与国际上先进技术国家在绿色物流的观念上、政策上及技术上均存在较大的差距，主要表现在如下方面。

1）观念上的差距

一方面，中国领导和政府的观念仍未转变，绿色物流的思想还没确立。部分政府领导对物流的推进尚且放任自流，更何况面向的是更进一步的绿色物流。仅有物流的思想而没有绿色化的概念，还缺乏发展的前瞻性，与时代的步伐存在差距。另一方面，经营者和消费者对域外物流绿色经营消费理念仍非常淡薄，绿色物流的思想几乎为零。经营者展现给我们的是绿色产品、绿色标志、绿色营销和绿色服务，消费者追求的是绿色消费、绿色享用和绿色保障，而其中的绿色通道——物流环节，谁也未有足够的重视和关心。因此在发展物流的同时，要尽快提高认识，更新思想，把绿色物流作为世界全方位绿色革命的重要组成部分，确认和面向绿色物流的未来。

2）政策性的差距

绿色物流是当今经济可持续发展的一个重要组成部分，它对社会经济的不断发展和人类生活质量的不断提高具有重要的意义。正因为如此，绿色物流的实施不仅是企业的事情，而且还必须从政府约束的角度，对现有的物流体制强化管理，构筑绿色物流建立与发展的框架，做好绿色物流的政策性建设。一些发达国家的政府在绿色物流的政策性引导上，制定了诸如控制污染发生源，限制交通量和控制交通流的相关政策和法规，而且还从物流业发展的合理布局上为物流的绿色化铺平道路。如日本在 1966 年制定了《流通业务城市街道整备法》，以提高大城市的流通机能，增强城市物流的绿色化功能。尽管我国自 20 世纪90 年代以来，也一直在致力于环境污染方面的政策和法规的制定和颁布，但针对物流行业的还不多。另外，由于物流涉及的有关行业、部门、系统过多，而这些部门又都自成体系，独立运作，各做各的规划，各搞各的设计，各建各的物流基地或中心，导致物流行业的无序发展，造成资源配置的巨大浪费，也为以后物流运作上的环保问题增加了过多的负担。因此，打破地区、部门和行业的局限性，按照大流通、绿色化的思路来进行全国的物流规划整体设计，是我国发展物流在政策性问题上必须正视的大事情。

3）技术上的差距

绿色物流的关键所在，不仅依赖物流绿色思想的建立，物流政策的制定和遵循，更离不开绿色技术的掌握和应用。而我们的物流技术和绿色要求有较大的差距。如中国的物流业还没有什么规模，基本上是各自为政，没有很好的规划，存在物流行业内部的无序发展和无序竞争状态，对环保造成很大的压力；在机械化方面，物流机械化的程度和先进性与绿色物流要求还有距离；物流材料的使用上，与绿色物流倡导的可重用性、可降解性也存在巨大的差距；另外，在物流的自动化、信息化和网络化环节上，绿色物流更是无从谈起。

由此可见，中国的绿色物流与发达国家尚有较大差距，物流绿色化对我们来说，还有相当漫长的一段路途。如今世界上的一些大的物流公司进入中国，跨国物流企业纷纷抢滩中国市场。由于中国经济已经成为全球经济的一部分，故必须要加快物流的绿色化建设，物流企业必须加快调整和整合，如若不然，就会失去竞争力，一旦国外在物流业的绿色化上设置准入壁垒，我国稚嫩的物流业就将遭受巨大打击。可以说，发展绿色物流是参与全球物流业竞争的重要基础。

4．绿色物流的管理措施

1）绿色供应商管理

供应商的原材料，半成品的质量的好坏优劣直接决定着最终产成品的性能，所以要实施绿色物流还要从源头上加以控制。由于政府对企业的环境行为的严格管制，并且供应商的成本绩效和运行状况对企业经济活动构成直接影响。因此，在绿色供应物流中，有必要增加供应商选择和评价的环境指标，即要对供应商的环境绩效进行考察。

2）绿色生产管理

绿色生产又包括绿色原材料的供应、绿色设计与制造及绿色包装。绿色产品的生产首先要求构成产品的原材料具有绿色特性，绿色原材料应符合如下要求：环境友好性；不加任何涂镀，废弃后能自然分解并能为自然界吸收的材料；易加工且加工中无污染或污染最小；易回收、易处理、可重用的材料，并尽量减少材料的种类，这样有利于原材料的循环使用。

绿色制造则追求两个目标，即通过可再生资源、二次能源的利用及节能降耗措施缓解资源枯竭，实施持续利用；减少废料和污染物的生成排放，提高工业品在生产过程和消费过程中与环境的相容程度，降低整个生产活动给人类和环境带来的风险，最终实现经济和环境效益的最优化。

包装是商品营销的一个重要手段，但大量的包装材料在使用一次以后就被消费者遗弃，从而造成环境问题。例如，现在中国比较严重的白色污染问题，就是不可降解的塑料包装随地遗弃引起的。绿色包装是指采用节约资源、保护环境的包装，其特点是材料最省、废弃最少且节约资源和能源；易于回收利用和再循环；包装材料可自然降解并且降解周期短；包装材料对人的身体和生态无害。

3）绿色运输管理

交通运输工具的大量能源消耗；运输过程中排放大量的有害气体，产生噪声污染；运输易燃、易爆、化学品等危险原材料或产品可能引起的爆炸、泄露等事故，都会对环境造成很大的影响。因此，构建企业绿色物流体系就显得至关重要。

（1）合理配置配送中心，制订配送计划，提高运输效率以降低货损量和货运量。开展共同配送，减少污染。共同配送是以城市一定区域内的配送需求为对象，人为地进行有目的、集约化地进行配送。它由同一行业或同一区域的中小企业协同进行配送。共同配送统一集货、统一送货可以明显地减少货流；有效地消除交错运输缓解交通拥挤状况，可以提高市内货物运输效率，减少空载率；有利于提高配送服务水平，使企业库存水平大大降低，甚至实现"零"库存，降低物流成本。

（2）实施联合一贯制运输。联合一贯制运输是指以件杂货为对象，以单元装载系统为媒介，有效地巧妙组合各种运输工具，从发货方到收货方始终保持单元货物状态而进行的系统化运输方式。通过运输方式的转换可削减总行车量，包括转向铁路、海上和航空运输。联合一贯制运输是物流现代化的支柱之一。

（3）评价运输者的环境绩效，有专门运输企业使用专门运输工具负责危险品的运输，并制定应急保护措施。企业如果没有绿色运输，将会加大经济成本和社会环境成本，影响企业经济运行和社会形象。

（4）绿色储存管理。储存在物流系统中起着缓冲、调节和平衡的作用，是物流的一个中心环节。储存的主要设施是仓库。现代化的仓库是促进绿色物流运转的物资集散中心。绿色仓库要求仓库布局合理，以节约运输成本。布局过于密集，会增加运输的次数，从而增加资源消耗；布局过于松散，则会降低运输的效率，增加空载率。仓库建设前还应当进行相应的环境影响评价，充分考虑仓库建设对所在地的环境影响。例如，易燃易爆商品仓库不应设置在居民区，有害物质仓库不应设置在重要水源地附近。采用现代储存保养技术是实现绿色储存的重要方面，如气幕隔潮、气调储存和塑料薄膜封闭等技术。

（5）绿色流通加工管理。流通加工是指在流通过程中继续对流通中商品进行生产性加工，以使其成为更加适合消费者的需求的最终产品。流通加工具有较强的生产性，也是流通部门对环境保护大有作为的领域。

绿色流通加工的途径主要分两个方面：一方面变消费者分散加工为专业集中加工，以规模作业方式提高资源利用效率，以减少环境污染；另一方面是集中处理消费品加工中产生的边角废料，以减少消费者分散加工所造成的废弃物污染。

（6）绿色装卸管理。装卸是跨越运输和物流设施而进行的，发生在输送、储存、包装前后的商品取放活动。实施绿色装卸要求企业在装卸过程中进行正当装卸，避免商品体的损坏，从而避免资源浪费及废弃物造成环境污染。另外，绿色装卸还要求企业消除无效搬运，提高搬运的活性，合理利用现代化机械，保持物流的均衡顺畅。

（7）产品绿色设计、绿色包装和标识。绿色物流建设应该起自于产品设计阶段，以产品生命周期分析等技术提高产品整个生命周期环境绩效，在推动绿色物流建设上发挥先锋作用。包装是绿色物流管理的一个重要方面，乳白色塑料的污染已经引起社会的广泛关注：过度的包装造成了资源的浪费。在日本，经营食品的商人已放弃塑料包装，在食品界掀起"绿色革命"，取得了较大的成效。他们的食品包装已不只是要好和实用，照顾环境需要也成为包装业的重要课题。

现在的人在给食品包装时尽量采用不污染环境的原料，用纸袋包装取代塑料容器，这也减少了将用过后的包装收集到工厂再循环所面对的技术和成本困难，绿色包装设计在这方面发挥了很大作用。

7.5.4　逆向物流

近年来，随着人们环保意识的增强及环保法规约束力度的加大，逆向物流引起了人们的重视，国内外学术界展开了不同层面的研究和讨论。在电子商务环境下，随着逆向物流的经济价值逐步得以显现，许多企业把逆向物流战略作为降低成本、提升顾客满意度、强化竞争优势的重要手段。

1．逆向物流的内涵和特征

1）什么是逆向物流

逆向物流（Reverse Logistics）是相对于传统意义上的正向物流提出的，不同的机构和学者从不同角度对其给出了不同的定义，一般是指产品或者原材料因为各种原因从消费者或供应链下游合作者手中返回，并对其进行处理和再利用的整个过程，整个流程正好与传统意义上的正向物流相反。

随着电子商务环境的改善，电子商务本身所具备的巨大优势逐步凸现出来，网上销售和网络购物在许多国家受到追捧。网上消费人数和消费数量猛增，网上销售额成倍增长。与网上销售增加相伴的是回流商品的不断增加，有效管理电子商务中的逆向物流，成为许多在线经营企业必须面对的问题。但是在实践中，逆向物流的管理是一个非常复杂的问题，许多企业逆向物流的管理和利用并不理想，尤其是当逆向物流和电子商务联系在一起时就会显得更为复杂。

逆向物流这个名词最早是由 Stock 在 1992 年给美国物流管理协会的一份研究报告中提出的，认为逆向物流是一种包括了产品退回、物料替代、物品再利用、产品废弃处置、再处理、维修与再制造等流程的物流活动。Rogers 和 Lembke 在 1998 年对逆向物流的定义为：计划、实施和控制原料、半成品库存、制成品和相关信息，高效和成本经济地从消费点到起点的过程，从而达到回收价值和适当处置的目的。

美国非营利专业组织逆向物流执行协会（The Reverse Logistics Executive Council，RLEC）认为，逆向物流是商品从典型的销售终端向其上一节点的流向过程，其目的在于补救商品的缺陷，恢复商品价值，或者对其实施正确处置。

2002 年，美国物流管理协会（The Council of Logistics Management，CLM）在其公布的《供应链全景——物流词条术语(2003 年 9 月升级版)》中，对逆向物流给出如下解释：“由于修理和信誉问题，对售出及发送到客户手中的产品和资源的回流运动实施专业化的物流管理”并对逆向物流的定义为：“计划、实施和控制原料、半成品库存、制成品和相关信息，高效和成本经济地从消费点到起点的过程，从而达到回收价值和适当处置的目的。”

我国在 2006 年颁布的《中华人民共和国国家标准物流术语》（GB T 18354—2006）中将逆向物流定义为：从供应链下游向上游的运动所引发的物流活动。同时，将逆向物流分解为两大类：①回收物流（Returned Logistics）。不合格产品的返修、退货，以及周转使用的包装容器从需方返回到供方所形成的物品实体活动。②废弃物物流（Waste Material Logistics）。将经济活动中失去原有使用价值的物品，根据实际需要进行收集、分类、加工、包装、搬运、储存，并送到专门的处理场所时形成的专门的物品实体活动。

2）逆向物流的特征

与传统的正向物流相比，逆向物流在实际运行操作中有许多不同之处。总体而言，逆向物流具有如下特征：

（1）缓慢性。逆向物流的缓慢性主要体现在逆向物流量积累速度的缓慢、处理过程的复杂和回收物品价值恢复的缓慢。逆向物流涉及的物品起初数量少、种类多，要通过不断汇集才能形成较大规模的流动。同时，废旧物资的收集和整理也是一个较复杂的过程，而且废旧物资的产生也需要经过加工、改制等环节，并不能立即满足人们对它的价值恢复的要求，这一系列过程需要较长的时间。

（2）不确定性。逆向物流的来源是很分散的，涉及社会的每一个角落，其次逆向物流的需求时间和需求数量不确定，预测十分困难。另外，有时候逆向物流的目的地也是不确定的，导致逆向运输等的不确定性。

（3）混杂性。回收的产品在进入逆向物流系统时往往难以划分，因为不同种类、不同状况的废旧物资常常是混杂在一起的。另外，由于资源利用方式的不同，不同处理手段对恢复资源价值的贡献也有显著的差异等。逆向物流与正向物流的区别如表 7.2 所示。

表 7.2　逆向物流与正向物流的区别

正向物流	逆向物流
预测较为容易	预测较为困难
分销模式为一对多	分销模式为多对一
产品质量均一	产品质量不均一
产品包装统一	产品包装多已损坏
运输目的地、线路明确	运输目的地、线路不明确
产品处理方式明确	产品处理方式不明确
价格相对一致	决定价格因素复杂
服务速度的重要性得到认同	服务的速度经常被忽视
正向的分销成本相对透明可见	逆向的成本多为隐性的
库存管理统一	库存管理不统一
产品生命周期的可控性	产品生命周期较复杂
供应链各方可进行直接谈判	供应链各方谈判障碍较多
已有现成的经销模式	营销受多种因素影响
操作流程更加透明	操作流程相对不太透明

2. 电子商务环境中的逆向物流管理

1）逆向物流的潜在价值

电子商务环境下，企业对逆向物流应该给予足够的重视，逆向物流能否在企业中积极正确地实施，在某种程度上决定了电子商务企业能否立足、提高核心竞争力。之所以如上说，是因为逆向物流存在着如下的潜在价值。

① 提高客户忠诚度

无论是虚拟企业还是电子商务企业，要想拥有稳定的顾客群和较低的运营成本，必须拥有一个高效的退货系统。在电子商务的发展过程中，由于消费者看不到实物，所以无论购物网站设计得多么富有吸引力，如果不能处理退货问题，消费者只能是好奇的看客而绝非忠诚的客户。但是，退货绝非无原则的退货，首要的是制定合理的退货政策，比如，制订合理的退货价格，退货货款包括按照原先的批发价进行全额退款和按批发价再打一定的折扣两种方式；还应明确退货责任，避免出现纠纷等。其次是要设计好电子商务环境下有利于妥善处理退货逆向物流的网站，比如，在网页中设置确认购买的按钮，可以满足消费者在一定时限内取消订单，以及设置在线和离线退货处理流程，并严格按照网站上的承诺积极处理退货问题等。也就是说，在线销售商应使购物者在线购物的同时，清晰退货程序或者将退货说明和产品一起发运。行之有效的退货逆向物流策略，在电子商务中不但不会流失客户，反而在一定程度上可以提升客户的忠诚度。

② 再售渠道中增加收入

对于一些滞销商品或性能状况较好的回收商品，经过适当的加工、包装、处理后，可再次出售。有时再售的价格会高于原销售的价格，例如，每台售价为 34.98 美元的 Uniden 无绳电话被退还给制造商后，制造商把这批电话卖给一家回收公司，而该公司把这些电话经过翻新改造后，以高达 48 美元的零售价格在墨西哥市场上重新出售。

③ 提高企业自身及产品的品牌形象

合理利用逆向物流中的废旧产品可为企业树立良好的形象。耐克公司利用回收旧跑鞋获得的收益来修建公众篮球场和田径场，作为其支持公益事业的行动，虽然在运作上付出了一些成本，但是其行为提高了自身品牌的价值，赢得了消费者的认可。

在电子商务环境下，企业需要通过有效的逆向物流管理来降低退货与召回损失，提高再生循环利用意识。而通过对逆向物流的潜在价值进行分析并合理利用，企业可以占据领先竞争对手的地位，保持甚至提高企业在电子商务领域的核心竞争力。

实践证明，正确的逆向物流不仅能够降低逆向物流成本，而且还会提高收入。电子商务环境下的逆向物流系统由许多过程组成，企业必须建立合适的管理系统来管理返回的物资产品，其中包含快速识别最有成本效益的回收产品所要经历的逆向流动过程。有调查表明，退货渠道和措施足以影响到客户的决策，尤其是那些潜在客户。因此，电子商务企业要选择正确可行的逆向物流解决方案，为企业留住现有客户、挖掘潜在客户，从而保持较高的客户忠诚度。

2）逆向物流的运作模式

目前，电子商务环境下的逆向物流运作模式主要有三种：自营模式、联营模式和外包模式。

① 逆向物流自营模式（见图 7.1）

电子商务环境下企业逆向物流自营模式是指生产企业建立独立的逆向物流体系，自己管理退货和瑕疵产品的回收处理业务。

自营模式的适用范围：适合分布范围较广的回流物品。

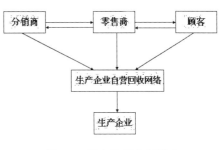

图 7.1　逆向物流自营模式

顾客向在线客服（或在线卖家）提出网上退货申请。在线客服收到申请后通知生产企业，由他们上门检验并回收退货产品，交由自建回收处理中心验收。验收后将货款退给在线客服（或在线卖家），在线客服（或在线卖家）再通过支付宝等网上结算软件将货款退还给顾客。

逆向物流自营模式优缺点如表 7.3 所示。

表 7.3　逆向物流自营模式优缺点

优　点	缺　点
能使资源高效地回收到本企业中来	一旦企业停产或转型，会出现设施、人员的闲置，设备的利用率不高
自营模式降低了企业的交易成本	不会产生规模经济，导致运输成本的上升，使企业的经营成本随之上升
避免了出现机密泄漏的现象	从经营风险上考虑，对于一些规模较小的企业而言，能控制好正向物流环节已属不易，若再兼顾逆向物流业务，则会使精力、资金和人员较为分散
能够快速高效地将不合格产品召回，并在第一时间对客户的投诉作出反应，提高客户的满意度，提升自身的市场竞争力与品牌价值	要求企业具备高素质、专业化的逆向物流的技术人员及管理人员，因而企业需要耗费大量财力对企业物流方面的人才进行招募和培养
检验分析回收物品或不合格产品，可以了解哪些产品、哪些性能容易出现问题。企业可以及时改进，并有力控制缺陷率	
可以利用原有的物流网络，使原有设施发挥最大作用，同时使正向物流与逆向物流协调进行	

② 逆向物流联营模式（见图 7.2）

在电子商务环境下逆向物流联营模式是指生产企业与第三方逆向物流企业，以及其他生产相同产品或者相似产品的同行企业结成战略合作伙伴关系，共担风险，共享收益，共同完成逆向物流。

　　联营经营模式的适用范围：适合于联营模式的物品主要是生产或消费后的废旧物品。

　　顾客向在线客服（或在线卖家）提出网上退货申请，在线客服收到申请后通知联合回收中心，由他们上门回收退货产品，再交由联合处理中心验收。联合处理中心验收后通过退货信息系统将退货信息传递给生产企业，生产企业将货款退给在线客服（或在线卖家），在线客服（或在线卖家）在通过支付宝等网上结算软件将货款退还给顾客。与此同时，退货产品由联合处理中心退至生产企业。

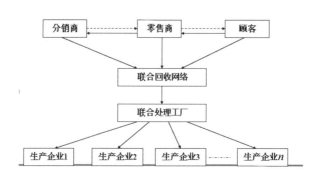

图 7.2　逆向物流联营模式

逆向物流联营模式优缺点如表 7.4 所示。

表 7.4　逆向物流联营模式优缺点

优　　　点	缺　　　点
成本低	产品回收的信息反馈滞后，逆向物流发生不确定性的特征给企业技术的及时改进带来了困难
专业化程度高	可能会出现排队等待现象，联盟内部成员相互抱怨，会使企业的利益受损
可以实现信息共享，优化企业资源配置	对于非物流企业来说，在物流管理上很难赶上专业水平。而且，由于交易范围的限制，物流合理化所追求的规模化、网络化目标也难以实现，限制了物流潜能的进一步发挥

　　③逆向物流外包模式（见图 7.3）

　　电子商务环境下逆向物流外包模式是指生产企业通过协议形式将其回流产品的回收处理中的部分或者全部业务，以支付费用等模式交由专门从事逆向物流服务的企业负责实施。

　　外包模式的适用范围：适合于逆向物流的绝大多数情况，无论是产品退货、维修（召回），还是报废之后废旧物品的回收。

　　顾客向在线客服（或在线卖家）提出网上退货申请，在线客服收到申请后通知第三方物流企业（快递公司等），由他们上门检验并回收退货产品，第三方物流企业验收后通过退货信息系统将退货信息传递给在线客服（或在线卖家），在线客服（或在线卖家）

再将退货信息传递给企业。企业收到信息后将货款退给在线客服（或在线卖家），在线客服（或在线卖家）再通过支付宝等网上结算软件将货款退还给顾客。在退款同时，退货产品由第三方物流企业经在线客服（或在线卖家）退至生产企业。

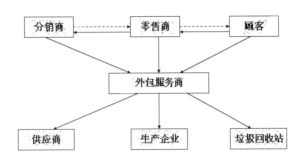

图 7.3　逆向物流外包模式

逆向物流外包模式优缺点如表 7.5 所示。

表 7.5　逆向物流外包模式优缺点

优　　点	缺　　点
有助于企业集中精力致力于核心业务，提升自身竞争力	可能存在生产专利泄露的风险
降低了本企业的成本	给生产企业的选择决策带来了一定的难度
增加企业生产的柔性化	成本预算的不确定性
可以减少产品在回收或分销到市场中时的不确定性风险，减少了对逆向物流设备的投资，降低了成本	可能有过度依赖外包的风险
供需双方及自身达到"三赢"的局面	

3）逆向物流的管理策略

环境效益与经济利益的结合是企业实施逆向物流的总体目标，但是企业在实施逆向物流过程中存在上述诸多障碍，因而，在具体运作时，必须采取有效的管理策略，才能达到环境效益与经济利益双赢的目标，从而通过逆向物流的发展达到加速我国循环经济体系的构建的目的。为此，应该从如下几个方面考虑。

① 企业高度重视逆向物流，树立循环经济发展理念

长期以来，企业对正向物流一直较为重视，而对逆向物流了解甚少。许多企业都把退货、回收等逆向物流行为看成一种负担。从长远发展的角度考虑，企业不妨借鉴国外企业的做法，加大退货与回收力度，重视逆向物流管理，把逆向物流的实施提高到企业的战略地位上来，这对企业提高竞争力、拓展市场都有好处。另外，还要考虑逆向物流的运作模式。企业应根据物流需求量、企业实力及地区特点等实际情况，选择建立逆向物流系统的方式。

循环经济下的循环物流系统结构如图 7.4 所示。

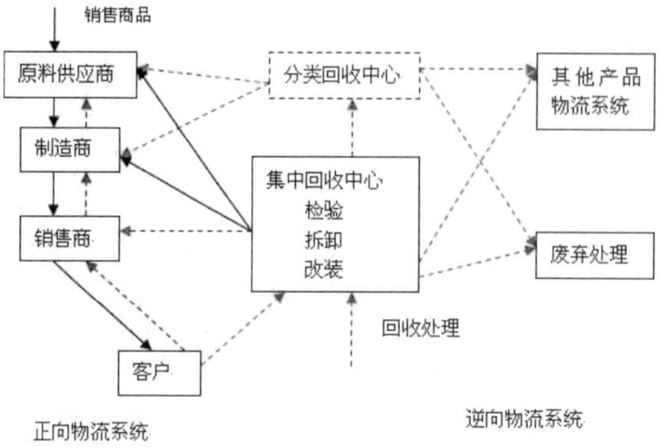

图 7.4　循环经济下的循环物流系统结构

② 加快逆向物流法律法规建设，强化政府在逆向物流中的作用

逆向物流的本质在于对废弃资源进行回收、处置，以重新获取其使用价值，减少对生态环境的污染和破坏；而循环经济也是将清洁生产、资源循环利用、生态设计和可持续发展等融为一体来实现减量化、资源化和无害化。基于循环经济的理念，为实现逆向物流快速、稳定、持续与规范发展，应尽快制定有关逆向物流法律法规。

政府要充分发挥自身的组织、协调与规划职能，着力建设公平、开放、有序的市场环境，为企业发展逆向物流创造良好的外部条件，强化循环经济意识，促进逆向物流发展。只有让企业处于环保责任的约束下，废弃物的回收利用才有资金和组织保障。生产和流通企业作为固体废弃物排放的主体，必须对自己的行为负责，建议政府有关部门通过法律明确生产和流通企业回收利用的责任与义务，政府可建立逆向物流系统激励机制进行补偿和鼓励。逆向物流系统激励机制包括补贴政策、税收优惠政策、政府采购和产业引导等。

③ 加强逆向物流的入口控制，压缩逆向物流周期

逆向物流的入口是一个关键点，判定产品是否应该进入逆向物流渠道，以及初步决定回流产品在渠道中的流向、处理方法都是在入口需要做的把关工作。成功的制造商一定会通过高质量的售后服务来满足顾客，而高质量的售后服务通常包括宽松的回流政策，如退货、全额退款等。而有些消费者就会滥用这一政策，不符合退货规定的产品也企图退还企业，因而企业要守好这道关，从根源上减少逆向物流成本的发生。

逆向物流成功管理的另一个关键因素就是产品的回流周期要短，即产品从进入逆向物流系统到对其处理完毕所用的时间要短。由于退货是例外驱动过程，因此减少与退货决定、移动和处理相关的时间很不容易。确定产品处置时，要谨慎地制定决策机制，企业更应实行有效客户响应，减少各个环节的处理时间。

④ 建立有效的逆向物流管理系统，建立逆向物流信息网

企业对逆向物流不够重视，所以很少在逆向物流服务这一领域投资开发，从而导致我国到现在还没有有效的逆向物流管理系统。企业应整合现有信息资源网络，建立一个全国性的逆向物流信息网络，搭建企业与产业、社会、个人之间良性沟通平台。通过物流信息管理系统网络，废弃物的产生者和需求者能共享信息资源，使循环经济的企业层次的小循环、企业间的中循环、企业和社会大循环三个层面的循环有机协同起来，形成循环经济物流领域的全社会统一大市场，从而实现逆向物流的经济效益、规模效益和社会效益。基于物联网的逆向物流管理信息系统功能结构如图 7.5 所示。

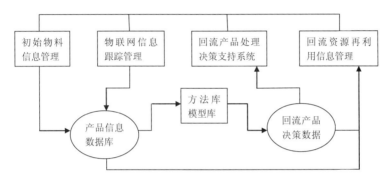

图 7.5 基于物联网的逆向物流管理信息系统功能结构

⑤ 加大逆向物流科技投入，积极推进技术创新

由于我国科学技术水平有限，无法对回收的废弃物进行充分的再利用，或者再利用的成本比较高。对于这一点，需要增加对资源回收利用科技开发的投入，加强教育和培训。同时加强国际合作，引进国外先进的技术、设备、人才和资金，从而提高我国回收逆向物流的再利用水平。在我国大力倡导自主创新时，应加大逆向物流领域相关技术的研发力度。首先，应鼓励企业改进产品设计，提高产品质量，实现绿色制造，把好逆向物流的入口关。其次，由于产品的回流是不可避免的，政府应鼓励企业为处理回流产品作好预案，在产品的设计之初就应考虑如何使得回流产品后续处理简单易行，便于产品的翻新、再制造和原料的回收利用。最后，应重点组织对延长生产链和相关产业链的连接技术、回收和再利用等技术的研发，提高逆向物流的处理效率，降低逆向物流成本，减少环境的污染。

⑥ 引入第三方逆向物流管理

对于单位价值比较低，处理设备及过程比较简单同时具有规模经济的产品，如包装物、酒瓶等，可交由第三方物流公司做。一般来说，第三方物流公司在专业技术、综合管理和信息等方面具有显著优势，通过把逆向物流业务外包给第三方企业，实现专业分工、提高运作效率。据悉，国际物流巨头，如 UPS、联邦快递等已经进入逆向物流服务领域，第三方逆向物流将成为逆向物流发展的趋势。

第8章
电子商务物流配送管理

内容提要

　　电子商务物流配送是指物流配送企业采用网络化的计算机技术和现代化的硬件设备、软件系统及先进的管理手段，针对客户的需求，根据用户的订货要求，进行一系列分类、编码、整理、配货等理货工作。本章梳理了电子商务物流配送管理的相关概念和电子商务物流配送中心的概况，然后分别介绍了电子商务物流配送成本管理、电子商务物流配送质量管理、电子商务物流信息管理系统三部分内容，希望通过本章的学习，可以使读者基本了解电子商务物流配送管理的基本内容。

8.1　电子商务物流配送管理概述

8.1.1　电子商务物流配送的概念

1．电子商务物流配送的含义

电子商务物流配送是利用现代通信技术和计算机技术所进行的配送活动，或者是把现代信息技术应用于配送活动中。具体来讲，就是指配送企业采用网络化的计算机技术和现代化的硬件设备、软件系统及先进的管理手段，针对社会需求，严格地、守信用地按用户的订货要求，进行一系列分类、编配、整理、分工、配货等理货工作，定时、定点、定量地交给没有范围限度的各类用户，满足其对商品的需求。

2．电子商务配送的特点

与传统配送相比较，电子商务配送体现出如下几方面的特点：

（1）虚拟性。是指在信息网络构筑的虚拟空间中进行的配送活动（配送的虚拟性源于网络所具有的虚拟性），它通过对配送活动的现实虚拟，生成各种虚拟的环境，作用于人的视觉、听觉等，人们不仅可以看到配送活动的图像，而且可进行配送的操作演示，产生身临其境的感觉。虚拟现实（Virtual Reality，VR）系统的应用有 4 个作用：一是企业可建立配送中心的订货虚拟系统，以科学合理地确定订购品种和规模；二是企业可建立库存信息系统，虚拟地反映库存品种和规模，以科学合理地确定库存的品种和规模，规划库存的利用效率；三是可建立虚拟配货装配系统，以科学合理地进行装卸和设备分配，选择合理的运输工具；四是可建立虚拟的送货系统，以科学合理地确定运输线路、时间等。

此外，电子商务的虚拟性可使企业有效地对配送活动进行实时监控，保证配送环节的合理衔接，提高配送效率。

（2）高效性。虚拟性的特点，可使企业根据现实状况建立一套完整有效的自动信息系统，将一些程序化的活动通过自动信息传递系统来实现。企业可根据用户的需求情况，通过自动信息传递系统，调整库存数量和结构，调节订货数量和结构，进而调整配送作业活动，而对于一些非程序的活动，可通过自动信息传递系统，进行提示或预报，进行调节配送，提高信息的传输效率和配送的事项。虚拟性的特点也可使企业建立一套有效的计算机辅助决策系统，将一些程序化的活动通过计算机辅助决策系统来完成，提高决策效率。此外，电子商务也可迅速有效地完成信息的交流、单证的传输及配送过程中的支付事项。

（3）低成本性。电子商务不仅使配送双方节约了成本，而且也降低了整个社会的配送成本。

① 电子商务配送节约了配送双方的库存成本。在电子商务配送情况下，配送双方可以有效地利用电子商务技术及交易等优势，减少了配送双方的库存规模。同时，对于整个社会来说，降低了库存水平，库存管理的成本和费用相对下降。

② 电子商务配送降低了配送双方的行销成本。提供配送的一方可实现促销成本及送货成本的降低，需要配送服务的一方可实现信息采集成本等的降低，节约自建配送系统的投资及相应的管理费用。

③ 电子商务配送可使配送双方通过网上结算，进行单证传输，实现了配送双方的结算成本及单证传输成本的降低。

④ 电子商务配送降低了租金成本。首先，它可使企业合理地确定配送场地的面积和地点，提高配送场所的利用率，降低配送场所的使用成本。其次，它可使企业相应地减小办公场地的面积，因为在电子技术、电子工具高度发达的今天，企业可以充分地利用网络管理的方法与技术，对配送活动进行管理，需求的面积远远小于传统配送管理的面积。

（4）个性化。个性化特点是电子商务配送根据用户的不同需求，提供一对一的配送服务，更好地满足不同用户的配送需求。个性化服务在配送中的应用、推广和发展开创了配送服务的新时代，它不仅使普通的大宗的配送业务得到发展，而且能够适应用户需求多样化的发展趋势和潮流。

个性化服务的实现主要是通过共同筛选技术和神经网络匹配技术来进行的。共同筛选技术可以把用户需求配送习惯、喜好的配送方式等与其他用户需求配送习惯、喜好的配送方式等加以比较，以确立用户下一次对配送的具体要求。神经网络匹配技术通过模仿人的大脑程序，识别复杂数据中的隐含模式，使提供配送服务者能够迅速地与其每一位用户通信和交流，从而满足用户提供的特殊配送要求。

3. 电子商务物流配送的作用

与传统的配送相比较，电子商务物流配送的几个方面的意义和作用如下。

（1）对于配送企业的意义和作用。对于配送企业来说，电子商务配送的意义和作用主要表现在如下几点。

① 电子商务配送将会大幅度地提高配送企业的配送效率。首先，配送企业通过电子商务技术等在配送中的应用，可以提高单证的传递效率，如 EDI 系统的建立和完善。其次，计算机辅助决策系统的建立和完善，可以提高配送决策的效率和准确性。最后，计算机网络与其他自动化装置操作控制系统的建立可提高各作业环节的效率，如无人搬运与自动分拣系统等，但是通信与计算机系统的建立和完善，可以使配送企业有效地对配送活动进行实时监控，促进配送作业环节的合理衔接，减少失误，更好地完成配送的职能。

② 电子商务配送将会大幅度地提高货物供应的保证程度，降低用户因缺货而产生的风险，提高配送企业的客户满意度。

③ 电子商务配送将会大幅度地提高配送企业的经济效益。一方面，货物供应保证程度和客户满意度的提高，将会提高配送企业的信誉和形象，吸引更好的客户；另一方面，将会使企业更科学合理地选择配送的方式及配送线路，保持较低的库存水平，降低成本。

④ 电子商务配送有利于提高配送企业的管理水平。

（2）对用户的意义和作用。对用户来说，电子商务配送的意义和作用主要表现在：

① 对需求方用户来说，电子商务配送可降低这些用户的库存（甚至可实现这些企业的零库存），减少用户的库存资金，改善用户的财务状况，实现用户经营成本的降低。

② 对供应方用户来说，如果供应方实施自身配送模式，电子商务配送可提高其配送效率，降低配送成本；如果供应方采取委托配送模式，可节约在配送系统方面的投资和人力资源，提高资金的使用效率，降低成本开支。

（3）对于物流系统的意义和作用。对于物流系统来说，电子商务配送的意义和作用主要表现在：

① 完善了整体物流系统。

② 强化了整体物流的功能。

③ 提高了整体物流的效率。

8.1.2　电子商务物流配送管理的特点

电子商务物流配送管理是按照用户的订货要求，在物流据点进行货物配备，并以最合理的方式送到用户指定地点的物流活动。电子商务物流配送管理具有如下特点：

（1）配送是严格按照用户所要求的货物名称、品种、规格、数量、质量、时间、地点等进行的，具有一定的计划性和相对的稳定性，它不同于购货后一次性的送货和推销式的送货。

（2）货物的配备是在物流据点进行的。物流据点可理解为广义的货物集结点，它不但是指配送中心，而且还包括中转仓库、生产企业仓库、商业仓库、车站和港口等。

（3）配送从字面上看主要包括"配"和"送"。其中，"配"是一个广义的概念，它包含了集货、存货、分货、配货、配装和加工等内容。配送是一种综合性的物流活动。

（4）货物配送中的送货是以最合理即最经济的方式进行的，其送货方案是通过科学计算制订的。

8.1.3　电子商务物流配送管理的目标

作为物流配送管理总体目标可以简单地概括为 7 个恰当（Right，R），即在恰当的时间、地点和恰当的条件下，将恰当的产品以恰当的成本和方式提供给恰当的消费者。要达到 7 个恰当（7R），提高配送的服务质量和客户的满意度，降低配送成本，在实际的配送作业过程中，还要树立如下几个方面的配送目标。

1．快捷响应

能否正确地交付客户所需要的货物是提高配送服务质量和客户满意度的一个重要因素。如果能够快速地将客户所需要的货物送达客户所指定的目的地，那么，客户就没有必要保持较大的存货，而使其存货成本降低，因此产生的费用就会得到降低，配送的服务质量和客户的满意度就会得到较大的提高。而要实现这个目标，企业就需要建立适合自身和客户的快速响应系统，进行配送的柔性化作业，提高自身的快速响应能力，这不仅取决于企业自身所拥有的硬件配送设施，而且还取决于企业自身所拥有的管理组织等软件因素。目前，信息技术的发展有效地提高了企业在短时间内完成配送作业和尽快交付所需存货的能力，降低了在传统配送作业过程中为实现这一目标而过度存货的问题。作为企业快速响应能力提高的重点，应以强化管理组织能力和应用先进的信息技术为核心。

2．最低库存

在配送作业过程中，保持一个最低的库存数量，是降低配送成本、节约配送费用的一个重要方面。电子商务技术的发展和应用使企业能够有效地根据用户需求，科学合理地确定订货，并通过数码仓库的建立，实现对库存的实时控制。值得注意的是，实现最低库存的目标，是要把存货配置减少到与客户服务描写相一致的水平上，寻找出两者之间达到均衡的一个最优点。

3．整合运输

运输成本是最重要的配送成本之一。运输成本与产品的种类、装运的规模及距离的远近直接相关。许多有增值特征的配送服务大都依赖高速度、小批量装运的运输，是典型的高成本运输。要降低配送的成本，就必须降低运输成本，这就需要实现对运输实行整合。在电子商务的情况下，企业可充分利用计算机技术、规划技术等，对运输进行虚拟的整合，选择出最佳的运输方式，保证运输作业的低成本。同时，电子商务在配送运输中的应用，还可以有效地降低设计成本、提高设计效率。

8.2　电子商务物流配送中心

8.2.1　配送中心的概念

日本《市场用语词典》对配送中心的解释："是一种物流节点，它不以储藏仓库的这种单一的形式出现，而是发挥配送职能的流通仓库，也称作基地、据点或流通中心。配送中心的目的是降低运输成本、减少销售机会的损失，为此建立设施、设备并开展经营、管理工作。"

《物流手册》对配送中心的定义是："是从供应者手中接收多种大量的货物，进行倒装、分类、保管、流通加工和情报处理等作业,然后按照众多需要者的订货要求备齐货物,以令人满意的服务水平进行配送的设施。"

工之泰在《物流学》中定义如下:"配送中心是从事货物配备(集货、加工、分货、拣选、配货)和组织对用户的送货,以高水平实现销售或供应的现代流通设施。"

对配送中心的认识要注意如下几个问题:

第一,配送中心的任务之一是"货物配备"。货物配备是配送中心按照客户的要求,对货物的数量、品种、规格、质量等进行配备,这是配送中心最主要的、最独特的工作,全部由配送中心内部的现代化设施来完成。

第二,配送中心的另一重要任务是"组织送货"。组织送货是指配送中心按照客户的要求,把配备好的货物定时、定点、定量地送抵用户。送货方式较多,有的是配送中心完全承担送货,有的是利用社会运输企业完成送货,有的由用户自提。从我国国情来看,在开展配送的初期,用户自提的可能性是不小的,对于送货而言,配送中心主要是组织者而不是承担者。

第三,配送中心强调了配送活动和销售或供应等经营活动的结合,是经营的一种手段,以此排除了这是单纯的物流活动的看法。

第四,配送中心是一种"现代流通设施",配送中心和以前的诸如商场、贸易中心、仓库等流通设施存在着区别。这个流通设施是以现代装备和工艺为基础的,不但可以处理商流而且可以处理物流,是兼有商流、物流全功能的流通设施。

综上所述,所谓配送中心,就是把多品种、大批量物品从供货人那里领货,通过转运、分拣、保管、流通加工和信息处理,按照顾客的订单把货品配齐,并且迅速、准确而且方便地配送的基础设施。配送中心是在市场经济条件下,以加速商品流通和创造规模效益为核心,以商品代理和配送为主要功能,集商流、物流、信息流于一体的现代综合流通机构,是国际流行的一种流通形式。

8.2.2　配送中心的类型

为了深化及细化认识配送中心,就要对配送中心作出适当的分类。从理论上和配送中心的作用上来划分,可以把配送中心分成许多种类。下面仅就已在实际运转中的配送中心作简单的介绍。

1. 专业配送中心

专业配送中心大体上有两种含义:一种是配送对象、配送技术,属于某一专业范畴在某一专业范畴有一定的综合性,综合这一专业的多种物资进行配送,例如多数制造业的销售配送中心,我国目前在石家庄、上海等地建的配送中心大多采用这一形式。另一种是以配送为专业化职能,基本不从事经营的服务型配送中心,如《国外物资管理》杂志中介绍的"蒙克斯帕配送中心"。

2．柔性配送中心

柔性配送中心在某种程度上是和专业配送中心对立的配送中心，这种配送中心不向固定化、专业化方向发展，而是向能随时变化、对用户要求有很强适应性、不固定供需关系、不断发展配送用户并改变配送用户的方向发展。

3．供应配送中心

供应配送中心是专门为某个或某些用户（例如联营商店、联合公司）组织供应的配送中心。例如，为大型连锁超级市场组织供应的配送中心；代替零件加工厂送货的零件配送中心，使零件加工厂对装配厂的供应合理化；我国上海地区 6 家造船厂的配送钢板中心，也属于供应型配送中心。

4．销售配送中心

销售配送中心是以销售经营为目的，以配送为手段的配送中心。建立销售配送中心大体有 3 种类型：一种是生产企业为本身产品直接销售给消费者的配送中心，在国外，这种类型的配送中心很多；另一种是流通企业作为本身经营的一种方式，建立配送中心以扩大销售，我国目前拟建的配送中心大多属于这种类型，国外的例证也很多；第三种是流通企业和生产企业联合的协作性配送中心。比较来看，国外和我国的发展趋向，都向以销售配送中心为主的方向发展。

5．城市配送中心

城市配送中心是以城市范围为配送范围的配送中心。由于城市范围一般处于汽车运输的经济里程内，这种配送中心可直接配送到最终用户，且采用汽车进行配送，所以，这种配送中心往往和零售经营相结合。由于运距短、反应能力强，从事多品种、少批量、多用户的配送较有优势。《物流手册》中介绍的"仙台批发商共同配送中心"便属于这种类型。我国已建的"北京食品配送中心"也属于这种类型。

6．区域配送中心

区域配送中心是以较强的辐射能力和库存准备，向省（州）际、全国乃至国际范围的用户配送的配送中心。这种配送中心配送规模较大，用户也较多，配送批量也较大，往往是配送给下一级的城市配送中心，也配送给营业所、商店、批发商和企业用户，虽然也从事零星的配送，但不是主体形式。这种类型的配送中心在国外十分普遍，《国外物资管理》杂志曾介绍过的阪神配送中心、美国马特公配送中心等就属于这种类型。

7．储存型配送中心

储存型配送中心是有很强储存功能的配送中心。一般来讲，在买方市场下，企业成品销售需要有较大的库存支持，其配送中心可能有较强的储存功能；在卖方市场下，企业原材料、零部件供应需要有较大的库存支持，这种供应配送中心也有较强的储存功能。

大范围配送的配送中心，需要有较大的库存，也可能是储存型配送中心。我国目前拟建的配送中心，都采用集中库存形式，库存量较大，多为储存型。瑞士 GIBA-GEIGY 公司的配送中心拥有世界上规模居于前列的储存库，可储存 4 万个托盘；美国赫马克配送中心拥有一个有 163 000 个货位的储存区，可见存储能力之大。

8．流通型配送中心

流通型配送中心基本上没有长期储存功能，是仅以暂存或随进随出的方式进行配货、送货的配送中心。这种配送中心的典型方式是，大量货物整进并按一定批量零出，采用大型分货机，进货时直接进入分货机传送带，分送到各用户货位或直接分送到配送汽车上，货物在配送中心里仅作少许停滞。前面介绍的阪神配送中心，中心内只有暂存功能，大量储存则依靠一个大型补给仓库。

9．加工型配送中心

加工型配送中心以加工产品为主，因此，在其配送作业流程中，储存作业和加工作业居主导地位。由于流通加工多为单品种、大批量产品的加工作业，并且是按照用户的要求安排的，因此，对于加工型的配送中心，虽然进货量比较大，但是分类、分拣工作量并不太大。此外，因为加工的产品品种较少（指在某一个加工中心内加工的产品品种），一般都不单独设立拣选、配货等环节。通常，加工好的产品（特别是生产资料产品）可直接运到按用户户头划定的货位区内，并且要进行包装、配货。

许多教材都指出配送中心的加工职能，但是加工配送中心的实例目前并不多见。我国上海市和其他城市已开展的配煤配送，配送点中进行了配煤加工，上海 6 家船厂联建的船板处理配送中心，以及原物资部北京剪板厂都属于这一类型的中心。

10．特殊的配送中心

所谓特殊的配送中心是指某类配送中心进行配送作业时所经过的程序是特殊的。包括不设储存库（或储存工序）的配送工艺流程和分货型配送中心。

1）不设储存库的配送中心

在流通实践中，主要从事配货和送货活动（或者说专职于配货和送货），其本身不设储存库和存货场地，而是利用设立在其他地方的"公共仓库"来补充货物的配送中心，称作不设储存库的配送中心。这样，在其配送作业流程中，没有储存工序。为了保证配货、送货工作的顺利开展，有时这种配送中心也暂时储存一部分货物，但是一般都把这部分货物存放在理货区，不单独设置储货区。实际上，在这类配送中心内部，货物暂存和配货作业是同时进行的。一般配送生鲜食品的配送中心通常属于此类。

2）分货型配送中心

这种配送中心是以中转货物为主要职能的配送中心。在一般情况下，这类配送中心在配送货物之前都先要按照要求把单品种、大批量的货物（比如不需要加工的煤炭、水泥等物资）分堆，然后再将分好的货物分别配送到用户指定的接货点。其作业流程比较简单，无须拣选、配货和配装等作业程序。

8.2.3　物流配送中心的功能

配送中心不仅具有集货、分货、送货等基本职能，而且为了提供更完善的配送服务，配送中心有时还具有较强的流通加工能力。从配送中心在世界各国的发展历程来看，日本、欧洲和美国等国家和地区的配送中心基本上都是在仓储、运输、批发等企业基础上建设发展起来的，因此，配送中心不仅具有储存、集散、衔接等传统的物流功能，而且在现代物流中，还在不断地强化其分拣、信息处理等功能。配送中心所提供的是综合的、方便用户的服务。作为一个多功能、集约化的配送中心通常应该具备如下功能。

1．备货功能

备货是配送的准备工作或基础工作。备货工作包括筹集资源、订货或购货、集货、进货及有关的质量检查、结算、交接等。配送的优势之一就是可以集中用户的需求进行一定规模的备货。为了满足用户"多品种、小批量"的要货，以及消费者要求在任何时间都能买到所需的商品的需求，并且能够按照用户要求配送货物，首先必须集中用户需求，从众多的供应商那里按需要较大的品种批量地进货，规模备货，备齐所需商品，从生产企业中取得种类、数量繁多的货物，使货物齐全、成本低廉。这是配送中心的基础职能。

2．储存功能

配送中心的服务对象是为数众多的生产企业和商业网点（比如连锁店和超级市场），配送中心需要按照用户的要求及时将各种配装好的货物送交到用户手中，满足生产和消费需要。为了顺利有序地完成向用户配送商品的任务，而且为了能够更好地发挥保障生产和消费需要的作用，配送中心通常要兴建现代化的仓库并配备一定数量的仓储设备，存储一定数量的商品。配送中心通过集中商品，形成储备来保证配送服务所需要的货源，并采用科学的管理方法使其在储存期间保持品质、数量不发生变化。这是配送中心特别是储存型配送中心起着支撑作用的重要作业。但随着储藏向流通的演变，保管向动态管理转化，利用物流学原理应该重新认识到这一静止状态的保管也可以是时速为零的运输。

3．装卸搬运功能

配送中心的集货、理货、装货、加工都需要辅之以装卸搬运，有效的装卸能大大地提高配送中心的工作效率。可以这样说，装卸搬运工作是物流能否顺利展开的最基本的保证。装卸搬运是为了加快商品在配送中心的流通速度必须具备的功能。公共型配送中心应该具备专业化的装卸、卸载、提升、运送、码垛等装卸搬运机械，以提高装卸搬运作业效率，减少对商品造成的损毁。

4．分拣、配货功能

由于在订货或进货时，不同的用户对于货物的品种、规格、型号、数量、质量、送达时间和地点等方面会提出不同的要求。针对这种情况，为了有效地进行配送，即为了同时向不同的用户配送多种货物，配送中心必须采取适当的方式对货物进行拣选，并且在此基础上，按照配送计划分装和配装货物。从储备的商品中通过拣选、分货等作业完成配货工作，以满足不同客户的需要。

5．运输功能

配送中心需要自己拥有或租赁一定规模的运输工具，具有竞争优势的配送中心不是一个点，而是一个覆盖某一地区的网络。因此，配送中心首先应该负责为客户选择满足客户需要的运输方式，然后具体组织网络内部的运输作业，在规定的时间内将客户的商品运抵目的地。除在交货点交货需要客户配合外，整个运输过程包括最后的市内配送，都应由配送中心负责组织，以尽可能地方便客户。

6．流通加工功能

配送中心为促进销售、便利物流或提高原材料的利用率，按用户的要求并根据合理配送的原则而对商品进行流通加工活动，因而使配送中心具备一定的加工能力。加工货物是一些配送中心的重要活动。配送中心具备加工功能，积极开展加工业务，不仅提高了配送中心的经营和服务水平，也有利于提高资源的利用率，并满足了顾客多样化的需求。

7．集散功能

配送中心是重要的流通节点，它可以凭借其特殊的地位及自身所拥有的物流设施和设备将分散的商品集中起来，经过分拣、配装、输送给多家用户。集散功能是流通型物流节点的一项基本功能，衔接着生产与消费，实现资源的有效配置。

8．信息处理功能

配送中心除有进销、配送、流通加工、储存保管等功能外，还要提供各种信息，为配送中心经营管理、政策制定、商品路线开发、商品销售促销政策的制定提供参考。配送中心在干线物流与末端物流之间起衔接作用，这种衔接不但靠实物的配送，也靠情报信息的衔接，其信息活动是全物流系统中最重要的一环。配送中心有相当完整的信息处理系统，能有效地为整个流通过程的控制、决策和运转提供依据。而且，配送中心与销售商店建立信息直接交流，可及时得到商店的销售信息，有利于合理地组织货源，控制最佳库存。同时，还可以将销售和库存信息迅速、及时地反馈给制造商，以指导商品生产计划的安排。

8.2.4 配送中心的作业流程

1．配送作业

1）概念

配送作业是按照客户需求，将货物进行分拣、重新包装、贴标签、配货、配装等物流活动，按时按量发送到指定地点的过程。

配送作业是配送中心运作的核心内容，其作业流程的合理性、作业效率的高低都会直接影响整个物流系统的正常运行。

2）配送作业的具体内容

配送作业的具体内容包括：订单处理、进货、搬运装卸、储存、加工、拣选、包装、配装、送货、送达服务等作业项目，它们之间衔接紧密，环环相扣，整个过程既包括实体物流，又包括信息流，同时还包括资金流。

3）配送作业流程图（见图 8.1）

配送中心的主要活动是订货、进货、发货、仓储、订单拣货和配送作业。首先确定配送中心主要活动及其程序之后，才能规划设计。有的配送中心还要进行流通加工、贴标签和包装等作业。当有退货作业时，还要进行退货品的分类、保管和退回等作业。

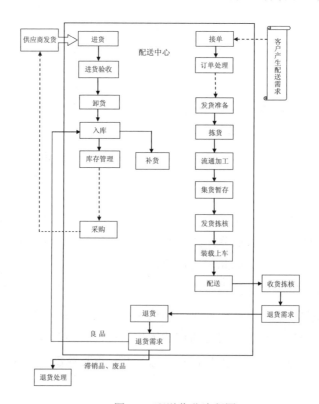

图 8.1　配送作业流程图

2．配送中心业务流程内容

1）进货

进货就是配送中心根据客户的需要，为配送业务的顺利实施，而从事的组织商品货源和进行商品存储的一系列活动。

进货是配送的准备工作或基础工作，它是配送的基础环节，又是决定配送成败与否、规模大小的最基础环节。同时，也是决定配送效益高低的关键环节。

2）订单处理

从接到客户订单开始到着手准备拣货之间的作业阶段，称为订单处理。订单处理是与客户直接沟通的作业阶段，对后续的拣选作业、调度和配送产生直接的影响，是其他各项作业的基础。

订单是配送中心开展配送业务的依据，配送中心接到客户订单以后需要对订单加以处理，据以安排分拣、补货、配货、送货等作业环节。

订单处理方式：人工处理和计算机处理。目前主要采用计算机处理方式。

3）拣货

拣货作业是依据顾客的订货要求或配送中心的送货计划，迅速、准确地将商品从其储位或其他区域拣取出来，并按一定的方式进行分类、集中，等待配装送货的作业过程。

拣货过程是配送不同于一般形式的送货及其他物流形式的重要的功能要素，是整个配送中心作业系统的核心工序。

拣货作业的种类：按分拣的手段不同，可分为人工分拣、机械分拣和自动分拣三大类。

4）补货

补货是库存管理中的一项重要的内容，根据以往的经验或者相关的统计技术方法，或者计算机系统的帮助确定的最优库存水平和最优订购量，并根据所确定的最优库存水平和最优订购量，在库存低于最优库存水平时发出存货再订购指令，以确保存货中的每一种产品都在目标服务水平下达到最优库存水平。

补货作业的目的是保证拣货区有货可拣，是保证充足货源的基础。补货通常指以托盘为单位，从货物保管区将货品移到拣货区的作业过程。

5）配货

配货是配送中心为了顺利、有序、方便地向客户发送商品，对组织来的各种货物进行整理，并依据订单要求进行组合的过程。配货也就是指使用各种拣选设备和传输装置，将存放的货物，按客户的要求分拣出来，配备齐全，送入指定发货区。

配货作业与拣货作业不可分割，二者一起构成了一项完整的作业。通过分拣配货可达到按客户要求进行高水平送货的目的。

6）送货

配送业务中的送货作业包含将货物装车并实际配送，而达到这些作业则需要事先规划配送区域的划分或配送线路的安排，由配送路线选用的先后次序来决定商品装车顺序，并在商品配送途中进行商品跟踪、控制，制定配送途中意外状况及送货后文件的处理办法。

送货通常是一种短距离、小批量、高频率的运输形式。它以服务为目标，以尽可能地满足客户需求为宗旨。

7）流通加工

流通加工是配送的前沿，它是衔接储存与末端运输的关键环节。流通加工是指物品在从生产领域向消费领域流动的过程中，流通主体（流通当事人）为了完善流通服务功能，为了促进销售、维护产品质量和提高物流效率而开展的一项活动。

流通加工的目的：① 适应多样化客户的需求；② 提高商品的附加值；③ 规避风险，推进物流系统化。

8）退货

退货或换货在经营物流业中不可避免，但尽量减少，因为退货或换货的处理，只会大幅增加物流成本，减少利润。发生退货或换货的主要原因包括：瑕疵品回收、搬运中的损坏、商品送错退回、商品过期退回等。

8.3 电子商务物流配送成本管理

物流配送成本是物流配送管理的重要内容，也是物流经济效益的量化指标。它能直观地体现出物流的经济效益，从分析物流成本入手，管理企业物流活动，控制企业物流配送成本，对提高企业的经济效益具有重要的意义。

8.3.1 物流配送成本概述

1. 物流配送成本的含义

成本，从广义上看，是为了达到某一特定目标而失去或放弃的资源。从狭义上看，成本是企业为了生产商品或提供劳务而耗用的人、财、物等资源的货币表现。所谓物流成本是指产品空间位移（包括静止）过程中所耗费的各种资源的货币表现，是物品在实物运动过程中，如包装、装卸、搬运、运输、储存、流通加工、物流信息处理等各个环节中所支出的人力、物力和财力的总和。

2. 物流配送成本的特点

物流配送成本与其他成本相比，有许多不同之处，其具体特征表现为如下几个方面。

1）物流配送成本的隐含性

物流配送成本的隐含性又称为物流配送成本的冰山理论。物流配送成本的冰山理论是由日本早稻田大学的西泽修教授提出的。他指出，传统会计所计算的外付运费和外付储存费，不过是冰山一角，而在企业内部占比较大比例的物流成本则混入其他费用中，如不把这些费用核算清楚，则很难看出物流配送费用的全貌。而且，物流配送成本的计算范围，各企业也不相同，因此无法与其他企业进行比较，也很难计算出行业的平均物流成本。因为外付物流成本如果遇到海面下的物流成本的庞大躯体，那么最终很可能会遇到与"泰坦尼克号"同样的厄运，而一旦物流所发挥的巨大作用被企业开发出来，它给企业所带来的丰厚利润将是有目共睹的。

2）物流配送成本效益背反现象

物流配送成本具有效益背反的特征。所谓效益背反，是指物流的若干功能要素之间存在着损益的矛盾，即某一功能要素的优化和利益发生的同时，必然会存在另一个或几个功能要素的利益损失。也就是说改变物流配送系统中任何一个要素，都会影响到其他要素的改变。因此，设计和管理物流系统时，应把物流作为一个系统来研究，用系统的方法来管理物流，以较少的物流配送成本，用较好的物流服务为用户提供物品，同时，尽量减少外部环境中不经济因素的影响。

3）物流配送成本削减的乘数效应

物流配送成本削减的乘数效应是指物流成本下降后会引起销售额成倍的增长。例如，假定销售额为 100 亿元，物流配送成本为 10 亿元，如物流成本下降 1 亿元，就可得到 1 亿元的收益。这个道理是不言自明的。现在假定物流配送成本占销售额的 10%，如物流成本下降 1 亿元，销售额将增加 10 亿元，这样，物流配送成本的下降会产生极大的效益。这个理论类似于物理中的杠杆原理，物流配送成本的下降通过一定的支点，可以使销售额获得成倍的增长。

4）物流配送成本中的非可控现象

物流配送成本中有不少是物流部门不能控制的，如保管费中包括了由于过多进货或过多生产而造成积压的库存费用，以及紧急运输等例外发货的费用。

3．物流配送成本的构成和分类

研究物流配送成本的目的是要将混入其他费用科目的物流成本全部抽取出来，使人们能够清晰地看到潜藏的物流配送成本，以便降低成本。为了能更好地研究物流配送成本，我们必须了解物流配送成本的构成和分类。物流配送成本从其所处的领域来看，可分为流通企业物流配送成本和生产企业物流配送成本。

1）流通企业物流配送成本的构成和分类

（1）流通企业物流配送成本的构成。在我国，流通企业物流配送成本是指在组织物品的购进、运输、保管、销售等一系列活动中所耗费的人力、物力和财力的货币表现，其基本构成主要有企业员工工资及福利费；支付给有关部门的服务费，如运杂费、邮电费等；经营过程中的合理消耗，如商品损耗、固定资产折旧等；支付的贷款利息和经营过程中的各种管理费用，如办公费、差旅费等。

（2）流通企业物流配送成本的分类。主要有如下几种：

① 按照成本的经济性质划分，可分为生产性流通成本和纯粹性流通成本。生产性流通成本，又称为追加成本，是生产性成本在流通领域的继续，是为了使物品最终完成生产过程，便于消费而发生的成本。生产性流通成本要追加到产品的价值中，是必要劳动的追加成本。

纯粹性流通成本，又称为销售成本，是流通企业在经营过程中，因组织产品交换而发生的成本。纯粹性流通成本同商品的交换行为有关，虽然不创造新的价值，但也是一种必要劳动，是物品价值实现过程所必不可少的。

② 按照成本与商品流转额的不同划分，可分为可变成本和相对不变成本。可变成本，或称直接成本，指物流成本中随商品流转额的变动而变动的部分。这种成本开支的多少与商品流转额变化直接相关，即流转额增加，成本支出的那部分成本。相对不变成本与商品的流转额没有直接关系，即流转额增加，成本支出不一定增加，即使增加也是很小的幅度，开支的绝对金额相对固定，如员工工资、福利费和折旧费等。

③ 按照成本发生的流转环节划分，可分为进货成本、商品储存成本和销售成本。进货成本，是指商品由供货单位到流通企业仓库所发生的运输费、装卸费及损耗费、包装费、入库验收费和中转单位收取的成本。商品储存成本，是指物流企业在商品保管过程中所发生的转库搬运、检验、挑选整理、维护保养、管理包装等方面的成本及商品的损耗费。销售成本，是指流通企业从商品出库到销售过程中所发生的包装费、手续费和管理费等。

2）生产企业物流配送成本的构成和分类

（1）生产企业物流配送成本的构成。

生产企业的主要目的是生产满足市场需要的产品。为了进行生产活动，生产企业必须进行有关生产要素的购进和产品的销售活动。另外，为了保证产品质量，为消费者提供更好的服务，生产企业还要返修产品和回收废物。因此，生产性企业物流成本是指企业在供应、生产、销售、回收等过程中所发生的运输、包装、保管、输送、回收等方面的成本。其物流成本一般包括：采购人员和销售人员的工资及福利费；生产要素的采购费用，包括运输费、差旅费等，产品的销售费用，如广告费、宣传费等；企业内部仓库的保管费、维护费等；有关设备、仓库的折旧费，贷款利息费，回收废弃物发生的运输、搬运等费用。

（2）生产企业物流配送成本的分类。主要有如下几种标准：

① 按物流过程划分，可分为供应物流费、生产物流费、销售物流费、退货物流费和废品回收物流费。

- 供应物流费，是指企业为生产产品购买各种原材料、燃料等所发生的运输、装卸、搬运费用。

- 生产物流费，是指企业在生产产品时，由于原材料、半成品、产成品的位置转移而发生的搬运、配送、发料、收料等方面的费用。

- 销售物流费，是指企业为了将产品销售出去，在产品销售过程中发生的广告费、展览费、宣传费和运输费等费用。

- 退货物流费，是指产品销售后因退货、换货所发生的运输、装卸、搬运等费用。

- 废品回收物流费，是指因废旧物品回收所发生的运输、装卸、搬运等费用。

② 按物流活动构成划分，可分为物流环节费、信息流通费和物流管理费。

- 物流环节费，是指产品实体在空间位置转移时因经过环节而发生的费用，包括包装费、运输费、保管费和装卸费等。

- 信息流通费，是指为实现产品价值变换，处理各种物流信息而发生的费用，包括与库存管理、订货处理、客户服务等有关的费用。

- 物流管理费，是指为了组织、计划、控制、调配物资而发生的各种管理费用，包括现场物流管理费用和机构物流管理费用。

8.3.2　物流配送成本的核算方法

物流配送成本管理的前提是物流配送成本计算，只有搞清物流配送成本的大小，才能够实施物流配送成本分析，控制物流成本支出。物流配送成本的内涵是明确的，问题的关键是，在实践中如何正确规定和划分物流配送成本的范围，如何将物流成本准确地计算出来。因此，把握物流成本概念，不能只停留在概念本身的理解上，还必须对物流配送成本的计算范围、计算方法等有一个全面的掌握，才有利于发现企业物流运作中存在的非效率活动，对物流成本进行纵向和横向的比较。

1．成本的计算范围

在计算物流成本或收集物流成本数据时，明确计算范围是必不可少的。如果无视计算范围，物流配送成本就完全失去了存在的意义。因此，在计算物流成本时，必须先明确物流配送成本的计算范围。物流配送成本的计算范围由物流范围、物流功能范围和成本计算会计科目的范围三个部分组成。

1）物流范围

物流范围，是指物流的起点和终点的距离。人们通常所讲的物流有：原材料物流，即原材料从供应商转移到工厂时的物流；工厂内物流，即原材料、半产品、产成品在企业的不同工序、不同环节的转移和存储；从仓库到客户的物流，即在产品销售过程中发生的装卸费、包装费、运输费等费用。可见，物流范围不同，作为物流成本的计算对象，会引起物流成本很大的变化。

2）物流功能范围

物流功能范围，是指在运输、保管、配送、包装、装卸、搬运、信息管理等众多的物流功能中，把哪种功能作为计算对象。可以想象，把所有的物流功能作为计算成本的对象和只把运输、保管这两种功能作为计算对象，所得的成本会有相当大的差距。

3）成本计算会计科目的范围

成本计算会计科目的范围是指在会计科目中，把其中的哪些科目列入计算对象的问题。在会计科目中，有运输费、保管费这类企业外部的开支，也有人工费、折旧费、修理费等企业内部的支出。这么多支出项目，把哪些列入成本计算对象中，对物流成本的大小影响也很大。上述三个方面的范围选择，决定着物流配送成本的大小。企业在确定成本计算范围时应立足于企业的实际情况，来决定合理的物流配送成本计算范围。

2. 物流配送成本的计算方法

我国目前尚没有物流配送成本核算的统一方法，在借鉴日本的《物流成本核算标准》中的物流配送成本核算方法的基础上，结合我国企业财务会计核算的内容，本书主要介绍按支付形态计算物流配送成本、按功能计算物流配送成本、按适用对象计算物流配送成本三种方法。

1）**按支付形态计算物流配送成本**

把物流配送成本分别按运输费、保管费、包装费、人事费、物流管理费、物流利息等支付形态记账，可以了解物流成本总额，也可以了解什么项目花费最多。这对于认识物流成本合理化的重要性，以及考虑在物流成本管理上应以什么为重点，十分有效。

2）**按功能计算物流配送成本**

按功能计算成本，即从功能的角度来掌握物流配送成本，分别按包装、配送、保管、搬运、装卸、信息流通等物流管理功能来计算物流费用。按功能计算物流成本可以看出哪种功能更耗成本，比按形态计算成本的方法更能进一步找出物流活动不合理的症结，而且可以计算出标准物流配送成本。例如，按单位个数、容器或重量计算出单位成本，便于进行作业管理，设定合理化目标。

3）**按适用对象计算物流配送成本**

按适用对象计算物流配送成本，可以分析出物流成本都用在哪种对象上。如可以分别把商品、地区、顾客或营业单位作为适用对象来进行计算。按商品为对象计算物流成本是指通过按功能计算出来的物流费用，按照一定的标准分配给各类商品来计算物流配送成本。按顾客为对象计算物流配送成本的方法，可以用来作为选定顾客、确定物流服务水平等制定顾客战略的参考。按地区或营业单位来计算物流配送成本的方法，就是要计算出各个地区或营业单位的物流配送成本，并与其相对应的地区或营业单位的销售收入进行对比，用来确定每单位销售收入所要承担的物流费用，了解各地区或营业单位物流成本中存在的问题，以加强管理。

8.3.3　物流配送成本管理的含义和作用

在了解物流配送成本管理时，首先必须从明确其含义着手。因为许多人一提到物流配送成本管理，就认为是"管理物流配送成本"。成本就其本身含义来说是用金额评价某种活动的结果。成本是可以计算的，但却不能成为被管理的对象，管理对象的只能是具体的活动。所以，在经营过程中，能成为管理对象的是物流活动本身，而不是物流配送成本。也就是说，物流配送成本管理不是管理物流配送成本，而是以成本作为一种手段来管理物流活动。物流配送成本管理的意义在于，通过对物流配送成本的有效把握，利用物流要素之间的关系，科学、合理地组织物流活动，加强对物流过程中费用支出的有效控制，降低物流活动中的物化劳动和活劳动的消耗，从而达到降低物流配送成本，提高企业和社会的经济效益的目的。具体来讲主要体现在如下两个方面。

1. 宏观角度

（1）如果全行业的物流效率普遍提高，物流费用平均水平降低到一个新的水平，那么，该行业在国际上的竞争力将会得到增强。对于一个地区的行业来说，可以提高其在全国市场上的竞争力。

（2）全行业物流配送成本的普遍下降，将会对产品的价格产生影响，导致物价相对下降，这有利于保持市场的稳定，相对提高国民的购买力水平。

（3）物流配送成本的下降，在物流领域所消耗的物化劳动和活劳动得到的节约，对于全社会而言，意味着创造同等数量的财富，也就是以尽可能少的资源投入创造出尽可能多的物质财富，减少资源消耗。

2. 微观角度

（1）物流配送成本在产品成本中占有较大比重，在其他条件不变的情况下，降低物流配送成本意味着扩大了企业的利润空间，提高了利润水平。

（2）物流配送成本的降低，增强了企业在产品价格方面的竞争优势，企业可以利用相对低廉的价格在市场上出售自己的产品，从而提高产品的市场竞争力，扩大销售，并以此为企业带来更多的利润。

（3）根据物流配送成本的计算结果，制订物流计划，调整物流活动并评价物流活动效果，以便通过统一管理和系统优化来降低物流费用。

（4）根据物流配送成本计算结果，可以明确物流活动中不合理环节的责任者。

总之，通过准确计算物流配送成本，管理者就可以运用成本数据改进工作，从而大大提高物流配送管理的效率。

8.3.4　物流配送成本控制

1．物流配送成本控制的涵义

物流配送成本控制就是指运用成本会计的方法，对成本限额进行预定，将实际物流成本与预定成本限额加以比较，纠正存在的差异，提高物流活动的经济效益。

2．物流配送成本控制的内容

1）运输费用的控制

货物运输费用是运输物料、商品所消耗作业的费用。运输费用占物流配送总成本的比重较大，据有关资料显示，运输费占物流配送总成本的 40% 左右，是影响物流成本的重要因素。控制运输费用的关键在运输方式、运输价格、运输时间、运输的准确性、运输的安全可靠性及运输批量水平等方面。控制方式通常是进行运输的服务方式与价格的权衡，从而选择最佳的运输服务方式。

2）装卸搬运费用的控制

装卸搬运费是物品在装卸过程中所支付的费用。装卸搬运活动是衔接物流各个环节正常进行的关键，渗透到物流的各个领域。控制的关键点在于管理好储存物料与商品，减少装卸搬运过程中商品的损耗、装卸时间、装卸搬运次数等。

3）储存费用的控制

储存费用是指货物在储存过程中所需要的费用。控制的关键点在于简化入库手续，有效利用仓库和缩短储存时间等。

4）包装费用的控制

包装起到保护商品、方便储运、促进销售的作用。据有关资料表明，多数物品的包装费用约占物流总成本的 10% 左右，有些特别的生活消费品，包装费用高达 50%。控制的关键点是提高包装的标准化率，减少运输时包装材料的耗费。

5）流通加工费用的控制

商品进入流通领域以后，按照客户要求进行一定的加工活动，称为流通加工，由此而支付的费用为流通加工费。

总之，企业物流管理者应该按照物流系统化的思想，规划和实施物流各环节的费用控制策略，避免企业仅满足于降低局部费用而忽视物流系统给企业带来的实质性的成本效益。

8.3.5　物流配送成本控制策略

1. 混合策略

混合策略是指配送业务一部分由企业自身完成。尽管采用纯策略（配送活动要么全部由企业自身完成，要么完全外包给第三方，如专业物流公司完成）易形成一定的规模经济，并使管理简化，但由于产品品种多变、规格不一、销量不等等情况，采用纯策略的配送方式超出一定程度后不仅不能取得规模效益，反而还会造成规模不经济。而采用混合策略，合理安排企业自身完成的配送和外包给第三方完成配送，能使物流配送成本最低。

2．差异化策略

差异化策略的指导思想是：产品特征不同，顾客服务水平不同。当企业拥有多种产品时，不能对所有产品都按同一标准的顾客服务水平来配送，而应按产品的特点、销售水平，来设置不同的库存、不同的运输方式及不同的储存地点，忽视产品的差异性会增加不必要的配送成本。

3. 合并策略

合并策略包含两个层次：一个层次是配送方法上的合并，另一个层次则是共同配送。配送方法上的合并是指企业在安排车辆完成配送任务时，充分利用车辆的容积和载重量，做到满装满载。由于产品品种繁多，不仅包装形态、储运性能不一，载容重方面也往往相差甚远。车上如果只装容重大的货物，往往是达到了载重量，但容积空余很多；只装容重小的货物则相反，看起来车装得满，实际上并未达到车辆载重量。这两种情况实际上都造成了浪费。实行合理的轻重配装、使用容积大小不同的货物搭配装车，不但可以在载重方面达到满载，而且也充分利用车辆的有效容积，取得最优效果。最好是借助电脑计算货物配车的最优解。共同配送是一种产权层次上的共享，也称为集中协作配送。它是几个企业联合，集小量为大量，利用统一配送设施的配送方式。其标准运作形式是：在中心机构的统一指挥和调度下，各配送主体以经营活动联合行动，在较大的地域内协调运作，共同对某一或某几个客户提供系列化的配送服务。

4．延迟策略

传统的物流计划安排中，大多数的库存是按照对未来市场需求的预测量设置的，这样就存在预测风险，当预测量与实际需求量不符时，就出现库存过多或过少的情况，从而增加物流的成本。延迟策略的基本思想就是对产品的外观、形状及其生产、组装、配送尽可能推迟到接到客户订单后再确定。一旦接到订单就要快速反应，因此采用延迟策略的一个基本前提是信息传递要非常快。

5．标准化策略

标准化策略就是要尽量减少因品种多变而导致的附加物流成本，尽可能多地采用标准零部件、模块化产品。如服装制造商按统一规格生产服装，直到客户购买时才按客户的身材调整尺寸大小。采用标准化策略要求厂家从产品设计开始就要站在消费者的立场考虑节省物流成本，而不要等到产品定型生产出来后才考虑采用什么技巧降低配送成本。

8.4　电子商务物流配送质量管理

8.4.1　配送质量管理概述

1．质量

人们对质量的理解通常是指产品质量。这是狭义的质量含义，而广义的质量是指产品、过程或服务满足规定要求的一切特征和特性的总和，包括产品质量、工程质量和工作质量。

1）产品质量

产品质量是指产品满足社会和人们需要所具备的特性，是反映最终产品质量水平的质量特性值。反映产品质量特性的指标可分为性能指标、可靠性指标、安全性指标、经济性指标、适用性指标和环保性指标等种类。各类指标构成产品的整体特性和质量水平。在不同环境情况下，产品质量特性指标所要求的侧重点也有所不同。

2）工程质量

工程质量是指工序能够稳定地生产合格产品的能力，是企业为保证提供合格产品而具备的全部手段和条件所达到的水平，反映的是企业对产品服务达到质量标准的技术水平和能力。它包括企业的人员、设备、材料、方法、测量工具及手段、生产环境等因素。

3）工作质量

工作质量是指企业的管理工作、技术工作、组织工作为达到质量标准和提高产品质量的水平和能力，是企业技术工作和组织管理工作及销售服务过程中的工作对产品达到质量要求的保证程度。

尽管产品质量、工程质量和工作质量是三个不同的范畴，但三者之间密切联系、相互影响。产品质量是通过提高工作质量、改善工程质量来得以保证和实现的。工程质量是对产品质量的直接保证，并通过工作质量得以改善和提高。工作质量存在于企业设计、运作、组织与管理的全部过程之中，并通过工程质量体现为产品质量，并使产品质量得到改善和提高。因此，物流企业必须提高产品质量、工程质量和工作质量，建立全面的质量概念。

2. 配送质量

根据 GB 6583—1994 中对"质量"的定义，可以将"配送质量"的含义理解为：反映配送活动过程中满足客户明确和隐含需要的能力的特性的总和。

配送是物质的小范围空间转移，它涉及物流的大部分业务，甚至可以说是一个小范围的物流系统。而从一般意义上讲，凡具有使用价值的产品和服务，都要涉及质量问题。配送质量是指物流企业向社会提供的配送服务能够满足客户需要的程度。配送服务是物流企业的产品，是无形的。与有形产品相比，配送服务产品的最基本特征是具有不可感知性。配送活动发生前，客户往往很难确定所能得到的配送质量；配送活动发生后，客户也难以对配送质量作出客观评价和标准核定，也难以用检测手段进行检测，而只能根据一定时期内的质量数据加以统计分析和评价。从过程来看，配送无须对货物本身进行太多的加工。但如果保管不当，就会对货物的质量产生影响。因此，配送质量是关系到物流企业经营和发展的重要因素。

从满足客户需要的角度来分析，配送质量的优劣主要体现在如下五个方面。

1）质量方面

在付出同等费用的情况下，客户总希望得到更好的服务，因此会结合货物的具体特征对各种配送工具的功能性、可靠性、安全性、经济性作出详细的比较分析。配送产品的质量反映了客户物质方面的要求。

2）数量方面

根据配送物质的数量要求和配送工具的情况，综合考虑配送需求，以求降低配送费用。

3）时间方面

尽量缩短货物待运和在途时间，加速货物流通，满足物质的市场供给；确保准时性、合理的配送间隔和发货密度，保证物质流动的畅通和及时；尽量做到门对门服务，必要时可提供特殊的及时配送服务。

4）价格方面

有两种类型的客户：一类希望寻找价格低的承运人，另一类希望提出特殊、高端的运输服务。前一类客户的目的是获得基本服务，以较低价位、保质保量按时交货。后一类客户为了实现自己的竞争战略，宁可为特殊的配送服务承担额外、特殊的价位。

5）服务方面

客户在接受配送服务的过程中，货物将经过装卸作业人员、驾驶人员、分拣人员、信息跟踪人员、单证签发人员等全面系统的全过程服务，这些人员的经验及责任心也是影响配送质量的一个重要因素。由于涉及事前价格、班次及事中货物跟踪、事后运价核算等一系列的查询处理工作，货主还希望得到快速反应、态度和谐、手续简单方便的软性服务。服务质量反映了客户精神方面的质量要求。

3．配送质量管理的基本工作

配送质量管理的基本工作主要包括如下几方面。

1）加强全体职工的质量意识和质量管理水平，建立必要的管理组织和管理制度

质量管理工作是在配送的每一个过程中体现的，因此，质量工作应是整个配送组织的事情。正因为各个过程都有其独特的功能，往往在操作时只注重实现这一独特的功能，如完成装卸、搬运等任务，而忽视质量管理。配送过程的连续性，又很难明确区分质量状况和质量责任。所以建立一个统筹的质量组织，实行质量管理的规划、协调、组织、监督是十分必要的。另外，在各个过程中建立质量小组并通过质量小组带动全员、全过程的质量管理也是很重要的方式。

（1）增强职工的质量意识和质量管理水平。通过对全员进行培训教育，使全体人员的质量意识和质量管理能力达到一定的水平。质量管理全员培训使质量意识和技术、技能两者并重，否则单有意识而无能力，或仅有能力而无责任心都将搞不好质量管理。

（2）建立必要的管理组织。质量管理组织分为两方面，即领导机构与群众组织。要有领导机构，同时又有领导分工管理。其责任是进行宣传、教育、培训、计划、实施和检查。为体现全员性和全面性，要求每个环节每个人都要严把质量关，建立质量管理小组。

2）做好配送质量管理的信息工作

配送过程涉及的范围比生产过程更广，信息传递距离更远，收集难度大，及时性差。为了解决这个问题，应采取管理、技术等方面的办法，建立有效的质量信息系统，彼此对配送实行动态的管理。为提高质量保证程度，要建立合理的信息管理网络，用以指导配送质量管理工作。

3）做好实施质量管理的基础工作

质量管理的主要基础工作包括如下几方面。

（1）标准化工作。标准化是开展配送质量管理的依据之一。在标准化中，要具体制定各项工作的质量要求、工作规范、质量检查方法，各项工作的结果，都要在标准对产品质量的规定范围内。因此，搞配送质量管理时，要花费很大力气制定标准。

（2）制度化。将质量管理作为配送的一项永久性工作，必须有制度的保证。建立协作体制、建立质量管理小组都是制度化的一部分。要使制度程序化，以便于了解、便于执行、便于检查。制度化的另一个重要方式是建立责任制，在岗位责任制的基础上，或在岗位责任制的内容中，订立或包含质量责任，使质量责任能在日常的细微工作中体现出来。

4）开发差错预防体系

配送过程中的差错问题是影响配送质量的主要因素。由于配送商品数量大，操作程序多，差错的发生可能性很大，因此，建立差错预防体系也是质量管理的基础工作。根据国内外已经有的这方面实践的经验来看，差错预防体系的建立有如下几方面的工作：

（1）配送中心库存货物的调整。对存储区进行规划调整，以将库存商品有序地放置，能准确地、方便地进行存取。我国的四号定位等方式便是有效的方式；在国外常用不同颜色进行标识，以有序放置和有效区分；灵活利用不同货架、货仓等放置货位也是一个很有效的办法。

（2）运用新技术。现在已开发的条码系统应用技术，配合便携式扫描仪可准确无误地确认商品。采用电子计算机控制的分拣系统和采用电子计算机控制的存储系统都是避免差错的有效方式。

（3）建立智能配送系统。建立能对配送过程全部活动进行核对、监测的系统，就能及时发现问题而防止差错持续或差错发展，进而再寻找差错产生源头，予以解决。

8.4.2 配送质量管理的评价指标

配送质量是配送企业经营生产效果的综合反映，是配送活动的最终目的。配送质量评价指标主要表现在运输的安全性、完整性、经济性、及时性、方便性和服务性等方面。

1. 安全性评价指标

安全性是配送质量的首要特性，是工作质量的集中体现。它包括货物安全和车辆运行安全，如果配送过程中发生安全事故，就会造成货物、车辆的损毁。

2. 完整性评价指标

完整性是配送质量的基本特性，是指完全按照合同要求完成运输过程，而未造成货物数量和质量变化的特性。

3. 经济性评价指标

经济性是指以尽可能少的劳动消耗实现产品价值的特性。它一方面要求企业制订最佳配送方案，在保证质量的前提下，降低成本，提高经济效益，追求利润的最大化；另一方面，用户要求企业提供安全及时的配送服务，而且费用支出能公平合理，这是配送质量的经济特性。因此，企业必须在质量管理上狠下功夫，不断降低成本，同时确保货物安全。

4. 及时性评价指标

及时性是配送质量的时间特性，它包括三个方面：一是及时，在客户需要的时间提供服务；二是准时，按准确的时间为客户提供服务；三是省时，在保证安全的前提下，提高配送速度，缩短时间。配送企业应在合同规定的期限内（若无合同，则应在客户要求的期限或企业承诺的期限内），将货物送达目的地。配送的速度越快，资金周转就越快，从而加快社会再生产过程，减少货物的在途积压和自然损耗，提高经济效益。对于企业也可以加速车辆的周转，提高设备利用率，相应减少仓储规模、运输车辆需要量。

5．方便性评价指标

方便性是指尽可能地满足客户需求的特性，包括为客户提供便利服务条件和服务过程的直达性、深入性等。例如，手续简便、代办包装、储存、中转、交付、开展联运、取货方便、信息公开及咨询、货物在途或终到查询等。服务的方便性评价指标不易量化，以货主的主观感受为重点。

6．服务性评价指标

配送服务是为客户服务的，服务性是配送质量特征的综合表现，一般包括满足用户物质和精神两个方面的需求，或者说包括企业的服务条件和服务态度两个方面。

以下是一些常用的配送质量管理指标。

1）配送服务水平指标

① 服务水平指标（F）

F = 满足客户要求配送次数 / 客户要求配送总次数

② 满足程度指标（M）

M = 满足客户要求配送商品数量 / 客户要求配送商品总数量

③ 交货水平指标（$J_水$）

$J_水$ = 按交货期交货次数 / 总交货次数

④ 交货期质量指标（$J_天$）

以实际交货与规定交货期相差日（时）数表示，正号为提前交货，负号为延迟交货。

$J_天$ = 规定交货期－实际交货期

⑤ 商品完好率指标（W）

W = 交货时完好商品量 / 配送商品总量 $\times 100\%$

或以缺损率表示（Q'）

Q' = 缺损商品量 / 配送商品总量

⑥ 配送吨费用指标（C）

C = 总配送费用 / 配送商品总量

2）储存作业质量指标

① 仓库吞吐能力实现率（T）

T = 计划期内实际吞吐量 / 仓库设计吞吐量

② 商品收发正确率（S）

S =（某批吞吐量－出现差错量）/ 同批吞吐量 × 100%

③ 商品完好率（$W_库$）

$W_库$ =（某批商品库存量－出现缺损商品量）/ 某批商品库存量 × 100%

④ 库存商品缺损率（$Q'_库$）

$Q'_库$ = 某批商品缺损量 / 该批商品总量 × 100%

⑤ 仓库面积利用率（M）

M = 库房内存储商品面积 / 库房使用面积 × 100%

⑥ 仓库利用率（R）

R = 存储商品实际数量或容积 / 设计库存数量或容积 × 100%

⑦ 设备完好率（$W_设$）

$W_设$ = 计划期内设备完好台数 / 同期设备总台数 × 100%

⑧ 设备利用率（L）

L = 全部设备实际工作时数 / 设备工作总能力（时数）× 100%

⑨ 仓储吨成本（$C_仓$）

$C_仓$ = 仓储费用 / 库存量

3）运输作业质量指标

① 正点运输率（Z）

Z = 正点运输次数 / 运输总次数 × 100%

② 满载率（$M_运$）

$M_运$ = 车辆实际装载量 / 车辆装载能力 × 100%

③ 运力利用率（Y）

Y = 实际运输量 / 往返运输能力 × 100%

8.4.3　配送商品的质量保证

1. 影响商品质量变化的因素

影响商品质量变化的因素很多，但归结起来主要是内部因素和外部因素。

1）内部因素

商品自身的特性是商品发生变化的内因，主要包括商品的化学成分、物理形态、理化性质、机械及工艺性质等，它们之间相互联系，彼此影响，构成一个统一体。

（1）化学成分。不同化学成分及其不同的含量，既影响商品的基本性质，又影响商品抵抗外界自然因素侵蚀的能力。

（2）结构形态。商品的结构有两个方面，一个方面是宏观结构，另一个方面是微观结构。宏观结构主要是指外观形态,如弯形铸造件的弯处,因机械应力影响使弯处易生锈。另外,由于外观形态的多样化,要根据形态结构合理堆码,以防机械变化发生。商品的微观结构,对商品的性质影响也很大,有些商品的分子组成和分子量完全相同,但是由于微观结构不同,性质就有很大差别。

（3）商品性质。商品的性质是由商品的组成成分和结构决定的,主要包括商品的物理性质和力学性质。商品的物理性质是指商品的形态、结构在外界条件作用下,发生不改变商品本质变化的性质,如商品的吸湿性、导热性和耐热性。力学性质是指商品的形态、结构在外力作用下的反应,是体现商品的适用性、坚固耐久性的重要内容,包括硬度、韧性、脆性和弹性等。

2）外部因素

影响商品质量变化的外部因素主要有温度、湿度、大气、日光、生物和微生物等。空气中的氧,是许多商品质量变化的参与者,它占空气体积的1/5,其性质非常活跃,能与许多商品发生作用,如锈蚀、燃烧、酸败等。对鲜果、鲜菜等鲜活商品,生理生化活动中的有氧呼吸需要氧,因此,要控制氧的影响,通常可以采取密封充氮或充二氧化碳等方法,以隔绝氧气。日光是许多商品质量变化的催化剂,特别是日光中的紫外线,由于其能量高,常诱发氧化反应的进行,使高分子发生老化,如感光纸发生光化学变化而失去使用价值。

环境温度对商品的质变影响很大。通常温度升高10℃,反应速度提高2～4倍。因此,温度能加快或减缓商品质变的速度。另外,温度降低,也会造成某些商品的冻结现象。空气的湿度,一般是指空气的相对湿度。湿度适宜,可保持商品的正常含水量、外形或体态结构及重量。湿度下降,将使商品的正常含水量和重量减少,例如果蔬、肥皂会发生干缩现象。若湿度过高,则会导致商品增重、结块和溶化,同时也给微生物生长带来便利条件。

2. 配送商品质量保证工作

1）严格验收

要防止商品在配送过程中发生各种不应有的质量变化,首先在商品进入配送中心前要严格验收,弄清商品及其包装的质量状况,对吸湿性商品要检测其含水量是否超过安全水分,对有其他异常情况的商品要查清原因,针对具体情况进行处理和采取救治措施,做到防微杜渐。

2）科学分类与分区

由于不同商品性能不同,对保管条件的要求也不同。如怕潮湿和易霉变、易生锈的商品,应存放在较干燥的区域;怕热易熔化、发黏、挥发、变质或易发生燃烧、爆炸的商品,应存放在温度较低的阴凉场所;一些既怕热又怕冻,且需要较大湿度的商品,应存放在冬暖夏凉的楼下库房或地窖里。此外，性能相互抵触或易串味的商品不能在同一区域混存，以免相互产生不良影响。尤其对于化学危险物品，要严格按照有关部门的规定，分区分类安排储存地点。

3）加强温湿度管理

温度和湿度对商品质量变化的影响极大。各种商品由于其本身特性，对温湿度一般都有一定的适应范围，超过这个范围，商品质量就会发生不同程度的变化。因此，应根据商品的性能要求，适时采取密封、通风、吸潮和其他控制与调节温湿度的办法，力求把温湿度保持在适应商品保管的范围内，以维护商品的质量安全。

4）加强检查与监控

做好商品在配送过程中的检查与监控，对维护商品质量安全具有重要作用。商品质量发生变化，如不能及时发现并采取措施进行救治，就会造成或扩大损失。因此，对商品的质量情况，应该在日常监控的基础上，同时进行定期或不定期的检查。

5）做好清洁卫生工作

配送环节不清洁，容易引起微生物、虫类孳生繁殖，危害商品。因此，对配送中心的内外环境应经常清扫，彻底铲除杂草、垃圾等物，必要时使用药剂杀灭微生物和潜伏的害虫。

8.4.4　配送服务质量体系

1. 建立配送服务质量体系的意义

1）融入世界经济贸易一体化的需要

国际标准组织质量管理和质量保证技术委员会（ISO /TC 176）于 1987 年 3 月正式发布了 ISO 9000 ～ 90004 系列质量管理和质量保证标准；1994 年 7 月发布了 ISO 9000 族质量管理和质量保证标准。到目前为止，世界上已有 100 多个国家和地区相应采用了这一标准。我国企业于 1992 年正式采用这一标准，已有五千多家企业和两万多种产品获得了质量认证，还有一大批企业和产品正在认证当中。由此可见，按照 ISO 9000 标准进行质量体系认证，已成为当今国际服务贸易领域的发展趋势。配送企业属于服务贸易的范畴，要把企业融入世界经济贸易一体化市场就必须实施 ISO 9000 质量标准并进行认证。这是认证工作的重要性之一。

2）获得 ISO 9000 认证，就获得了通往一体化市场的通行证

"入世"后，国内市场将进一步向世界开放，国内外市场的一体化，需要企业尽快实施 ISO 9000 标准和认证。实践证明，凡属注册认证的企业，都会在服务质量和业务开拓上取得优势，而没有认证的企业，在激烈的市场竞争中将会失去本来已经微弱的优势，最终被市场淘汰。

3）实施 ISO 9000 标准，有利于提高管理水平，增强企业竞争能力

我国现有的物流企业，有相当一部分是由传统的仓库、车队改制而来的，在内部机制和运作方式上对内缺少凝聚力，对外缺少竞争力。ISO 9000 标准是对世界主要发达国家几十年实施质量管理和质量保证经验的总结，具有严谨的科学性和广泛的实用性。其核心是"以法治企"，实施 ISO 9000 标准，将把企业的管理机制和管理程序纳入法制轨道，进行计算机程序管理，实施一整套现代化管理方法。从上海外贸系统一些已经获得认证的企业的情况看，多数企业的内部管理有质的改变，业务有不同程度的发展。总之，实施 ISO 9000 标准及其认证，是配送企业在一体化市场的情况下，管理好企业并不断发展的有效途径。

2．配送质量体系要素的选择

ISO 9000 族标准中，ISO 9001、ISO 9002、ISO 9004 为质量保证模式，它们各自的内容不同，证实的范围、质量体系要素不同，是分别代表三种不同供方质量的质量保证模式。配送企业在实施 ISO 9000 族标准时，应在了解各种保证模式内容的基础上，从企业实际出发，对质量保证模式和质量体系要素进行恰当的选择。通过实施和认证，达到提高配送企业服务质量的目的。

1）配送服务应选择的质量保证模式

物流企业通常选择的质量保证模式标准一般都是 ISO 9002，这是因为 ISO 9002 适宜于服务性企业。配送企业是为生产工厂、销售商、代理商提供全过程的配送服务的，一般不涉及产品的设计和生产过程，选择 ISO 9002 比较合适。

2）配送质量体系质量要素的选择

ISO 9002 质量保证模式中有 19 个要素，构成质量保证体系。质量保证体系各要素在实施中可全部采用，也可有选择地采用。质量体系要素的选用一般以企业选定的质量保证模式为前提，根据企业的实际情况，经与第三方认证机构协商，确定全部采用或增加删减。

3）配送服务实施质量体系证实方式的选择

企业在选择了质量保证模式和质量体系要素之后，有责任向客户证实质量体系的适用性和有效性。证实的程度大致可分为三种：证实程度较低的是"存在声明"，即企业将实施质量体系的要素及实施结果，向客户作出口头或文字说明；第二级是"文件证据"，即企业向客户或认证机构提供有关质量体系的文件，并附以情况说明；第三级是"执行见证"，是级别程度最高的证实，即企业向客户或认证机构提供相关体系的文件，并提供实施过程的质量记录等见证材料。

3．配送质量体系的建立

实施质量保证标准，要使全体员工在熟悉 ISO 9000 标准内容的基础上，建立与其管理运作相适应的质量体系，一步一个脚印地推进，最后通过第三方认证。这是一项系统的工程，应有计划、有组织、有步骤地进行。通常情况下，整个认证工作大致需要经过五个阶段，即前期准备、确立质量体系要做的工作、编写质量体系文件、质量体系的运行、质量体系的注册认证等。

（1）前期准备。准备的内容包括：主要由领导层统一思想，作出实施认证的决策；选择合适的咨询机构；组织企业高层领导、中层干部学习培训，动员全体员工投入认证工作；成立贯标小组或贯标办公室等。

（2）确立质量体系要做的工作。主要包括如下工作：贯标办公室和文件编写人员深入学习 ISO 9000 标准的内容；了解和收集企业现行服务贸易的运作方法、规章制度、组织机构、职责职权，以及有关法律、法令、法规、条例、规定，制订贯标工作计划，确定质量方针，确定质量目标，分解到各职能部门具体实施。

（3）编写质量体系文件。质量体系文件主要包括质量手册、质量体系程序及其他质量文件。编制的质量文件应有系统性、可操作性。

（4）质量体系的运行。把质量体系文件中的规定内容，分配到部门、专业和岗位进行实际运作，发现问题应及时纠正、修改，完善体系文件。

（5）质量体系的注册认证。企业在确认自身的质量体系达到了质量保证模式标准的要求后，向认证机构提出认证申请，对企业质量体系运转情况进行预审，发现问题应采取对策予以纠正，然后向认证机构提出正式认证申请。认证机构审查合格后，就可以获得该机构颁发的质量体系认证证书，有效期一般为 3 年，每年要进行 1～2 次监督式审核，如发现重大问题，则有可能被暂停或取消认证资格。因此，企业应定期开展质量审核和管理评审，保持质量体系正常运转，不断提高服务质量。

8.4.5　配送质量管理的常用方法

质量管理中广泛使用各种方法，统计方法是重要的组成部分。常用的质量管理方法包括因果图、排列图、直方图、控制图、散布图、分层图和调查表等。近年来又有很多新方法得到了广泛的关注，具体包括：质量功能展开、田口方法、故障模式及影响分析、头脑风暴法、六西格玛法、水平对比法和业务流程再造等。本节主要介绍一些常用统计检查方法。

在配送的许多环节中，常要利用检查方法对配送服务质量和工作质量进行判断。同时，检查也是为质量管理提供数据的重要工作。在采用协作方式进行质量管理时，必须了解协作企业的质量管理水平及质量保证能力。这就需要知道对方在管理过程中对配送对象的检查，要求协作企业互相间对检查都有所了解。

　　但是，在配送工作中，使用检查方法较多的还是进货环节。进货检查是进货验收的一项主要内容。检查方法的主要内容如下。

1. 决定是否进行质量检查

　　是否对到货的质量或仓库存货的质量进行检查，这是需慎重决定的事。进行检查要付出相应的费用并要花费一定的时间，不进行检查，则要冒一定风险。所以，要按如下情况作出是否检查的判断：

　　（1）上一环节有可靠的质量管理系统和符合要求的工程能力，则可完全信赖，决定免检。这样，既对到货的质量有充分把握，又可节省检查费用、人力和时间，简化验收程序。

　　（2）到货中有不合格品存在，使用时可能造成一定的损失。在对损失的程度和费用有充分了解的前提下，如果检查的费用大大高于使用不合格品所造成损失的费用，则可决定免检。但是，如果检查费用不是大大高于损失费用，而是高一些或两者关系不清，则一般以检查为好。

　　（3）按一般的情报或预估的不合格品率 P 大大低于损益分歧点所对应的不合格品率 $P0$，则可肯定，免检在经济上是合算的，可决定免检。

2. 决定检查方式

　　经过上述分析，决定应在验收时进行检查的物资批次后，还需要决定对物资质量采取什么样的检查方式。一般说来，检查分为全检及抽检两种。决定全检或抽检的依据如下。

　　（1）全检。有如下几种情况时应进行全检：

　　第一，不允许混入一个不合格品，否则就会对使用造成极大的危害。异常贵重的物资，如果混入一个不合格品也会造成很大的经济损失。

　　第二，当检查费用很低时，即使全检也无须付出太多的费用，为了不承担风险，可决定全检。

　　第三，如果按一般的情报或预估，可以大致肯定 P 大大高于 $P0$，则应进行全检，以剔除不合格品。

　　第四，货物批量较小，没有抽样检查的价值，则应决定全检。

　　（2）抽检。即抽样检查，是从货物批中随机抽取一定数量的试样（子样），通过对试样的检查来判断到货批（母体）的质量。有如下几种情况时应进行抽检：

　　第一，检查需要破坏被检物，或者会降低被检物的使用价值，就不允许全检。

　　第二，检查费用高，如果全检，耗费太大。

　　第三，时间紧迫，力量不足，不允许实施全检。

　　第四，根据一般情报或预估的不合格品率 P，不能明确地肯定大于或小于 $P0$。

　　第五，到货批量太大，无法进行全检。

　　第六，检查项目太多，不可能全部实施检查。

第七，全数检查的结果，会形成供货单位的依赖情绪，不利于促进供货单位质量系统的改进，可决定抽检。

3．决定抽样方式

确定进行抽样检查之后，还要决定如何抽样，采取何种抽取层次及数量等问题。

1）如何抽样

抽样的方法分为有意抽样及随机抽样两种。

有意抽样是抽取有代表性的样品，抽样检查的结果往往夸大了母体的问题，子样不能充分反映母体的情况，因此，在一般检查中不主张采用。但是，在某些特殊情况下，例如只想了解到货批中有或没有不合格品，或者要求特别严的到货，只要混有不合格品，到货批则不合格，在这种情况下，可采用有意抽样，以尽快得出结果。在配送管理工作中，往往由于供需双方在抽样时都采用了有意抽样的办法，一方有意抽取质量好的，另一方有意抽取质量差的，容易造成双方的争执。就我国当前的实际情况，为了促使产品质量的提高，应当特别防止主观因素的干扰，不提倡有意抽样的方法。

随机抽样是运用统计手法进行检查的现代方法，如抽签一样，从到货中抽取试样。这样做可以使到货批中的任一部分都有相同的机会（概率）出现在试样中，试样检查的结果排除了某些主观因素的干扰，对母体有较强的代表性。所以，一般的到货抽样检查，采取随机抽样为好。

2）抽样层次及数量

确定了随机抽样的原则之后，还要解决抽样的具体方式，即层次与数量问题。

（1）一次抽样。从到货批中一次抽取足够的检查试样，为保证抽检的准确性。抽样数量一般不能太低，因而检查工作量较大。一次抽样的数量一般按标准及合同规定，或通过概率的方法确定。

（2）二次抽样。从到货批中先抽取一定数量的试样（试样数低于按一次抽样法的数目），如果能明确判定是否合格，则以此为结论，不再抽样；如果第一次抽样检查结果不能明确判定是否合格，则第二次扩大抽样数量再进行检查，根据两次抽检结果判断到货批是否合格。

（3）多次抽样。是在二次抽样基础上的繁衍，每次抽样数量较少，直到能够作出合格与否的判断为止。

（4）连续抽样。从到货批中每次抽取一个试样进行检查，然后决定是否继续抽样，如不能判定合格与否，则再抽一个试样，如此反复，直到能够判断是否合格为止。

4．对检查结果的处理

对合格与否进行判定后，需对到货批进行处理，方法如下。

（1）对全数检查结果的处理。

对全数检查结果的处理有如下两种处理方法：

第一种，全部留下合格的到货而将不合格品剔出并退货。

第二种，检查后，不合格品率 P 如果低于标准及合同规定数值，则整批合格，应予验收，但在对内供应时应剔除不合格品另作处理；如果 P 高于规定，则整批不合格，整批退货。

（2）对抽样检查的处理。

对抽样检查的处理有两种方法，一为界限控制法，二为范围控制法。界限控制法规定不合格的界限，试样不合格品率高于此限，则到货批全不合格，应退货或改用全检法剔除不合格品；试样不合格品率低于此限，则到货批定为合格，准予验收。

8.5　电子商务物流信息管理系统

电子商务物流信息管理系统（Electronic Commerce to Logistics Management Information System，电子商务 LMIS）是一个由人、计算机网络等组成的能进行物流相关信息的收集、传送、储存、加工、维护和使用的系统。由于电子商务物流是信息网络和传统物流的有机结合，物流企业本身正以崭新的模块化方式进行要素重组，所以电子商务 LMIS 不仅是一个管理系统，更是一个网络化、智能化、社会化的系统。

物流系统的不同阶段和不同层次之间通过信息流紧密地联系在一起，因而在物流系统中，总存在着对物流信息进行采集、传输、储存、处理、显示和分析的物流信息管理系统。它的基本功能主要有数据的收集和录入、信息的存储、信息的传播、信息的处理和信息的输出等几个方面。

8.5.1　物流信息管理系统的构成

物流信息管理系统包括接受订货信息管理系统、订货信息管理系统、收货信息管理系统、库存信息管理系统、发货信息管理系统，配送信息管理系统、运输信息管理系统、包装信息管理系统、流通加工信息管理系统、成本信息管理系统、EDI 处理信息系统，以及物流综合信息管理系统。

1. 接受订货信息管理系统

办理接受订货手续是交易活动的始发点，所有物流活动均从接受订货开始。为了迅速准确地将商品送到指定的地方，必须迅速、准确地办理接受订货的各种手续。接受订货信息管理系统是办理从零售商处接受订单、准备货物、明确交货时间、交货期限、剩余货物管理等的信息管理系统。

2．订货信息管理系统

订货信息管理系统是与接受订货信息管理系统、库存信息管理系统互动的。库存不足时应防止缺货，库存过多应减少订货。

3．收货信息管理系统

收货信息管理系统是指根据收货预定信息对收到的货物进行检验，并与订货要求进行核对无误之后，录入库存并指定货位等的信息管理系统。

4．库存信息管理系统

正确把握商品库存，对于制订恰当的采购计划、接受订货计划、收货计划和发货计划是必不可少的，所以库存信息管理系统是物流管理信息的中心。对保存在物流中心内的商品进行实际管理、指定货位和调整库存的信息管理系统称为库存信息管理系统。

5．发货信息管理系统

如何通过合理的发货安排将商品送到顾客手中，是物流信息管理系统需要解决的主要课题。发货信息管理系统是一种与接受订货信息管理系统、库存信息管理系统互动并向保管场所发出拣选指令或根据不同的配送方向进行分类的信息管理系统。

6．配送信息管理系统

降低成本对于高效率的配送计划来说非常重要。配送信息管理系统是将商品按配送方向进行分类，制订车辆调配计划和配送路线计划的信息管理系统。

此外，物流信息管理系统还包括运输信息管理系统、包装信息管理系统、流通加工信息管理系统、成本信息管理系统、EDI 处理信息系统和综合物流信息管理系统。

8.5.2　物流信息管理系统的运行

1．物流企业的信息化与电子商务化

物流涉及的环节众多，地域和时间跨度大，提高物流效率、减低物流成本及提供物流全过程的信息反馈，是物流企业吸引客户并获利的关键。物流企业应通过技术手段，建立管理与信息系统，为物流企业自身的物流效率和管理水平等内部资源整合提供解决方案。联邦快递公司对物流的理解是"利用信息技术方案和增值操作流程及全球运输网络为客户创造或赢得时间的一种方法"。它看似简单，却体现出物流服务最关键的要素和实现这种服务所必要的途径。而国内物流企业由于较长时间受制于信息技术"瓶颈"，使得数据管理和货物监控工作无法快速实施，运营效率受到很大影响。

1）阳光网达 e-960. com

阳光网达针对 B2C、B2B 和 C2C 等电子商务模式，充分利用互联网、无线通信、

条形码等现代信息技术，通过代理的形式，在全国 25~30 个主要城市内，对物流体系实行统一的管理和提供规范的服务，从而改善现有物流体系规模小、技术手段落后的状况，形成一个全国性的、快速的、以信息技术为基础的专门服务于电子商务的物流体系。

作为电子商务的专业服务商，阳光网达积极利用互联网等先进的技术手段，建立了专业的电子商务物流信息系统。该网站将专门用于服务揽收、用户查询等信息交互服务，使用电子商务在线软件工具替代传真、电话等传统手段，同时综合利用基于无线通信、条形码等先进信息技术，实现商品投运过程中的全部跟踪与查询，这些都将利于改善网上经营环境，对电子商务起到积极的促进作用。

在物流行业中，信息交互在服务揽收、分配、交接、送达、查询及仓储管理等环节都起着关键作用，阳光网达将对现有的物流体系加以组织，通过输出服务规范、信息交互手段实现物流行业的电子商务，在客户和承运人、快递公司、后勤公司等物流公司之间建立全方位的电子商务链接，从而加速形成全国性的、以信息技术为基础的、虚拟联合的、高效的，包括公路、铁路、航空、快递等承运人的综合物流体系。

依托于信息化的物流技术，公司将沿着纵横两个方向拓展业务：纵向将服务延伸到电子商务的商品采购、仓储管理、包装和分配，从而使电子商务对社会供应链发挥充分作用；横向将向连锁经营、电视购物及其他行业的物流扩展。

2）中国远洋运输（集团）总公司的电子商务发展

（1）中远集团电子商务的发展状况。中远集团于 1996—1997 年间完成了对中远集团 EDI 中心和 EDI 网络的建设，该 EDI 网络基本覆盖国内 50 多家大小中货和外代网点，实现了对海关和港口的 EDI 报文交换，并连通了中远集团海外各区域公司。目前，中远集团已经通过 EDI 系统实现了对舱单、船图、箱管等数据的 EDI 传送，在电子商务方面已走在国内运输行业的前列。

中远集团 1997 年建成中远集团全球通信专网，并以该网络为基础，构建了中远集团互联网络平台。该平台的建成，促进了中远集团全球电子邮件中心的建设。截至 1999 年 10 月，中远集团已经建成以北京为中心，覆盖中国大陆、中国香港、新加坡、日本、美洲、欧洲、澳大利亚等国家和地区的电子邮件网络，中远集团海内外的大部分业务人员已经通过电子邮件进行日常业务往来。

尤其是在 1997 年 1 月，中远（集团）总公司正式开通 www.cosco.com.cn 网站，集团各所属单位的因特网网站也相继建成。中远集团的因特网站点自发布以来，在树立中远集团的良好企业形象，扩大中远集团的影响，为用户提供高效便捷的服务等方面取得了一定的成效，同时为中远开辟了一条通过因特网与外界通信，加速中远信息流转的新途径。

1998 年 9 月，中远集运在网站上率先推出网上船期公告和订舱业务。该业务的开展解决了传统服务中速度慢、效率低、工作量大、差错率高的问题，将货运服务直接送到客户的办公桌上，使客户足不出户便可办理货物出口业务流程中的委托订舱、单证制作、信息查询等多种业务手续。在网上订舱业务的基础上又向全球客户推出了中转查询和信息公告、货物跟踪等多项业务，从而使全球互联网用户均可直接在网上与公司开展商务活动。公司推出的整套网上营销系统，已初步具备虚拟网上运输（E-Transport）的雏形，具有较强的双向互动功能和较高的服务效率。其中电子订舱系统可使每一位网上用户在任何地区和时间内，通过互联网与公司开展委托订舱业务，任何一位客户只要具备上网条件，都可足不出户地直接访问中远的电子订舱系统。货物运输及中转查询系统则体现出方便、快捷、准确的操作特色。这项功能可使客户对货物实行动态跟踪，在网上随时查询单证流转、海关申报状况、进出口及中转货物的走向等相关信息。信息公告系统还可以在最短的时间内将中远有关船期调整、运价变化等情况在互联网上作出及时反映。电子商务的成功开展，极大地提高了公司市场营销的科技含量，新开发的客户群正逐渐由全球互联网集中而来。

目前，"中远网"的建设已初具规模，中远集团近 20 个所属单位网站的建设已基本完成，各站点间也已实现链接，组成了"中远网"的基本框架。

（2）中远电子商务的发展战略。为适应形势发展的需要，中远发展电子商务的战略目标定位在从全球客户的需求变化出发，以全球一体化的营销体系为业务平台，以物流、信息流和业务流程重组为管理平台，以客户满意为文化理念平台构建基于因特网技术智能的、服务方式柔性的、运输方式综合多样的，并与环境协调发展的网上运输和综合物流系统（E-Transport & E-Logistics）。

第一，以满足全球客户的需求变化作为发展中远电子商务的动力平台。对航运业来说，全球性的跨国公司不断要求承运人能够提供覆盖全球各地的服务，制造商由于不断加速的外包及商务全球化，对全球供应链的需求进一步提高。而国际互联网以其全球化、个性化、即时性的特点，使得客户群正在迅速从现实走到网上，以虚拟的形式呈现在企业面前。客户的需求随着电子商务的发展正由实体交易转向虚拟交易，即通过网上交易完成对实体需求的满足，客户最终关心的是以消费者为本的供应链、供应链管理及供应链一体化在网上与现实之间的完美结合。总之，从客户群的构成、客户行为的转变到客户需求的多样化等方面来看，客户的力量从没像今天这样从网上开始迅速控制现实的国际航运市场。

因此，中远发展电子商务的根本出发点和唯一动力是全球客户的需求变化，只有迅速捕捉这种变化，并将中远电子商务发展的各个方面紧紧围绕这种变化，才能使中远电子商务的发展为企业创造最佳的效益。

第二，以全球一体化的市场营销体系作为发展中远电子商务的业务平台。当前，包括中远在内的国际上各大航运企业的内部资源配置模式正在由航线型资源配置模式向全球承运的资源配置模式转变，将遍布于全球各地的人员、设备、信息、知识和网络等资源进行全方位、立体化的协调和整合，形成全球一体化的营销体系。电子商务的内涵是将企业进一步向客户延伸，因此中远的电子商务是中远全球营销体系的网上体现，而中远全球营销体系则成为中远全球性电子商务的基础平台。互联网的全球性使得中远的营销体系得以遍布全球任何一个角落，捕捉、探察到全球任何一个新客户、新需求和新变化；互联网的个性化使得中远营销体系可以对目标客户的任何个性需求做出全面解决方案；互联网的即时性使得中远营销体系可以对全球任何客户在任何时间提出的要求作出第一时间的迅速反馈；互联网的互动性使得中远营销体系可以与全球任何客户进行便捷的沟通交流。

第三，以物流、信息流和业务流程的重组作为中远电子商务的管理平台。物流是解决客户供应链的传递以实现商品最终对消费者的使用价值，信息流是解决供应链主体的信息传递，而企业内部业务流程则是企业实现物流与信息流互相匹配并紧密融合的载体。中远电子商务的管理平台就是实现三流统一，以创造更科学、更合理、更节约的生产与消费的衔接。由此来看，电子商务是为航运企业获取物流管理增值效益的手段之一。作为管理平台的中远电子商务以互联网络为主进行构筑供应链的管理体系，从构成上讲，不是单纯的硬、软件技术，而是从市场上收集各种物流提供者所提供的信息，包括服务内容、方式、费用、时间等。另一方面以客户需求为准，包括服务水平、质量、成本等信息，进行两方面的集中、加工整理分析和融会贯通，从而在供求关系上达到互动性交易。从这里可看出信息流比物流更重要。作为全球承运人，由于航运作为全球物流的主干环节与客户和其他环节的物流提供商存在天然密切的联系而使得发展电子物流具备先天优势，关键是要以全球性的互联网为基础，整合客户供应链各环节的物流提供者，构造面向客户的虚拟综合物流网络。

第四，以网上"一站服务"和"绿色服务"作为中远电子商务的服务平台。中远独具特色的"一站服务"，是由公司全球营销网络中的每一个服务窗口全部接受客户原先需在公司其他几个部门或窗口才能完成的托运操作手续，从客户角度看，他们只要找一位业务员，进一道门，办理一次委托手续，就可以将极其繁复的出运操作流程交付给公司的一站服务人员去处理。而将来公司的网上"一站服务"，将使客户连一道门都不用进，一个业务员也不用找，只点击一下鼠标，就可完成所有手续，从而真正做到让客户方便、满意、放心。公司推出的"绿色服务"，现在是派出优秀的业务人员进驻客户单位进行联合办公这一形式，客户只需向这些业务人员提供委托书或订舱书，然后整个出运业务流程的运转便全部由这些高素质的业务人员高效率地完成。而将来网上的"绿色服务"更是直接将"绿色服务"功能嵌入客户的内部网络中，从而直接深入客户，参与客户的电子商务，给客户提供优良的服务平台。

第五，以国际互联网络和中远全球信息管理系统作为发展中远电子商务的技术平台。要想在一夜之间建立起完善的电子商务几乎是不可能的，因为其前提和基础是完善的企业级计算机信息网络系统及无纸化的金融、贸易和法律环境，在这方面，中远正致力于在已有的覆盖全球的计算机信息系统基础上，从系统设计、数据标准、功能模块、网络技术上将现有计算机信息系统按照电子商务的更高要求进行完善和调整，致力于在国内外推广电子提单的应用。

第六，以客户满意为中心的中远特色企业文化作为发展中远电子商务的文化平台。电子商务与其说是一种新技术，不如说代表着一种新文化。中远的电子商务是面向客户的，它将中远的业务流程全过程地呈现在客户面前。集团每一位员工都通过互联网在客户面前代表着企业的整体形象，不同国家、不同肤色、不同语言、不同种族的客户都能够在互联网上亲身感受到中远的以客户满意为中心的企业文化。中远的观念是"客户最大"，目的是"让客户快乐"，"让客户主宰一切"，真正让客户在中远构建的文化平台上得到最大的满足。

2. 基于互联网的物流信息与商务平台的建立及使用

通过在互联网上建设物流信息商务平台的方式，使物流需求方可以通过此平台提报物流需求，物流服务商也可借此平台进行低成本的全球网络营销。这样，物流需求方在选择物流服务商时，有更大范围的挑选理想对象的余地，减少盲目性与随机性，同时也可大幅度降低物流企业的营销宣传费用，提高物流与相关资源的利用程度。除公共的物流信息与商务平台外，物流供求双方在长期合作、相互信任的基础上，也可通过联网，实现信息的共享与及时的信息传递，这也是快速反应系统、ECR 系统、持续补货系统及供应商管理存货系统等先进的管理方法技术实施的保证。

（1）连五洲实物物流网。由深圳市连五洲商业有限公司建设的连五洲实物物流网被国内专家学者称为我国商业流通领域的一场变革，将成为新经济时代一种切实可行的商业流通模式。

该物流网由实物展示与交易、电子商务、网员、仓储、配送、卫星监控等 17 个系统组成。该网络通过在全国各地遍设"网眼"（展示交易区），将生产企业与零售商汇聚在"网眼"，有效地减少批发商、代理商等中间环节，从而节省销售成本，提高商品流通速度。在运行中，"连五洲"全部实现电子化，由一种"数码神经预警系统"管理，并采用全球卫星定位系统监控，可保证资金、商品的安全性和快捷性。

目前，"连五洲"已在东北、华北、西北、华中、西南、华东、华南等片区设立了11 个"网眼"，每个"网眼"的有效服务半径达 400 km，可同时对 10 万家企业的产品提供展示交易、免费配送等服务。而每家企业的产品可在任一"网眼"展示交易，覆盖的零售商、消费者多达 150 万个。一旦零售商和消费者在"网眼"相中合适的商品，"连五洲"通过其庞大的网络及计算机系统即可就近调运，并送货上门。"连五洲"与知名网络企业"114 在线"结成了电子商务战略联盟。后者将利用其网络及信息资源优势，将"连五洲"的实物交易与网上交易紧密结合在一起。该网络预计总投资达 20 亿元。在首批 11 个"网眼"运作成功的基础上，该公司还将投资兴办更多的"网眼"，最细化可到县一级。

（2）我国的公路货运信息化。在我国繁忙的公路上，有多少空车就有多少浪费。据交通部统计，1999 年的货运汽车空驶率达 47 %。也就是说，每 100 名司机在运货后的返程路上，即使回程的运费只收 50%，也有 47 人不得不放空车回家。照此计算，每年损失至少 300 多亿元。此外，还浪费了大量的人力资源，增加了对道路的压力，造成环境污染和交通事故增多。

引起车辆空驶的因素很多，道路货运代理、运输服务业不发达、货运信息不畅是主要原因。在我国，空车配货多年来一直采用很原始的手段，货物配送机构一般规模很小。典型的情况是：路边一间小屋，一部电话，加上在路旁挂一个"空车配货"的招牌。这些机构一是接触的车、货信息有限，交易成功的偶然性很大；二是无法对车主进行调查，当出现货物遗失等情况时难以处理，信用度极低。如果能充分利用网络技术，建立全国性网络，各省市、各地区间实现信息共享，不仅对服务商来说是一个很大的市场，从长期考虑，还可以降低整个公路运输行业的成本。

近几年，在行业之外鲜为人知的全国公路货运信息化市场渐渐成为投资热点。继北京金干线运输科技公司 1998 年 7 月建立第一个基于网络的全国货运服务系统之后，1999 年 11 月，北京亚之桥公司的"全国货运信息服务网"开始运行，最近科利华公司也跻身于这一行列，启动了"中运网"。这些公司的业务目标都是一个：运用网络技术，为空车找货，为货主找车。比如，金干线公司率先开发了相关软件、数据库、网站及单机与联网均可自由转换的应用软件，组建了自己的货运系统，金干线公司与许多大型企业签订了合作协议，同时在全国范围内建立了 25 家分公司，这些局部的信息一到"金干线"网上就立刻连起来、活起来，经过计算机的筛选、分类、加工、组合，在网上形成各分公司共享的资源。金干线货运信息网每天传输十几万条信息，帮助各地的车主、货主做成约一百笔交易。"亚之桥"与国信寻呼公司合作开设了"126 货运热线寻呼"专用频点，使他们的数据库成为信息共享的源泉，货主、车主在全国各地都能接收到货运信息。

中国的公路货运信息网已经具备了雏形，它将伴随看网络技术的提高和普及而成长。同时，它的发展也有赖于公路运输从业人员科技文化素质的提高。目前，金干线等 3 家公司都制定了雄心勃勃的发展计划，这些计划都围绕着网络展开。金干线提出了 3 步走的战略：把分公司迅速扩展到 50 家，分支机构一直延伸到县级；建立运输行业的门户站点和大型呼叫中心；最终实现物流的电子商务化。亚之桥公司将先在 60 个城市开通试运行地方网站，将来引进全球定位系统。"中运网"的目标是在全国重要枢纽城市建立 100 个独家代理中心，在普及计算机和网络知识的基础上吸引、发展近百万的会员司机和车辆，通过司机运用因特网实现电子商务交易。也许公路运输车辆空驶的老大难问题在不远的将来能得到解决。

　　总的来说，物流信息化是实现电子商务的基石，是物流发展的重点领域。开发物流信息系统可以走捷径，一方面将国外企业的物流信息平台进行汉化，并根据我国物流的流程设计物流信息系统软件，另一方面组织技术力量开发我国的物流平台，形成有中国特色的物流平台及物流信息系统。我们不要过分依赖于国外企业的物流信息平台，主要应靠我们自身的力量开发我国的信息平台及物流信息系统。信息系统的开发、建设要走市场化的道路，通过政府的引导和推动，采用市场运作的方式，才能加快物流信息系统的建设。要避免走弯路，纠正完全由物流企业自行开发传统思路。政府管理部门可组织相关的软件开发商和物流企业，并吸纳部分生产、销售企业参加，根据我国物流的特点，开发出实用型的物流平台与信息系统。物流信息系统的开发也可采取技术招标的方式，由政府有关部门提出物流信息系统的技术要求，软件开发公司中标后根据技术要求设计开发出物流信息平台及信息系统，经专家评审、鉴定后，政府有关部门推广应用。对于物流服务企业自行开发的物流信息系统，既要考虑到整个物流系统的连接，也要考虑到与其他物流信息系统和生产、销售企业的信息系统的接口问题，要形成开放性、多功能的物流信系统。

　　几十年来，EDI 提供了在贸易伙伴中传输信息的途径。现在，各种电子商务技术得到发展并日新月异，它们是形成一体化供应链或供应网络的核心。更为重要的是，它们提供了链中所有参与者之间进行复杂的协作、计划和决策支持的手段，管理人员也认识到良好的信息可以代替大量的存货。

8.5.3　物流信息管理系统的设计

1. 电子商务物流 MIS 研发的过程

　　建立电子商务 LMIS，不是单项数据处理的简单组合，必须要有系统地规划。因为它涉及传统管理思想的转变和管理基础工作的整顿提高，以及现代化物流管理方法的应用等许多方面，是一项范围广、协调性强、人机紧密结合的系统工程。

　　物流信息系统规划是系统开发最重要的阶段，一旦有了好的系统规划，就可以按照数据处理系统的分析和设计持续进行工作，直到系统的实现。物流信息系统的总体规划基本上分为如下四个基本步骤。

　　（1）定义管理目标。确立各级管理的统一目标，局部目标要服从总体目标。

　　（2）定义管理功能确定管理过程中的主要活动和决策。

　　（3）定义数据分类。在定义管理功能的基础上，把数据按支持一个或多个管理功能分类。

（4）定义信息结构。确定信息系统各个部分及其相互数据之间的关系，导出各个独立性较强的模块，确定模块实现的优先关系，即划分子系统。

2．电子商务物流 MIS 开发的内容

有了系统规划以后，还要进行非常复杂的开发过程，作为电子商务物流 MIS 开发的内容主要包括如下几个方面：

（1）系统分析。主要对现行系统和管理方法及信息流程等有关情况进行现场调查，给出有关的调研图表，提出信息系统设计的目标及达到此目标的可能性。

（2）系统逻辑设计。在系统调研的基础上，从整体上构造出物流信息系统的逻辑模型，对各种模型进行优选，确定最终的方案。

（3）系统的物理设计。以逻辑模型为框架，利用各种编程方法，实现逻辑模型中的各个功能块，如确定并实现系统的输入、输出、存储及处理方法。此阶段的重要工作是程序设计。

（4）系统实施。将系统的各个功能模块进行单独调试和联合调试，对其进行修改和完善，最后得到符合要求的物流信息系统软件。

（5）系统维护与评价。在信息系统试运行一段时间以后，根据现场要求与变化，对系统做一些必要的修改，进一步完善系统，最后和用户一起对系统的功能、效益作出评价。

8.5.4　物流信息管理系统的评价

1．电子商务物流 MIS 的发展方向

物流信息管理系统应向信息采集的在线化、信息存储的大型化、信息传输的网络化、信息处理的智能化及信息输出的图形化、社会系统化的方向发展。其中，向社会系统化方向发展，今后将越来越具有战略意义。

（1）目前在企业日益重视经营战略的情况下，建立物流信息是必要的、不可缺少的。具体地说就是为了确保物流竞争优势，建立将企业内部的销售信息系统、物流信息系统、生产、供应系统综合起来的信息系统势在必行。

（2）由于信息化的发展，各企业之间的关系日益紧密。企业如何与外界的销售渠道的信息情报系统、采购系统中的信息情报系统，以及与运输信息系统联系起来将成为今后重点研究解决的课题，即建立不仅限于本企业还包括社会上多个企业之间的信息，信息情报系统的重要性将日趋增加。

（3）企业物流已经不只是一个企业的问题，被编组进入社会系统的部分将日益增多。在这种形势下，物流信息情报系统将日益成为社会信息情报系统的一个组成部分。

总之，上述数据关系在信息系统中应用非常广泛，它们之间的关联总是通过一定的数据项来实现的，这些可以说是它们的共性。因此，利用这些共性，可以将这些类似关

系的数据维护抽象成一个类型，从而降低了软件的费用和大大方便了系统维护。

2．计算机辅助采购及物流支持

"计算机辅助采购及物流支持"（Computer-Aided Acquisition and Logistic Support，CALS）是一种利用互联网络技术、现代化管理方法、生产技术、自动控制、系统工程技术将整个社会经济运行中的各经济要素有机地结合起来，实现资源优化配置、降低成本、提高效益的综合管理系统。CAILS 是在 CM（计算机集成制造系统）的基础上，结合了电子商务而发展起来的。

1985 年，美国国防部为解决武器的开发成本、质量及时间问题，实施了比较简单而原始的 CALS。冷战之后，CALS 的重要作用为工商界所认识，美国商业部开始将 CALS 引入美国的社会经济体系中。随后，日本和西欧发达国家也相继开发了 CALS 并已取得了良好的效果。于是，CALS 开始风靡世界。

CALS 的技术基础是互联网络和统一数据格式。它的优点是其对象超越单个企业，面向整个社会经济。CALS 利用广域网（如互联网）与局域网（如企业内部网和外部网）的互联技术，把企业内部的 CIMS 系统与企业间的电子商务系统结合起来。这样，它就能立足于服务全社会的经济运行，将社会经济的各个环节连成一体，为克服市场机制的盲目性和滞后性提供了一种很好的管理和调控方式。CALS 的信息流还可以通过信息的集成化、标准化和信息共享，联系供需双方，实现对商品流通过程的主动调控，并在一定程度上促进了专业化生产。例如，一个生产、流通一体化的企业即使流通业务是营利的，如果生产方面占很大优势，根据比较利益原则，也有可能放弃流通业务，而把人力、物力、财力投入生产过程。

CALS 还能调动各个环节协调动作，完成材料采购、商品生产、运输、仓储、包装、装卸及流通加工等一系列物流活动。这样，不仅提高了物流设备利用率，还可以达到准时生产和准时流通（JTT）及零库存，企业将节省大量的流通费用。而且由于 CALS 是电脑控制的，出错率极低，因此物流质量就会大幅提高。由于 CALS 既是管理系统又是生产系统，它还可以在流通过程中根据内外部环境的变化，利用弹性生产系统（FMS）对包装和流通加工进行辅助设计，有利于流通服务的发展。

另外，CALS 在流通过程中，还有辅助决策的功能。它从社会各个方面收到信息后，加以自动分析和处理数据，并提供决策建议。使物流企业能比较方便地从 CALS 中找出适应市场需求变化的最终的决策方案。

从社会角度看，CALS 加速了整个社会经济的运行速度，提高了运营质量及系统内的整体竞争能力。如果能形成国际统一的技术标准，则 CALS 将成为国际化物流的基础并为世界经济一体化作出重大贡献。

3．我国物流软件开发与应用情况

需求量较为广泛的物流软件是物流运作管理软件，在调查的企业中有 50.6% 的企业准备开发物流运作管理软件；有 33.8% 的企业准备开发库存分析软件；有 24.7% 的企业准备开发条码扫描系统；有 22.1% 的企业准备开发配送资源系统；有 21.4% 的企业准备开发运输决策软件；有 9.7% 的企业准备开发仓库选址软件。我国物流软件应用如表 8.1 所示。

表 8.1　我国物流软件应用

企业数量	物流运作管理软件	仓库选址软件	运输决策软件	库存分析软件	条码扫描系统	配送资源系统
生产企业	53	8	20	39	20	16
商业企业	6	3	4	6	4	5
物流企业	19	4	9	7	6	13
总计	78	15	33	52	38	34
比例	50.6%	9.7%	21.4%	33.8%	24.7%	22.1%

第 9 章
电子商务时代的跨境物流

内容提要

近年来,我国跨境电商得到快速发展。跨境 B2C 电子商务物流主要有三种方式:国际小包及快递、海外仓储和聚集后规模化运输。本章介绍了跨境电子商务的概念、特征、发展现状、问题及主要模式,阐述了国际贸易单证标准化体系,分析了电子商务环境下的国际物流协同,探讨了跨境智慧物流支撑平台。

9.1　跨境电子商务概述

9.1.1　跨境电子商务的概念及特征

跨境电子商务是指分属不同关境的交易主体，通过电子商务平台达成交易、进行支付结算，并通过跨境物流送达商品、完成交易的一种国际商业活动。

跨境电子商务是基于网络发展起来的，网络空间独特的价值标准和行为模式深刻地影响着跨境电子商务，使其不同于传统的交易方式而呈现出自己的特点。主要具有全球性、即时性和无形性的特点。

1．全球性（Global Forum）

网络是一个没有边界的媒介体，具有全球性和非中心化的特点。依附于网络发生的跨境电子商务因此也具有全球性和非中心化的特点。电子商务与传统的交易方式相比，其中一个重要特点在于电子商务是一种无边界交易，丧失了传统交易所具有的地理因素。互联网用户无须跨越国界就可以把产品尤其是高附加值产品和服务提交到市场。网络的全球性特征带来的积极影响是信息的最大限度的共享，消极影响是用户必须面临因文化、政治和法律的不同而产生的风险。

2．即时性（Instantaneously）

对于网络而言，传输的速度和地理距离无关。传统交易模式，信息交流方式如信函、电报、传真等，在信息的发送与接收间，存在着长短不同的时间差。而电子商务中的信息交流，无论实际时空距离远近，一方发送信息与另一方接收信息几乎是同时的。某些数字化产品，如音像制品、软件等的交易，还可以即时清结，订货、付款、交货都可以在瞬间完成。电子商务交易的即时性提高了人们交往和交易的效率，免去了传统交易中的中介环节，但也隐藏了法律危机。

3．无形性（Intangible）

网络的发展使数字化产品和服务的传输盛行。而数字化传输是通过不同类型的媒介，例如数据、声音和图像是在全球化网络环境中集中而进行的，这些媒介在网络中是以计算机数据代码的形式出现的，因而是无形的。数字化产品和服务基于数字传输活动的特性也必然具有无形性，传统交易以实物交易为主，而在电子商务中，无形产品却可以替代实物成为交易的对象。以书籍为例，传统的纸质书籍，其排版、印刷、销售和购买被看作产品的生产、销售。然而在电子商务交易中，消费者只要购买网上的数据权便可以使用书中的知识和信息。

9.1.2　我国跨境电子商务的发展现状与问题

1. 我国跨境电子商务的发展现状

据 Conscore 和 Euromonitor 估计全球跨境电子商务市场规模约占电子商务总体规模的 14%，而这个比例也将随着跨境电子商务的进一步发展不断更新。PayPal 最新研究结果显示，美国、英国、德国、澳大利亚和巴西五大跨境电子商务目标市场对我国商品的网购需求至 2018 年预计将增至 1 440 亿元人民币。近年来，我国跨境电商得到快速发展，从事跨境电商的公司约 20 万家。根据美国尼尔森公司的调查报告，2013 年我国拥有 18 000 万消费者跨境在线采购 351.9 亿美元，到 2018 年消费者将增加到 3 590 万人，在线采购 1 600 亿美元。为了鼓励和推动我国跨境电子商务的进一步发展，2012 年 12 月 19 日，国家跨境电子商务服务试点工作在国家发改委、海关总署的带领下在郑州正式启动，跨境电子商务服务试点将在郑州、杭州、宁波、上海、重庆五个城市开展，标志着我国的跨境电子商务发展进入一个新的阶段。2013 年，商务部、发展和改革委员会、财政部、人民银行、海关总署、税务总局、工商总局、质检总局、外汇局联合发布《关于实施支持跨境电子商务零售出口有关政策的意见》，解决近年来我国迅速发展的跨境电子商务，特别是跨境电子商务企业对消费者模式下，现行管理体制、政策、法规及现有环境条件已无法满足其发展要求的实际问题，支持跨境电子商务零售出口健康、快速地发展。2014 年，海关总署发布《关于跨境贸易电子商务进出境货物、物品有关监管事宜的公告》，规定电子商务企业或个人通过经海关认可并且与海关联网的电子商务交易平台实现跨境交易进出境货物、物品的，按照本公告接受海关监管。另外，存放电子商务进出境货物、物品的海关监管场所的经营人，应向海关办理开展电子商务业务的备案手续，并接受海关监管。电子商务企业或个人、支付企业、海关监管场所经营人、物流企业等，应按照规定通过电子商务通关服务平台适时向电子商务通关管理平台传送交易、支付、仓储和物流等数据。由此可见，我国的电子商务的黄金时代已经到来，电子商务已发展成我国新一轮的战略性产业，必将成为跨境贸易的未来走势。

2. 我国跨境电子商务发展的问题

尽管跨境电子商务存在诸多优势，但依然还存在许多不和谐的地方，阻碍和制约着跨境电子商务的发展，主要面临人才、支付和物流三大问题。

1）综合型人才暂缺

与国内电商不同，跨境电商面对的是来自世界各地的用户，不同的语言、文化、宗教信仰、生活习俗等，使得跨境电子商务变得复杂很多。加上电子商务本身涉及的在线支付、物流、计算机网络等知识，因此一个优秀的跨境电商从业者需要了解并掌握的知识技能相当繁多。而目前国内这种复合型人才实属不多，要培养一批这样的人才也需要一个相当长的过程。

2）电子支付瓶颈

跨境电子支付涉及交易双方资金转账安全，是跨境电子商务的核心环节，跨境支付一直以来都存在支付瓶颈问题，主要体现在各国外汇管理政策及第三方支付企业服务能力不足上。一方面，第三方支付企业在跨境的外汇收支管理中，承担了部分外汇政策执行及管理职责，其与外汇指定银行类似，既是外汇管理政策的执行者，又是外汇管理政策的监督者；另一方面，其主要为收付款人提供货币资金支付清算服务，属于支付清算组织的一种，不属于金融机构。如何对这类机构所经办的跨境外汇收支业务进行管理，需要在外汇管理法规和外汇管理制度框架层面予以规范，从而解决跨境支付面临的外汇管制问题。

3）跨境物流有待发展

物流发展的滞后性也在一定程度上制约着跨境电子商务的发展。物流作为连通买家和卖家的一根纽带，在电子商务交易中占据着重要位置。在我国，电子商务的发展带动了整个物流行业的飞速发展，催生了顺丰、申通、韵达、中通等一大批民营物流企业。物流行业不断完善，使国内电子商务交易更加便捷，物流风险和成本降低，然而对于刚刚起步的跨境物流就显得有些力不从心。首先，跨境物流成本偏高，跨境物流很多都依靠空运，这无疑就增加了物流成本。其次，由于跨境物流尚未跟上跨境电商的步伐，存在一定的滞后性，跨境物流体系建设不合理，基础设施不完善，还满足不了爆发式增长的跨境电子商交易需求。香港邮政小包就出现过因不堪过多小包业务量而造成大量货物堆积、迟到，因此遭到各种投诉。在电商领域为了信誉不受损，很多卖家都不得不选择价格更昂贵的其他公司。

4）跨境购物信用风险

跨境电子商务近年虽然进展迅速，但跨境购物信用风险依然是尚待解决的急迫问题，特别是电子商务信用风险的防范和控制相对薄弱，如难以确定交易双方的主体和信用状况，交易的平台的责任和权利尚未明确，网络诈骗行为防不胜防。有些不法分子利用网络交易无法确认交易主体的缺陷，在网络上发布虚假消息，严重扰乱了交易秩序，破坏了市场规则，侵害了交易主体的合法权益。因此，跨境电子商务的发展需要信用体系的建立和完善，健全的信用体系将在跨境电子商务领域取得广泛的应用。把电子商务的信息流、资金流、物流与电子签章四者结合成一个整体，整合跨境电子商务与信用体系，建立跨境电子商务的信用体系，将成为一种需求、一种目标和一项任务。

9.1.3　跨境电子商务的主要模式

我国跨境电子商务主要分为跨境电子商务的企业间跨境电子商务（B2B）和企业对

消费者跨境电子商务（B2C）两种模式。

B2B 模式下，企业运用电子商务以广告和信息发布为主，成交和通关流程基本在线下完成，本质上仍属传统贸易，已纳入海关一般贸易统计。典型跨境 B2B 平台，如阿里巴巴、中国制造网、敦煌网、慧聪网、中国出口在线、环球资源等。1999 年，**阿里巴巴国际交易市场**成立，成为全球领先的小企业电子商务平台，旨在打造以英语为基础、任何两国之间的跨界贸易平台，并帮助全球小企业拓展海外市场。阿里巴巴国际交易市场服务全球 240 多个国家和地区数以百万计买家和供应商，展示超过 40 个行业类目的产品。**中国制造网**是面向全球提供中国产品的电子商务服务，旨在利用互联网将中国制造的产品介绍给全球采购商，是国内最著名的 B2B 电子商务网站之一，已连续四年被《互联网周刊》评为中国最具商业价值百强网站。中国制造网汇集中国企业产品，面向全球采购商，提供高效可靠的信息交流与贸易服务平台，为中国企业与全球采购商创造了无限商机，是国内中小企业通过互联网开展国际贸易的首选 B2B 网站之一，也是国际上有影响的电子商务平台。2013 年 9 月 10 日上海跨国采购发展（集团）有限公司与焦点科技股份有限公司合作打造的跨国采购工业品超市贸易平台正式启动。**敦煌网**是全球领先的在线外贸交易平台，致力于帮助中国中小企业通过跨境电子商务平台走向全球市场，开辟一条全新的国际贸易通道，让在线交易变得更加简单、更加安全、更加高效。据 Paypal 交易平台数据显示，敦煌网是在线外贸交易额中亚太排名第一、全球排名第六的电子商务网站。

B2C 模式下，我国企业直接面对国外消费者，以销售个人消费品为主，物流方面主要采用航空小包、邮寄、快递等方式，其报关主体是邮政或快递公司，目前大多未纳入海关登记。典型跨境 B2C 平台如兰亭集势，京东国际业务网站、淘宝海外、凡客、顺丰等近年也开始开展跨国业务，并作为未来战略发展方向。**兰亭集势**是目前国内排名第一的外贸销售网站，是中国整合了供应链服务的在线 B2C，该公司拥有一系列的供应商，并拥有自己的数据仓库和长期的物流合作伙伴，截至 2010 年兰亭集势是中国跨境电子商务平台的领头羊。

9.1.4　跨境电子商务物流的主要模式

目前跨境 B2C 电子商务物流有三种方式：国际小包及国际快递、海外仓储和聚集后规模化运输。

1. 国际小包及国际快递

国际小包主要通过邮政渠道，运用个人邮件形式进行递送，包括中国邮政小包、香港邮政小包和新加坡邮政小包等，还有其他一些国家邮政的小包在特殊的情况下使用，特点是运输时间长，优点是价格便宜、清关方便，但是这两个优点也在政策形式下变得不再突出。

国际快递有 DHL、EMS、UPS、FEDEX 等传统老牌跨国物流，特点是成本高。针对不同的客户群体，如国家地域、货物重量、体积大小可以选用不同的渠道进行货物递送。总体上来说，除 EMS 的递送时效不太稳定外，其他递送渠道时效性上都有所保证，并且丢包率低。但是此类递送渠道的物流运费较高，即使企业账号能够拿到折扣价，价格也比其他类型的物流方式的价格高很多。

上述两种是最为传统，以及最简单、最直接的物流方式。对于众多未上规模的企业而言，国际小包及国际快递几乎是唯一可选择的物流方式。

2．海外仓储

海外仓储是在国外预先租下仓库，以海运或空运的形式先把货物运达仓库，然后在接到客户订单后本地发货。要实现这一模式并不容易，因为虽然海外建仓库，运输成本会低很多，还可以提高速度，但建设成本和运营成本很高。此时引入第三方物流仓储公司很有必要，如广州的出口易是一家以海外仓储为核心，为跨国电子商务提供全程物流解决方案的服务商。在英、美、澳设有自营物流中心，提供海外仓储、小包、专线、国际快递、订单管理和售前售后等物流服务。

3．聚集后规模化运输

聚集后规模化运输有两种类型：一种是企业自身集货运输，这种物流运输模式的特点如下。B2C 平台本身即为外贸公司，企业自己从国内供应商处采购商品，通过自身的B2C 平台出售给国外买家，通过买家卖出赚取利润差价。另一种是通过外贸企业联盟集货，主要利用规模优势和优势互补的原理，一些具有货物相似点的小型外贸企业联合起来，组成 B2C 战略联盟，通过协定成立共同的外贸 B2C 物流运营中心。其缺点是有较长的运输周期和复杂的物流程序，并且企业在前期需要投入大量的资金，对于许多中小型外贸企业而言，这笔费用是难以承受的。由于物流配送模式不仅直接关系到 B2C 外贸企业的交易成本，而且关系到海外买家对外贸企业的满意度和信任度，关系到客户的购物体验，进而关系到卖家的销售表现和最后收益。因此，每个企业要根据自身的资金实力、产品性质选择最合适的物流模式。相比较而言，新兴发展的第三方物流仓储集运既无须B2C 外贸企业前期仓储、设备等各项投入，又能实现货物的快速集中和分类，配送成本低、速度快、效率高，能够较好地解决上述矛盾，也能满足客户的购物需求，因而成为众多外贸企业的理想选择。

9.2　国际贸易单证标准化体系

9.2.1　国际贸易标准化概述

随着科学技术与经济的快速发展，国家与国家之间的经济关系越来越紧密，世界经济已成为一个不可分割的整体，几乎所有国家都参与到世界经济活动中，这就是所谓的经济全球化。在经济全球化过程中，国际贸易正快速发展。世界贸易量大幅度增加，为我们提供了新的机遇和挑战。我国 2002 年加入 WTO，美国、欧盟等国家因此取消了对进口我国产品的配额、许可证等限制，促进了我国国际贸易的快速发展。国际贸易标准化是对惯例和程序、单证和信息在国际范围统一形式的开发过程，它使国际贸易降低成本和改善效率，提高贸易简化水平，意义重大。国际贸易标准化对跨境电子商务发展及智慧物流的实现也有着重要作用，它是跨境电子商务实现数据交换与业务协同的基础，也是跨境电子商务实现智慧物流的前提条件。

国际标准化组织（ISO）是一个全球性的非政府组织，是目前世界上最大、最有权威性的国际标准化专门机构，其宗旨是："在全世界范围内促进标准化工作的发展，以促进国际货物及服务的流通和交流，并扩大在知识、科学、技术和经济方面的合作。"联合国贸易简化与电子业务委员会（UN/CEFACT）是另一个专门从事研究、制定、发布和推广国际贸易程序简化与标准化的机构，其宗旨是消除国际贸易中的技术壁垒、促进全球国际贸易的发展。

UN/CEFACT 在联合国框架内为国际贸易程序简化推出了一系列重要文件，这些文件以建议书、标准和技术规范的形式出现。UN/CEFACT 从 1981 年推出第一个建议书《联合国贸易单证样式（UN-LK）》到现在已经在联合国框架内推出了 33 个建议书、7 套标准和 5 套技术规范。这些建议书、标准和技术规范构成了一整套解决国际贸易技术壁垒、简化国际贸易程序、促进国际贸易发展的标准体系，在全世界得到了广泛的推广与应用，并得到了包括世界贸易组织（WTO）、欧经会（EEC）、世界海关组织（WCO）、国际铁路运输中央办公室（OCTI）、国际商会（ICC）、国际民用航空运输协会（IATA）、国际铁路联盟（UIC）、国际标准化组织（ISO）等很多国际和团体的支持，为国际贸易的快速发展奠定了坚实的基础。

国际贸易标准化体系主要由基础数据标准化、单证格式标准化、电子数据交换（EDI）标准化与电子商务标准化四部分组成，下文将分别围绕这四部分展开说明。

9.2.2　国际贸易基础数据标准化

1. 概述

UN/CEFACE 为使国际贸易程序简化工作能在全球范围内顺利开展，从 20 世纪 80 年代初到 90 年代末分别为国际贸易程序简化基础数据标准化推出了如下 14 个建议书。

（1）第 3 号建议书：《国家名称的代码表示》。

（2）第 5 号建议书：《国际贸易术语解释通则缩写》。

（3）第 7 号建议书：《日期、时间和时间期限的数据表示》。

（4）第 9 号建议书：《表示货币的字母代码》。

（5）第 10 号建议书：《船舶名称代码》。

（6）第 15 号建议书：《简单运输标志》。

（7）第 16 号建议书：《口岸及相关地点代码》。

（8）第 17 号建议书：《付款条款缩写》。

（9）第 19 号建议书：《运输方式代码》。

（10）第 20 号建议书：《国际贸易计量单位代码》。

（11）第 21 号建议书：《货物、包装以及包装类型代码》。

（12）第 23 号建议书：《运费代码》。

（13）第 24 号建议书：《贸易和运输状态代码》。

（14）第 28 号建议书：《运输工具类型代码》。

2．国家名称的代码表示

国际标准化组织（ISO）下属的"行政、商业和工业中的过程、数据元和单证标准化技术委员会（TC 154）"于 1974 年发布了国际标准 ISO 3166:1974。该标准分为两部分，第一部分为 ISO 3166—1:1974《国家名称和它们的行政区划的代码表示——第 1 部分：国家和地区名称代码》；第二部分为 ISO 3166—2:1974《国家名称和它们的行政区划的代码表示——第 2 部分：国家行政区划代码》。该标准刚一发布就立刻被 UN/CEFACT 采纳，并于 1974 年 9 月作为 UN/CEFACT 第 3 号建议书发布。在 1986 年、1993 年和 2000 年 ISO 又分别对 ISO 3166—1 进行了三次修订，修订后的标准为 ISO 3166—1:1986、ISO 3166—1:1993 和 ISO 3166—1:2000。UN/CEFACT 第 3 号建议书总是指向最新版的 ISO 3166 1。为了满足我国数据交换对于国家名称的代码表示标准化的需要，与国际惯例接轨，由中国标准化研究院在 1986 年将 ISO 3166—1 等同采用为国家标准 GB/T 2659。目前，该国家标准的最新版本为 GB/T 2659—2000。

GB/T 2659《世界各国和地区名称代码》规定了国内外信息交流用的世界各国和地区的名称代码，适用于文献目录著录、国际通信、出版、新闻报道和自动化处理等有关方面。需要特别声明的是，该标准所列国家和地区名称不表示我国对它们的主权、政治地位及边界划分的态度。

3．国际贸易术语解释通则缩写

贸易术语是国际贸易中表示价格的必不可少的内容。《国际贸易术语解释通则》（以下称 IN-COTERMS）的宗旨是为国际贸易中最普通使用的贸易术语提供一套解释的国际规则，以避免因各国不同解释而出现的不确定性，或至少在相当程度上减少这种不确定性。

UN/CEFACT 第 5 号建议书规定了国际贸易术语解释通则缩写代码，适用于从事国际贸易的机构进行电子数据交换和信息处理。该标准的代码采用 INCOTERMS 1990 的代码。全球国际贸易从 21 世纪初开始使用 ICC 的 INCOTERMS 2000 通则，由于 INCOTERMS 2000 的缩写代码与 INCOTERMS 1990 的缩写代码一致，只是在使用时对于国际贸易术语解释通则缩写代码的解释应结合 ICC 的 INCOTERMS 2000 通则。

4．日期、时间和时间期限的数字表示

国际标准化组织（ISO）下属的"行政、商业和工业中的过程、数据元和单证标准化技术委员会（TC 154）"于 1988 年发布了国际 ISO 8601：1988《数据存储和交换形式 信息交换 日期和时间的表示方法》第 1 版。该标准刚一发布就被 UN/CEFACT 采纳，并于 1988 年 6 月作为 UN/CEFACT 第 7 号建议书发布。2000 年和 2004 年 ISO 又分别对 ISO 8601：1988 进行了两次修订，修订后的标准分别为 ISO 8601:2000T 和 ISO 8601:2004。UN/CEFACT 第 7 号建议书总是指向最新版的 ISO 8601。为满足我国数据交换对于日期、时间和时间期限的数字表示标准化的需求，与国际惯例接轨，由中国标准化研究院在 1994 年将 ISO 8601:1988 等同采用为国家标准 GB/T 7408—1994，其标准名称为《数据元和交换格式 信息交换 日期和时间表示法》。2004 年由中国标准化研究院根据 ISO 8601：2000 对该标准进行了修订，修订后的标准为 GB/T 7408—2005。

该标准适用于在信息交换中所涉及的日期和时间的表示，不包括日期和时间表示法中用文字描述的日期和时间。对遵循本标准表示法的所有数据元，该标准不给予其任何特别含义和解释。其含义由使用时的实际内容确定。

5．表示货币和资金的代码

国际标准化组织（ISO）下属的"行政、商业和工业中的过程、数据元和单证标准化技术委员会（TC 154）"于 1977 年发布了国际标准 ISO 4217:1978《表示货币和资金的代码》。到目前为止 ISO 4217 进行了三次修订，最新版本为 ISO 4217:2009。该标准刚一发布就立即被 UN/CEFACT 采纳，并于 1978 年 10 月作为 UN/CEFACT 第 9 号建议书发布。UN/CEFACT 第 9 号建议书总是指向最新版的 ISO 4217。为了满足我国数据交换对于货币和资金的代码表示标准化的需求，与国际惯例接轨，由金融标准化技术委员会于 1996 年将 ISO 4217 等同采用为国家标准 GB/T 12406—1996，其名称为《表示货币和资金的代码》。该国家标准在 2008 年进行一次修订。目前该国家标准的最新版本为 GB/T 12406—2008。

GB/T 12406 规定了表示货币和资金的三位字符型代码结构和相应的三位数字代码结构。对于有辅助单位的货币，也给出了辅助单位与本币的十进制关系。它还确立了维护机构的维护程序，并规定了申请代码的方法。该标准适用于需要对货币和资金加以描述的所有贸易、商业和银行业务领域。它不仅适用于手工处理而且还适用于自动化处理系统。

6. 船舶名称代码

为了满足航运业对于船舶代码的需求，UN/CEFACT 在 1978 年发布了第 10 号建议书《船舶名称代码》，建议各国使用代码型的船舶名称表示。1996 年 UN/CEFACT 对第 10 号建议书进行了修订，1997 年 UN/CEFACT 给出了第 2 版建议书。为了满足我国航运业对于船舶代码标准化的需求，与国际惯例接轨，2001 年由交通部科学院负责起草了国家标准 GB/T 18366—2001《国际贸易运输船舶名称与代码编制原则》，该标准修改采用 UN/CEFACT 第 10 号建议书第 2 版，该标准的发布与实施规范了我国船舶编码，改变了我国船舶编码的混乱局面，促进了我国航运业向着规范化、标准化方向发展。

GB/T 18366 规定了我国国际贸易运输船舶中文、英文名称的命名原则及船舶名称代码的编制原则。该标准适用于船舶电子数据交换（EDI）种类报文中与船舶名称和代码有关的数据元标识；海船制造修理、人级检验、生产营运等部门信息处理可参照使用。

7. 简单运输标志

为适应国际贸易运输和多式联运对运输标志广泛应用的需求，满足现代化信息系统对数据管理自动化及降低成本的要求，UN/CEFACT 组织制定了《国际贸易用简化的运输标志》标准，并于 1979 年 9 月在特别工作组第 10 届会议上被采纳为 UN/CEFACT 第 15 号建议书。1987 年 3 月，在特别工作组第 25 届会议上重新发布该建议书的修订版（第 2 版）。1992 年 5 月正式发布了第 3 版 UN/CEFACT 第 15 号建议书。1999 年 11 月正式发布第 4 版 UN/CEFACT 第 15 号建议书。为满足我国国际贸易对于运输标志的需求，与国际惯例接轨，由中国标准化研究院于 1999 年研制起草了 GB/T 18131—1999《国际贸易用标准运输标志》，该标准修改采用 UN/CEFACT 第 15 号建议书的第 3 版。该标准的发布实施对了指导和规范我国国际贸易运输标志，促进我国国际贸易的快速发展，起到了重要作用。2009 年中国标准化研究院根据最新版本的 UN/CEFACT 第 15 号建议书对 GB/T 18131—1999 进行了修订，标准名称修改为《国际贸易用标准化运输标志》。

该标准的作用是标识货物，使其在运输中迅捷、顺畅和安全地运达最终目的地，避免出现延误或混乱，并有助于对照单证核查货物。

8. 口岸及相关地点代码

对国际贸易中的相关地点进行唯一标识是国际贸易中一个非常重要的环节。UN/CEFACT 于 1980 年发布了第 16 号建议书《口岸及相关地点代码》第 1 版，并于 1981 年发布了《联合国口岸及有关地点代码》（UN/LOCODE）。UN/CEFACT 又分别于 1996 年和 1998 年发布了第 2 版和第 3 版第 16 号建议书《口岸及相关地点代码》。

UN/LOCODE 提供的中华人民共和国口岸及相关地点代码是联合国口岸及相关地点代码体系的组成部分，将作为 UN/LOCODE 的中国部分发布。GB/T 15514—1995 是以第 1 版的 UN/CEFACT 第 16 号建议书为指导，于 1995 年完成。GB/T 15514—1998 是以第 2 版的 UN/CEFACT 第 16 号建议书为指导，于 1998 年完成。GB/T 15514—2008 是以第 3 版的 UN/CEFACT 第 16 号建议书为指导，充分考虑近年我国国际贸易的发展和变化，除收录 2007 年 12 月底之前所有由国务院正式批准的国家一类口岸外，还收录了所有二类口岸及大部分设有常驻海关机构、能够办理海关手续的地点。共收录国家一类、二类口岸及相关地点 256 个。

9. 付款条款缩写

UN/CEFACT 为简化国际贸易程序研制了国际贸易付款条款的缩略语标准，并在联合国框架内推荐使用。为满足我国国际贸易付款条款的缩略语标准化的需求，与国际惯例接轨，由中国标准化研究院负责研制了 GB/T 18126《国际贸易付款条款的缩略语——PAYTERMS》。该标准等同采用 UN/CEFACT 第 17 号建议书《付款条款缩写》。该标准对于指导和规范我国国际贸易付款方式，促进我国国际贸易的快速发展，具有重要的意义。

GB/T 18126 规定了国际贸易付款条款的缩写语，通常称为 "PAYTERMS"，适用于商品贸易和 / 或服务贸易。该标准适用于我国从事国际贸易的机构进行电子数据交换和信息处理。

10. 运输方式代码

由于某些约定的原因可能需要运输方式和运输工具代码信息，在许多国家，海关和统计也需要运输方式和运输工具方面的信息。为满足国际贸易对运输方式的标识需求，UN/CEFACT 发布了第 19 号建议书《运输方式代码》，建议各国在进行国际贸易运输时使用运输方式代码。UN/CEFACT 第 19 号建议书提供了一种运输方式编码体系。为满足我国国际贸易对于运输方式代码的需求，由交通部科学院于 1998 年研制了 GB/T 6512—1998《运输方式代码》，该标准修改采用 UN/CEFACT 第 19 号建议书。该标准的发布实施对于指导和规范我国运输方式代码，促进我国国际贸易的快速发展，起到了重要作用。

GB/T 6512 规定了运输方式的基本分类代码，适用于我国国际贸易有关文件（单证、报文）中使用代码标明运输方式的一切场合，也适用于我国行政、运输、商业等领域中有关运输方式的标识。

11. 国际贸易计量单位代码

UN/CEFACT 在 2005 年 3 月举行的全会上，推出第 20 号建议书《国际贸易计量单位代码》。2008 年 UN/CEFACT 又推出了新版的第 20 号建议书。为满足我国国际贸易对于计量单位代码的需求，由中国标准化研究院于 1998 年研制了 GB/T 17295—1998《国际贸易计量单位代码》，该标准修改采用 UN/CEFACT 第 20 号建议书。该标准的发布实施对于指导和规范我国国际贸易计量单位代码，促进我国国际贸易的快速发展，起到重要作用。2008 年由中国标准研究院对该标准进行了修订，修订后的国家标准为

GB/T 17295—2008《国际贸易计量单位代码》。

GB/T 17295 规定了表示行政、商业和运输业等领域中使用的长度、质量（重量）、体积和其他量（包括计数单位）的计量单位代码。该标准适用于国际贸易和其他经济、科学技术活动的参与方之间进行人工和自动信息交换。

12. 货物、包装及包装类型代码

UN/CEFACT 为简化国际贸易程序研制了《货物、包装以及包装类型代码》标准，并在联合国框架内以第 21 号建议书的形式推荐使用。为满足我国国际贸易对货物、包装及包装类型代码标准化的需求，与国际惯例接轨，由中国标准化研究院负责研制了GB/T 16472—1992《货物、包装以及包装类型代码》。该标准修改采用 UN/CEFACT 第 21 号建议书。该标准对指导和规范我国国际贸易货物、包装材料及包装类型代码，促进我国国际贸易的快速发展，具有重要的意义。

GB/T 16472 规定了在与国际贸易有关的贸易、运输和其他经济活动中使用的货物类型、包装类型和包装材料类型的数字代码表示，同时还规定了包装类型的字母代码表示，适用于从事国际贸易的参与方之间采用自动交换方式进行的数据交换及其他应用的参与方之间进行的数据交换，也适用于人工系统。

13. 运费代码

UN/CEFACT 为简化国际贸易程序研制了《运费代码》标准，并在联合国框架内以第 23 号建议书的形式推荐使用。为满足我国国际贸易对运费代码标准化的需求，与国际惯例接轨，由中国标准化研究院负责研制了 GB/T 17152—1997《运费代码（FCC）——运费和其他费用的统一描述》国家标准。该标准修改采用 UN/CEFACT 第 23 号建议书。该标准对指导和规范我国国际运费代码，促进我国国际贸易的快速发展，具有重要的意义。2007 年由中国标准化研究院负责对 GB/T 17152—1997 进行修订，修订后的标准名称保持不变，标准号为 GB/T 17152—2008。

GB/T 17152 规定了用于建立与国际货运有关的运费和其他费用的统一描述的命名体系，并为这些描述分配了代码，适用于以纸面单证或电子方式进行的贸易数据交换中出现的任何用自然语言或代码形式说明的运费和其他费用的描述。

14. 贸易和运输状态代码

UN/CEFACT 为简化国际贸易程序研制了《贸易和运输状态代码》标准，并在联合国框架内以第 24 号建议书的形式推荐使用。UN/CEFACT 第 24 号建议书于 1995 年发布第 1 版，1996 年进行了第 1 次修订，并在 2001 年、2004 年、2007 年进行了若干次修订。目前使用的最新版本为 2007 版。目前还没有制定相应的国家标准。该标准的研制计划正在酝酿之中。因此，当用户需要了解和使用该标准时，可参考 UN/CEFACT 第 24 号建议书。

15．运输工具类型代码

为了在世界范围内进行贸易程序简化，UN/CEFACT 于 2001 年 3 月给出了第 28 号建议书第 1 版，建议各政府和商业部门相互促进和支持运输工具类型编码与分类体系的实施。UN/CEFACT 于 2002 年 9 月给出了第 28 号建议书第 2 版，2007 年 4 月给出了第 28 号建议书第 3 版。为满足我国国际贸易对于运输工具类型代码的要求，由中国标准化研究院于 2001 年研制了 GB/T 18804—2001《运输工具类型代码》，该标准修改采用 UN/CEFACT 第 28 号建议书第 1 版。该标准的发布实施对于指导和规范我国运输工具类型代码，促进我国国际贸易的快速发展，起到重要作用。由于国际标准的更新，2009 年由中国标准化研究院对该标准进行修订，修订后的标准在名称上与原标准一致，它主要依据 UN/CEFACT 第 28 号建议书第 3 版。

GB/T 18804 规定了运输工具类型的代码结构和代码，适用于信息交换与处理过程中对运输工具类型代码的表示。

16．国际贸易方式代码

1993 年由中国标准化研究院组织当时的外经贸部、经贸委、海关部署、外经贸大学的专家起草了 GB/T 15421—1994《国际贸易方式代码》国家标准。随着我国加入世界贸易组织（WTO），我国的对外贸易和国际经济合作发展迅速。1994 年颁布的《中华人民共和国对外贸易法》在 2004 年进行了修订，作出了重大修改。GB/T 15421—1994 在我国的对外贸易统计和贸易双方的信息传递等各方面得到广泛应用。2008 年中国标准化研究院根据新颁布的《中华人民共和国对外贸易法》对该标准进行了重要的修订。修订后的标准在名称上没有变化，标准号为 GB/T 15421—2008。

GB/T 15421—2008 规定了我国从事国际贸易和国际经济合作适用的国际贸易方式代码，适用于从事国际贸易的机构进行电子数据交换和信息处理。该标准遵守国际贸易惯例和我国已颁布的各项贸易法规。

17．国际贸易付款方式分类与代码

国际贸易付款是国际贸易的一个非常重要的环节。为满足我国国际贸易付款方式分类与编码标准化的需求，与国际惯例接轨，1997 年由中国标准化研究院负责研制了 GB/T 16962—1997《国际贸易付款方式代码》。2009 年由中国标准化研究院组织有关专家对该标准进行了修订，修订后的标准名称为《国际贸易付款方式分类与代码》。

GB/T 16962 参照 UN/CEFACT 第 17 号建议书《付款条款缩写》。该标准规定了我国国际贸易付款方式分类与代码，适用于我国从事国际贸易的机构进行电子数据交换和信息处理。

18. 国际贸易合同代码编制规则

为满足我国国际贸易对于合同代码的需求，使得国际贸易合同代码符合 GB/T 15191—1997《贸易数据元目录 数据元》中的规定，由中国标准化研究院于 1997 年研制了 GB/T 16963—1997《国际贸易合同代码规范》。该标准的发布实施对于指导和规范我国国际贸易合同代码，促进我国国际贸易的快速发展，起到了重要作用。由于国际标准的更新和新的《中华人民共和国对外贸易法》的颁布，2009 年由中国标准化研究院对该标准进行了修订，以适合新时期国际贸易的需求。修订后的标准名称为《国际贸易合同代码编制规则》。

GB/T 16963 规定了我国国际贸易合同代码结构和代码编制规则，适用于我国进出口企业编制国际贸易合同代码。用户在使用该标准时应了解 GB/T 15191《贸易数据元目录 数据元》。

19. 中国及世界主要贸易港口代码

2004 年 4 月 1 日我国颁布实施了《中华人民共和国港口法》，这些都为我们再次对 GB/T 7407 进行修订提供了理论依据和现实需求。2008 年中国标准化研究院根据新颁布的《中华人民共和国港口法》和 GB/T 15514《中华人民共和国口岸及相关地点代码》，以及 UN/CEFACT 第 16 号建议书《联合国口岸及相关地点代码》，并结合我国海运业务管理惯例对 GB/T 7407—1997 进行了重要的修订。修订后的 GB/T 7407—2008 收录了国内和国际主要海运贸易港口 1 118 个。这些港口能基本满足我国国际贸易运输需要。

9.2.3 国际贸易单证格式标准化

1. 概述

国际贸易中的单证是指各种证书与单据。它包括各种证书、信用证和各种单据，用来处理货物的交付、保险、运输、商检、结汇和海关等。通常简称为"单证"。

为了使贸易过程简化并减少其中产生的纠纷，各国的商业机构、金融机构、管理机构和贸易双方都认同贸易过程中的各种单证。这些单证使用标准的数据、商定的商贸术语、统一的单证文本及文本数据交换格式等。

国际贸易通常涉及近 400 种单证，包括一般贸易单证、出口单证、进口单证、运输单证、银行单证和特殊单证等。因此，单证标准化工作非常重要。目的是使商贸业务顺利开展，又要使各方理解和执行单证所明确的内容方面获得一致，以确保国际贸易过程的有序和简化，并减少纠纷。

国际贸易单证标准化主要指信息记录、交换格式的标准化。

单证可分为纸面单证和电子单证，因此单证标准化又分为纸面单证标准化和电子单证标准化。纸面单证标准化主要是指纸面单证记录信息的格式和内容的标准化。电子单

证标准化主要指电子单证所记录信息和交换格式的标准化。单证格式标准化主要从如下
3 个方面开展：

- 单证、图文和数据项位置的标准化。
- 数据项（数据元）的标准化。
- 代码的标准化。

上述三项统称为单证格式标准化三要素。

我国国际贸易单证标准化工作始于 20 世纪 90 年代初。早期的标准化工作主要集中在对各种纸面单证进行标准化。1993 年商务部和中国标准化研究院根据联合国基准贸易单证体系的架构模式研制了一批国际贸易单证格式标准。这些标准的发布实施对于规范我国国际贸易单证格式，促进和规范国际贸易起到了非常重要的作用。

2. 联合国贸易单证样式（UNLK）

联合国欧经会贸易简化与电子业务委员会（UN/ECE/CEFACT）第 1 号建议给出了联合国贸易单证样式，同时给出了这些单证中代码位置的规则，并解释了联合国基准贸易单证系统。

该建议书的目标是为在国际贸易和运输中使用的单证标准化提供一个国际基准，同时为像单证表示这样的可视显示提供一个国际基准。该建议书适用于行政、商业及对外贸易中生产性和分配性活动有关的单证设计，这些单证可以由手工完成，也可以用像打字机和自动打印机这样的手段完成，还可以通过复制完成。它适用于描述单独发货（或打包成组的发货，如集装箱装载的货物）的单证，而不是列出运输工具总装载（如货运清单）的单证；考虑到后者的文件类型，单证样式还能用于货物描述。虽然单证样式主要适用于货物贸易所使用的单证，但它也能适用于不涉及货物交易相关部分的单证。

单证样式打算作为基准单证设计的基础，这些单证在使用复制的方法制作单证时使用一个主单证；它还适用于在 ADP 应用中可视显示表示的样式。

3. 我国国际贸易单证标准化的工作方法与标准体系

1）我国国际贸易单证标准化的工作方法

国际贸易单证标准化主要指在单证上所记录信息和单证格式的标准化。

国际贸易单证数据结构主要分为单证、数据元和代码三个部分。单证格式标准化主要从这三个方面开展，通常称为单证标准化三要素，即：单证格式标准化、数据元标准化和代码标准化。

第一要素"单证纸张、图文和数据元位置标准化"是指格式的标准化。1982 年联合国贸易简化委员会正式向联合国各成员国推荐使用第 1 号建议书《联合国贸易单证样式》，1986 年 ISO 将它采纳为国际标准，即 ISO 6422《国际贸易单证样式》，该标准目前已被等同采纳为国家标准，标准号为 GB/T 14392。联合国贸易简化委员会在随后几年又相继

推出若干项有关国际贸易单证的国际标准，这些标准均以 ISO 6422 为基础。因此《国际贸易单证样式》标准是单证格式标准中的第 1 要素。

第二要素"数据元标准化"是指国际贸易单证中出现的数据元均应在数据元名称、定义、表示上符合国际标准 ISO 7373 的要求。该标准目前已被等同采纳为国家标准，标准号为 GB/T 15191。

第三要素"代码的标准化"是指国际贸易单证中出现的代码均应与 UN/EDIFACT 给出的代码表和 UN/CEFACT 贸易程序简化建议书给出的代码一致。

2）我国国际贸易单证标准体系

建立信息技术体系的思想源于 EDI 标准体系。EDI 标准化主要是对传输的数据和交换格式的标准化，20 世纪 90 年代初为了与国际惯例接轨，等同采用了 UN/EDUFACT 的标准。它们主要集中在"代码表、数据元、复合数据元、段目录和报文设计"和"电子数据交换的语法规则"上。

我国国际贸易单证标准体系参考联合国贸易单证体系架构的思想，贸易单证分为三个层面：基础标准层面、行业应用层面和公司应用层面。

4. 国际贸易单证分类编码

国际贸易单证分类与编码是国际贸易单证的重要环节。目前，国内对于国际贸易单证分类没有一种统一的方法。而国际上从 20 世纪 80 年代就有了统一的分类。目前我国没有国际贸易单证分类与编码国家标准，为了使我国的国际贸易单证标准形成一个完整的体系，有关部门已开始研制该标准并将起草该标准的计划建议上报国家标准化主管部门。《国际贸易单证分类与编码》国家标准应是用于国际贸易单证的基础标准，制定该标准的主要依据为 UN/EDIFACT 代码表中的国际贸易单证分类与代码。

1）国际贸易单证分类

国际贸易单证分类的原则是按照国际贸易流程进行分类。目前国际上将国际贸易单证分成如下九大类：

- 生产单证。
- 订购单证。
- 销售单证。
- 银行单证。
- 保险单证。
- 货运代理服务单证。
- 运输单证。
- 出口文件。
- 进口和转口文件。

2）国际贸易单证代码分组

在 UN/EDIFACT 代码表中给出了国际贸易单证代码表，我国的国家标准将会等同采用这套代码。这套代码的编码原则为按分组给出不连续的流水码，具体分组如下：

- 代码 1 ~ 199 为生产单证。
- 代码 200 ~ 299 为订购单证。
- 代码 3 ~ 399 为销售单证。
- 代码 4 ~ 499 为银行单证。
- 代码 5 ~ 599 为保险单证。
- 代码 6 ~ 699 为货运代理服务单证。
- 代码 7 ~ 799 为运输单证。
- 代码 8 ~ 899 为出口文件。
- 代码 9 ~ 999 为进口和转口文件。

5. 国际贸易单证样式

1）概述

1981 年联合国贸易简化委员会正式向联合国各成员国推荐使用"联合国贸易单证样式"。1985 年 ISO 将它采纳为国际标准。为与国际惯例接轨，我国制定了 GB/T 14392—1993《贸易单证样式》，修改采用 ISO 6422。该标准自发布以来，对于规范我国国际贸易单证格式，促进和规范国际贸易起到非常重要的作用。考虑到国际贸易惯例和我国国际贸易的实际情况，并依据 ISO 6422 和 GB/T 1.1—2000 的编写要求，由中国标准化研究院在 2009 年对该标准进行修订。修订后的标准号为 GB/T 14392—2009。该标准的修订和实施对指导和规范我国国际贸易单证标准起到积极作用。

2）适用范围

该标准规定了我国国际贸易主单证样式，包括相关术语和定义及设计原则。该标准适用于贸易活动中与行政、商业、生产及流通有关的单证样式和设计。

6. 贸易单证中代码的位置

在国际贸易单证中，代码应按如下规则定位。

1）单证代码

单证代码应紧靠单证名称前并置于同一行，或紧靠单证名称放置于单证名称的上一行。

2）标记

应置于栏目标题前或代替栏目标题。

3）代码型数据项

① 框式数据栏

在框式数据栏中，代码型数据项应置于该数据栏的右部，即可以放在描述性数据项的同一行，也可在空间受限的情况下放在该数据栏的右上角。

② 分列式数据栏

在分列式数据栏中，代码型数据项应在栏目代码下以纵向顺序排列。必要时前置一顺序编号。

7. 国际贸易单证标准格式标准编制规则

为与国际惯例接轨，我国在 1998 年制定了 GB/T 17298—1998《单证标准编制规则》国家标准。该标准自发布以来，对于规范我国国际贸易单证格式，促进和规范国际贸易起到非常重要的作用。但随着近年来我国国际贸易的发展，我国对国际贸易单证格式的相应标准做了修改，因此相应的国际贸易单证格式标准的编制规则也需要作相应的修改。本次修改主要考虑国际贸易惯例和我国国际贸易的实际情况，并依据 GB/T 14392—2009《国际贸易单证样式》、GB/T 14393—2008《贸易单证中代码的位置》、GB/T 16832—1997《格式设计基本样式》、GB/T 15191—1997《贸易数据元目录标准数据元》及 GB/T 1.1—2000 的编写要求制定。

该标准为用户起草和制定国际贸易单证格式标准提供了准则和指南。该标准规定了国际贸易单证格式标准的编制原则及方法，适用于国际贸易单证格式标准的编制过程。

8. 我国单证格式概述

本节主要讲解中华人民共和国进出口许可证格式，包括进口许可证格式及出口许可证格式：

GB/T 15311.1—2008《中华人民共和国进出口许可证格式第 1 部分：进口许可证格式》是用于国际贸易管理的重要单证标准。制定的主要依据为 GB/T 14392—1993《贸易单证样式》和 GB/T 15191—1997《贸易数据元目录标准数据元》，以及《中华人民共和国进出口许可证管理办法》，使其在整体结构设计上符合联合国贸易单证样式（UNLK）的要求，在数据元素的描述上满足电子数据交换（EDI）的要求。

GB/T 15311.1—2008《中华人民共和国进出口许可证格式第 2 部分：出口许可证格式》是用于国际贸易管理的重要单证标准。制定的主要依据为 GB/T 14392—1993《贸易单证样式》和 GB/T 15191—1997《贸易数据元目录标准数据元》，以及《中华人民共和国进出口许可证管理办法》，使其在整体结构设计上符合联合国贸易单证样式（UNLK）的要求，在数据元素的描述上满足电子数据交换（EDI）的要求。该标准适用于中华人民共和国出口许可证的缮制、打印和信息处理。

9．国际贸易出口单证格式概述

为与国际惯例接轨，我国制定了 GB/T 15310—1994《外贸出口单证格式》系列国家标准，它由商业发票、装箱单、装运通知和出口货物原产地证四个部分标准组成。该系列标准自发布以来，对于规范我国贸易单证格式，促进和规范国际贸易起到了重要作用。随着我国国际贸易的发展，需要对原标准中的内容进行修改。考虑到国际贸易惯例和我国国际贸易的实际情况，并依据 ISO 6422《贸易单证样式》和 GB/T 1.1—2000 的编写要求制定，由中国标准化研究院在 2009 年对该标准进行了修订。

修订后的第 1 部分为 GB/T 15310.1—2009《国际贸易出口单证格式第 1 部分：商业发票》。

修订后的第 2 部分为 GB/T 15310.2—2009《国际贸易出口单证格式第 2 部分：装箱单》。

修订后的第 3 部分为 GB/T 15310.3—2009《国际贸易出口单证格式第 3 部分：装运通知》。

目前第 4 部分还处在修订之中。

上述标准适用于国际贸易商业发票、装箱单、装运通知的缮制、打印和信息处理。上述标准的修订和实施将在指导和规范我国国际贸易商业发票、装箱单、装运通知的格式方面起到积极作用。

10．贸易数据元目录 —— 数据元

20 世纪 80 年代初为了简化国际贸易单证并使其标准化，由 UN/CEFACT 推出了建议书 1 号 UNLK，在 UNLK 中把数据元称作数据项。研究人员把国际贸易中涉及的几百份单证的所有数据项全部抽出来放在一起后发现它们有许多相同之处。对这些相同的数据项进行统一的描述和表示，就形成了贸易数据元。数据元的理论就是这样形成的，反过来它又重新指导实践。整个过程可以概括为：实践——理论——再实践。由于贸易数据元源自贸易单证，因此该标准包括的数据元适用于国际贸易单证。

每个被标识的数据元给出如下内容：

- 数据元名称。
- 概念的描述，用以解释商定的含义和帮助确定该数据元所提供的信息（数据值）。
- 数据值字符表示包括说明、可用空间（字符数）的指示和在套合式格式中的位置，以及在特定交换协议中所确定的字段长度。

9.2.4　国际贸易电子数据交换（EDI）标准化

1．概述

电子数据交换（EDI）是一种在公司之间传输订单、发票等作业文件的电子化手段。

国际贸易的发展带来了各种贸易单证、文件数量的激增。现代计算机的大量普及和应用及功能的不断提高，已使计算机应用从单机应用走向系统应用；同时通信条件和技术的完善，网络的普及又为 EDI 的应用提供了坚实的基础。 正是在这样的背景下，以计算机应用、通信网络和数据标准化为基础的 EDI 应运而生。EDI 一经出现便显示出了强大的生命力，迅速地在世界各主要工业发达国家和地区得到广泛的应用。由于 EDI 具有高速、精确、远程和巨量的技术性能，因此 EDI 的兴起标志着一场全新的、全球性的商业革命的开始。20 世纪 60 年代末，欧洲和美国几乎同时提出了 EDI 的概念。早期的 EDI 只是在两个商业伙伴之间，依靠计算机与计算机直接通信完成。20 世纪 70 年代，数字通信技术的发展大大加快了 EDI 技术的成熟和应用范围的扩大，也带动了跨行业 EDI 系统的出现。20 世纪 80 年代 EDI 标准的国际化又使 EDI 的应用跃入了一个新的里程。 时至今日，EDI 历经萌芽期、发展期已步入成熟期。

2．行政、商业和运输业电子数据交换（EDIFACT）

UN/CEFACT 为了使国际贸易程序简化工作能在全球范围内顺利开展，从 20 世纪 90 年代末至今分别为国际贸易电子数据交换（EDI）标准化推出了 2 个建议书和两套标准。第 25 号建议书：《行政、商业和运输业电子数据交换》。

- 第 26 号建议书：《电子数据交换用商用交换协议》。
- UN/CEFACT 标准：《行政、商业和运输业电子数据交换（EDIFACE）应用级语法规则 第 1 部分～第 10 部分》。
- UN/CEFACT 标准：《联合国贸易数据交换目录》。

EDI 在世界范围内得到如此广泛的应用并继续得以发展，在很大程度上利于卓有成效的国际 EDI 标准化的发展，尤其是以 EDIFACT 为代表的国际 EDI 标准的发展。

1）UN/EDIFACT 标准体系

UNTDID 是联合国贸易数据交换目录的缩写，通常又习惯称作联合国用于行政、商业和运输业电子数据交换，即 UN/EDIFACT。它于 1986 年提出，由原联合国欧洲经济委员会（UN/ECE）国际贸易程序简化工作组（WP.4）开发、维护和管理，旨在简化和协调世界各国在行政、商业和运输业等方面的程序和惯例，促进国际商品贸易和服务贸易的发展。

UN/EDIFACT 标准由一套标准组成，据功能将其划分为五大类：EDIFACT 基础数据标准、EDIFACE 语法标准、EDIFACT 报文标准、EDIFACT 注册与维护标准，以及 EDIFACT 法律标准。

2）中文 EDIFACT 标准体系

为了维护我国的经济利益，巩固和发展我国在国际市场上的竞争地位和市场份额，从 1990 年起，在国家有关部委、地方、企业的共同努力下，我国 EDI 应用陆续进入研究、开发和应用阶段，一批以提供 EDI 服务为内容之一的专用网、增值网先后建成，以海关、外贸、商检、交通运输、内贸、金融、民航等行业和经济较为发达的地方为代表的一批 EDI 系统陆续开通。我国 EDI 标准化工作本着"标准先行、标准要与国际接轨"的原则，开展了以采用 UN/EDIFACT 及其他国际标准，建成了中文 EDIFACT。

中文 EDIFACT 标准体系基本上是等同采用 UN/EDIFACT。在功能上同样划分为五大类，即：中文 EDIFACT 基础数据标准、中文 EDIFACT 语法标准、中文 EDIFACT 报文标准、中文 EDIFACT 注册与维护标准，以及中文 EDIFACT 法律标准。中文 EDIFACT 标准与 UN/EDIFACT 标准的最大区别在于报文。联合国标准报文由 180 个标准报文组成，而在研制中文报文标准时，考虑到当时的需求，仅研制了 16 个报文。因此，中文 EDIFACT 标准报文仅由 16 个标准组成。

3. 国际贸易数据交换标准化

1）概述

国际贸易中最重要的环节就是国际贸易数据交换。国际贸易数据交换主要是单证和报文的交换，国际贸易数据交换标准化就是对构成单证和报文的数据进行标准化，以及对单证格式和报文格式进行标准化。到目前为止 UN/CEFACT 分别为单证交换和报文交换发布了两套数据目录，一套是 UNTDED（贸易数据元目录），一套是 UNT-DID（贸易数据交换目录），即我们所说的"联合国行政、商业和运输业电子数据交换（UN/EDIFACT）"。同时，UN/CEFACT 还为单证格式和报文格式发布了《联合国贸易单证样式》和《UN/EDIFACT 报文设计指南与规则》。

2）国际贸易报文标准化

国际贸易电子数据交换标准化实际上就是交换的报文标准化。国际贸易报文标准化主要解决记录在所交换报文的信息和报文格式的标准化问题。

国际贸易报文数据结构主要由报文、段、复合数据元、数据元和代码 5 部分组成。交换的报文由各个标准段组成，标准的段由各个标准的复合数据元或简单数据元组成，复合数据元由多个简单数据元组成，而代码型的数据元的值可以从标准代码表中获得，此数据结构称为结构化数据。EDIFACT 报文就是由结构化数据组成。

报文标准化主要从如下 5 个方面开展：
- 报文格式标准化。
- 数据段标准化。
- 复合数据元标准化。
- 数据元标准化。
- 代码标准化。

上述 5 项通常称为报文标准化 5 要素。

4．电子数据交换基础数据标准化

电子数据交换主要交换的就是报文。交换的报文由各标准段组成，标准的段由各个标准的复合数据元或简单数据元组成，复合数据元由多个简单数据元组成，而代码型的数据元的值可以从标准代码表中获得。

数据元是构成 EDIFACT 报文的最小单位，也称为简单数据元，它等效于一个语句中的一个字或一个词，由唯一的四位数字标记、数据元名称、数据元描述及表示方式来标识。EDIFACT 报文中所使用的全部数据元均收录在 EDIFACT 数据元标准中，根据 EDIFACT 报文的需要进行相应的增加、修改和删除。采用 EDIFACT 用户应首先从 EDIFACT 数据元标准中选用数据元来设计所需要的 EDIFACT 报文。由简单数据元组成的复合数据元等效于一个词组。复合数据元由唯一的四位字母数字标记来标识。段目录中的段是 EDIFACT 报文中的中间信息单位，它等效于一个句子，是由预先定位的、功能上相关的数据元集合即复合数据元组成，这些数据元由其在集合中序列位置来定义。每个段都由三个字母段标记标识。

UN/CEFACT 在 20 世纪 90 年代初为国际贸易报文标准化提供了一套贸易数据交换目录，其中一部分就是 UN/EDIFACT 数据元目录（UNEDED），在 UN/EDIFACT 数据元目录中将数据元分成如下 9 类。

第 1 类：（1000～1699）单证、参考。

第 2 类：（2000～2699）日期、时间、期限。

第 3 类：（3000～3699）参与方、地址、地点、国家。

第 4 类：（4000～4699）条例、条款、条件、说明。

第 5 类：（5000～5699）金额、费用、百分比。

第 6 类：（6000～6699）计量标识符、数量（非货币量）。

第 7 类：（7000～7699）货物和商品的描述和标识符。

第 8 类：（8000～8699）运输方式和工具、集装箱。

第 9 类：（9000～9699）其他数据元（海关等）。

代码型的数据元可以从标准代码表中获得，因此在 UN/CEFACT 报文中出现的代码型数据元，其值可以从 UN/EDIFACT 代码表中获得。在 UN/EDIFACT 代码表其分类与数据元分类一致，共 9 类。

5．报文设计规则

报文设计规则规定了一套在设计和技术评审 EDIFACT 报文和报文成分时所必须遵守的规则，EDI 报文设计者在设计报文时必须遵守它，旨在为设计符合 EDIFACT 应用级语法规则的报文建立一个一致的和客观的基准。报文设计规则按照从上到下的顺序给出，即按报文、段、复合数据元、数据元及代码顺序，并按批式 EDI 和交互式 EDI 公用的规则分别给出。

6. 行政、商业和运输业电子数据交换应用级语法规则

EDIFACT 语法规则是 EDI 数据传输和 EDI 报文设计必须遵守的基本规则，是所有 EDIFACT 标准中最重要的一项标准。它规定了交换所用的字符集和语法级，以及把结构化的数据组成段、报文、交换的规则。我国的 EDIFACT 语法标准的标准号为 GB/T 14805《行政、商业和运输业电子数据交换（EDIFACT）应用级语法规则》。这一系列标准等同采用 ISO 9735：2002《行政、商业和运输业电子数据交换的应用级语法规则》，由如下 10 部分组成。

第 1 部分：公用的语法规则。

第 2 部分：批式电子数据交换专用的语法规则。

第 3 部分：交互式电子数据交换专用的语法规则。

第 4 部分：批式电子数据交换语法和服务报告报文（报文类型为 CONTRL）。

第 5 部分：批式电子数据交换安全规则（真实性、完整性和源抗抵赖性）。

第 6 部分：安全鉴别和确认报文（报文类型为 AUTACK）。

第 7 部分：批式电子数据交换安全规则（保密性）。

第 8 部分：电子数据交换中的相关数据。

第 9 部分：密钥和证书管理报文（报文类型为 KEYMAN）。

第 10 部分：语法服务目录。

9.2.5　国际贸易电子商务标准化

1. XML 简介及主要特征

1998 年 2 月，W3C 正式批准了可扩展标记语言（eXtensible Markup Language，XML）的标准定义，可扩展标记语言可以对文档和数据进行结构化处理，从而能够在部门、客户和供应商之间进行交换，实现动态内容生成、企业集成和应用开发。可扩展标记语言可以使我们能够更准确地搜索，更方便地传送软件组件，更好地描述一些事物，如电子商务交易等。

XML 有如下 5 个主要特征：良好的可扩展性、内容与形式的分离、遵循严格的语法要求、便于不同系统之间信息的传输，以及具有较好的保值性。

2. 基于 XML 的电子商务标准化

为适应互联网技术，尤其是 XML 对基于 EDI 的电子商务的挑战，联合国贸易促进与电子商务中心（UN/CEFACT）于 1998 年与国际结构化数据标准组织（OASIS）一起

共同发起了旨在建立基于 XML 的电子商务标准技术体制的 ebXML，并于 2002 年制定了一系列基于 XML 的电子商务技术标准规范。它们在《基于 XML 的电子商务》的总标题下，分为如下 8 个部分。

第 1 部分：技术体系结构。

第 2 部分：协同规程轮廓和协同规程协议规范。

第 3 部分：业务过程规范模式。

第 4 部分：核心构件设计方法。

第 5 部分：核心构件目录。

第 6 部分：注册信息模型规范。

第 7 部分：注册服务规范。

第 8 部分：消息服务规范。

3. 基于 ebXML 的电子商务标准体系结构

按照 ebXML 电子商务标准的功能，将其分为如下五大类：

- 基于 ebXML 的基础数据标准。它由核心构件设计方法、核心构件目录两个标准组成。
- 基于 ebXML 的描述语言标准。它由注册信息模型规范、注册服务规范两个标准组成。
- 基于 ebXML 的流程标准。它由业务流程规范模式 1 个标准组成。
- 基于 ebXML 的通信标准。它由消息服务规范 1 个标准组成。
- 基于 ebXML 的电子商务管理标准。它由协同轮廓和协同规程协议规范、电子商务协议，以及技术体系结构三个标准组成。

4. 电子商务协议

为了建立商务实体之间的信任环境，在借鉴制定 EDI 交换协议（UN/CEFACT 第 26 号建议书，GB/T 17629—1998）所获得的经验的基础上，UN/CEFACT 于 2000 年 3 月通过了本建议，并作为 UN/CEFACT 的第 31 号建议书。

UN/CEFACT 建议用本建议书作为契约形式运作电子商务的协议样本。该样本考虑了有待商务实体商定的基本条款的框架，并结合了处理日常商务交易所需的灵活性。

电子商务协议旨在满足企业与企业间的电子商务伙伴的商务需求，它包括一套基本条款，这些条款能够保证商务伙伴间的一项或多项电子商务交易在健全的法律框架下完成。电子商务协议着重于表述可供电子商务交易的所有电子通信方式。建议仅在 EDI 基础上订立合同关系的商业伙伴继续采用 EDI 交换协议；建议在包括 EDI 在内的一系列电子商务技术的基础上订立合同关系的商业伙伴采用电子商务协议，必要时，全部用电子商务协议取代 EDI 交换协议。

9.3　电子商务环境下的国际物流协同

9.3.1　全流程电子单证交换

1. 现状

由于全球生产分工的细化，产品的原料、生产、销售在不同的国家间进行，贸易单证记载和传达了从生产商到经销商、物流商、零售商及其他贸易参与单位甚至最终消费对象的需求等信息。但贸易交易中的单证在流通环节中的速度往往制约着买卖双方的交易行为。单证的流通需要投入大量的人力和物力资源，从而加重了贸易参与方的投入成本。在跨境贸易中，单证制作的重复操作、单证信息的不符等都给企业带来了资源的耗费和交易时间的相对缩短，甚至延误船期和交货期，带来巨大的经济损失。为了改变这种窘迫，各贸易参与方作了努力的尝试，利用现代信息化技术来降低贸易过程中的冗余环节，提高交易效率。大的企业利用 ERP 系统来管理国际贸易业务中的单据操作，中小型企业使用第三方制单软件来生成单据。金融机构、物流企业、海关、商检都建造各自的平台系统来为企业提供高效的服务。客观上这些努力的尝试为电子单证的传输发展提供了物理基础，也反映了各贸易参与方需要营造和融通一个安全、高效、便捷的环境来满足各自实现电子单证应用的强烈愿望。全流程的电子单据交换涉及采购商、供应商、物流商，以及企业与政府监管部门之间一系列复杂的信息交互。包含了交换规则的定义、单证标准、单证跟踪与监控、各单证关键指标的信息反馈、费用结算等业务过程。跨区域的电子单证交换是实现物流可视化的关键因素之一。

2. 业务需求分析

贸易便利化是一项十分复杂的系统工程，其业务涉及签约、备货、领证、排载、报关、报检、装船、投保、议付、结汇、退税和索赔等诸多环节，在区域内分别隶属于贸易主管部门、生产部门、运输、海关、商检、银行、税务、保险和贸促会等职能机构，区域间需要建立相互认可等准入条件，尤其不同国家地区的贸易企业需要相互交换大量的贸易、物流文件。现今各地区有不同平台支持本地化的电子文件处理，需要不同区域平台之间实现互联，以有效支持不同地区的企业实现电子单证的传输。因此，如何从纸面单据体系向电子单证体系转移，逐步建立全流程的电子单证交换服务环境，是为企业国际供应链功效的提升营造良好的服务环境，实现贸易便利化的重要技术手段和基础建设。

在这项系统工程中，EDI 技术发挥着非常重要的作用。EDI 所传输的是企业间格式化的数据，如订单、报价单、装箱单和报关单等，这些信息都有固定的格式和行业通用性。EDI 所传输的报文都要符合国际标准和行业标准，否则计算机无法自动处理。

对电子单证的翻译、转换和通信则包括网上报关、报检、许可证申请、结算、缴税、退税、客户与商家的业务往来等与信息系统连接的用户间的信息交换。所有需要传递数据的单位与信息系统相连，要传递的单证信息先传递到平台，再由平台根据电子数据中接收方转发到相应单位，接收单位将收到的电子单证信息经转换后送到内部系统处理。通过建立统一的单证标准和传输标准体系，支持不同数据格式的转化，实现跨区域电子单证交叉认证，可以确保跨国电子贸易的安全性和高效性。

3. 业务模式分析

1）发展目标

根据国际贸易物流的实际运作需求情况，基于区域性国际物流综合中心平台，接入地方物流服务平台、境外物流服务平台实现平台之间互联互通，从而完成跨区域全流程电子单证交换，并为进出口贸易企业、贷代提供低成本、高效率、安全可靠的跨区域单证管理服务，杜绝单据不符现象的发生，主要目标如下：（1）实现与境外、地方平台交换订单、发票、装箱单等电子商业单证。（2）接收进口商通过境外平台发送的订单信息，传送给地方平台。（3）接收出口商通过地方平台生成发票等票据信息发送给境外平台的进口商。（4）接收出口货代通过地方平台将相关信息发送给地方平台与境外平台。（5）让中心平台的用户生成订单发送到境外平台，境外用户确认后，生成的发票可以通过境外平台发送到中心平台。

2）跨区域全流程电子单证交换模式

以上海亿通平台为例，跨区域全流程电子单证交换模式如图 9.1 所示。通过采集大量基础性数据，尤其是与货物报关数据相互印证的第三方基础数据，通过舱单这条主线，对物流作业环节产生的数据进行串联、印证和整合，提高舱单信息的可靠性和准确性。（上海亿通信息平台在上海市口岸办、上海检验检疫局、上海海关、上海市交通局、港务等单位密切合作下，开发推广的海运提单系统电子化系统，是全流程电子单证业务的应用项目。）

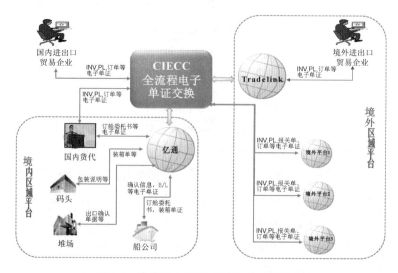

图 9.1　跨区域全流程电子单证交换模式

　　跨区域电子舱单传输的实施，进出口贸易企业、船代、贷代等可以 7×24 小时随时提交舱单，享受更为简单、便捷的电子舱单数据服务，及时获得海关审批结果；同时也可以重复使用舱单的基础信息，避免冗余的重复录入工作。

9.3.2　跨区域舱单传输

1. 现状

　　在贸易物流领域中，舱单是进出境船舶负责人或其代理人向海关、商检、边检、海事和码头等部门递交的反映运输工具所载货物情况的载货清单。作为向有关方宣示（报告）所载货物的相关内容的重要文件，在进出口清关、退税核销等业务流程中具有重要作用。任何舱单信息不符或缺失情况的发生，都会造成诸如收货人无法通关提货、出口人无法办理退税核销、货物无法及时中转等问题。因此，一个跨区域的舱单传输协同平台，不仅可以实现向海关不同国家和地区申报电子舱单，还可以有效整合物流作业数据，提升货物在不同区域通关效率，降低国际贸易物流成本。

　　在所有的舱单种类中，进出境运输工具舱单是比较重要的一种舱单类型。进出境运输工具舱单（简称舱单）是指反映进出境运输工具所载货物、物品及人员信息的载体，包括原始舱单、顶配舱单和装（乘）载舱单。进出境运输工具载有货物、物品的舱单内容应当包括提（运）单及其项下的分提（运）单信息。舱单电子数据的传输包括两部分，一部分是舱单电子数据，另一部分是与舱单相关的其他电子数据，如理货报告等。具体包括：原始舱单（包括主要数据和其他数据）；理货报告；分拨货物、物品申请；分拨货物、物品理货报告；疏港分流申请；疏港分流货物、物品运抵报告；装箱清单；顶配舱单；运抵报告；装乘（载）舱单等。

　　调研舱单申报业务市场，整合国内外资源，通过建立不同区域间的标准化舱单格式、数据元和传输标准，推进地方平台、境外物流信息平台等不同地区间舱单申报合作进程，削弱贸易壁垒，加速货物流通速度。为企业、货代提供便捷的、电子化的境内外舱单申报信息服务。

2. 业务需求分析

　　在贸易物流领域中，舱单是进出境船舶负责人或其代理人向海关、商检、边检、海事和码头等部门递交的反映运输工具所载货物情况的载货清单。作为向有关方宣示（报告）所载货物的相关内容的重要文件，在进出口清关、退税核销等业务流程中具有重要作用。因此，任何舱单信息不符或缺失情况的发生，都会造成诸如收货人无法通关提货、出口人无法办理退税核销、货物无法及时中转等问题。因此，一个跨区域的舱单传输协同平台，不仅可实现向海外不同国家和地区申报电子舱单，也可有效整合物流作业数据，提升货物在不同区域通关效率，降低国际贸易物流成本。

3．业务模式分析

1）发展目标

为适应国际上电子舱单传输的大趋势，针对跨区域舱单传输的协同环境、舱单传输的业务流程现状和跨区域舱单传输的协同流程优化等进行分析，整合国内外资源，配合国内外海关的相关政策，面向韩国、中国台湾地区等海关提交电子舱单，提高舱单传输效率、降低误差率。通过连接相关政府机构，为企业、货代提供便捷的、电子化的境内外舱单申报信息服务，加速货物流通速度。主要目标如下：（1）实现 7×24 小时自动舱单提交。（2）实现舱单的跨境传输。（3）提高舱单信息传输效率。（4）提高舱单信息的可靠性和准确率。

2）跨区域舱单传输模式设计

跨区域舱单传输模式如图 9.2 所示。通过采集大量基础性数据，尤其是与货物报关数据相互印证的第三方基础数据，通过舱单这条主线，对物流作业环节产生的数据进行串联、印证和整合，提高舱单信息的可靠性和准确性。

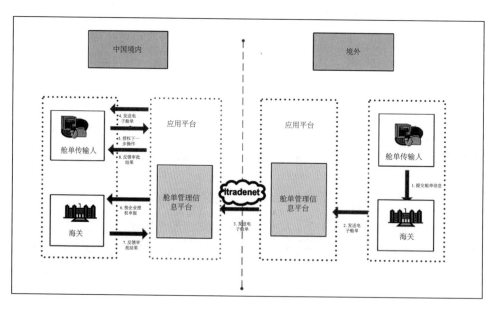

图 9.2　跨区域舱单传输模式

9.3.3　跨区域国际贸易物流订舱协同

1．现状

随着全球范围内金融危机的蔓延，企业面临着不断增长的原材料成本、生产成本和运营成本等问题，如何通过信息资源整合，达到压缩成本、提高竞争力的目的，已成为众多企业的核心发展战略之一。目前在订舱环节，国外及国内主要沿海城市均有区域性的订舱系统，目标用户仅针对各自区域企业，未能实现跨区域订舱业务之间的协同，在一定程度上提高了企业的物流成本。

根据跨区域、跨平台订舱协同作业方式，整合承运人及其代理机构等的资源及信息，搭建有效业务信息通道，通过报文传输或者网上录入等信息化方式向货主与货代提供订舱委托、业务处理、单证管理等"一站式"电子订舱服务。货代企业可以通过平台直接向不同的船公司同时办理订舱业务，简便高效，可以省去电话、传真、确认等大量的人工往返操作，在有效降低差错率、人工成本的同时，将会有助于保证物流各环节订舱信息一致性，提升订舱效率。

2．业务需求分析

通过建立跨区域国际贸易物流订舱协同方式，不仅可以协助进出口贸易企业、货代企业简便高效地通过协同平台直接向不同的船公司同时办理订舱业务，而且可以省去电话、传真、确认等大量的人工往返操作，有效降低差错率，提高订舱业务效率。

3．业务模式分析

1）发展目标

订舱是进行国际集装箱出口运输的第一环节。随着信息化的发展，现在的订舱活动实现了以报文传输或者网上录入等信息化方式的电子订舱。开展跨区域、跨平台的订舱协同作业方式的研究，对于提升物流速度、保证物流各环节订舱信息的一致性，减少拖运人物流成本等方面将发挥重要的作用。

2）跨区域国际贸易物流订舱协同模式设计

跨区域国际贸易物流订舱协同模式如图 9.3 所示。

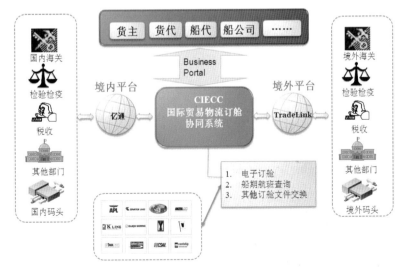

图 9.3　跨区域国际贸易物流订舱协同模式

（1）跨区域、跨平台订舱协同作业方式。通过跨区域物流协作平台链接境内地方贸易物流平台与境外贸易物流平台，实现订舱信息数据的交换，达到业务的协同。跨区域物流协作平台将对数据获取方采取安全的身份认证方式，保证订舱信息的私密性；同时保证数据安全，保证不可抵赖性。在平台业务协调系统设计上，实现业务功能模块化、配置化，保证平台业务灵活性、可扩展性；当地方贸易物流平台、境外物流平台添加用户、业务时，不影响平台正常运作。

（2）提升订舱效率方法，保证物流各环节订舱信息的一致性。针对应用示范地区的货代和运输商间的订舱流程，特别是跨境货物在境外订舱流程的分析和研究，整合境内外电子平台的资源，建立"一站式"跨境订舱服务；制定订舱协同标准，提高订舱资料和货物信息的一致性。通过统一境内地方贸易物流平台与跨区域物流协作平台间、境外贸易物流平台与跨区域物流协作平台间传输的订舱数据格式和标准，实现订舱信息格式的统一。

（3）货主与货代的电子订舱服务，整合承运人及其代理机构等的资源及信息，搭建有效业务信息通道。协助货代及承运商间以电子方式处理和交换订舱资料及货物状态信息。

通过报文传输或网上录入等信息化方式向货主与货代提供订舱委托、业务处理、单证管理等"一站式"电子订舱服务。进出口企业、货代企业可以直接在地方贸易物流平台通过接口直接导入或通过平台上的应用服务直接录入订舱信息；也可以通过跨区域物流协作平台的电子订舱系统使用订舱业务的在线服务；通过采集订舱信息并转换为不同的格式报文，以满足不同航运公司的要求，并将境外订舱信息数据转换为符合海关标准的数据格式，以满足不同船运公司的要求，并将境外订舱信息数据转换为不同的格式报文，以满足不同船运公司的要求，并将境外订舱信息数据转换为符合海关标准的数据格式，减少用户在报关时单据的录入工作量，同时减少差错率。货代企业通过订舱系统平台直接向不同的船公司同时办理订舱业务，简便高效，可以省去电话、传真、确认等大量的人工往返操作，既降低差错率，又有效提高订舱效率。

9.3.4　跨区域通关申报协同

1. 现状

国际物流的一个重要特征是作业的对象要跨越关境。因此，对于国际物流而言，各国海关的规定不完全相同可能会成为国际物流作业的瓶颈。这就要求，国际物流经营者熟悉各国有关的通关制度，在适应各国通关制度的前提下，建立安全、迅速的通关系统，实现货畅其流。因此，国际物流报关子系统的存在，增加了国际物流的风险性和复杂性。

通关申报包括诸多手续，从申领外汇核销单、报关、出口报关单、填制涉外收入申报单、涉外收入申报单审核,到取结汇水单,再到外汇核销单、出口报关单、涉外收入申报,直至核销结案。

DPN 国际物流信息服务平台在通关服务领域也实现了电子申报、电子核查、电子放行等信息化物流监管形式,以及各部门和口岸单位的信息共享,具体包括:出入境集装箱快速查询系统,实现集装箱查验业务自动化;危险品网上申报系统(实现网上申报、信息共享、结果公示、统计查询四大功能);舱单信息查询(在线查询舱单数据传到海关否);检疫检验局出证信息查询(查询检疫检验局出证时间、出证人等信息);网上行政审批,提供多项网上行政申报及审批服务。

针对目前报关报检的流程,建立通用标准,利用政府监管系统公开的标准接口和监管系统(海关、检验检疫)进行信息交换,整合不同监管机构、贸易企业的数据需求,形成标准报关/报检数据,减少重复的数据录入,实现国际贸易物流业务流程与相关监管部门申报环节的数据共享和协作,提高通关效率。

2．业务需求分析

通关报关是国际贸易物流流程中最重要的环节,由于通关涉及海关、检疫检验等口岸单位及企业、代理等多家单位,而各单位之间缺乏信息资源的整合与协调,通常会造成通关环节的数据重复工作多、效率低等问题。同时,在目前的报关业务流程中,为完成货物流转的监控和管理、服务转移和相关物权转移等相关流程,企业通常需要生成大量的纸面文件。通过研究境内外通关申报业务模式,以及跨境报关数据的共享和交换的可行性,建立通用的单证格式和标准。整合现有境内外关务电子平台的资源,增强跨境进出口关单信息的一致性,协助企业有效地以电子方式处理报关信息和状态资料,提高通关效率。

3．业务模式分析

1)发展目标

跨区域通关申报协同主要针对目前跨境贸易模式,实现通过和企业内部系统及境内外贸易物流平台直接连接进行信息交换,以此整合不同监管机构的数据需求,形成标准报关数据,实现通关申报数据的共享和协作,降低业务复杂度,提高通关效率。主要设计目标如下:(1)通过与地方贸易物流平台对接,实现向地方海关传输通关数据。(2)通过与境外贸易物流平台对接,实现向境外海关传输通关数据。(3)实现货主与货贷之间的报关数据共享。(4)提供报关数据的自动生成服务。(5)实现通关数据的标准转换。

2)跨区域通关申报协同模式设计

跨区域通关申报协同模式如图 9.4 所示。

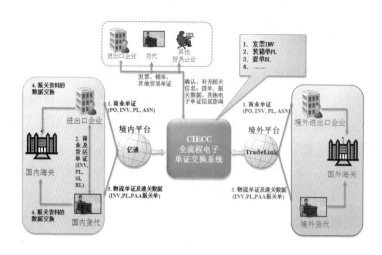

图 9.4　跨区域通关申报协同模式

（1）跨区域通关申报协同方式。区域内与区域外的通关流程与申报内容各有不同，因此需要协调地方贸易物流平台与境外贸易物流平台，研究通关申报的业务规范与流程，设计业务协同作业规则与方式。

（2）利用政府监管系统公开的标准接口和监管系统进行信息交换。研究政府监管系统的接口标准及业务规范。通过地方贸易物流平台与地方海关、检验检疫等政府监管系统的接口，或跨区域物流协作平台与政府监管中央系统的接口，实现系统的对接。

（3）通过整合相关数据该模式形成了标准报关/报检数据，并实现了国际贸易物流及采购供应链的订单环节和监管部门申报环节的数据共享和协作。系统可以将企业 ERP 等内部系统提供的发票清单和订单确认、箱单数据经数据处理后合并生成报关单/报检单发给对应的通关申报系统，包括海关申报系统和检验检疫申报系统（法检和非法检），并可以将报关公司申报后放行的通关回执数据生成标准格式报关单/报检单报文发送给企业 ERP 系统或第三方平台，从而实现国际贸易物流及采购供应链的订单环节和监管部门申报环节的数据共享和协作。

一站式通关申报业务流程可以降低业务复杂度，提高通关效率。通过报文传输或网上录入等信息化方式完成相应申报工作。进出口企业或货代可以直接在地方贸易物流平台通过接口直接导入或通过平台上的应用服务直接录入订舱信息；区域外的进出口企业或货代可在跨区域物流协作平台提供的在线通关申报服务完成在地方贸易物流平台上申报材料的确认与递交工作。

9.3.5　跨区域物流状态跟踪

1. 现状

要想实现国际物流活动中货物的实时跟踪，其根本办法在于实现境内外全流程电子贸易物流信息的交换。通过联通地方及境外物流服务平台，提供电子化信息交换服务，为各贸易参与方带来真实可靠的标准化物流状态跟踪信息，增强企业获取信息的便利性、加速信息流转效率、提高信息准确率、降低信息获取成本。

国际物流信息平台要及时反映物品在国际间流动的各种状况，支持客户、公司员工等用户的在线查询，这就要求系统用户内部的数据与外部数据通信的及时、顺畅。可以通过电话、传真及全球卫星定位系统（GPS）来实现国际物流作业过程中信息的传输，以确保系统内数据的动态性。国际物流信息平台支持远程的业务查询、输入、人机对话等事务的处理。

DPN 国际物流信息服务平台可为码头、空港、物流园区、海 / 空运企业、铁路及公路运输企业等口岸物流企业提供电子商务系统的开发的运营、数据交换和信息共享及信息查询、实时状态跟踪等信息服务。

围绕相关区域平台约定的标准，包括数据格式、数据标准、通信方式等进行调研；对零散的口岸信息进行统一整合及分析，研究如何实现进出口货物状态的实时追踪。通过集中整理、发布海关、码头、堆场、船公司等各单位的信息，一方面，协助政府主管部门提高对货物的监控能力；另一方面，协助进出口贸易企业对集装箱的流转状况进行实时跟踪，提高相关作业安排的效率和货物全程可视化管理水平。

2．业务需求分析

随着全球贸易物流领域的信息化发展，进出口企业、货代及其他贸易参与方对货物运输的实时性、可控性和安全性的要求越来越高，因此，国际贸易可视化成为降低国际贸易壁垒的重要环节。然而，长期以来，国内外各大口岸物流服务提供商均基于港口业务信息，提供贸易可视化服务。而货物状态各个环节涉及不同的口岸监管部门单位，零散分布于海关、港区、码头、堆场等各单位信息系统，可被查知的货物状态也局限于本土发生部分，导致企业无法准确获取货物上述状态信息，难以实现对货物进行跟踪，给国际物流中的上下游企业造成业务上的瓶颈。解决这个问题的根本办法在于实现境内外全流程电子贸易物流信息的交换。通过联通地方及境外物流服务平台，提供电子化信息交换服务，为各贸易参与方带来真实可信的标准化物流状态跟踪信息，增强企业获取信息的便利性、加速信息流转效率、提高信息准确率、降低信息获取成本。

3．业务模式分析

1）发展目标

随着全球贸易物流领域的信息化发展，国际贸易可视化逐渐成为降低国际贸易壁垒的重要环节。在此背景下，对国际物流的状态进行实施跟踪显得越来越重要。跨区域国际物流状态跟踪模式通过联通地方及境外物流服务平台，提供电子化信息交换服务，为各贸易参与方带来真实可信的标准化物流状态跟踪信息，增强企业获取信息的便利性、加速信息流转效率、提高信息获取成本。其主要设计目标如下:(1)连通地方贸易物流平台,获取地方货物状态信息。(2)连通境外贸易物流平台,获取境外货物状态信息。(3)实现全流程货物状态信息的交换与共享。(4)进出口货物状态的实时跟踪。5)提供多渠道的信息。

2)跨区域国际物流状态跟踪模式设计

跨区域国际物流状态跟踪模式如图9.5所示。

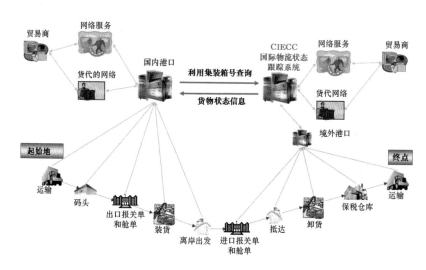

图9.5　跨区域国际物流状态跟踪模式

跨区域国际物流状态跟踪方式可实现境内外全流程进出口货物状态信息的交换。一方面,集中整理并发布海关、码头、堆场、船公司等各单位的信息,可提高政府主管部门对货物的监控能力;另一方面,对集装箱的流转状况进行跟踪,提高了相关作业安排的效率和货物全程可视化管理水平。电子化信息交换手段将各环节生成的报文数据进行有机整合,加速信息流转效率、提高信息准确率,为各贸易参与方带来真实可信的标准化信息,这使企业在增强获取信息便利性的同时,降低了信息获取成本。

通过连接境内外的地方平台,以及与境内外海港、船公司等相关单位合作,该模式能够促进各相关单位交换所具有的货物状态数据包括码头装卸信息、港口报关、进出门信息、船舶靠离岸信息等。于是,使用户在办理完托运手续后,随时可以跟踪货物当时的状态,节省了企业的人力及物力,并及时了解到口岸最新动态,提高工作效率。

研究跨平台作业可视化的实现方法,依托信息平台之间的协同及国际物流系统节点与货物状态信息进行订单、发票、舱单、物流作业信息的传输,以及条形码技术和RFID信息的传输,并结合GIS/GPS信息,对实现进出口货物状态的实时追踪进行研究。

9.3.6 跨境智慧物流支撑平台

随着我国国际贸易、加之以信息技术为主要代表的现代科学技术的迅猛发展，进出口贸易企业、船公司、船代、货代等国际贸易参与方对贸易物流信息的可视化需求越来越大，而传统的贸易物流信息服务模式已经远远不能满足市场的需求。如何能够通过研发相关技术产品及平台服务，让全流程贸易物流信息服务成为一种全新的服务模式；如何在境内与境外国际贸易参与方之间搭建一条高效、安全、快捷、低成本的文件传输与信息交互通道，提高国际贸易效率；如何使进出口企业可以在线进行贸易物流单证的交换与操作，使海关等监管单位、企业、货代、船代、船公司之间涉及的舱单、订舱、通关申报、物流状态等相关数据得以共享；如何提高企业国际物流作业效率，并降低开展电子贸易物流业务的成本和费用等成为国家、地方政府及境内外贸易物流信息服务提供商面临的严峻挑战。跨境智慧物流支撑服务网络如图 9.6 所示。

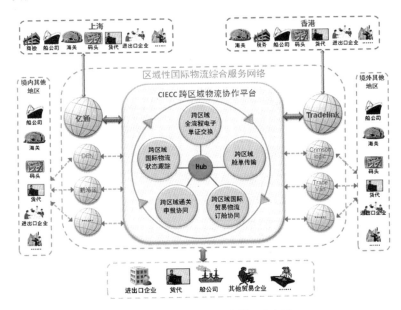

图 9.6　跨境智慧物流支撑服务网络

一个权威的、提供全方位服务及技术支撑的跨境智慧物流协作平台的出现不仅能够有效消除境内、境外口岸物流服务平台之间的信息藩篱，实现境内外贸易物流信息的高效协同与共享，而且有助于加强区域间的经济和流通领域的合作，推进区域贸易便利化，从而对世界和区域经济合作与发展起到举足轻重的推动作用。

1．技术目标

跨境智慧物流支撑服务平台如图 9.7 所示。

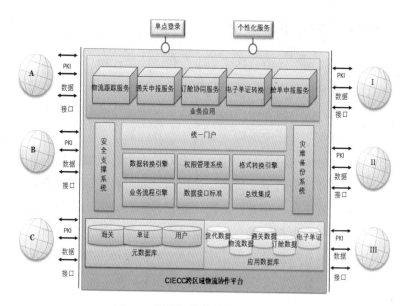

图 9.7　跨境智慧物流支撑服务平台

通过建设统一的物流协作平台，来搭建统一的技术支撑服务平台，为企业提供统一的用户管理、统一的服务接口、统一的信息数据库、统一的宣传门户、统一运维、运用统一的安全认证技术、统一的信用评判标准；同时，接入地方及境外口岸物流服务平台，研究地方与境外的技术标准，集合地方及境外电子贸易物流信息数据，在实现境内与境外之间的双向数据格式转换的同时，确保跨区域数据传输的安全性及保密性。最终为跨境贸易参与方提供包括电子单证交换、订舱协同、通关申报、舱单传输、物流状态跟踪等业务在内的全流程的、便捷的、可视化的、多媒介的、智慧的电子信息技术服务。实现建设国家级电子贸易物流信息枢纽的目标。

2. 技术需求分析

跨境智慧物流支撑服务平台的主要业务及技术目标是通过接入境内外口岸物流服务信息平台，以实现境内外贸易物流信息的高效协同与共享。因此，需要通过连接境内外不同国家服务机构的业务系统来完成数据的采集、识别和交换过程，协助各跨境贸易参与方之间进行信息共享与交互。同时，在存在人工交互的应用中，业务系统更需要通过中心平台来实现与其他业务系统的联动，协作完成用户的操作指令。因此，本平台需要研究开发分布式网络应用系统，以实现对相关的业务系统的整合。

要实现原来独立的系统间的联动，则需要中心平台通过以服务间协同的方式，编排各个业务系统间、系统与用户间的协同交互，完成业务操作。在单证传输层，需要保证单证的可靠传输，传输系统必须提供安全、可靠的传输技术。为了保护单证数据的私密性，应根据需要对单证执行加密签名操作。同时，中心平台对于各个业务系统实现监控，必须有一套位于中心平台的监控系统，监视各个业务系统的实时运行情况。BAM 技术符合在这种复杂情况下的监控需求，可以高效地实现对业务系统的监控管理。

3. 跨境智慧物流支撑服务平台技术研究（见图9.8）

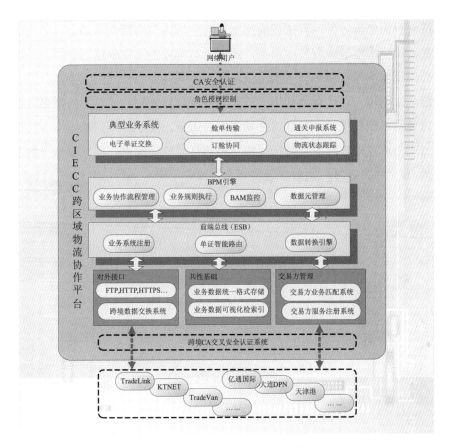

图 9.8　跨境智慧物流支撑服务平台技术研究

联合境外及地方专业第三方电子贸易物流信息服务提供商，以及政府监管部门下属电子贸易服务机构，建设国家级电子贸易物流信息枢纽，聚合境外及地方电子贸易物流业务数据信息，向贸易参与方提供包括电子单证、舱单传输、订舱协同、通关申报、货物跟踪等全流程、可视化、多媒介电子信息服务。

以国际贸易区域经贸合作与流通促进平台为基础，搭建以服务区域范围内各跨境物流参与方为主的，以广泛合作为运营方针的，具备应用普遍性的，安全、可信赖、权威的国家级第三方跨境智慧物流支撑服务平台。该平台以连接境内外地方贸易物流平台，作为境内外物流信息的枢纽，实现境内地方平台，以及与境外平台的协同作业，保证信息内容的真实性与安全性，从而实现在区域内地方业务的应用，为建设国家级电子化贸易服务体系奠定坚实的业务及技术基础。

以服务企业为市场导向，在电子商务环境下，在地方贸易物流平台的支持下，实现贸易各方的跨国／境单证流转以达成电子化交易，真正使电子贸易物流服务在国际贸易实际操作中取得实质性、突破性进展，形成对全国贸易物流领域有良好社会效益和经济效益的示范成果。平台的设计切实按照企业的业务需求进行，其系统结构搭建过程从进出口企业、物流运输企业等各贸易参与方的需求出发，保证操作的便利性。

以广泛合作为经营方针，直接或间接实现与区域内外的货代、船公司等物流服务提供商，海关、检验检疫等政府监察机关，地方港口等业务操作单位的合作，使他们都作为我们的合作伙伴参与到服务体系当中来，在不影响各方利益的情况下，共同为满足企业的需求服务。利用一切可有效利用的资源，促成与境外物流信息服务提供商的合作，共同向国内外贸易企业提供区域性国际物流综合服务，而业务模式互不干涉。以密切合作为首选方式，通过搭建跨境智慧物流协作枢纽打通制约境内、境外服务平台之间互联互通的瓶颈，建立项目区域范围内在跨境智慧物流领域中实现跨境合作的"区域接入点"。

参考文献

[1] 吴健. 电子商务物流管理（第 2 版）[M]. 北京：清华大学出版社，2013.

[2] 张昭俊，卢金钟，陈敏，马志强. 电子商务物流管理 [M]. 北京：清华大学出版社，2013.

[3] 胡燕灵，马洪娟，王英伟. 电子商务物流管理 [M]. 北京：清华大学出版社，2013.

[4] 杨路明. 电子商务物流管理 [M]. 北京：机械工业出版社，2013.

[5] 汪永华. 电子商务物流管理 [M]. 北京：机械工业出版社，2013.

[6] 文海旭. 当前逆向物流建设亟待关注的几个问题 [J]. 物流技术，2004（10）：20-23.

[7] 王兆华，黄丽. 电子商务环境下逆向物流的发展 [J]. 价值工程，2005（8）：42-44.

[8] 邓福建. 论我国电子商务物流现状与发展对策 [J]. 电子商务世界，2006（3）：31-33.

[9] 常香云. 电子商务中逆向物流研究综述 [J]. 商业时代，2006（21）：67-68.

[10] 李静芳. 现代物流管理 [M]. 北京：清华大学出版社，北京交通大学出版社，2009.

[11] 王华. 我国逆向物流发展问题与对策研究 [J]. 价值工程，2011（5）：23-24.

[12] 贺超，庄玉良. 基于物联网的逆向物流管理信息系统构建 [J]. 中国流通经济，2012
（6）30-34.

[13] 韦小兵，邹彩飞. 企业逆向物流管理策略研究 [J]. 中国市场，2011（28）：68-69.

[14] 徐丙臣. 基于循环经济的逆向物流发展战略 [J]. 中国流通经济，2009（4）：68-69.

[15] 吴健. 现代物流与供应链管理 [M]. 北京：清华大学出版社，2011.

[16] 王喜富. 物联网与智能物流 [M]. 北京：清华大学出版社，北京交通大学出版社，2014.

[17] 张昭俊，卢金钟，陈敏，马志强. 电子商务物流管理 [M]. 北京：清华大学出版社，2013.

[18] 李新盛. 浅析我国智慧物流的发展现状及存在的问题 [N]. http：//news. 56888.
net/201442/6559130919. html.

[19] 赵立权. 智能物流及其支撑技术 [J]. 情报杂志，2005（12）：49-53.

[20] 田景熙. 物联网概论 [M]. 南京：东南大学出版社，2010.

[21] 马建. 物联网技术概论 [M]. 北京：机械工业出版社，2011.

[22] GS1. EPCglobal 标准简介 [EB/OL]. http：//www. gs1. org/gsmp/kc/epcglobal/，2014.

[23] 中国物品编码中心. EPC 概述 [EB/OL]. http：//www. epcglobal. org. cn/，2014.

[24] 丁超. 基于 EDI 技术建立物流信息平台 [J]. 中国水运，2007.

[25] 孔洪亮. EPC 系统的灵魂——EPC 信息服务（EPCIS）[J]. 条码与信息系统，2005.

[26] 荆心. 基于物联网的物流信息系统体系结构研究 [J]. 科技信息，2010.

[27] 邵丹，张歧，卢长鹏. 探析物联网及其发展前景 [J]. 农业网络信息，2012.

[28] 王继祥. 推动中国智慧物流变革 [J]. 物流技术与应用，2010.

[29] 江代有. 物联网体系结构，关键技术及面临问题 [J]. 电子设计工程，2012.

[30] 徐利某，茹倍倍，陈利剑. 物联网技术发展与应用 [J]. 计算机光盘软件与应用，2012.

[31] 赵欣. 物联网发展现状及未来发展的思考 [J]. 计算机与网络, 2012.

[32] 徐德洪. 物联网催生"智慧物流" [J]. 大陆桥视野, 2011.

[33] 曾新勇. 基于物联网实现智慧物流 [J]. 常州工学院学报, 2011.

[34] 石亚萍. 基于物联网的智慧物流 [J]. 物流技术, 2011.

[35] 田景熙. 物联网概论 [M]. 南京: 东南大学出版社, 2010.

[36] Luigi Atzori, Antonio Iera, Giacomo Morabito. The Internet of Things: A survey[J]. Computer Networks, 2010 (54): 2787-2805.

[37] 丁治国. RFID 关键技术研究与实现 [D]. 中国科学技术大学, 2011.

[38] 张莉. ZigBee 技术在物联网中的应用 [J]. 电信网技术, 2010 (3): 1-4.

[39] 程杰, 徐霆, 吴国银. WLAN 技术特点和组网方式 [J]. 江苏通信, 2008 (3).

[40] 肖沪卫. 国外"蓝牙"技术的发展现状及其前景 [J]. 电子与自动化, 2013 (6).

[41] 周洪波. 物联网技术、应用、标准和商业模式 [M]. 2 版. 北京: 电子工业出版社, 2011.

[42] GS1. EPCglobal 标准简介 [EB/OL]. http://www.gs1.org/gsmp/kc/epcglobal/, 2014.

[43] 中国物品编码中心. EPC 概述 [EB/OL]. http://www.epcglobal.org.cn/, 2014.

[44] 丁超. 基于 EDI 技术建立物流信息平台 [J]. 中国水运, 2007.

[45] 张亚东. 浅谈云计算发展现状与趋势 [J]. 科技向导, 2011 (12): 76-77.

[46] 张吉生. 云计算技术在电力系统中的应用 [J]. 现代建筑电气, 2011 (4): 8-11.

[47] 王柏, 等. 云计算 [J]. 中兴通讯技术. 2010 (I): 57-60.

[48] 罗军舟, 等. 云计算: 体系架构与关键技术 [J]. 通信学报, 2011 (7): 7-21.

[49] 陈全, 等. 云计算及其关键技术 [J]. 计算机应用, 2009 (9): 63-67.

[50] 刘宇芳. 云计算及其实质的探究 [J]. 惠州学院学报, 2010 (6): 49-52.

[51] 王鹏. 云计算技术及产业分析 [J]. 成都信息工程学院学报, 2010 (6): 566-568.

[52] 虚拟化与云计算小组. 虚拟化与云计算 [M]. 北京: 电子工业出版社, 2009.

[53] 李亚琼, 等. 一种面向虚拟化云计算平台的内存优化技术 [J]. 计算机学报, 2011.

[54] David Chisnall. The Definitive Guide to the Xen Hypervisor[M]. London: Prentice Hall, 2007.

[55] Kivity A, Kamay Y, Laor D, et al. KVM: the Linux virtual machine monitor[C] //Proceedings of the Linux Symposium. 2007, 1: 225-230.

[56] MapReduce: Simplifed Data Processing on Large Clusters; http://labs.google.com/papers/mapreduce-osdi04.pdf.

[57] Bigtable: A Distributed Storage System for Structured Data; http://labs.google.com/papers/bigtable-osdi06.pdf.

[58] The Apache Software Foundation. HDFS Architecture [EB/OL]. [2013-07-24]. http://hadoop.apache.org/docs/current/hadoop-project-dist/hadoop-hdfs/Hdfs-Design.html.

[59] 李冰漪. 云物流改写电商物流未来 [J]. 中国储运，2011（11）：41-42.

[60] 中国互联网络信息中心. 第 30 次中国互联网络发展状况调查统计报告 [EB/OL]
    [2012-07-19]. http：//www.cnnic.net.cn/dtygg/201207/t20120719_32220.html.

[61] 任永贵. 电子商务时代云物流技术探讨 [J]. 商业时代，2012（8）：45-46.

[62] 王琦峰，吕红波等. 云物流体系结构与应用模式研究 [J]. 电信科学，2012，28（3）：128.

[63] 张明，张秀芬. 基于"云仓储"和"云物流"的电子商务大物流模式研究 [J]. 商场
    现代化，2011（17）：36.

[64] 新浪网 http://www.sina.com.cn. 分析:电子商务遭遇配送瓶颈分析 [N]. 南方都市报，
    2002-02-11.

[65] 中国互联网市场洞见:互联网大数据技术创新研究 [R/OL]. Beijing：IDC 国际数据
    公司. [2013-07-24]. http：//www.idc.com/getdoc.jsp?containerId=CH1749312U.

[66] 黄哲学，曹付元，李俊杰，等. 面向大数据的海云数据系统关键技术研究 [J]. 网络
    新媒体技术，2012，1（6）：20-26.

[67] 李国杰，程学旗. 大数据研究：未来科技及经济社会发展的重大战略领域——大数
    据的研究现状与科学思考 [J]. 中国科学院院刊，2012，27（6）：647-657.

[68] 严霄凤，张德馨. 大数据研究 [J]. 计算机技术与发展，2013，23（4）：168-172.

[69] 陈如明. 大数据时代的挑战、价值与应对策略 [J]. 移动通信，2012（7）：14-15.

[70] 维克托·迈尔·舍恩伯格，肯尼斯·库克耶. 大数据时代 [M]. 盛杨燕，等译. 杭州：
    浙江人民出版社，2013：54-58.

[71] 孟小峰，慈祥. 大数据管理：概念、技术与挑战 [J]. 计算机研究与发展，2013，50
    （1）：146-169.

[72] NoSQL Databases. NoSQL Definition[EB/OL]. [2014- 06-24]. http：//nosql-database.org/.

[73] 李方超. 基于 NOSQL 的数据最终一致性策略研究 [D]. 哈尔滨工程大学，2012.

[74] 杨宸铸. 基于 HADOOP 的数据挖掘研究 [D]. 重庆大学，2010.

[75] 覃雄派，王会举，杜小勇，等. 大数据分析——RDBMS 与 MapReduce 的竞争与共生
    [J]. 软件学报，2012，23（1）：32-45.

[76] 贺全兵. 可视化技术的发展及应用 [J]. 中国西部科技，2008，7（4）：4-7.

[77] 刘勘，周晓峥，周洞汝. 数据可视化的研究与发展 [J]. 计算机工程，2002，28（8）：
    1-2，63.

[78] VIGASFB，WATTENBERGM，DAVEK. Studying cooperation and conflict between
    authors with history flow visualizations [C] // Proceedings of the SIGCHI Conference on
    Human Factors in Computing Systems 2004. New York：ACM，2004：575-582.

[79] 施惠娟，孙蕾，李由. 关联规则下数据挖掘可视化技术的探讨与实现 [J]. 计算机与
    现代化，2010（2）：166-169，172.

[80] 邹国伟，成建波. 大数据技术在智慧城市中的应用 [J]. 电信网技术，2013，4.

[81] 周宝曜，刘伟，范承工. 大数据：战略、技术、实践 [M]. 北京：电子工业出版社，2013.

[82] 王珊，王会举，覃雄派，等. 架构大数据：挑战、现状与展望 [J]. 计算机学报，2011（10）：1741-1752.

[83] 覃雄派，王会举，杜小勇，等. 大数据分析——RDBMS 与 MapReduce 的竞争与共生. 软件学报 2012（1）：32-45.

[84] 赵春雷，乔治·纳汉. "大数据"时代的计算机信息处理技术 [J]. 世界科学，2012（2）：30-31.

[85] 魏修建. 电子商务物流 [M]. 北京：人民邮电出版社，2008.

[86] 张铎. 电子商务与现代物流 [M]. 北京：北京大学出版社，2002.

[87] 梅焰. 电子商务与物流管理 [M]. 北京：机械工业出版社，2008.

[88] 靳林. 电子商务与物流配送 [M]. 北京：机械工业出版社，2009.

[89] 黄海滨. 电子商务物流管理 [M]. 北京：对外经济贸易大学出版，2007.

[90] 靳林. 电子商务与物流配送 [M]. 北京：机械工业出版社，2012.

[91] 胡彪，高廷勇，孙萍. 物流配送中心规划与经营 [M]. 北京：电子工业出版社，2008.

[92] 李雪松. 现代物流仓储与配送 [M]. 北京：水利水电出版社，2007.

[93] 范兰宁. 电子商务活动对传统税收管辖权的冲突及对策 [D]. 华东政法学院，2004.

[94] 王淙，马青，刘轶. 小额跨境电子商务剖析 [J]. 价值工程，2012（11）：180-181.

[95] 胡涵景，钟小林. 国际贸易程序简化与标准化指南. 北京：中国标准出版社，2010.

[96] 翁心刚，邬跃，刘丙午，高爽. 区域性国际物流信息服务体系构建研究 [M]. 中国物资出版社，2011.

[97] 刘兴景，戴禾，杨东援. 物流公用信息平台系统分析 [J]. 交通与计算机，2001（19）：34-38.

[98] 李玉明，刘珊中，李旭宏. 区域物流信息平台框架分析 [J]. 河南科技大学学报：自然科学版，2004，25（1）：65-68.

[99] 赵振峰，崔南方，陈荣秋. 区域公共物流信息平台的功能定位及运行机制研究 [J]. 物流技术，2004（4）：63-66.

索　引